Deep
Learning
from Scratch ❸

밑바닥부터 시작하는 딥러닝 3

| 표지 설명 |

표지 그림은 나뭇잎해룡leafy seadragon이다. 호주 남부와 서부 해안에 서식하며, 몸 전체에서 뻗어 나오는 잎 모양의 돌출부 때문에 나뭇잎해룡이라는 이름이 붙여졌다. 이 돌출부들은 헤엄치는 데는 사용되지 않는 단순 위장용이다. 대신 목 가장자리에 있는 가슴지느러미와 꼬리 끝 가까이에 있는 등지느러미를 이용해서 헤엄친다. 이 지느러미들은 거의 완벽히 투명하여 육안으로는 그저 정처 없이 부유하는 수초처럼 보이기도 한다.

호주 남부 해양의 상징과도 같은 동물이지만 생존력이 낮아 보호종으로 지정되어 관리 중이다. 속도가 느려 천적에게 쉽게 잡아먹히며, 사촌 격인 해마seehorse와 달리 꼬리를 말아 해초를 붙잡지 못해서 폭풍우에 해변으로 쓸려 올라오기도 한다. (출처: 위키백과)

밑바닥부터 시작하는 딥러닝 3

파이썬으로 직접 구현하며 배우는 딥러닝 프레임워크

초판 1쇄 발행 2020년 11월 20일
초판 4쇄 발행 2023년 5월 3일

지은이 사이토 고키 / **옮긴이** 개앞맵시(이복연) / **펴낸이** 김태헌
펴낸곳 한빛미디어(주) / **주소** 서울시 서대문구 연희로2길 62 한빛미디어(주) IT출판2부
전화 02-325-5544 / **팩스** 02-336-7124
등록 1999년 6월 24일 제 25100-2017-000058호 / **ISBN** 979-11-6224-359-6   93000

총괄 송경석 / **책임편집** 홍성신 / **기획** 이윤지 / **교정 · 전산편집** 김철수
디자인 표지 박정화 내지 김연정
영업 김형진, 장경환, 조유미 / **마케팅** 박상용, 한종진, 이행은, 김선아, 고광일, 성화정, 김한솔 / **제작** 박성우, 김정우

이 책에 대한 의견이나 오탈자 및 잘못된 내용에 대한 수정 정보는 한빛미디어(주)의 홈페이지나 아래 이메일로 알려주십시오. 잘못된 책은 구입하신 서점에서 교환해 드립니다. 책값은 뒤표지에 표시되어 있습니다.

한빛미디어 홈페이지 www.hanbit.co.kr / **이메일** ask@hanbit.co.kr

지금 하지 않으면 할 수 없는 일이 있습니다.
책으로 펴내고 싶은 아이디어나 원고를 메일(**writer@hanbit.co.kr**)로 보내주세요.
한빛미디어(주)는 여러분의 소중한 경험과 지식을 기다리고 있습니다.

Deep Learning
from Scratch ❸

밑바닥부터 시작하는 딥러닝 3

O'REILLY®   **ᕼᕒ 한빛미디어** Hanbit Media, Inc.

지은이·옮긴이 소개

지은이 **사이토 고키(斎藤 康毅)**

1984년 나가사키 현 쓰시마 태생. 도쿄공업대학교 공학부를 졸업하고 도쿄대학대학원 학제정보학부 석사 과정을 수료했다. 현재는 기업에서 인공지능 관련 연구·개발에 매진하고 있다. 오라일리재팬에서 『밑바닥부터 시작하는 딥러닝』 시리즈를 집필했으며 『파이썬 인 프랙티스』, 『밑바닥부터 만드는 컴퓨팅 시스템』 등을 일본어로 옮겼다.

옮긴이 **개앞맵시(이복연)** wegra.lee@gmail.com

고려대학교 컴퓨터학과를 졸업하고 삼성전자에서 자바 가상 머신, 바다 플랫폼, 챗온 메신저 서비스 등을 개발했다. 주 업무 외에 분산 빌드, 지속적 통합, 수명주기 관리 도구, 애자일 도입 등 동료 개발자들에게 실질적인 도움을 주는 일에 적극적이었다. 그 후 창업 전선에 뛰어들어 좌충우돌하다가, 개발자 커뮤니티에 기여하는 더 나은 방법을 찾아 출판 시장에 뛰어들었다.

한빛미디어에서 『밑바닥부터 시작하는 딥러닝』 시리즈, 『리팩터링 2판』, 『Effective Unit Testing』을 번역했고, 인사이트에서 『이펙티브 자바 3판』과 『JUnit 인 액션 2판』을 번역했다.

개발자들과의 소통 창구로 소소하게 facebook.com/dev.loadmap 페이지를 운영 중이다.

『밑바닥부터 시작하는 딥러닝』이라는 책의 제목이 너무나도 알맞은 책입니다. 매번 딥러닝을 겉핥 기식으로 사용하고 있다는 불안감에 차 있던 저에게 큰 도움이 되었습니다. 더불어 프레임워크의 원 리나 큰 프로젝트의 구조를 간접적으로나마 체험해볼 수 있는 좋은 기회를 제공해줬습니다. 파이썬 에 대한 기초만 있다면 도전할 수 있도록 잘 도와주기 때문에 딥러닝의 기초를 탄탄하게 다지고 싶 으신 분들께 꼭 추천합니다.

김효린, 스타트업 백엔드 개발자

『밑바닥부터 시작하는 딥러닝 3』은 꼭 딥러닝에 관한 내용뿐만 아니라 파이썬 프로그래밍에 도움이 될 내용들도 가득합니다. 정말 간단한 3줄의 코드부터 시작하여 실제 딥러닝에 필요한 각종 기법을 한 단계씩 구현해나가며 딥러닝 프레임워크에 대한 전반적인 이해도를 높이고, 실제 현업에도 도움 이 될 테스팅 방법이나 프로젝트 구조 잡는 방법 등도 배울 수 있습니다. 이 책을 통해 딥러닝 프레 임워크에 대한 기본적인 구조를 이해하고 나면 텐서플로와 파이토치 같은 프레임워크들의 코드를 직접 보는 것도 한결 수월해지리라 생각합니다. 꼭 딥러닝 관련 일을 하지 않더라도 머신러닝, AI 에 관심 있는 파이썬 엔지니어분들께 꼭 추천하고 싶습니다.

박진형, XL8 공동 창업자, 전 애플 엔지니어

자신만의 딥러닝 프레임워크를 꿈꾸는 분들은 물론, 딥러닝 모델을 더 잘 만들고 싶은 분께 추천하 고 싶습니다. 자동 미분부터 시작하여 정말 밑바닥에서부터 프레임워크를 쌓아 올리면서 다른 딥러 닝 프레임워크들이 무엇을 위해 그렇게 설계되었는지 그 철학을 배울 수 있었습니다. 실제로 저는 파이토치의 코드들을 더 자세히 이해할 수 있는 좋은 계기가 되었습니다. 부디 '딥러닝 프레임워크 를 만들 생각은 없어!'라고 생각하여 넘기지 마시고, 책을 끝까지 읽다 보면 유명한 프레임워크들을 더 자유롭게 다룰 수 있게 된 자신을 볼 수 있을 겁니다.

송헌, 규슈대학대학원 컴퓨터비전 연구실 석사과정

수년 전『밑바닥부터 시작하는 딥러닝』이 나왔을 때 저는 직장에서 주로 백엔드 개발을 하다가 업무 통합으로 컴퓨터 비전에 발을 조금씩 적시고 있었습니다. 그때 마법 같던 딥러닝의 기본 개념들을 하나씩 구현해보면서 전체적인 메커니즘을 이해할 수 있게 되었습니다. 이번 3편은 혼자 설계해서 구현하기에는 다소 어려운 주제인 계산 그래프 정의, 계산 그래프를 구성하는 함수와 변수의 추상화, 그리고 이들을 활용한 자동 미분 계산, 파이썬다운^{Pythonic} API로 소프트웨어 구성하기 등 인상 깊은 내용이 많았습니다. 딥러닝 프레임워크를 개발하지만 프레임워크의 구조를 이해하는 것 이상으로 API 설계에 대한 영감을 받을 수 있다는 점에서, 차근히 따라 하다 보면 여러 주제를 한 번에 공부할 수 있는 책입니다. 완전 초보자를 위한 책은 아닙니다. '적어도 파이썬을 구사할 줄 아는 수준'에서부터 출발을 하는데, 거기서부터 한 단계씩 밟아갈 수 있는 훌륭한 안내서입니다.

문상환, 오드컨셉, 도쿄공업대학

알파고가 충격을 선사한 2016년을 기점으로 정말 다양한 머신러닝 책들이 쏟아져 나왔습니다.『밑바닥부터 시작하는 딥러닝』시리즈도 그때 시작해서 꾸준히 나와 드디어 고유한 딥러닝 프레임워크까지 만들어냈습니다. 지난 3년간 인공지능 공부를 위해 다양한 강의와 책을 접했지만, 테크닉에 집중하거나 점점 고수준의 API를 이용해 진입 장벽을 낮추는 위주의 자료가 많았습니다. 이번 3편을 베타리딩하면서 '당분간 인공지능 입문서는 이 책이 석권하겠구나'라는 생각이 들었습니다. 2020년 현재 주류인 Define-by-Run의 구조와 인공지능의 기본 설계 두 마리의 토끼를 모두 설명해낸 책입니다. 지식 간 연결고리가 잘 만들어지지 않았던 인공지능 학습자에겐 단비 같은 책이 될 듯합니다.

시한, VAIS 인공지능 오픈채팅 커뮤니티 운영진

딥러닝을 공부하면서『밑바닥부터 시작하는 딥러닝』시리즈를 바이블처럼 생각했는데 시리즈 세 번째 책 역시 기대를 저버리지 않을 만큼 자세하고 알차게 구성되어 있네요. 이제 막 딥러닝 공부를 시작한 고등학생, 대학생, 대학원생은 물론 현업에 계신 분 모두에게 큰 도움이 되리라 기대합니다.

딥러닝을 대략적으로만 알고 있는 분들이 부족했던 부분을 채워 한층 완벽해질 수 있도록 꼼꼼하고 자세한 내용이 담겨 있습니다. 다들 꼭 읽어보세요!

안상준, 『파이썬 딥러닝 파이토치』 저자

포스트 코로나 시대에는 인공지능 기술을 이해하고 의료 현장에 적용할 수 있는 전문가가 반드시 필요합니다. 이 책을 통해 텐서플로와 파이토치 같은 유명한 프레임워크들을 좀 더 능숙하게 다루게 되어 의학적 진단, 치료, 예방에 도움이 되는 딥러닝 모델을 멋지게 구현해낼 수 있기 바랍니다. 『밑바닥부터 시작하는 딥러닝』에서 배운 이론을 바탕으로 자신의 전문 분야에 딥러닝을 적용해보고 싶은 모든 분께 적극 추천합니다.

이현훈, 한의사 전문의, 경희대학교 임상한의학과 박사과정

라이브러리나 프레임워크를 밑바닥부터 구현하는 작업은 어렵고 힘듭니다. 그렇지만 딥러닝의 핵심 요소들을 공부할 수 있는 좋은 기회이기도 합니다. 저도 텐서플로나 파이토치를 사용하다가 한 번쯤 나만의 딥러닝 프레임워크를 만들어보면 좋겠다고 생각한 적이 있습니다. 하지만 어디서부터 구현해야 할지 몰라 행동으로 옮기지 못하고는 했습니다. 그러나 이 책과 함께라면 자동 미분 계산부터 시작해서 신경망까지 구현하는 긴 여정을 헤쳐 나갈 수 있을 겁니다. 여러분만의 프레임워크를 위한 좋은 출발점이 되어줄 것입니다.

옥찬호, 넥슨 코리아 프로그래머, 마이크로소프트 MVP

텐서플로나 파이토치 같은 딥러닝 프레임워크를 내 손으로 만든다? 그것도 프로토타입 수준이 아니라 다양한 최적화 옵션과 그래프 시각화 기능까지 완비된 완성품을? 상상도 못했던 콘셉트로 『밑바닥부터 시작하는 딥러닝』 시리즈가 돌아왔습니다. 이 책은 설레는 모험으로 가득한, 마치 잘 짜여진 RPG 게임을 한 레벨씩 정복하는 듯한 몰입감으로 시작합니다. 그 여정에서 독자는 딥러닝 메커니즘을 완전히 이해하게 되고, 덤으로 파이썬의 고급 사용법까지 익히게 됩니다. 순탄치 않은 길이 되겠지만, 완주 후 꽤나 값비싼 무기를 손에 쥐는 짜릿한 여운은 계속될 것입니다.

전두용, 성운대 교양학부 교수, 경북대 컴퓨터공학과 박사 과정

개발자에게 굉장히 독특하면서 가치 있는 경험을 선사하는 책입니다. 프레임워크를 제작한다는 것은 단순히 동작하는 코드를 짜는 것과 전혀 다릅니다. 내가 짠 코드를 재활용하기도 어려운데 한 번 마주한 적조차 없는 제3자가 의지해야 하는 기반 코드를 작성하는 일이죠. 실제로 코드에 범용성을 더하는 순간 개발자의 노력이 몇 배는 더 들어갑니다. 수행하는 기능은 그대로인데 말이죠.

프레임워크는 사용자들이 풀고자 하는 주요 문제 대부분에 대응해야 하므로 프레임워크 제작자는 해당 문제 도메인을 누구보다 깊게 이해해야 합니다.

마찬가지 이유로 프레임워크 코드는 다음과 같아야 합니다.

- 직관적이고 사용하기 편한 인터페이스를 제공한다.
- 견고하고 효율적이다.
- 기능을 수정하거나 확장하기 쉬운 구조를 갖춘다.
- …

그래서 프레임워크를 개발해보는 경험은 개발자의 수준을 한 차원 끌어올려 줍니다.

이 책은 단 3줄에서 시작하여 현대적인 딥러닝 프레임워크들에 적용된 핵심 개념을 지원하는 미니 프레임워크로 성장시킵니다. 무작정 기능을 늘려가는 게 아니라 다음 그림처럼 적시에 프레임워크다운 특성을 덧씌웁니다.

이 책은 파이토치, 텐서플로 2, 체이너 같은 현대적인 프레임워크와 많은 특징을 공유하는 프레임워크를 구현하고, 그 위에서 CNN과 RNN을 돌려보는 전체 과정을 총 60단계로 나눠 차근차근 이끌

어줍니다. 여러분은 이 여정을 함께하며 다음과 같은 효과를 기대해볼 수 있을 것입니다.

- 딥러닝 기초 이론을 구현 관점에서 바라보며 이해한다.
- 현대적 프레임워크의 동작 원리를 이해한다.
- 효율적인 파이썬 프로그래밍 방법을 익힌다.
- 규모 있고 체계적인 소프트웨어를 점진적으로 만들어가는 경험을 쌓는다.

물론 마지막 책장을 넘기는 순간 곧바로 파이토치나 텐서플로 같은 덩치 큰 프레임워크 제작에 뛰어들 수는 없겠지만, 그 코드를 분석하거나 새로운 나만의 프로젝트를 시작해보기에는 더할 나위 없는 출발점이 되어줄 것입니다.

가능한 한 쉽게 번역하려고 노력했지만 그렇게 쉽지만은 않은 책입니다. 제 생각에 다음 정도의 경험을 갖춘 분들에게 적합해 보입니다.

- 『밑바닥부터 시작하는 딥러닝』 혹은 그에 준하는 딥러닝 기초 이론(필수)
  (『밑바닥부터 시작하는 딥러닝 2』까지는 읽지 않아도 됨)
- 파이썬 기본 문법과 객체지향 기초 개념(필수)
- 2~3년 이상의 파이썬 혹은 다른 객체지향 프로그래밍 언어 개발 경험(권장)
- 파이토치 혹은 텐서플로 2.0 입문서 수준의 예시 코드를 돌려본 경험(권장)

참고로 한국어판 베타리뷰는 최대의 효과를 내기 위해 딥러닝 경력, 개발 경력, 학계/업계, 중점 검토 분야 등을 종합해 리뷰어 분들을 선정했습니다. 그리고 많은 분이 적극 참여해주신 덕분에 기대 이상의 피드백을 받았습니다. 값진 시간 내어주신 모든 분께 감사드립니다.

이복연, 개앞맵시

진정한 여행은 새로운 풍경을 찾는 것이 아니라
새로운 눈을 뜨는 여정이다.
– 마르셀 프루스트 Marcel Proust (프랑스 작가, 1871~1922)

딥러닝이 자율주행 자동차, 질병 진단, 기계 번역, 로봇 제어 등 폭넓은 분야에 혁신을 불어넣고 있습니다. 상상 속 세계의 이야기가 현실처럼 느껴지게 되었고, 실제로 우리 주변에서 서비스되고 있는 예도 드물지 않습니다. 놀랍게도 그 소설 같던 기술 대부분이 딥러닝 덕분에 처음으로 가능하게 되었습니다(혹은 가능해지고 있습니다). 우리는 딥러닝이 세상을 바꿔가는 시대를 실시간으로 살아가고 있다고 말할 수 있습니다.

이렇게 딥러닝이 호황인 가운데 수많은 딥러닝 프레임워크가 탄생했습니다. 파이토치 PyTorch, 체이너 Chainer, 텐서플로 TensorFlow, 카페 Caffe 등 다양한 프레임워크가 존재하고 날마다 경쟁하듯 발전하고 있습니다. 그 덕에 전 세계의 연구자와 기술자는 프레임워크를 사용하여 문제를 효율적으로 해결할 수 있습니다. 딥러닝 프레임워크는 그야말로 최첨단 기술을 떠받들고 미래로 전진하기 위해 필수적인 존재입니다.

이 책을 집어 든 독자도 딥러닝 프레임워크를 이미 사용해봤을지도 모릅니다. 최근에는 관련 정보도 많고 실행 환경도 잘 정비되어 있습니다. 따라서 딥러닝 코드를 작성하는 일 자체는 아주 손쉬워졌습니다. 몇십 줄(혹은 몇 줄)의 코드만으로 고급 기술을 실현할 수 있는 것도 이러한 프레임워크 덕분입니다.

그렇다면 이 프레임워크들, 많은 사람이 이용하고 많은 곳에서 운영하는 '진짜' 프레임워크들은 어떤 구조를 갖추고 있고 어떤 원리로 움직이는 것일까요? 어떤 기술이 사용되고 어떤 사상이 밑바닥에 흐르고 있는 것일까요? 그런 의문을 품음으로써 새로운 여행이 시작됩니다!

만들어봐야 비로소 보이는 것

딥러닝 프레임워크 안은 놀라운 기술과 재미있는 장치로 가득합니다. 이 책의 목표는 그것들을 밖으로 꺼내어 제대로 이해시키는 것입니다. 그리고 그 과정에서 기술적인 '재미'를 여러분이 맛보게 해주는 것입니다. 이러한 목적을 위해 이 책에서는 '밑바닥부터 만든다'는 방침을 세웠습니다. 무^{zero}에서 시작하여 직접 만들면서 생각하고 동작시켜보면 이해가 깊어집니다. 그런 경험을 통해 딥러닝 프레임워크의 본질에 다가갈 것입니다.

프레임워크를 만드는 과정은 많은 공부가 될 것입니다. '과연 이런 기술을 사용하는군!', '이런 아이디어를 이런 식으로 구현할 수 있구나!'와 같은 깨달음은 다른 누군가가 다 만들어놓은 도구를 사용하기만 해서는 얻기 어렵습니다. 직접 만들어보기 때문에 알 수 있는 것이 있고, 만들기 때문에 보이는 것이 있습니다.

예를 하나 들어보죠. 어쩌면 딥러닝 프레임워크는 단순히 '계층^{layer}'이나 '함수^{function}' 등을 모아 놓은 라이브러리 같은 물건이라고 생각하는 독자도 있을지 모릅니다. 사실 딥러닝 프레임워크는 그보다 큰 존재입니다. 프로그래밍 언어의 일종이죠. 더 구체적으로 말하면 미분 계산을 지원하는 프로그래밍 언어입니다(그래서 최근에는 '미분 가능한 프로그래밍 언어'라고도 합니다). 왜 그런지는 이 책을 함께 읽어가며 '밑바닥부터 만들어보는 과정'을 겪다 보면 이해될 것입니다.

오리지널 프레임워크

딥러닝 프레임워크 여명기에는 프레임워크마다 차이가 컸습니다. 그러나 어느덧 성숙기에 접어들었습니다. 실제로 오늘날 파이토치, 체이너, 텐서플로 등 인기 프레임워크들은 같은 방향으로 향하고 있습니다(물론 각자의 특징이 있고 표면적인 인터페이스는 다르지만 점점 공통된 사상을 설계에 녹여가고 있습니다). 이 책에서는 그 공통점을 짚어내어 교육 측면을 강화한 미니멀 프레임워크를 설계했습니다. 이름도 지었습니다. 'Deep Learning from Zero'를 뜻하는 DeZero^{디제로}입니다. 멋진 로고도 준비했습니다.

DeZero는 이 책의 오리지널 프레임워크입니다. 체이너를 기초로 파이토치의 설계를 덧씌웠습니다. 텐서플로도 2.0부터는 이 설계 방식을 기본 모드로 채택했습니다. 주요 특징은 다음과 같습니다.

1. 미니멀리즘

DeZero의 최우선 목표는 '이해하기 쉽게 만들기'입니다. 외부 라이브러리는 가능한 한 사용하지 않았고 코드 양도 최소화했습니다. 따라서 DeZero 코드 전체를 이해하는 데는 많은 시간이 필요하지 않습니다.

2. 순수 파이썬

딥러닝 프레임워크는 많은 경우 (파이썬, C++ 등) 여러 가지 언어를 혼용하여 구현합니다. 반면 DeZero는 파이썬만으로 구현했습니다. 따라서 파이썬을 아는 분이라면 DeZero의 코드를 스트레스 없이 읽을 수 있습니다. 순수 파이썬이기 때문에 DeZero를 구글 콜랩 같은 클라우드 환경이나 심지어 스마트폰에서도 어렵지 않게 동작시킬 수 있습니다.

3. 현대적인 기능

파이토치, 체이너, 텐서플로 등의 현대적인 프레임워크는 다양한 공통 기능을 제공합니다. 예를 들어 가장 중요한 공통점 중에는 Define-by-Run이 있습니다. Define-by-Run

이란 딥러닝에서 수행하는 여러 계산을 실행 시점에 '연결'하는 구조를 말합니다(자세한 설명은 본문에서 하겠습니다). 이 책에서 만드는 DeZero도 Define-by-Run 방식의 프레임워크로, 현대적인 프레임워크와 많은 공통점을 가지도록 설계했습니다.

> NOTE_ 전작 『밑바닥부터 시작하는 딥러닝』과 『밑바닥부터 시작하는 딥러닝 2』는 딥러닝을 처음부터 구현해가며 그 구조를 배웠습니다. 하지만 단순하게 설명하기 위해 계산을 '연결'하는 일을 '수동'으로 진행했습니다. 실제 프레임워크들은 이 부분을 자동으로 처리합니다. 그 한 가지 방법이 바로 Define-by-Run이죠. 이 책에서는 DeZero를 처음부터 만들어가며 이 메커니즘을 배웁니다. 또한 『밑바닥부터 시작하는 딥러닝』 시리즈의 전작들을 읽지 않았다고 가정하고 설명했습니다. 파이썬의 기초 문법은 어느 정도 알고 있다고 가정합니다.

점진적으로 만들기

DeZero는 작은 프레임워크지만 속은 충분히 복잡합니다. 이 복잡함에 대처하기 위해 DeZero 만들기 과정을 작게 나눴습니다. 정확하게는 총 60단계로 나눠 조금씩 완성해가도록 구성했습니다.

예를 들어 첫 번째 단계에서는 DeZero의 '변수'를 만듭니다. 필요한 코드는 단 3줄입니다. 다음 단계에서는 '함수'에 대한 코드를 추가합니다. 각각의 단계는 그 시점에 완결되기 때문에 실제로 실행할 수 있습니다. 이처럼 점진적으로(단계적으로) DeZero를 조립하고 실행해보면서 이해도를 높여가는 전략을 사용하고 있습니다.

또한 이 책으로 얻은 경험은 소프트웨어 개발 측면에서도 좋은 연습이 됩니다. 여러분은 복잡한 시스템을 처음부터 만들어내는 일을 실제로 체험하게 됩니다. 소프트웨어 개발을 배우는 가장 좋은 소재라 할 수 있습니다. 이 점까지 고려하여 소프트웨어 개발 시 도움되는 좋은 관례들에 페이지를 할애했습니다.

개발 로드맵

앞서 이야기한 바와 같이 이 책은 총 60단계로 구성됩니다. 그리고 이 60단계는 다음 그림과 같이 크게 다섯 고지로 나눌 수 있습니다. 각 고지에서 정복하고자 하는 목표를 간단하게 살펴 보겠습니다.

- 제1고지에서는 DeZero의 기반을 마련합니다. 간단한 문제만 취급하고 최소의 시간으로 미 분을 자동으로 구하는 구조를 만듭니다('미분을 자동으로 계산한다'라는 말의 의미는 본문 을 읽다 보면 밝혀집니다).

- 제2고지에서는 DeZero를 사용하는 코드가 더 자연스럽게 보이도록 해줍니다. 제2고지를 정복할 무렵에는 (if 문이나 for 문 같은) 평범한 파이썬 코드로 DeZero를 이용할 수 있게 됩니다.

- 제3고지에서는 2차 미분을 계산할 수 있도록 DeZero를 확장합니다. 이렇게 하려면 '역전파 의 역전파'가 가능하도록 해야 합니다. 이 구조를 이해하면 DeZero의(심지어 다른 현대적 인 프레임워크들의) 새로운 가능성에 눈뜨게 될 것입니다.

- 제4고지에서는 DeZero를 신경망용으로 정비합니다. 그 결과 DeZero를 사용하여 손쉽게 신경망을 구축할 수 있게 됩니다.

- 마지막 제5고지에서는 GPU 대응, 모델 저장과 복원 등 실전 딥러닝에 꼭 필요한 기능을 추가합니다. 또한 CNN, RNN 등의 발전된 모델도 다룹니다. 딥러닝 응용을 다루는 이 주제들은 중요하면서도 평범한 수단으로는 풀기 어려운 문제들입니다. 그러나 (Define-by-Run 방식의) DeZero라면 간단한 코드만으로 해결할 수 있습니다.

> NOTE_ 이 책의 마지막에 완성하는 DeZero를 파이썬 패키지 저장소인 PyPI Python Package Index에 등록해 뒀습니다. 그래서 명령줄에서 pip install dezero 명령을 실행해 DeZero를 여러분 컴퓨터에 곧바로 설치할 수 있습니다. 물론 이 책에서 만드는 DeZero를 기반으로 여러분만의 오리지널 프레임워크를 개발하여 세상에 공개하는 일도 뜻깊을 것입니다.

DeZero를 만드는 여행

정리하면, 이 책은 DeZero라는 오리지널 프레임워크를 처음부터 만들어봅니다. DeZero라는 작은, 하지만 충분히 강력한 프레임워크를 총 60단계로 나눠 완성합니다. 그 길을 함께 걸으며 파이토치, 체이너, 텐서플로 등 현대적인 프레임워크로 통하는 지식을 쌓습니다.

이 책의 목적은 DeZero라는 오리지널 프레임워크를 만드는 데서 끝이 아닙니다. 더 중요한 목적은 DeZero 만들기 여행을 통해 현대 딥러닝 프레임워크들을 이해하는 '새로운 눈'을 뜨는 것입니다. 나아가 새로운 눈을 통해 딥러닝이라는 분야를 더 넓게 바라보고 깊이 꿰뚫어보는 것입니다. 이 '새로운 눈'을 얻는 여행이야말로 진정 가치 있을 것입니다.

이상으로 모든 채비를 마쳤습니다. 지금부터 저와 함께 DeZero를 만드는 여행을 떠나봅시다!

필요한 소프트웨어

이 책에서 사용하는 파이썬 버전과 외부 라이브러리는 다음과 같습니다.

- 파이썬 3.3 이상
- 넘파이NumPy
- 맷플롯립Matplotlib
- 쿠파이CuPy(선택사항)
- 필로Pillow(선택사항)

DeZero는 엔비디아NVIDIA GPU를 지원합니다. GPU를 사용하려면 쿠파이라는 외부 라이브 러리가 필요합니다. 이미지 처리 라이브러리인 필로도 선택사항입니다. 파이썬 외의 소프트웨 어로는 다음 소프트웨어를 사용합니다. 소프트웨어 설치하는 방법은 25단계에서 설명합니다.

- Graphviz

깃허브 저장소 안내

이 책에서 사용하는 모든 코드는 다음 깃허브GitHub 저장소에서 구할 수 있습니다.

https://github.com/WegraLee/deep-learning-from-scratch-3

이 저장소의 폴더 구성은 [표 0-1]과 같습니다.

표 0-1 깃허브 저장소 폴더 구성

폴더 이름	설명
dezero	DeZero 소스 코드
examples	DeZero를 사용한 구현 예
steps	각 단계의 파일(step01.py ~ step60.py)
tests	DeZero 단위 테스트

steps 폴더 안의 step01.py, step02.py, ... 파일들이 이 책의 각 단계에서 작성한 파일에 해당합니다. 다음은 python 명령어로 이 파일들을 실행하는 예입니다(예시와 같이 프로젝트 루트에서 실행해도 되고, 해당 단계의 디렉터리 안에서 실행할 수도 있습니다).

프로젝트 루트 디렉터리에서 실행

```
$ python steps/step01.py
```

해당 단계의 디렉터리 안에서 실행

```
$ cd steps
$ python step02.py
```

NOTE_ 일러두기

- 본문에서 [1]과 같은 위첨자는 참고문헌 번호를 뜻합니다.

- 한국어판에서는 특별히 DeZero 프레임워크 핵심 클래스들의 관계도를 제공합니다. 지금 만들고 있는 클래스가 전체 구조에서 어디에 위치하는지 혹은 다른 클래스와의 관계가 궁금할 때 참고하세요. 고해상도 이미지는 깃허브 저장소 첫 페이지에서 찾을 수 있습니다.

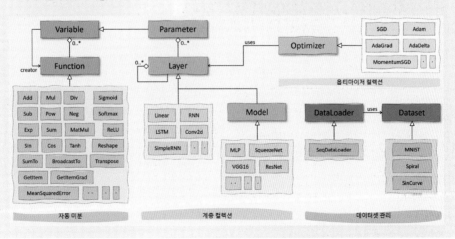

이 책을 다 쓰기까지 정말 많은 분이 협력해주셨습니다. 모든 분께 이 자리를 빌려 감사드립니다. (주)Preferred Networks의 도쿠이 마코토 씨는 체이너와 관련하여 다양한 논의를 해주셨습니다. 사이토 슌타 씨께는 책의 구성과 내용에 대해 조언을 받았습니다. 또한 이 책을 쓰게 된 최초의 계기는 니시가와 도루, 오카노하라 다이스케, 오쿠다 료스케 씨와의 대화에서였습니다. 멋진 책을 쓸 기회를 얻게 되어 고맙게 생각합니다.

이 책은 '공개 검토' 방식으로 교정을 진행했습니다. 원고를 웹에 공개하고 누구나 열람하고 댓글을 달 수 있도록 했습니다. 그 결과 100명이 넘는 분으로부터 2,000건 이상의 피드백을 받았습니다. 검토에 참여하신 분들께 진심으로 감사드립니다. 리뷰어 분들 덕에 책의 완성도가 한층 높아질 수 있었습니다. 혹시나 있을 부족한 점은 모두 저의 책임입니다.

책 편집은 오라일리재팬의 미야가와 나오키, 이와사 미오, 고야나기 아야 씨가 맡아주셨습니다. 제작(주로 조판과 내지 디자인)은 (주)톱스튜디오의 무토 다케시, 마시코 모에 씨가 담당했습니다. 이 책이 존재하는 이유는 이런 분들의 도움이 있었기 때문입니다. 마지막으로 항상 곁에서 지지해주는 가족께 감사드립니다.

사이토 고키

CONTENTS

제1고지 미분 자동 계산

1단계 상자로서의 변수

2단계 변수를 낳는 함수

3단계 함수 연결

CONTENTS

CONTENTS

CONTENTS

CONTENTS

CONTENTS

제4고지   신경망 만들기

37단계   텐서를 다루다

CONTENTS

CONTENTS

제5고지　DeZero의 도전

52단계　GPU 지원

CONTENTS

제 1 고지

미분 자동 계산

미분은 다양한 과학 기술 분야에 사용됩니다. 특히 딥러닝을 포함한 머신러닝의 여러 분야에서 중추적인 역할을 합니다. 딥러닝 프레임워크는 말하자면 미분을 계산하기 위한 도구입니다. 그래서 이 책의 주제도 자연스럽게 '미분'과 이어집니다. 즉, 컴퓨터를 사용하여 미분을 계산하는 일이 주요 주제입니다.

지금부터 시작되는 제1고지는 총 10단계로 구성됩니다. 이 고지에서는 미분을 자동으로 계산하는 틀을 만듭니다. '미분을 자동으로 계산한다'라는 말은 미분을 (사람이 아니라) 컴퓨터가 계산한다는 뜻입니다. 정확히 말하면, 어떤 계산(함수)을 코드로 구현하면 그 계산의 미분을 컴퓨터가 자동으로 계산해주는 시스템을 가리킵니다.

이번 고지에서는 미분을 자동으로 계산하기 위해 '변수'와 '함수'를 표현하는 두 클래스 Variable과 Function을 만듭니다. 놀랍게도 이 두 클래스만으로 미분 자동 계산의 기반이 완성됩니다. 제1고지가 끝날 무렵에는 간단한 계산(함수)의 미분은 자동으로 계산할 수 있게 됩니다. 그럼 DeZero의 첫 번째 단계로 발을 내디뎌보죠.

제1고지

미분 자동 계산

상자로서의 변수

첫 번째 단계에서는 DeZero의 구성 요소인 '변수'를 만듭니다. 변수는 DeZero에서 가장 중요한 개념입니다. 이번 단계에서는 변수가 어떤 기능을 하는지 이해하고, 그 기능에 맞게 코드로 구현합니다.

1.1 변수란

본론으로 들어가서, 변수란 무엇일까요? 프로그래밍 입문서를 펼쳐보면 변수는 대략 [그림 1-1]과 같은 이미지로 설명합니다.

그림 1-1 변수 설명 예

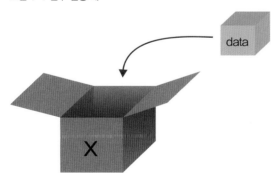

[그림 1-1]과 같이 상자^{box}에 데이터를 넣는 그림을 보여주며 이 '상자'가 바로 변수라고 설명합니다. 변수를 상자에 비유한 설명은 변수의 성질을 (제법) 잘 보여줍니다. 정리하면 다음과 같습니다.

- 상자와 데이터는 별개다.
- 상자에는 데이터가 들어간다(대입 혹은 할당한다).
- 상자 속을 들여다보면 데이터를 알 수 있다(참조한다).

그럼 이 상자 그림에 맞게 DeZero 변수를 구현해보죠.

1.2 Variable 클래스 구현

변수는 영어로 variable입니다. 그래서 DeZero에서 사용하는 변수라는 개념을 Variable이라는 이름의 클래스로 구현하겠습니다. 덧붙여서, 파이썬에서는 클래스 이름의 첫 글자를 보통 대문자로 합니다. 파이썬이 권장하는 코딩 규칙은 PEP8*을 참고하세요.

이제 Variable 클래스가 상자가 되도록 구현해보죠. 다음은 이 기능을 최소한의 코드로 작성해본 모습입니다.

```python
class Variable:
    def __init__(self, data):
        self.data = data
```

steps/step01.py

보는 바와 같이 초기화 함수 __init__ 에 주어진 인수를 인스턴스 변수 data에 대입했습니다. 아주 간단한 코드지만, 이제 Variable 클래스를 상자로 사용할 수 있습니다. 실제 데이터가 Variable의 data에 보관되기 때문이죠. 다음 예를 보면 더 명확해질 것입니다.

---

* https://www.python.org/dev/peps/pep-0008/

steps/step01.py

```
import numpy as np

data = np.array(1.0)
x = Variable(data)
print(x.data)
```

실행 결과

```
1.0
```

이 예에서 상자에 넣는 데이터로는 '넘파이의 다차원 배열'을 사용했습니다. 이때 x는 Variable 인스턴스이며, 실제 데이터는 x 안에 담겨 있습니다. 즉, x는 데이터 자체가 아니라 데이터를 담은 상자가 됩니다.

> NOTE_ 예시 코드 바로 위에 대응하는 파일 이름을 적어뒀습니다. 바로 앞 코드에는 steps/step01.py라고 적혀 있는데, 이 책 깃허브 저장소의 steps/step01.py 파일에서 이 코드를 찾을 수 있다는 뜻입니다. 파일 이름을 적지 않은 경우는 대응하는 파일이 없다는 뜻입니다.

머신러닝 시스템은 기본 데이터 구조로 '다차원 배열'을 사용합니다. 그래서 DeZero의 Variable 클래스는 넘파이의 다차원 배열만 취급합니다. 넘파이의 다차원 배열 클래스는 numpy.ndarray이며 np.ndarray로 줄여 쓰곤 합니다. 넘파이 배열은 앞의 코드에서 볼 수 있듯 np.array 함수를 이용해 생성할 수 있습니다. 이 책에서는 앞으로 numpy.ndarray 인스턴스를 단순히 ndarray 인스턴스라고 부르겠습니다.

이어서 앞 코드의 x에 새로운 데이터를 대입해보겠습니다.

steps/step01.py

```
x.data = np.array(2.0)
print(x.data)
```

실행 결과

```
2.0
```

보는 바와 같이 x.data = ... 형태로 쓰면 새로운 데이터가 대입됩니다. 이제 Variable 클래스를 상자로 사용할 수 있게 되었습니다.

이상이 1단계에서 구현하는 전부입니다. 현재 Variable 클래스는 단 3줄의 코드밖에 없지만 이것을 기점으로 DeZero를 현대적인 프레임워크로 만들어갈 겁니다.

1.3 【보충】넘파이의 다차원 배열

마지막으로 넘파이의 다차원 배열에 관해 간단히 보충하겠습니다. 다차원 배열은 숫자 등의 원소가 일정하게 모여 있는 데이터 구조입니다. 다차원 배열에서 원소의 순서에는 방향이 있고, 이 방향을 **차원**dimension 혹은 **축**axis이라고 합니다. [그림 1-2]는 다차원 배열의 예입니다.

그림 1-2 다차원 배열의 예

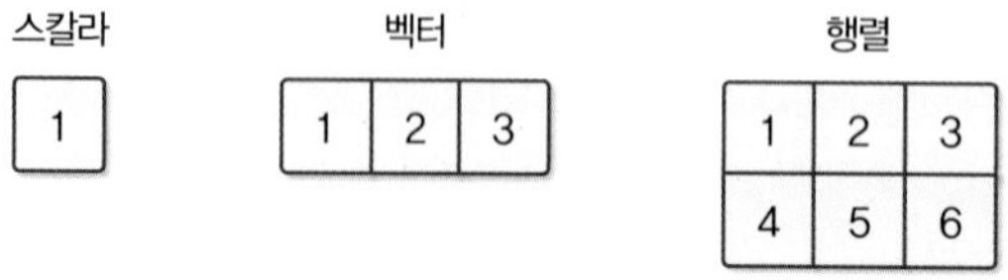

[그림 1-2]에는 왼쪽부터 0차원 배열, 1차원 배열, 2차원 배열이 나오는데, 차례대로 **스칼라**scalar, **벡터**vector, **행렬**matrix이라고 합니다. 스칼라는 단순히 하나의 수를 나타냅니다. 벡터는 하나의 축을 따라 숫자가 늘어서 있고, 행렬은 축이 두 개입니다.

> NOTE_ 다차원 배열을 **텐서**tensor라고도 합니다. [그림 1-2]는 왼쪽부터 0차원 텐서, 1차원 텐서, 2차원 텐서가 되겠죠.

넘파이의 ndarray 인스턴스에는 ndim이라는 인스턴스 변수가 있습니다. ndim은 'number of dimensions'의 약자로, 다차원 배열의 '차원 수'를 뜻합니다. 한번 사용해보죠.

```
>>> import numpy as np
>>> x = np.array(1)
>>> x.ndim
0

>>> x = np.array([1, 2, 3])
>>> x.ndim
1
```

```
>>> x = np.array([[1, 2, 3],
...               [4, 5, 6]])
>>> x.ndim
2
```

여기서는 파이썬 인터프리터의 대화 모드에서 실행했습니다(인터프리터를 이용하는 예에서는 독자가 입력해야 하는 코드 앞에 >>> 기호를 붙였습니다). 앞의 예시와 같이 인스턴스 변수인 ndim을 사용하여 배열이 몇 차원인지 확인할 수 있습니다.

> **CAUTION**_ 벡터를 다룰 때는 '차원'이라는 말에 주의해야 합니다. 예를 들어 np.array([1, 2, 3])은 벡터인데, 세 개의 요소가 일렬로 늘어서 있기 때문에 '3차원 벡터'라고도 합니다. 이때 '벡터의 차원'은 벡터의 원소 수를 말합니다. 한편 '3차원 배열'이라고 할 때의 '배열의 차원'은 (원소가 아닌) 축이 3개라는 뜻입니다.

이상과 같이 ndarray 인스턴스를 사용하면 스칼라, 벡터, 행렬, 심지어 더 높은 차원의 텐서를 만들 수 있습니다. 그러나 이 책에서는 당분간 스칼라만을 취급하겠습니다. 나중에 37단계에 가면 벡터와 행렬도 다룰 수 있도록 DeZero를 확장할 것입니다.

변수를 낳는 함수

앞 단계에서 Variable 클래스를 상자로 사용할 수 있게 했습니다. 하지만 지금 이대로는 그냥 상자일뿐입니다. 우리에겐 단순한 상자를 마법의 상자로 바꾸는 장치가 필요한데, 그 열쇠는 바로 '함수'입니다. 이번 단계에서는 함수에 대해 생각해보겠습니다.

2.1 함수란

함수란 무엇일까요? 조금 딱딱하게 표현하면 '어떤 변수로부터 다른 변수로의 대응 관계를 정한 것'이라고 할 수 있습니다. 구체적인 예가 있으면 좋겠군요. 제곱을 계산하는 함수 $f(x) = x^2$이 있다고 해봅시다. 이때 $y = f(x)$라고 하면 변수 y와 x의 관계가 함수 f에 의해 결정됩니다. 즉, 함수 f에 의해 'y는 x의 제곱이다'라는 관계가 성립됩니다.

이와 같이 변수 사이의 대응 관계를 정하는 역할을 함수가 맡게 되며, [그림 2-1]은 그 의미를 시각적으로 표현한 모습입니다.

그림 2-1 변수와 함수의 관계

[그림 2-1]은 변수 x와 y, 그리고 함수 f의 관계를 보여줍니다. 이처럼 원(○)과 사각형(□)

모양의 노드들을 화살표로 연결해 계산 과정을 표현한 그림을 **계산 그래프**^{computational graph}라고

합니다. 이 책에서는 변수를 〇으로, 함수를 □로 표시하겠습니다.

2.2 Function 클래스 구현

그러면 [그림 2-1]의 함수를 프로그래밍 관점에서 생각해봅시다. 구체적으로는, 앞서 구현한 Variable 인스턴스를 변수로 다룰 수 있는 함수를 Function 클래스로 구현합니다. 여기서 주의할 점은 다음 두 가지입니다.

- Function 클래스는 Variable 인스턴스를 입력받아 Variable 인스턴스를 출력합니다.
- Variable 인스턴스의 실제 데이터는 인스턴스 변수인 data에 있습니다.

이 두 가지에 유의하여 Function 클래스를 다음과 같이 구현합니다.

```python
class Function:
    def __call__(self, input):
        x = input.data  # 데이터를 꺼낸다.
        y = x ** 2  # 실제 계산
        output = Variable(y)  # Variable 형태로 되돌린다.
        return output
```

__call__ 메서드의 인수 input은 Variable 인스턴스라고 가정합니다. 따라서 실제 데이터는 input.data에 존재합니다. 데이터를 꺼낸 후 원하는 계산(여기서는 제곱)을 하고, 결과를 Variable이라는 '상자'에 담아 돌려줍니다.

2.3 Function 클래스 이용

Function 클래스를 실제로 사용해보죠. Variable 인스턴스인 x를 Function 인스턴스인 f에 입력해보겠습니다.

```python
x = Variable(np.array(10))
f = Function()
y = f(x)

print(type(y))  # type() 함수는 객체의 클래스를 알려준다.
print(y.data)
```

실행 결과

```
<class '__main__.Variable'>
100
```

이와 같이 Variable과 Function을 연계할 수 있습니다. 실행 결과를 보면 y의 클래스는 Variable이며, 데이터는 y.data에 잘 저장되어 있음을 알 수 있습니다.

그런데 방금 구현한 Function 클래스는 용도가 '입력값의 제곱'으로 고정된 함수입니다. 따라서 Square라는 명확한 이름이 더 어울립니다. 앞으로 Sin, Exp 등 다양한 함수가 필요하다는 점을 고려하면 Function 클래스는 기반 클래스로 두고 DeZero의 모든 함수가 공통적으로 제공하는 기능만 담아두는 것이 좋겠습니다. 그래서 앞으로 모든 DeZero 함수는 다음의 두 사항을 충족하도록 구현하겠습니다.

- Function 클래스는 기반 클래스로서, 모든 함수에 공통되는 기능을 구현합니다.
- 구체적인 함수는 Function 클래스를 상속한 클래스에서 구현합니다.

이를 위해 Function 클래스를 다음처럼 수정합니다.

steps/step02.py

```python
class Function:
    def __call__(self, input):
        x = input.data
        y = self.forward(x)  # 구체적인 계산은 forward 메서드에서 한다.
        output = Variable(y)
        return output
```

```
def forward(self, x):
    raise NotImplementedError()
```

__call__을 살짝 수정하고 forward라는 메서드를 추가했습니다. __call__ 메서드는
'Variable에서 데이터 찾기'와 '계산 결과를 Variable에 포장하기'라는 두 가지 일을 합니
다. 그리고 그 사이의 구체적인 계산은 forward 메서드를 호출하여 수행합니다. 마지막으로
forward 메서드의 구체적인 로직은 하위 클래스에서 구현합니다.

> **NOTE_** Function 클래스의 forward 메서드는 예외를 발생시킵니다. 이렇게 해두면 Function 클래스의
> forward 메서드를 직접 호출한 사람에게 '이 메서드는 상속하여 구현해야 한다'는 사실을 알려줄 수 있습
> 니다.

이어서 Function 클래스를 상속하여 입력값을 제곱하는 클래스를 구현하겠습니다. 클래스 이
름은 Square라고 짓고 다음과 같이 구현합니다.

steps/step02.py
```
class Square(Function):
    def forward(self, x):
        return x ** 2
```

Square 클래스는 Function 클래스를 상속하기 때문에 __call__ 메서드는 그대로 계승됩니다.
따라서 forward 메서드에 구체적인 계산 로직을 작성해 넣는 것만으로 구현은 끝입니다. 실제
로 잘 동작하는지 Square 클래스를 사용하여 Variable을 처리하는 모습을 보시죠.

steps/step02.py
```
x = Variable(np.array(10))
f = Square()
y = f(x)
print(type(y))
print(y.data)
```

실행 결과
```
<class '__main__.Variable'>
100
```

보다시피 이전과 같은 결과를 얻었습니다. 이것으로 2단계도 끝! 벌써 Variable과 Function 클래스의 기초가 완성되었습니다!

NOTE_ 한동안 Function의 입력과 출력은 '하나의 변수'로 한정합니다. DeZero가 여러 변수를 다룰 수 있도록 확장하는 작업은 11단계에 가서 하겠습니다.

함수 연결

지금까지 DeZero의 '변수'와 '함수'를 만들어봤습니다. 그리고 2단계에서는 Square라는 제곱 계산용 함수 클래스를 구현했습니다. 이번 단계에서는 또 다른 함수를 구현하고 여러 함수를 조합해 계산할 수 있도록 하겠습니다.

3.1 Exp 함수 구현

우선 DeZero에 새로운 함수를 하나 구현하겠습니다. 바로 $y = e^x$ 이라는 계산을 하는 함수입니다. 여기서 e는 자연로그의 밑$^{\text{base of the natural logarithm}}$으로 구체적인 값은 2.718... 입니다(오일러의 수$^{\text{Euler's number}}$ 혹은 네이피어 상수$^{\text{Napier's constant}}$라고도 합니다). 바로 구현해보죠.

```
class Exp(Function):                                    steps/step03.py
    def forward(self, x):
        return np.exp(x)
```

Square 클래스와 마찬가지로 Function 클래스를 상속한 다음 forward 메서드에서 원하는 계산을 구현했습니다. Square 클래스와의 차이는 forward 메서드의 내용이 x ** 2에서 np.exp(x)로 바뀐 점입니다.

3.2 함수 연결

Function 클래스의 __call__ 메서드는 입력과 출력이 모두 Variable 인스턴스이므로 자연스럽게 DeZero 함수들을 연이어 사용할 수 있습니다. $y = (e^{x^2})^2$이라는 계산을 예로 생각해보죠. 코드로는 다음처럼 작성할 수 있습니다.

steps/step03.py

```python
A = Square()
B = Exp()
C = Square()

x = Variable(np.array(0.5))
a = A(x)
b = B(a)
y = C(b)
print(y.data)
```

실행 결과

```
1.648721270700128
```

3개의 함수 A, B, C를 연이어 적용했습니다. 여기서 중요한 점은 중간에 등장하는 4개의 변수 x, a, b, y가 모두 Variable 인스턴스라는 것입니다. Function 클래스의 __call__ 메서드의 입출력이 Variable 인스턴스로 통일되어 있는 덕분에 이와 같이 여러 함수를 연속하여 적용할 수 있는 것이죠. 참고로 방금 한 계산은 [그림 3-1]과 같이 함수와 변수가 교대로 늘어선 계산 그래프로 표현할 수 있습니다.

그림 3-1 여러 함수를 연이어 사용하는 계산 그래프(○은 변수, □은 함수)

> NOTE_ [그림 3-1]과 같이 여러 함수를 순서대로 적용하여 만들어진 변환 전체를 하나의 큰 함수로 볼 수도 있습니다. 이처럼 여러 함수로 구성된 함수를 **합성 함수**composite function라고 합니다. 합성 함수를 구성하는 각 함수의 계산은 간단하더라도, 연속으로 적용하면 더 복잡한 계산도 해낼 수 있다는 사실을 기억하세요.

그런데 일련의 계산을 '계산 그래프'로 보여드린 이유는 무엇일까요? 그 이유는 계산 그래프를 이용하면 각 변수에 대한 미분을 효율적으로 계산할 수 있기 때문이랍니다(정확하게는 그럴 준비가 됩니다). 그리고 변수별 미분을 계산하는 알고리즘이 바로 역전파입니다. 다음 단계부터는 역전파를 구현할 수 있도록 DeZero를 확장하겠습니다.

STEP **4**

수치 미분

지금까지 Variable 클래스와 Function 클래스를 구현했습니다. 이 클래스들을 구현한 이유는 미분을 자동으로 계산하기 위해서입니다. 본격적인 구현에 앞서 이번 단계에서는 미분이 무엇인지 복습하고 수치 미분이라는 간단한 방법으로 미분을 계산해보겠습니다. 그런 다음 5단계에서 수치 미분을 대신하는 더 효율적인 알고리즘(역전파)을 구현할 계획입니다.

> NOTE_ 머신러닝 외에도 많은 분야에서 미분을 활용합니다. 유체 역학, 금융 공학, 기상 시뮬레이션, 엔지니어링 설계 최적화 등 정말 많죠. 이런 다양한 분야에서 자동 미분 계산 기능이 실제로 사용되고 있습니다.

4.1 미분이란

미분이란 무엇일까요? 간단히 말하면 '변화율'을 뜻합니다. 예컨대 물체의 시간에 따른 위치 변화율(위치의 미분)은 속도가 됩니다. 시간에 대한 속도 변화율(속도의 미분)은 가속도에 해당하죠. 이와 같이 미분은 변화율을 나타냅니다. 정확한 정의는 '극한으로 짧은 시간(순간)'에서의 변화량입니다. 수식으로 표현하면 $f(x)$라는 함수가 있을 때 미분은 다음 식으로 정의됩니다.

$$f'(x) = \lim_{h \to 0} \frac{f(x + h) - f(x)}{h}$$

[식 4.1]

[식 4.1]의 $\lim\limits_{h \to 0}$ 은 극한을 나타내며, h가 한없이 0에 근접한다는 뜻입니다. 여기서 [식 4.1]의 $\frac{f(x+h) - f(x)}{h}$ 는 [그림 4-1]과 같이 두 점을 지나는 직선의 기울기입니다.

그림 4-1 곡선 $y = f(x)$ 위의 두 점을 지나는 직선

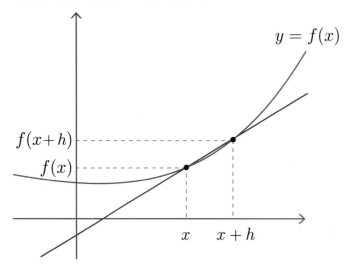

[그림 4-1]에서 보듯 x와 $x + h$라는 두 점에서 함수 $f(x)$의 변화 비율은 $\frac{f(x+h) - f(x)}{h}$입니다. 여기서 폭 h를 한없이 0에 가깝게 줄여 x의 변화 비율을 구하면 그 값이 바로 $y = f(x)$의 미분입니다. 또한 $y = f(x)$가 어떤 구간에서 미분 가능하다면 [식 4.1]은 해당 구간의 '모든 x'에서 성립합니다. 따라서 [식 4.1]의 $f'(x)$도 함수이며, $f(x)$의 **도함수**라고 합니다.

4.2 수치 미분 구현

그럼 미분을 정의한 [식 4.1]에 따라 미분을 계산하는 코드를 구현해봅시다. 그런데 컴퓨터는 극한을 취급할 수 없으니 h를 극한과 비슷한 값으로 대체하겠습니다. 예를 들어 $h = 0.0001$ (= 1e-4)과 같은 매우 작은 값을 이용하여 [식 4.1]을 계산합니다. 이런 미세한 차이를 이용하여 함수의 변화량을 구하는 방법을 **수치 미분**^{numerical differentiation}이라고 합니다.

수치 미분은 작은 값을 사용하여 '진정한 미분'을 근사합니다. 따라서 값에 어쩔 수 없이 오차가 포함되는데, 이 근사 오차를 줄이는 방법으로는 '중앙차분^{centered difference}'이라는 게 있습니다.

중앙차분은 $f(x)$와 $f(x+h)$의 차이를 구하는 대신 $f(x-h)$와 $f(x+h)$의 차이를 구합니다. 그림으로 나타내면 [그림 4-2]의 파란 선에 해당하죠.

그림 4-2 진정한 미분, 전진차분, 중앙차분 비교

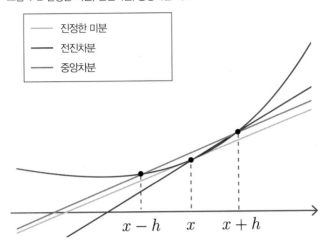

[그림 4-2]에서 보듯 x와 $x+h$ 지점에서의 기울기를 구하는 방법을 '전진차분^{forward difference}'이라 하고, $x-h$와 $x+h$에서의 기울기를 구하는 방법을 '중앙차분'이라 하는데, 중앙차분 쪽이 상대적으로 오차가 작습니다. 책에 증명까지는 싣지 않았지만 직관적으로는 [그림 4-2]에서 직선들의 기울기를 비교해보면 알 수 있습니다. 참고로 중앙차분에서 직선의 기울기는 $\frac{f(x+h)-f(x-h)}{2h}$ 입니다(분모가 $2h$인 점에 주의하세요).

> NOTE_ 전진차분보다 중앙차분이 진정한 미분값에 가깝다는 사실은 테일러 급수^{Taylor series}를 이용해 증명할 수 있습니다. 구체적인 증명은 참고문헌 [1]을 참고하세요.

그러면 중앙차분을 이용하여 수치 미분을 계산하는 함수를 numerical_diff(f, x, eps=1e-4)라는 이름으로 구현해봅시다. 첫 번째 인수 f는 미분의 대상이 되는 함수이며, 앞에서 구현한 Function의 인스턴스입니다. 두 번째 인수 x는 미분을 계산하는 변수로, Variable 인스턴스입니다. 마지막의 eps는 작은 값을 나타내며, 기본값은 1e-4입니다.* 수치 미분은 다음과 같이 구현할 수 있습니다.

----

* 옮긴이_ eps는 epsilon(엡실론)의 약어입니다. 엡실론은 수학에서 작은 양의 값을 나타내는 데 사용되고, 컴퓨터에서는 아주 작은 양의 부동소수점값을 담는 변수의 이름으로 흔히 사용됩니다.

```
def numerical_diff(f, x, eps=1e-4):
    x0 = Variable(x.data - eps)
    x1 = Variable(x.data + eps)
    y0 = f(x0)
    y1 = f(x1)
    return (y1.data - y0.data) / (2 * eps)
```
steps/step04.py

실제 데이터는 Variable의 인스턴스 변수인 data에 들어 있다는 것만 주의하면 특별히 조심할 점은 없어 보입니다. 그러면 3단계에서 구현한 Square 클래스를 대상으로 미분해보겠습니다.

```
f = Square()
x = Variable(np.array(2.0))
dy = numerical_diff(f, x)
print(dy)
```
steps/step04.py

실행 결과

```
4.000000000004
```

이렇게 함수 $y = x^2$에서 $x = 2.0$일 때 수치 미분한 결과를 구했습니다. 오차가 없었다면 4.0이 나왔어야 하니, 이 결과는 거의 올바른 값이라고 할 수 있겠네요.

> CAUTION_ 미분을 해석적으로 계산할 수도 있습니다. 해석적으로 계산한다고 함은 수식 변형만으로 답을 유도한다는 뜻입니다. 앞의 예에서는 미분 공식으로부터 $y = x^2$일 때 $\frac{dy}{dx} = 2x$가 됩니다($\frac{dy}{dx}$는 y의 x에 대한 미분을 뜻하는 기호입니다). 따라서 $x = 2.0$에서의 미분값은 4.0이 됩니다. 이 4.0이라는 값은 오차를 포함하지 않는 정확한 값입니다. 앞의 수치 미분 결과는 비록 정확하지는 않지만 오차가 매우 작음을 알 수 있습니다.

4.3 합성 함수의 미분

지금까지는 $y = x^2$이라는 단순한 함수를 다뤘습니다. 이어서 합성 함수를 미분해봅시다. $y = (e^{x^2})^2$이라는 계산에 대한 미분 $\frac{dy}{dx}$를 계산할 것입니다. 코드는 다음과 같습니다.

```python
def f(x):
    A = Square()
    B = Exp()
    C = Square()
    return C(B(A(x)))

x = Variable(np.array(0.5))
dy = numerical_diff(f, x)
print(dy)
```

실행 결과

```
3.2974426293330694
```

이 코드는 일련의 계산을 f라는 함수로 정리했습니다. 파이썬에서는 함수도 객체이기 때문에 다른 함수에 인수로 전달할 수 있습니다. 실제로 앞의 코드에서는 numerical_diff 함수에 함수 f를 전달했습니다.

실행 결과를 보면 미분한 값이 3.297...입니다. x를 0.5에서 작은 값만큼 변화시키면 y는 작은 값의 3.297...배만큼 변한다는 의미죠.

이상에서 우리는 미분을 '자동으로' 계산하는 데 성공했습니다. 원하는 계산을 파이썬 코드로 표현한 다음(앞의 예에서는 함수 f로 정의) 미분해달라고 프로그램에 요구했습니다. 이 방식대로 하면 아무리 복잡하게 조합된 함수라도 미분을 자동으로 계산할 수 있습니다! 이제부터는 함수의 종류를 늘려가면서 어떠한 계산도 (미분 가능한 함수라면) 미분할 수 있습니다. 그러나 안타깝게도 수치 미분에는 문제가 있습니다.

4.4 수치 미분의 문제점

수치 미분의 결과에는 오차가 포함되어 있습니다. 대부분의 경우 오차는 매우 작지만 어떤 계산이냐에 따라 커질 수도 있습니다.

NOTE_ 수치 미분의 결과에 오차가 포함되기 쉬운 이유는 주로 '자릿수 누락' 때문입니다. 중앙차분 등 '차이'를 구하는 계산은 주로 크기가 비슷한 값들을 다루므로 계산 결과에서 자릿수 누락이 생겨 유효 자릿수가 줄어들 수 있습니다. 예를 들어 유효 자릿수가 4일 때 $1.234 - 1.233$이라는 계산(비슷한 값끼리의 뺄셈)을 생각해보죠. 계산 결과는 0.001이 되어 유효 자릿수가 1로 줄어듭니다. 원래는 $1.234... - 1.233... = 0.001434...$ 같은 결과였을지도 모르는데, 자릿수 누락 때문에 0.001이 됐다고 볼 수 있습니다. 이와 같은 원리 때문에 수치 미분을 이용하면 자릿수 누락이 발생하여 오차가 포함되기 쉽습니다.

수치 미분의 더 심각한 문제는 계산량이 많다는 점입니다. 변수가 여러 개인 계산을 미분할 경우 변수 각각을 미분해야 하기 때문입니다. 신경망에서는 매개변수를 수백만 개 이상 사용하는 건 일도 아니므로 이 모두를 수치 미분으로 구하는 것은 현실적이지 않습니다. 그래서 등장한 것이 바로 역전파입니다. 다음 단계에서 드디어 역전파를 소개합니다.

덧붙여서, 수치 미분은 구현하기 쉽고 거의 정확한 값을 얻을 수 있습니다. 이에 비해 역전파는 복잡한 알고리즘이라서 구현하면서 버그가 섞여 들어가기 쉽습니다. 그래서 역전파를 정확하게 구현했는지 확인하기 위해 수치 미분의 결과를 이용하곤 합니다. 이를 **기울기 확인**gradient checking 이라고 하는데, 단순히 수치 미분 결과와 역전파의 결과를 비교하는 것입니다. 기울기 확인은 10단계에서 구현합니다.

역전파 이론

우리는 수치 미분을 이용해 미분을 계산할 수 있게 되었지만 수치 미분은 계산 비용과 정확도 면에서 문제가 있습니다. 지금이 바로 역전파^{backpropagation, 오차역전파법}가 구세주로 등장할 시점입니다! 역전파를 이용하면 미분을 효율적으로 계산할 수 있고 결괏값의 오차도 더 작습니다. 이번 단계에서는 아직 역전파 구현까지는 들어가지 않고 이론 설명에 집중하겠습니다(구현은 다음 단계로 양보했습니다).

5.1 연쇄 법칙

역전파를 이해하는 열쇠는 **연쇄 법칙**^{chain rule}입니다. chain은 '사슬'이라는 뜻으로, 여러 함수를 사슬처럼 연결하여 사용하는 모습을 빗댄 것입니다. 연쇄 법칙에 따르면 합성 함수(여러 함수가 연결된 함수)의 미분은 구성 함수 각각을 미분한 후 곱한 것과 같습니다.

구체적인 예를 하나 들어보죠. $y = F(x)$라는 함수가 있다고 합시다. 이 함수는 $a = A(x)$, $b = B(a)$, $y = C(b)$라는 세 함수로 구성되어 있습니다. 계산 그래프로 그리면 [그림 5-1]처럼 됩니다.

그림 5-1 합성 함수의 예

이때 x에 대한 y의 미분은 [식 5.1]로 표현할 수 있습니다.

$$\frac{dy}{dx} = \frac{dy}{db}\frac{db}{da}\frac{da}{dx}$$

[식 5.1]

[식 5.1]에서 알 수 있듯이 x에 대한 y의 미분은 구성 함수 각각의 미분값을 모두 곱한 값과 같습니다. 즉, 합성 함수의 미분은 각 함수의 국소적인 미분들로 분해할 수 있습니다. 이것이 연쇄 법칙입니다. 또한 [식 5.1] 앞에 다음과 같이 $\frac{dy}{dy}$ 를 명시할 수도 있습니다.

$$\frac{dy}{dx} = \frac{dy}{dy}\frac{dy}{db}\frac{db}{da}\frac{da}{dx}$$

[식 5.2]

$\frac{dy}{dy}$ 는 '자신'에 대한 미분이라서 항상 1입니다. 따라서 생략하는 것이 보통이지만 이 책에서는 역전파를 구현할 때를 대비하여 포함하도록 하겠습니다.

NOTE_ $\frac{dy}{dy}$ 는 y의 y에 대한 미분입니다. 이때 y가 작은 값만큼 변하면 자기 자신인 y도 당연히 같은 크기만큼 변합니다. 따라서 변화율은 어떤 함수의 경우에도 항상 1입니다.

5.2 역전파 원리 도출

이제 [식 5.2]를 차분히 살펴볼 시간입니다. [식 5.2]는 합성 함수의 미분은 구성 함수들의 미분의 곱으로 분해할 수 있음을 뜻합니다. '곱하는 순서'까지 말해주지는 않지만 사실 어떤 순서로 곱해도 상관없습니다. 그러니 [식 5.3]과 같이 출력에서 입력 방향으로(즉, 역방향으로) 순서대로 계산해보겠습니다.*

$$\frac{dy}{dx} = \left(\left(\frac{dy}{dy}\frac{dy}{db}\right)\frac{db}{da}\right)\frac{da}{dx}$$

[식 5.3]

[식 5.3]과 같이 출력에서 입력 방향으로, 즉 보통의 계산과는 반대 방향으로 미분을 계산합니다. 이때 [식 5.3]의 계산 흐름은 [그림 5-2]와 같습니다.

---

* 입력에서 출력 방향으로 계산하는 방법도 생각할 수 있습니다. 이를 '포워드 모드 자동 미분'이라고 하며, 제1고지 마지막의 '칼럼: 자동 미분'에서 설명하겠습니다.

그림 5-2 출력 쪽의 미분부터 순서대로 계산

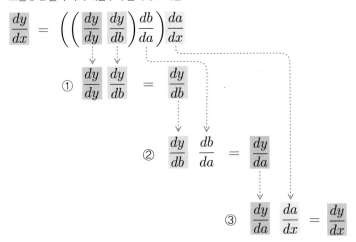

[그림 5-2]처럼 출력 y에서 입력 x 방향으로 곱하면서 순서대로 미분하면 최종적으로 $\frac{dy}{dx}$ 가 구해집니다. 계산 그래프로는 [그림 5-3]처럼 됩니다.

그림 5-3 $\frac{dy}{dx}$ 를 구하는 계산 그래프

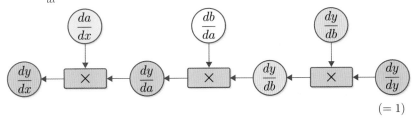

[그림 5-3]의 계산 그래프를 잘 관찰해봅시다. 우선 $\frac{dy}{dy}$ $(=1)$에서 시작하여 $\frac{dy}{db}$와 곱합니다. 여기서 $\frac{dy}{db}$는 함수 $y = C(b)$의 미분입니다. 따라서 함수 C의 도함수를 C'로 나타내면 $\frac{dy}{db} = C'(b)$라고 쓸 수 있습니다. 마찬가지로 $\frac{db}{da} = B'(a)$이고 $\frac{da}{dx} = A'(x)$입니다. 이에 따라 [그림 5-3]의 계산 그래프는 다음과 같이 단순화할 수 있습니다.

그림 5-4 단순화한 역전파 계산 그래프($A'(x)$의 곱셈을 '$A'(x)$'라는 노드로 간략하게 표현)

$$\boxed{\frac{dy}{dx}} \leftarrow \boxed{A'(x)} \leftarrow \boxed{\frac{dy}{da}} \leftarrow \boxed{B'(a)} \leftarrow \boxed{\frac{dy}{db}} \leftarrow \boxed{C'(b)} \leftarrow \boxed{\frac{dy}{dy}}$$
$$(=1)$$

[그림 5-4]와 같이 도함수의 곱을 함수 노드 하나로 그릴 수 있습니다. 이제 미분값이 전파되는 흐름이 명확해집니다. [그림 5-4]를 보면 'y의 각 변수에 대한 미분값'이, 즉 변수 y, b, a, x에 대한 미분값이 오른쪽에서 왼쪽으로 전파되는 것을 알 수 있습니다. 이것이 역전파입니다. 여기서 중요한 점은 전파되는 데이터는 모두 'y의 미분값'이라는 것입니다. 구체적으로는 $\frac{dy}{dy}$, $\frac{dy}{db}$, $\frac{dy}{da}$, $\frac{dy}{dx}$처럼 모두 'y의 ○○에 대한 미분값'이 전파되고 있습니다.

> **NOTE_** [식 5.3]과 같이 계산 순서를 출력에서 입력 방향으로 정한 이유는 y의 미분값을 전파하기 위해서입니다. 즉, y를 '중요 요소'로 대우하기 때문입니다. 만약 입력에서 출력 방향으로 계산했다면 중요 요소는 입력인 x가 됩니다. 이 경우 전파되는 값은 $\frac{dx}{dx} \rightarrow \frac{da}{dx} \rightarrow \frac{db}{dx} \rightarrow \frac{dy}{dx}$가 되어 x에 대한 미분을 전파하게 됩니다.

머신러닝은 주로 대량의 매개변수를 입력받아서 마지막에 **손실 함수**$^{\text{loss function}}$를 거쳐 출력을 내는 형태로 진행됩니다. 손실 함수의 출력은 (많은 경우) 단일한 스칼라값이며, 이 값이 '중요 요소'입니다. 즉, 손실 함수의 각 매개변수에 대한 미분을 계산해야 합니다. 이런 경우 미분값을 출력에서 입력 방향으로 전파하면 한 번의 전파만으로 모든 매개변수에 대한 미분을 계산할 수 있습니다. 이처럼 계산이 효율적으로 이뤄지기 때문에 미분을 반대 방향으로 전파하는 방식(역전파)을 이용하는 것입니다.

5.3 계산 그래프로 살펴보기

다음과 같이 통상적인 계산인 순전파 계산 그래프(그림 5-1)와 미분을 계산하는 역전파 계산 그래프(그림 5-4)를 위아래로 나란히 놓고 살펴봅시다.

그림 5-5 순전파(위)와 역전파(아래)

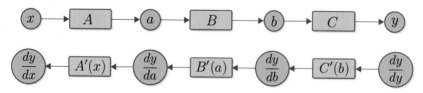

이렇게 비교하니 순전파와 역전파의 관계가 명확히 보입니다. 예를 들어 순전파 시의 변수 a는 역전파 시의 미분 $\frac{dy}{da}$에 대응합니다. 마찬가지로 b와 $\frac{dy}{db}$가 대응하고 x와 $\frac{dy}{dx}$가 대응합니다. 또한 함수에도 대응 관계가 보입니다. 함수 B는 역전파의 $B'(a)$에 대응하고 A는 $A'(x)$에 대응하는 식입니다. 이렇게 변수는 '통상값'과 '미분값'이 존재하고, 함수는 '통상 계산(순전파)'과 '미분값을 구하기 위한 계산(역전파)'이 존재하는 것으로 생각할 수 있습니다. 이를 통해 역전파를 어떻게 구현할지 짐작해볼 수 있을 것입니다.

마지막으로 [그림 5-5]의 함수 노드 $C'(b)$에 주목해보죠. $y = C(b)$라는 계산의 미분입니다만, 여기서 주의할 점은 $C'(b)$를 계산하려면 b값이 필요하다는 사실입니다. 마찬가지로 $B'(a)$를 구하려면 입력 a의 값이 필요합니다. 무슨 말인고 하니, 역전파 시에는 순전파 시 이용한 데이터가 필요하다는 것입니다. 따라서 역전파를 구현하려면 먼저 순전파를 하고, 이때 각 함수가 입력 변수(앞의 예에서는 x, a, b)의 값을 기억해두지 않으면 안 됩니다. 그런 다음에야 각 함수의 역전파를 계산할 수 있습니다.

이상이 역전파의 이론 설명입니다. 다소 복잡한가요? 좋은 소식을 알려드리겠습니다. 다행히 역전파는 이 책에서 가장 어려운 내용에 속한답니다. 그리고 아직 잘 이해되지 않는 부분도 실제로 코드를 실행해보면 이해될 것입니다. 다음 단계에서는 역전파를 구현하고 실제로 돌려보며 검증하겠습니다.

수동 역전파

이전 단계에서 역전파의 구동 원리를 설명했습니다. 이번 단계에서는 Variable과 Function 클래스를 확장하여 역전파를 이용한 미분을 구현하겠습니다. Variable 클래스부터 살펴보죠.

6.1 Variable 클래스 추가 구현

역전파에 대응하는 Variable 클래스를 구현하겠습니다. 그러기 위해 통상값(data)과 더불어 그에 대응하는 미분값(grad)도 저장하도록 확장합니다. 새로 추가된 코드에는 음영을 덧씌웠습니다.

```python
class Variable:
    def __init__(self, data):
        self.data = data
        self.grad = None
```
steps/step06.py

이와 같이 새로 grad라는 인스턴스 변수를 추가했습니다. 인스턴스 변수인 data와 grad는 모두 넘파이의 다차원 배열(ndarray)이라고 가정합니다. 또한 grad는 None으로 초기화해둔 다음, 나중에 실제로 역전파를 하면 미분값을 계산하여 대입합니다.

6.2 Function 클래스 추가 구현

Function 클래스를 알아볼 차례입니다. 이전 단계까지의 Function 클래스는 일반적인 계산을 하는 순전파(forward 메서드) 기능만 지원하는 상태입니다. 이외에 다음 두 기능을 추가하겠습니다.

- 미분을 계산하는 역전파(backward 메서드)
- forward 메서드 호출 시 건네받은 Variable 인스턴스 유지

다음은 이 두 기능을 구현한 코드입니다.

```python
class Function:
    def __call__(self, input):
        x = input.data
        y = self.forward(x)
        output = Variable(y)
        self.input = input  # 입력 변수를 기억(보관)한다.
        return output

    def forward(self, x):
        raise NotImplementedError()

    def backward(self, gy):
        raise NotImplementedError()
```

`steps/step06.py`

코드에서 보듯 __call__ 메서드에서 입력된 input을 인스턴스 변수인 self.input에 저장합니다. 이렇게 해서 나중에 backward 메서드에서 함수(Function)에 입력한 변수(Variable 인스턴스)가 필요할 때 self.input에서 가져와 사용할 수 있습니다.

6.3 Square와 Exp 클래스 추가 구현

이어서 Function을 상속한 구체적인 함수에서 역전파(backward)를 구현해보겠습니다. 첫 번째 대상은 제곱을 계산하는 Square 클래스입니다. $y = x^2$의 미분은 $\frac{dy}{dx} = 2x$가 되기 때문에 다음처럼 구현할 수 있습니다.

```python
class Square(Function):
    def forward(self, x):
        y = x ** 2
        return y

    def backward(self, gy):
        x = self.input.data
        gx = 2 * x * gy
        return gx
```
steps/step06.py

이와 같이 역전파를 담당하는 backward 메서드를 추가했습니다. 이 메서드의 인수 gy는 ndarray 인스턴스이며, 출력 쪽에서 전해지는 미분값을 전달하는 역할을 합니다. 그리고 인수로 전달된 미분에 '$y = x^2$의 미분'을 곱한 값이 backward의 결과가 됩니다. 역전파에서는 이 결괏값을 입력 쪽에 더 가까운 다음 함수로 전파해나갈 것입니다.

이어서 $y = e^x$ 계산을 할 Exp 클래스입니다. 이 계산의 미분은 $\frac{dy}{dx} = e^x$이기 때문에 다음과 같이 구현할 수 있습니다.

```python
class Exp(Function):
    def forward(self, x):
        y = np.exp(x)
        return y

    def backward(self, gy):
        x = self.input.data
        gx = np.exp(x) * gy
        return gx
```
steps/step06.py

6.4 역전파 구현

이상으로 준비 작업이 끝났습니다. 이번 절에서는 [그림 6-1]에 해당하는 계산의 미분을 역전파로 계산해보겠습니다.

그림 6-1 역전파할 대상(합성 함수)

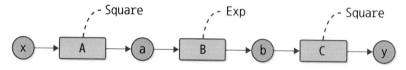

먼저 [그림 6-1]을 순전파하는 코드부터 보겠습니다.

```
A = Square()
B = Exp()
C = Square()

x = Variable(np.array(0.5))
a = A(x)
b = B(a)
y = C(b)
```

steps/step06.py

이어서 역전파로 y를 미분해보죠. 순전파 때와는 반대 순서로 각 함수의 backward 메서드를 호출하면 됩니다. [그림 6-2]는 이때 이루어지는 역전파를 계산 그래프로 그린 모습입니다.

그림 6-2 역전파의 계산 그래프

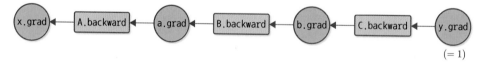

[그림 6-2]를 보면 어떤 순서로 어느 함수의 backward 메서드를 호출하면 되는지 알 수 있습니다. 또한 backward 메서드의 결과를 어느 변수의 grad로 설정하면 되는지도 알 수 있습니다. 다음은 [그림 6-2]의 계산 그래프를 코드로 옮긴 모습입니다.

```
y.grad = np.array(1.0)
b.grad = C.backward(y.grad)
a.grad = B.backward(b.grad)
x.grad = A.backward(a.grad)
print(x.grad)
```

실행 결과

```
3.297442541400256
```

역전파는 $\frac{dy}{dy} = 1$에서 시작합니다. 따라서 출력 y의 미분값을 np.array(1.0)로 설정합니다. 그런 다음 C → B → A 순으로 backward 메서드를 호출하기만 하면 됩니다. 이것으로 각 변수의 미분값이 구해집니다.

앞의 코드를 실행하면 x.grad의 값이 3.297442541400256이라고 나옵니다. 이 값이 y의 x에 대한 미분 결과입니다. 4단계에서 수치 미분으로 구한 값이 3.2974426293330694였으니 두 결과가 거의 같음을 알 수 있습니다. 역전파를 제대로 구현한 것입니다(더 정확하게는, 올바르게 구현했을 가능성이 큽니다).

이상이 역전파 구현입니다. 제대로 동작하지만 역전파 순서(C → B → A)에 맞춰 호출하는 코드를 우리가 일일이 작성해 넣는 건 영 불편할 것 같습니다. 그래서 다음 단계에서는 이 작업을 자동화하겠습니다.

역전파 자동화

이전 단계에서 역전파를 동작시키는 데 성공했습니다. 그러나 역전파 계산 코드를 수동으로 조합해야 했습니다. 새로운 계산을 할 때마다 역전파 코드를 직접 작성해야 한다는 뜻이죠. [그림 7-1]처럼 계산 그래프가 여러 개라면 각각의 계산에 맞게 역전파 코드를 수동으로 따로따로 작성해야 합니다. 그러다 보면 실수가 생길 수 있고, 무엇보다도 지루할 것입니다. 지루한 일은 파이썬에게 시키자고요!

그림 7-1 다양한 계산 그래프(변수명은 생략하고 함수명은 클래스 이름으로 대신함)

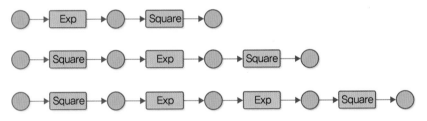

그래서 이제부터 역전파를 자동화하려 합니다. 더 정확히 말하면, 일반적인 계산(순전파)을 한 번만 해주면 어떤 계산이라도 상관없이 역전파가 자동으로 이루어지는 구조를 만들 것입니다. 두둥! 지금부터가 바로 Define-by-Run의 핵심을 건드리는 내용입니다!

> NOTE_ Define-by-Run이란 딥러닝에서 수행하는 계산들을 계산 시점에 '연결'하는 방식으로, '동적 계산 그래프'라고도 합니다. Define-by-Run의 개념과 장점은 제2고지 마지막의 '칼럼: Define by Run'에서 자세히 설명합니다.

그런데 [그림 7-1]의 계산 그래프들은 모두 일직선으로 늘어선 계산입니다. 따라서 함수의 순서를 리스트 형태로 저장해두면 나중에 거꾸로 추적하는 식으로 역전파를 자동화할 수 있습니다. 그러나 분기가 있는 계산 그래프나 같은 변수가 여러 번 사용되는 복잡한 계산 그래프는 단순히 리스트로 저장하는 식으로는 풀 수 없습니다. 우리 목표는 아무리 복잡한 계산 그래프라 하더라도 역전파를 자동으로 할 수 있는 구조를 마련하는 것입니다.

> CAUTION_ 사실 리스트 데이터 구조를 응용하면 수행한 계산을 리스트에 추가해 나가는 것만으로 어떠한 계산 그래프의 역전파도 제대로 해낼 수 있습니다. 이 데이터 구조를 웬거트 리스트Wengert List(혹은 테이프tape)라고 합니다. 이 책에서는 웬거트 리스트에 대한 설명은 하지 않으니 관심 있는 분은 참고문헌 [2]와 [3]을 참고하시고, 웬거트 리스트를 활용하는 Define-by-Run의 장점은 참고문헌 [4]를 참고해주세요.

7.1 역전파 자동화의 시작

역전파 자동화로 가는 길은 변수와 함수의 '관계'를 이해하는 데서 출발합니다. 우선 함수 관점에서 '함수는 변수를 어떻게 바라볼까'를 생각해봅시다. 함수 입장에서 변수는 '입력'과 '출력'에 쓰입니다. 즉, [그림 7-2]의 왼쪽과 같이 함수에게 변수는 '입력 변수(input)'와 '출력 변수(output)'로서 존재합니다(그림의 점선은 참조reference를 뜻합니다).

그림 7-2 함수 입장에서 본 변수와의 관계(왼쪽)와 변수 입장에서 본 함수와의 관계(오른쪽)

변수 관점에서 함수는 어떤 존재일까요? 여기서 눈여겨볼 점은 변수는 함수에 의해 '만들어진다'라는 것입니다. 즉, 변수에게 있어 함수는 '창조자creator' 혹은 '부모'입니다. 창조자인 함수가 존재하지 않는 변수는 함수 이외의 존재, 예컨대 사용자에 의해 만들어진 변수로 간주됩니다.

일단 [그림 7-2]와 같은 함수와 변수의 관계를 DeZero 코드에 녹여볼까요? 여기에서는 일반적인 계산(순전파)이 이루어지는 시점에 '관계'를 맺어주도록(즉, 함수와 변수를 연결 짓도록) 만들겠습니다. 이를 위해 우선 Variable 클래스에 다음 코드를 추가합니다.

```python
class Variable:
    def __init__(self, data):
        self.data = data
        self.grad = None
        self.creator = None

    def set_creator(self, func):
        self.creator = func
```

creator라는 인스턴스 변수를 추가했습니다. 그리고 creator를 설정할 수 있도록 set_creator 메서드도 추가합니다. 이어서 Function 클래스에 다음 코드를 추가합니다.

```python
class Function:
    def __call__(self, input):
        x = input.data
        y = self.forward(x)
        output = Variable(y)
        output.set_creator(self)  # 출력 변수에 창조자를 설정한다.
        self.input = input
        self.output = output  # 출력도 저장한다.
        return output
```

순전파를 계산하면 그 결과로 output이라는 Variable 인스턴스가 생성됩니다. 이때 생성된 output에 '내가 너의 창조자임'을 기억시킵니다. 이 부분이 '연결'을 동적으로 만드는 기법의 핵심입니다. 그런 다음 앞으로를 위해 output을 인스턴스 변수에 저장했습니다.

> NOTE_ DeZero의 동적 계산 그래프Dynamic Computational Graph는 실제 계산이 이루어질 때 변수(상자)에 관련 '연결'을 기록하는 방식으로 만들어집니다. 체이너와 파이토치의 방식도 이와 비슷합니다.

이와 같이 '연결'된 Variable과 Function이 있다면 계산 그래프를 거꾸로 거슬러 올라갈 수 있습니다. 구체적인 코드로 나타내면 다음과 같습니다.

```python
A = Square()
B = Exp()
C = Square()

x = Variable(np.array(0.5))
```

```
a = A(x)
b = B(a)
y = C(b)

# 계산 그래프의 노드들을 거꾸로 거슬러 올라간다.
assert y.creator == C
assert y.creator.input == b
assert y.creator.input.creator == B
assert y.creator.input.creator.input == a
assert y.creator.input.creator.input.creator == A
assert y.creator.input.creator.input.creator.input == x
```

우선 assert 문이 무엇인지 설명해야겠네요. 먼저 'assert'는 우리말로 '단호하게 주장하다', '단언하다'라는 뜻입니다. assert 문은 assert … 형태로 사용합니다. 여기서 … 부분이 '주장'에 해당하는 내용으로, 그 평가 결과가 True가 아니면 예외가 발생합니다. 따라서 assert 문은 조건을 충족하는지 여부를 확인하는 데 사용할 수 있습니다. 참고로 앞의 코드는 문제없이(예외가 발생하지 않고) 실행되므로 assert 문의 조건을 모두 충족함을 알 수 있습니다.

앞의 코드가 보여주듯 Variable의 인스턴스 변수 creator에서 바로 앞의 Function으로 건너갑니다. 그리고 그 Function의 인스턴스 변수 input에서 다시 하나 더 앞의 Variable로 건너가죠. [그림 7-3]은 이 관계를 잘 보여줍니다.

그림 7-3 계산 그래프 역추적(y에서 시작)

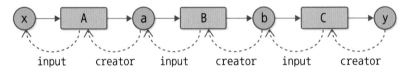

[그림 7-3]과 같이 우리 계산 그래프는 함수와 변수 사이의 연결로 구성됩니다. 그리고 중요한 점은 이 '연결'이 실제로 계산을 수행하는 시점에(순전파로 데이터를 흘려보낼 때) 만들어진다는 것입니다. 이러한 특성에 이름을 붙인 것이 Define-by-Run입니다. 데이터를 흘려보냄으로써(Run함으로써) 연결이 규정된다는(Define된다는) 뜻입니다.

또한 [그림 7-3]과 같이 노드들의 연결로 이루어진 데이터 구조를 '링크드 리스트'linked list'라고 합니다. 노드는 그래프를 구성하는 요소이며, 링크link는 다른 노드를 가리키는 참조를 뜻합니다. 결국 우리는 '링크드 리스트'라는 데이터 구조를 이용해 계산 그래프를 표현하고 있는 것입니다.

7.2 역전파 도전!

변수와 함수의 관계를 이용하여 역전파를 시도해보겠습니다. 우선 y에서 b까지의 역전파를 시도해보죠.

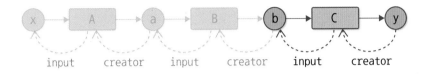

이 부분은 다음과 같이 구현할 수 있습니다.

```
y.grad = np.array(1.0)

C = y.creator  # 1. 함수를 가져온다.
b = C.input  # 2. 함수의 입력을 가져온다.
b.grad = C.backward(y.grad)  # 3. 함수의 backward 메서드를 호출한다.
```

y의 인스턴스 변수 creator에서 함수를 얻어오고, 그 함수의 input에서 입력 변수를 가져왔습니다. 그런 다음 함수의 backward 메서드를 호출합니다. 이어서 변수 b에서 a로의 역전파를 보겠습니다.

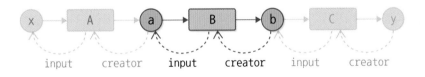

```
B = b.creator  # 1. 함수를 가져온다.
a = B.input  # 2. 함수의 입력을 가져온다.
a.grad = B.backward(b.grad)  # 3. 함수의 backward 메서드를 호출한다.
```

똑같은 흐름입니다. 구체적으로 다음과 같은 순서로 진행됩니다.

1 함수를 가져온다.
2 함수의 입력을 가져온다.
3 함수의 backward 메서드를 호출한다.

마지막으로 변수 a에서 x로의 역전파까지 진행합니다.

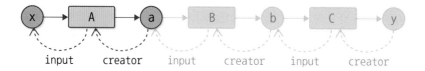

```
A = a.creator  # 1. 함수를 가져온다.
x = A.input  # 2. 함수의 입력을 가져온다.
x.grad = A.backward(a.grad)  # 3. 함수의 backward 메서드를 호출한다.
print(x.grad)
```

실행 결과

```
3.297442541400256
```

이상으로 모든 역전파가 끝났습니다.

7.3 backward 메서드 추가

방금 보여드린 역전파 코드에는 똑같은 처리 흐름이 반복해서 나타났습니다. 변수에서 하나 앞의 변수로 거슬러 올라가는 로직이 그러했습니다. 그러므로 이 반복 작업을 자동화할 수 있도록 Variable 클래스에 backward라는 새로운 메서드를 추가하겠습니다.

```
                                                    steps/step07.py
class Variable:
    def __init__(self, data):
        self.data = data
        self.grad = None
        self.creator = None

    def set_creator(self, func):
        self.creator = func

    def backward(self):
        f = self.creator  # 1. 함수를 가져온다.
        if f is not None:
```

```
x = f.input  # 2. 함수의 입력을 가져온다.
x.grad = f.backward(self.grad)  # 3. 함수의 backward 메서드를 호출한다.
x.backward()  # 하나 앞 변수의 backward 메서드를 호출한다(재귀).
```

backward 메서드는 지금까지 반복한 처리 흐름과 거의 동일합니다. Variable의 creator에서 함수를 얻어오고, 그 함수의 입력 변수를 가져옵니다. 그런 다음 함수의 backward 메서드를 호출합니다. 마지막으로 자신보다 하나 앞에 놓인 변수의 backward 메서드를 호출합니다. 이런 식으로 각 변수의 backward 메서드가 재귀적으로 불리게 됩니다.

> **NOTE_** Variable 인스턴스의 creator가 None이면 역전파가 중단됩니다. 창조자가 없으므로 이 Variable 인스턴스는 함수 바깥에서 생성됐음을 뜻합니다(높은 확률로 사용자가 만들어 건넨 변수일 것입니다).

이제 새로워진 Variable을 이용하여 역전파가 자동으로 실행되는 모습을 보겠습니다.

```
                                                    steps/step07.py
A = Square()
B = Exp()
C = Square()

x = Variable(np.array(0.5))
a = A(x)
b = B(a)
y = C(b)

# 역전파
y.grad = np.array(1.0)
y.backward()
print(x.grad)
```

실행 결과

```
3.297442541400256
```

이와 같이 변수 y의 backward 메서드를 호출하면 역전파가 자동으로 진행됩니다. 실행 결과도 지금까지와 동일합니다. 축하합니다! 여러분은 방금 DeZero에서 가장 중요한 개념인 자동 미분의 기초를 완성했습니다.

재귀에서 반복문으로

앞 단계에서는 Variable 클래스에 backward 메서드를 추가했습니다. 이번에는 처리 효율을 개선하고 앞으로의 확장을 대비해 backward 메서드의 구현 방식을 바꿔보겠습니다.

8.1 현재의 Variable 클래스

이전 장에서 우리는 Variable 클래스의 backward 메서드를 다음처럼 구현했습니다.

steps/step07.py

```
class Variable:
    ...  # 생략

    def backward(self):
        f = self.creator
        if f is not None:
            x = f.input
            x.grad = f.backward(self.grad)
            x.backward()
```

이 backward 메서드에서 눈에 밝히는 부분은 (입력 방향으로) 하나 앞 변수의 backward 메서드를 호출하는 코드입니다. 'backward 메서드에서 backward 메서드를 호출하고, 호출된 backward 메서드에서 또 다른 backward 메서드를 호출하고, ...' 과정이 계속됩니다(창조자 함수가 없는 변수, 즉 self.creator가 None인 변수를 찾을 때까지 계속됩니다). 이를 재귀 구조라고 합니다.

> CAUTION_ 이 책에서는 페이지 수를 절약하고 설명 내용과 관련된 코드에 집중하기 위해 코드 일부를 생략하고 보여줄 때도 있습니다. 생략된 부분은 '...'로 표기합니다(파이썬 인터프리터에서 줄바꿈 시 나타나는 '...'와는 의미가 다릅니다).

8.2 반복문을 이용한 구현

이번 절에서는 지금까지의 '재귀를 사용한 구현'을 '반복문을 이용한 구현'으로 고쳐보겠습니다. 코드는 다음과 같습니다.

steps/step08.py

```python
class Variable:
    ...

    def backward(self):
        funcs = [self.creator]
        while funcs:
            f = funcs.pop()  # 함수를 가져온다.
            x, y = f.input, f.output  # 함수의 입력과 출력을 가져온다.
            x.grad = f.backward(y.grad)  # backward 메서드를 호출한다.

            if x.creator is not None:
                funcs.append(x.creator)  # 하나 앞의 함수를 리스트에 추가한다.
```

이것이 반복문을 이용한 구현입니다. 주목할 점은 처리해야 할 함수들을 funcs라는 리스트에 차례로 집어넣는다는 것입니다. while 블록 안에서 funcs.pop()을 호출하여 처리할 함수 f를 꺼내고, f의 backward 메서드를 호출합니다. 이때 f.input과 f.output에서 함수 f의 입력과 출력 변수를 얻음으로써 f.backward()의 인수와 반환값을 올바르게 설정할 수 있습니다.

> NOTE_ 리스트의 pop 메서드는 리스트에서 마지막 원소를 꺼내줍니다(반환된 요소는 리스트에서 제거됩니다). 예컨대 funcs = [1, 2, 3]일 때 x = funcs.pop()을 실행하면 3이 반환되고 funcs는 [1, 2]가 됩니다.

8.3 동작 확인

개선된 Variable 클래스를 사용하여 실제로 미분을 해봅시다. 7단계에서와 똑같은 코드를 실행해보겠습니다.

steps/step08.py

```
A = Square()
B = Exp()
C = Square()

x = Variable(np.array(0.5))
a = A(x)
b = B(a)
y = C(b)

# 역전파
y.grad = np.array(1.0)
y.backward()
print(x.grad)
```

실행 결과

```
3.297442541400256
```

결과도 이전과 똑같습니다. 이상으로 '재귀'에서 '반복문'으로 구현 방식을 전환했습니다. 반복문 방식의 이점은 15단계에서 알 수 있습니다. 15단계에서는 복잡한 계산 그래프를 다루는데, 방금 전환한 구현 덕분에 부드럽게 확장할 수 있습니다. 처리 효율도 반복문 방식이 뛰어납니다.

> CAUTION_ 재귀는 함수를 재귀적으로 호출할 때마다 중간 결과를 메모리에 유지하면서(스택에 쌓으면서) 처리를 이어갑니다. 일반적으로 반복문 방식의 효율이 더 좋은 이유입니다. 그러나 요즘 컴퓨터는 메모리가 넉넉한 편이라서 조금 더 사용하는 건 그리 문제가 되지 않습니다. 또한 '꼬리 재귀tail recursion' 기법을 이용하여 재귀를 반복문처럼 실행할 수 있는 경우도 있습니다.

이상으로 역전파 구현의 기반은 완성했습니다. 앞으로는 더욱 복잡한 계산도 가능하도록 현재의 DeZero를 확장해나갈 것입니다. 하지만 그전에 다음 단계에서 DeZero의 '사용자 편의성'부터 개선하겠습니다.

함수를 더 편리하게

DeZero가 역전파를 해낼 수 있게 되었습니다. 또한 Define-by-Run이라고 하는 전체 계산의 각 조각들을 런타임에 '연결'해내는 능력도 갖췄습니다. 하지만 사용하기에 조금 불편한 부분이 있어서 이번 단계에서는 DeZero의 함수에 세 가지 개선을 추가하겠습니다.

9.1 파이썬 함수로 이용하기

지금까지의 DeZero는 함수를 '파이썬 클래스'로 정의해 사용했습니다. 그래서 가령 Square 클래스를 사용하는 계산을 하려면 코드를 다음처럼 작성해야 했습니다.

```
x = Variable(np.array(0.5))
f = Square()
y = f(x)
```

이와 같이 Square 클래스의 인스턴스를 생성한 다음, 이어서 그 인스턴스를 호출하는 두 단계로 구분해 진행해야 합니다. 사용자 입장에서는 조금 번거롭죠. y = Square()(x) 형태로 한 줄로 적을 수도 있지만 모양새가 좋지 않습니다. 더 바람직한 해법은 '파이썬 함수'를 지원하는 것입니다. 그래서 다음 코드를 추가합니다.

```
def square(x):
    f = Square()
    return f(x)

def exp(x):
    f = Exp()
    return f(x)
```

보다시피 square와 exp라는 두 가지 파이썬 함수를 구현했습니다. 이로써 'DeZero 함수'를 '파이썬 함수'로 이용할 수 있게 됩니다. 참고로 이 코드는 다음과 같이 한 줄로 표현할 수도 있습니다.

steps/step09.py

```
def square(x):
    return Square()(x)   # 한 줄로 작성

def exp(x):
    return Exp()(x)
```

이전의 f = Square() 형태에서는 DeZero 함수를 f라는 변수 이름으로 참조한 데 반해, 간소화한 코드에서는 직접 Square()(x)라고 쓴 것입니다. 그럼 방금 구현한 두 함수를 사용해보죠.

```
x = Variable(np.array(0.5))
a = square(x)
b = exp(a)
y = square(b)

y.grad = np.array(1.0)
y.backward()
print(x.grad)
```

실행 결과

```
3.297442541400256
```

보다시피 최초의 np.array(0.5)를 Variable로 감싸면 일반적인 수치 계산을 하듯, 즉 넘파이를 사용해 계산하도록 코딩할 수 있습니다. 또한 다음과 같이 함수를 연속으로 적용할 수 있습니다.

```
x = Variable(np.array(0.5))
y = square(exp(square(x)))  # 연속하여 적용
y.grad = np.array(1.0)
y.backward()
print(x.grad)
```

실행 결과

```
3.297442541400256
```

이제 계산을 더 자연스러운 코드로 표현할 수 있게 되었습니다. 이것이 첫 번째 개선입니다.

9.2 backward 메서드 간소화

두 번째 개선은 역전파 시 사용자의 번거로움을 줄이기 위한 것입니다. 구체적으로는 방금 작성한 코드에서 y.grad = np.array(1.0) 부분을 생략하려 합니다. 지금까지는 역전파할 때마다 y.grad = np.array(1.0)이라는 코드를 작성해야 했습니다. 이 코드를 생략할 수 있도록 Variable의 backward 메서드에 다음 두 줄을 추가합니다.

steps/step09.py

```
class Variable:
    ...

    def backward(self):
        if self.grad is None:
            self.grad = np.ones_like(self.data)

        funcs = [self.creator]
        while funcs:
            f = funcs.pop()
            x, y = f.input, f.output
            x.grad = f.backward(y.grad)

            if x.creator is not None:
                funcs.append(x.creator)
```

이와 같이 만약 변수의 grad가 None이면 자동으로 미분값을 생성합니다. np.ones_like(self. data) 코드는 self.data와 형상과 데이터 타입이 같은 ndarray 인스턴스를 생성하는데, 모든 요소를 1로 채워서 돌려줍니다. self.data가 스칼라이면 self.grad도 스칼라가 됩니다.

> NOTE_ 이전까지는 출력의 미분값을 np.array(1.0)으로 사용했지만, 방금 코드에서는 np.ones_like()를 썼습니다. 그 이유는 Variable의 data와 grad의 데이터 타입을 같게 만들기 위해서입니다. 예를 들어 data의 타입이 32비트 부동소수점 숫자면 grad의 타입도 32비트 부동소수점 숫자가 됩니다. 참고로 np.array(1.0) 은 64비트 부동소수점 숫자 타입으로 만들어줍니다.

이제 어떤 계산을 하고 난 뒤의 최종 출력 변수에서 backward 메서드를 호출하는 것만으로 미분값이 구해집니다. 실제로 돌려보죠.

```
steps/step09.py
x = Variable(np.array(0.5))
y = square(exp(square(x)))
y.backward()
print(x.grad)
```

실행 결과

```
3.297442541400256
```

9.3 ndarray만 취급하기

DeZero의 Variable은 데이터로 ndarray 인스턴스만 취급하게끔 의도했습니다. 하지만 사용하는 사람이 모르고 float나 int 같은 의도치 않은 데이터 타입을 사용하는 일도 충분히 일어날 수 있습니다. 예컨대 Variable(1.0) 혹은 Variable(3)처럼 사용할 수도 있겠죠. 이런 사태를 막기 위해 Variable이 ndarray 인스턴스만을 담는 '상자'가 되도록 고민을 해봤습니다. 그래서 Variable에 ndarray 인스턴스 외의 데이터를 넣을 경우 즉시 오류를 일으키기로 했습니다 (미분값은 None으로 유지합니다). 이렇게 하면 문제를 조기에 발견할 수 있겠지요. 자, 우선 Variable 클래스의 초기화 부분에 다음 코드를 추가합니다.

```
class Variable:
    def __init__(self, data):
        if data is not None:
            if not isinstance(data, np.ndarray):
                raise TypeError('{}은(는) 지원하지 않습니다.'.format(type(data)))

        self.data = data
        self.grad = None
        self.creator = None
```

이와 같이 인수로 주어진 data가 None이 아니고 ndarray 인스턴스도 아니라면 TypeError
라는 예외를 발생시킵니다. 이때 오류 메시지로 출력할 문장도 준비합니다. 이제 새로워진
Variable을 사용해봅시다.

```
x = Variable(np.array(1.0))  # OK
x = Variable(None)  # OK

x = Variable(1.0)  # NG: 오류 발생!
```

실행 결과

```
TypeError : <class 'float'>은(는) 지원하지 않습니다.
```

보는 바와 같이 ndarray나 None이면 아무 문제가 없지만, 다른 데이터 타입을 입력하면(앞
의 예에서는 float) 예외가 발생합니다. 덕분에 잘못된 데이터 타입을 사용했음을 즉시 알 수 있
습니다.

그런데 이렇게 바꾸면 주의할 게 하나 생깁니다. 넘파이의 독특한 관례 때문인데요, 다음 코드
를 보면서 설명하겠습니다.

```
x = np.array([1.0])
y = x ** 2
print(type(x), x.ndim)
print(type(y))
```

실행 결과

```
<class 'numpy.ndarray'> 1
<class 'numpy.ndarray'>
```

여기서 x는 1차원 ndarray입니다. 여기에 제곱(x ** 2)을 하면 y의 데이터 타입도 ndarray 가 됩니다. 예상대로의 결과죠. 문제가 되는 것은 다음 경우입니다.

```
x = np.array(1.0)  # 0차원 ndarray
y = x ** 2
print(type(x), x.ndim)
print(type(y))
```

```
<class 'numpy.ndarray'> 0
<class 'numpy.float64'>
```

여기서 x는 0차원의 ndarray인데, 제곱(x ** 2)을 하면 np.float64가 되어버립니다. 이상해 보일지 모르지만 넘파이가 의도한 동작입니다.* 즉, 0차원 ndarray 인스턴스를 사용하여 계산 하면 결과의 데이터 타입이 numpy.float64나 numpy.float32 등으로 달라집니다. 다시 말 해 DeZero 함수의 계산 결과(출력)도 numpy.float64나 numpy.float32가 되는 경우가 나 옵니다. 그러나 우리 Variable은 데이터가 항상 ndarray 인스턴스라고 가정하고 있으니 대처 를 해줘야 합니다. 이를 위해 우선 다음과 같은 편의 함수를 준비합니다.

```
def as_array(x):                           steps/step09.py
    if np.isscalar(x):
        return np.array(x)
    return x
```

여기에 쓰인 np.isscalar는 입력 데이터가 numpy.float64 같은 스칼라 타입인지 확인해주는 함수입니다(파이썬의 int와 float 타입도 스칼라로 판단합니다). 다음은 np.isscalar 함수를 사용하는 예입니다.

```
>>> import numpy as np
>>> np.isscalar(np.float64(1.0))
True
```

---

* CuPy의 동작도 넘파이와 거의 같지만 '0차원 ndarray로 바뀌는 동작'은 다릅니다. CuPy의 경우 cupy.ndarray를 사용해 계산하면 차원 수에 관계없이 항상 cupy.ndarray를 돌려줍니다.

```
>>> np.isscalar(2.0)
True
>>> np.isscalar(np.array(1.0))
False
>>> np.isscalar(np.array([1, 2, 3]))
False
```

이처럼 x가 스칼라 타입인지 쉽게 확인할 수 있으며, as_array 함수는 이를 이용하여 입력이 스칼라인 경우 ndarray 인스턴스로 변환해줍니다. 이제 as_array라는 편의 함수가 준비되었으니 Function 클래스에 다음의 음영 부분 코드를 추가합니다.

steps/step09.py

```
class Function:
    def __call__(self, input):
        x = input.data
        y = self.forward(x)
        output = Variable(as_array(y))
        output.set_creator(self)
        self.input = input
        self.output = output
        return output

    ...
```

이와 같이 순전파의 결과인 y를 Variable로 감쌀 때 as_array()를 이용합니다. 이렇게 하여 출력 결과인 output은 항상 ndarray 인스턴스가 되도록 보장하는 것이죠. 이제 0차원 ndarray 인스턴스를 사용한 계산에서도 모든 데이터는 ndarray 인스턴스이니 안심해도 좋습니다.

이상으로 이번 단계에서 할 일을 마쳤습니다. 다음 단계의 이야기 주제는 DeZero의 '테스트'입니다.

테스트

소프트웨어 개발에서는 테스트를 빼놓을 수 없습니다. 테스트를 해야 실수(버그)를 예방할 수 있으며 테스트를 자동화해야 소프트웨어의 품질을 유지할 수 있습니다. DeZero도 마찬가지입니다. 그래서 이번 단계에서는 테스트 방법, 특히 딥러닝 프레임워크의 테스트 방법에 대해 설명하겠습니다.

> NOTE_ 소프트웨어 테스트는 규모가 커지면 독특한 규약이나 세세한 규칙이 많아지기 쉽습니다. 그렇다고 테스트를 처음부터 어렵게 생각할 필요는 없습니다. 우선 '테스트한다'는 그 자체가 중요합니다. 이번 단계에서는 본격적인 테스트가 아니라 가능한 한 간단한 테스트를 해보겠습니다.

10.1 파이썬 단위 테스트

파이썬으로 테스트할 때는 표준 라이브러리에 포함된 unittest를 사용하면 편합니다. 여기에서는 이전 단계에서 구현한 square 함수를 테스트해봅시다. 코드는 다음과 같습니다.

```
                                                          steps/step10.py
import unittest

class SquareTest(unittest.TestCase):
    def test_forward(self):
        x = Variable(np.array(2.0))
```

```
        y = square(x)
        expected = np.array(4.0)
        self.assertEqual(y.data, expected)
```

이와 같이 우선 unittest를 임포트하고 unittest.TestCase를 상속한 SquareTest 클래스를 구현합니다. 여기서 기억할 규칙이 있습니다. 테스트할 때는 이름이 test로 시작하는 메서드를 만들고 그 안에 테스트할 내용을 적습니다. 앞의 테스트는 square 함수의 출력이 기댓값^{expected}과 같은지 확인합니다. 정확하게는 입력이 2.0일 때 출력이 4.0이 맞는지 확인합니다.

> NOTE_ 앞의 예에서 square 함수의 출력이 기댓값과 같은지 확인하기 위해 self.assertEqual이라는 메서드를 사용했습니다. 이 메서드는 주어진 두 객체가 동일한지 여부를 판정합니다. 이 메서드 외에도 self.assertGreater와 self.assertTrue 등 unittest에는 다양한 메서드가 준비되어 있습니다. 다른 메서드들의 사용법은 unittest 문서[11]를 참고하세요.

이제 테스트를 실행해볼까요? 앞의 테스트 코드가 steps/step10.py 파일에 있다고 가정했을 때 터미널에서 다음 명령을 실행하면 됩니다.

```
$ python -m unittest steps/step10.py
```

python 명령을 실행할 때 앞의 예처럼 -m unittest 인수를 제공하면 파이썬 파일을 테스트 모드로 실행할 수 있습니다. 혹은 step10.py 파일 끝에 다음 코드를 추가하면 평소처럼 python steps/step10.py만 입력해도 테스트를 수행할 수 있습니다.

```
# step10.py
unittest.main()
```

테스트가 뭐라고 출력했는지 확인할 차례입니다. 실제로 앞의 명령을 실행하면 다음 결과가 출력됩니다.

```
.
----------------------------------------------------------------------
Ran 1 tests in 0.000s

OK
```

'1개의 테스트를 실행했고, 결과는 OK다'라는 뜻입니다. 즉, 테스트를 통과한 것입니다. 만약 무언가 문제가 있다면 'FAIL: test_forward (step10.SquareTest)' 같은 문장이 출력되어 테스트가 실패했음을 알려줄 것입니다.

10.2 square 함수의 역전파 테스트

이어서 square 함수의 역전파도 테스트해보겠습니다. 방금 구현한 SquareTest 클래스에 다음 코드를 추가합니다.

```
class SquareTest(unittest.TestCase):
    ...

    def test_backward(self):
        x = Variable(np.array(3.0))
        y = square(x)
        y.backward()
        expected = np.array(6.0)
        self.assertEqual(x.grad, expected)
```
steps/step10.py

test_backward 메서드를 추가했습니다. 메서드 안에서 y.backward()로 미분값을 구하고, 그 값이 기댓값과 일치하는지 확인합니다. 참고로 여기에서 설정한 기댓값 6.0은 손으로 계산해서 구한 값을 하드코딩한 것입니다.

그럼 다시 테스트를 돌려봅시다. 결과는 다음과 같습니다.

```
..
----------------------------------------------------------------------
Ran 2 tests in 0.001s

OK
```

결과를 보면 2개의 테스트를 통과했음을 알 수 있습니다. 원한다면 지금까지와 같은 요령으로 다른 테스트 케이스(입력과 기댓값)도 추가해나갈 수 있습니다. 테스트 케이스가 많아질수록 square 함수의 신뢰도도 높아질 겁니다. 그리고 코드를 수정할 때마다 즉시즉시 테스트를 실행해주면 square 함수의 상태를 반복해서 확인할 수 있습니다.

10.3 기울기 확인을 이용한 자동 테스트

앞 절에서 역전파 테스트를 작성하며 미분의 기댓값을 손으로 계산해 입력했습니다. 사실 이 부분을 자동화할 방법이 있습니다. 바로 **기울기 확인**$^{gradient\ checking}$이라는 방법이죠. 기울기 확인이란 수치 미분으로 구한 결과와 역전파로 구한 결과를 비교하여 그 차이가 크면 역전파 구현에 문제가 있다고 판단하는 검증 기법입니다.

> **NOTE_** 우리는 4단계에서 수치 미분을 구현했습니다. 수치 미분은 쉽게 구현할 수 있고 거의 정확한 미분값을 내어줍니다. 따라서 수치 미분의 결과와 비교하면 역전파를 정확히 구현했는지 검증할 수 있습니다.

기울기 확인은 (기댓값을 몰라도) 입력값만 준비하면 되므로 테스트 효율을 높여줍니다. 그러니 우리 테스트에서도 기울기 확인을 이용하겠습니다. 4단계에서 구현한 numerical_diff 함수를 사용하면 되겠군요. 복습도 겸해서 이 함수의 코드까지 함께 보여드리겠습니다.

```python
def numerical_diff(f, x, eps=1e-4):
    x0 = Variable(x.data - eps)
    x1 = Variable(x.data + eps)
    y0 = f(x0)
    y1 = f(x1)
    return (y1.data - y0.data) / (2 * eps)

class SquareTest(unittest.TestCase):
    ...

    def test_gradient_check(self):
        x = Variable(np.random.rand(1))  # 무작위 입력값 생성
        y = square(x)
        y.backward()
        num_grad = numerical_diff(square, x)
        flg = np.allclose(x.grad, num_grad)
        self.assertTrue(flg)
```
steps/step10.py

기울기 확인을 할 test_gradient_check 메서드 안에서 무작위 입력값을 하나 생성합니다. 이어서 역전파로 미분값을 구하고, numerical_diff 함수를 사용해서 수치 미분으로도 계산해봅니다. 그런 다음 두 메서드로 각각 구한 값들이 거의 일치하는지 확인합니다. 이때 np.allclose 라는 넘파이 함수를 이용합니다.

np.allclose(a, b)는 ndarray 인스턴스인 a와 b의 값이 가까운지^{close} 판정합니다. 얼마나 가까워야 가까운 것인지는 np.allclose(a, b, rtol=1e-05, atol=1e-08)과 같이 인수 rtol과 atol로 지정할 수 있습니다. 이 함수는 a와 b의 모든 요소가 다음 조건을 만족하면 True를 반환합니다.*

```
|a - b| ≦ (atol + rtol * |b|)
```

한편 기울기 확인을 하는 대상의 계산(함수)에 따라 atol과 rtol의 값을 미세하게 조정해야 할 수도 있습니다. 기준을 정하는 데는 참고문헌 [5] 등이 도움이 됩니다. 그럼 이상의 기울기 확인을 코드에 추가하고 테스트를 돌려봅시다. 이번에 얻은 결과는 다음과 같습니다.

```
...
----------------------------------------------------------------------
Ran 3 tests in 0.001s

OK
```

이와 같이 기울기 확인을 이용하면 미분을 자동으로 계산하는 딥러닝 프레임워크를 반자동으로 테스트할 수 있고, 덕분에 더 체계적으로 더 넓은 범위를 검증하는 테스트 케이스를 만들 수 있습니다.

10.4 테스트 정리

DeZero 개발에 한정한다면 테스트에 관한 지식은 이 정도면 충분합니다. 여기서 배운 것만으로도 DeZero 테스트 코드를 작성하는 데 아무런 무리가 없을 겁니다. 다만 앞으로 이 책에서는 테스트에 대한 직접적인 설명은 생략하고 진행하겠습니다. 만약 테스트 코드가 필요하다고 느껴지면 스스로 추가해보기 바랍니다.

또한 테스트 파일들은 하나의 장소에 모아 관리하는 것이 일반적입니다. 이 책에서도 테스트 코드는 tests 디렉터리에 모아뒀습니다(테스트용 편의 기능도 추가로 구현해뒀습니다). 관심

---

* 수식에서 |·|는 절댓값을 뜻합니다.

있는 분은 해당 테스트 코드를 찾아보세요. 이번 단계에서 작성한 것과 비슷한 코드를 많이 발견할 수 있을 겁니다. 덧붙여서, 테스트 파일들은 다음 명령으로 한꺼번에 실행할 수 있습니다.

```
$ python -m unittest discover tests
```

이와 같이 discover라는 하위 명령을 사용하면 discover 다음에 지정한 디렉터리에서 테스트 파일이 있는지 검색합니다. 그리고 발견한 모든 파일을 실행하는 것이죠. 기본적으로는 지정한 디렉터리에서 이름이 test*.py 형태인 파일을 테스트 파일로 인식합니다(변경할 수 있습니다). 이것으로 tests 디렉터리에 들어 있는 모든 테스트를 한 번에 실행할 수 있습니다.

> **NOTE_** DeZero의 tests 디렉터리에는 정답을 체이너에게 묻는 테스트도 있습니다. 예를 들어 시그모이드 함수를 테스트하는 경우 동일한 입력으로 DeZero와 Chainer 각각에 계산을 시키고 출력값이 거의 같은지 비교합니다.

또한 DeZero의 깃허브 저장소는 트래비스 CI[9]라는 지속적 통합continuous integration (CI) 서비스와 연계해뒀습니다. DeZero의 깃허브 저장소에서 코드를 푸시push하고, 풀 리퀘스트pull request를 병합하고, 매시간 자동으로 테스트가 실행되도록 설정해놓은 것이죠. 테스트 결과에 문제가 있으면 메일 등으로 보고됩니다. 게다가 DeZero 깃허브 저장소의 첫 화면에는 [그림 10-1]과 같이 로고 하단 왼쪽에 빌드 상태가 표시되게 해뒀습니다.

그림 10-1 DeZero의 깃허브 저장소 첫 화면

'build : passing'은 빌드 후 테스트까지 통과했다는 표시입니다(테스트에 실패하면 'build : failed'라는 배지가 표시됩니다). 이처럼 CI 도구와 연계하면 소스 코드를 지속해서 테스트할 수 있습니다. 코드의 신뢰성을 유지하는 요령이죠.

지금의 DeZero는 작은 소프트웨어지만 앞으로 더 큰 소프트웨어로 성장시킬 것입니다. 여기에서 설명한 테스트 방식을 도입하면 성장 과정에서도 코드의 신뢰성을 꾸준히 유지할 수 있을 것입니다.

축하합니다! 이상으로 제1고지를 무사히 점령했습니다!

여기까지 우리는 조금씩 그리고 꾸준히 DeZero를 만들어왔습니다. '작은 상자(변수)'밖에 없는 모습으로 탄생했지만 지금은 역전파라는 복잡한 알고리즘도 수행할 만큼 성장했습니다. 그러나 현재의 역전파 구현은 간단한 계산밖에 처리하지 못합니다. 그래서 다음 고지에서는 더 복잡한 계산에도 적용할 수 있도록 DeZero를 확장해보겠습니다.

칼럼: 자동 미분

딥러닝 프레임워크의 중심에는 역전파가 있습니다. 역전파를 문헌에 따라 '자동 미분'이라고 부르기도 합니다. 하지만 '자동 미분'이라는 용어는 (특히 학술 분야에서는) 더 제한적인 방법을 뜻하므로 주의해야 합니다. 이번 칼럼에서는 자동 미분에 대해 한 걸음 더 들어가 보겠습니다.

> **NOTE_** 자동 미분을 문자 그대로 해석하면 '자동으로 미분을 계산하는 방법(기술)'입니다. '자동으로'라 함은 (사람이 아니라) 컴퓨터가 미분을 계산한다는 뜻이죠. 정확히 말하면 어떤 계산(함수)을 코드로 구현하면 그 계산의 미분을 컴퓨터가 자동으로 계산해주는 시스템을 가리킵니다.

컴퓨터 프로그램에서 미분을 계산하는 방법은 크게 세 가지로 나눌 수 있습니다. 첫 번째는 **수치 미분**numerical differentiation입니다. 수치 미분은 4단계에서 구현한 것처럼 변수에 미세한 차이를 주어 일반적인 계산(순전파)을 2회 실시하고, 두 출력의 차이로부터 근사적으로 미분을 계산합니다. 수치 미분은 구현하기 쉽지만 출력에 오차가 포함되기 쉽고, 다량의 변수를 사용하는 함수를 다룰 때는 계산 비용이 높다는 단점이 있습니다.

두 번째 방법은 **기호 미분**symbolic differentiation입니다. 기호 미분은 고등학교 수학에서 배운 것처럼 미분 공식을 이용하여 계산하는 방법입니다. 입력도 '수식'이고 출력도 '수식'입니다(수식은 트리 데이터 구조로 표현할 수 있습니다). Mathematica와 MATLAB 등에서 이용하는 방법입니다.

> **CAUTION_** 기호 미분의 출력은 미분된 '식'(즉, 도함수)이며, 출력 시점에는 아무런 수치 계산도 수행되지 않습니다. 대신 도함수를 얻은 후 구체적인 값(예: x = 3.0)에서의 미분을 계산하는 식입니다.

기호 미분의 단점은 수식이 크게 부풀어 오르기 쉽다는 것입니다. 특히 최적화를 고려하지 않고 구현하면 수식이 곧바로 거대해집니다(수식이 '폭발'한다고 합니다). 그런데 딥러닝에서 취급하는 계산은 수많은 변수에 대한 (수식이 아닌) 미분'값'을 효율적으로 구해야 합니다. 그래서 기호 미분보다 효율적인 방법이 필요합니다.

세 번째 방법은 **자동 미분**automatic differentiation입니다. 자동 미분은 연쇄 법칙을 사용하여 미분하는 방법으로, 어떤 함수를 프로그램으로 짜서 건네주면 그 미분을 효율적이고 정밀하게 계산할 수 있습니다. 역전파 방식도 자동 미분에 속합니다. 더 정확히 말하면 자동 미분은 크게 두 가지로 나눌 수 있습니다. 바로 'forward 모드'와 'reverse 모드'죠. 역전파는 후자인 'reverse 모드 자동 미분'에 해당합니다.

NOTE_ 역전파(reverse 모드 자동 미분)는 미분 결과를 출력 쪽으로부터 입력 쪽으로 전달합니다. 반대로 forward 모드 자동 미분은 입력 쪽으로부터 출력 쪽으로 전달합니다. 두 방법 모두 연쇄 법칙을 사용하여 미분값을 계산하지만 그 '경로'가 다른 것이죠. 출력이 하나뿐이고, 그 하나의 출력 변수를 미분하려면 reverse 모드 자동 미분이 적합합니다. 머신러닝은 대부분 출력이 변수 하나로 모아지는 문제를 다루기 때문에 reverse 모드 자동 미분이 사용됩니다. 이러한 이유로 이 책에서는 forward 모드 자동 미분에 대해서는 더 이상 설명하지 않으니, 관심 있는 분은 따로 참고문헌 [6]과 [7]을 참고하기 바랍니다.

지금까지의 내용을 정리하면 '컴퓨터 프로그램으로 미분을 계산하는 방법'은 [그림 A-1] 과 같이 나눕니다.

그림 A-1 컴퓨터 프로그램으로 미분을 계산하는 방법

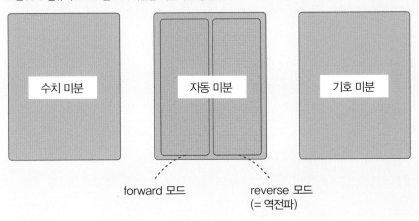

[그림 A-1]에서 보듯 '자동 미분'은 컴퓨터로 미분을 계산하는 여러 방법 중 하나입니다. 딥러닝 프레임워크는 그중에서도 'reverse 모드 자동 미분'을 구현해 사용합니다. 그러나 문헌에 따라 forward 모드와 reverse 모드를 구분하지 않고, 역전파를 가리켜 '자동 미분'이라고 부르기도 합니다.

NOTE_ 자동 미분은 학계에서 오랫동안 연구해온 분야입니다. 오랜 역사만큼이나 중요한 지식도 많이 쌓여 있지요. 하지만 아쉽게도 지금까지 머신러닝 분야와는 그다지 교류가 없었습니다. 최근 딥러닝 붐이 일면서 자동 미분 분야에 대한 관심이 높아지는 추세이며, 머신러닝과 프로그래밍 언어 등의 분야와 자동 미분 분야의 새로운 교류가 꿈틀대고 있답니다.

제 2 고지

자연스러운 코드로

우리 DeZero가 제1고지에 올라섰습니다. (특정 계산으로 한정하면) 미분을 자동으로 계산할 수 있습니다. 예를 들어 제곱과 지수 함수 같은 함수 클래스로 구성된 (그리고 분기가 없는) 계산 그래프라면 backward 메서드를 호출하는 것만으로 미분값이 자동으로 구해집니다.

이제부터는 두 번째 고지로 향합니다. 이번 고지의 주된 목적은 더 복잡한 계산도 가능하도록 현재의 DeZero 를 확장하는 것입니다. 정확하게는 입력을 여러 개 받는 함수나 출력이 여러 개인 함수도 처리할 수 있도록 DeZero의 기반을 수정할 것입니다. 또한 계산을 더 자연스러운 코드로 표현할 수 있도록, 예를 들어 +와 * 같 은 연산자를 사용할 수 있도록 하겠습니다.

제2고지의 마지막에는 DeZero를 파이썬 패키지로 묶을 겁니다. 다른 사람도 DeZero를 이용할 수 있게끔 준비하는 것이죠. 그러면 제2고지로 출발합시다!

제2고지

자연스러운 코드로

가변 길이 인수(순전파 편)

지금까지 우리는 함수에 입출력 변수가 하나씩인 경우만 생각해왔습니다. 예를 들어 y = square(x)와 y = exp(x) 등은 입출력 변수가 하나씩입니다. 그러나 함수에 따라 여러 개의 변수를 입력받기도 합니다. [그림 11-1]의 '덧셈'과 '곱셈'이 대표적이죠.

그림 11-1 '덧셈' 계산 그래프와 '곱셈' 계산 그래프(곱셈 연산은 *로 표시)

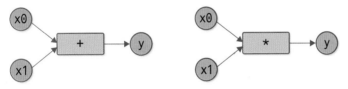

출력이 여러 개인 함수도 있습니다. 예를 들어 [그림 11-2]와 같은 함수가 있을 수 있겠죠.

그림 11-2 출력이 여러 개인 계산 그래프(다차원 배열을 분할하는 함수)

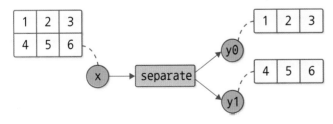

이상을 고려하여 DeZero가 가변 길이 입출력을 처리할 수 있도록 확장하려 합니다. 가변 길이라고 함은 인수(또는 반환값)의 수가 달라질 수 있다는 뜻입니다. Function 클래스를 조금 수정하면 가변 길이 입출력에 대응할 수 있을 것 같습니다.

11.1 Function 클래스 수정

가변 길이 입출력을 표현하려면 변수들을 리스트(또는 튜플)에 넣어 처리하면 편할 것 같습니다. 즉, Function 클래스는 지금까지처럼 '하나의 인수'만 받고 '하나의 값'만 반환하는 것이죠. 대신 인수와 반환값의 타입을 리스트로 바꾸고, 필요한 변수들을 이 리스트에 넣으면 됩니다.

> **NOTE_** 파이썬의 리스트와 튜플은 여러 개의 데이터를 한 줄로 저장합니다. 리스트는 [1, 2, 3]과 같이 [ ]로 묶고 튜플은 (1, 2, 3)과 같이 ( )로 묶습니다. 리스트와 튜플의 주요 차이는 원소를 변경할 수 있는지 여부입니다. 튜플의 경우 한 번 생성되면 원소를 변경할 수 없습니다. 예를 들어 x = (1, 2, 3)으로 튜플을 생성한 후에는 x[0] = 4 등으로 덮어 쓸 수 없는 것이죠. 반면 리스트는 원소를 변경할 수 있습니다.

그러면 현재의 Function 클래스가 어떻게 구현되어 있는지부터 확인해보죠.

```
class Function:                                      steps/step10.py
    def __call__(self, input):
        x = input.data  # ❶
        y = self.forward(x)  # ❷
        output = Variable(as_array(y))  # ❸
        output.set_creator(self)  # ❹
        self.input = input
        self.output = output
        return output

    def forward(self, x):
        raise NotImplementedError()

    def backward(self, gy):
        raise NotImplementedError()
```

Function의 __call__ 메서드는 ❶Variable이라는 '상자'에서 실제 데이터를 꺼낸 다음 ❷ forward 메서드에서 구체적인 계산을 합니다. 그리고 ❸계산 결과를 Variable에 넣고 ❹자신이 '창조자'라고 원산지 표시를 합니다. 이상의 로직을 염두에 두고 __call__ 메서드의 인수와 반환값을 리스트로 바꿔보겠습니다.

```python
class Function:
    def __call__(self, inputs):                                    steps/step11.py
        xs = [x.data for x in inputs]
        ys = self.forward(xs)
        outputs = [Variable(as_array(y)) for y in ys]

        for output in outputs:
            output.set_creator(self)
        self.inputs = inputs
        self.outputs = outputs
        return outputs

    def forward(self, xs):
        raise NotImplementedError()

    def backward(self, gys):
        raise NotImplementedError()
```

인수와 반환값을 리스트로 변경했습니다. 변수를 리스트에 담아 취급한다는 점을 제외하고는 달라진 게 없습니다. 참고로 앞의 코드에서는 리스트를 생성할 때 **리스트 내포**[list comprehension]를 사용했습니다.

> NOTE_ 리스트 내포는 xs = [x.data for x in inputs] 형태로 사용합니다. 이 코드는 inputs 리스트의 각 원소 x에 대해 각각의 데이터(x.data)를 꺼내고, 꺼낸 원소들로 구성된 새로운 리스트를 만듭니다.

이상이 새로운 Function 클래스입니다. 이어서 새로운 Function 클래스를 사용하여 구체적인 함수를 구현하겠습니다. 첫 번째는 덧셈을 해주는 Add 클래스 차례입니다.

11.2 Add 클래스 구현

이번 절에서는 Add 클래스의 forward 메서드를 구현합니다. 주의할 점은 인수와 반환값이 리스트(또는 튜플)여야 한다는 것입니다. 이 조건을 반영하여 다음처럼 구현할 수 있습니다.

```
class Add(Function):                              steps/step11.py
    def forward(self, xs):
        x0, x1 = xs
        y = x0 + x1
        return (y,)
```

Add 클래스의 인수는 변수가 두 개 담긴 리스트입니다. 따라서 x0, x1 = xs 형태로 리스트 xs에서 원소 두 개를 꺼냈습니다. 그런 다음 꺼낸 원소들을 사용하여 계산합니다. 결과를 반환할 때는 return (y,) 형태로 튜플을 반환합니다(return y,처럼 괄호는 생략해도 됩니다). 수정한 Add 클래스는 다음과 같이 사용할 수 있습니다.

```
xs = [Variable(np.array(2)), Variable(np.array(3))]  # 리스트로 준비
f = Add()
ys = f(xs)  # ys 튜플
y = ys[0]
print(y.data)
```

실행 결과

```
5
```

보시는 것처럼 2 + 3 = 5 계산을 DeZero도 제대로 처리할 수 있게 되었습니다. 입력을 리스트로 바꿔서 여러 개의 변수를 다룰 수 있게 하였고, 출력은 튜플로 바꿔서 역시 여러 개의 변수에 대응할 수 있게 했습니다. 이제 순전파에 한해서는 가변 길이 인수와 반환값에 대응할 수 있는 것입니다. 그런데 앞의 코드를 보면 다소 귀찮은 느낌이 듭니다. 왜냐하면 Add 클래스를 사용하는 사람에게 입력 변수를 리스트에 담아 건네주라고 요구하거나 반환값으로 튜플을 받게 하는 것은 자연스럽지 않기 때문입니다. 그래서 다음 단계에서는 더 자연스러운 코드로 쓸 수 있도록 지금의 구현을 개선하겠습니다.

가변 길이 인수(개선 편)

이전 단계에서는 가변 길이 인수에 대응할 수 있도록 DeZero를 확장했습니다. 하지만 개선이 필요해 보였습니다. 그래서 이번 단계에서는 DeZero를 더 쉽게 사용할 수 있도록 두 가지를 개선하겠습니다. 첫 번째는 Add 클래스(혹은 다른 구체적인 함수 클래스)를 '사용하는 사람'을 위한 개선이고, 두 번째는 '구현하는 사람'을 위한 개선입니다. 첫 번째 개선부터 시작하겠습니다.

12.1 첫 번째 개선: 함수를 사용하기 쉽게

이전 단계에서 Add 클래스를 사용하여 계산을 해보았는데, [그림 12-1]의 왼쪽 코드를 썼습니다.

그림 12-1 현재의 코드(왼쪽)와 개선 후의 코드(오른쪽)

```
xs = [Variable(np.array(2)),
      Variable(np.array(3))]

f = Add()

ys = f(xs)
y = ys[0]
```

→

```
x0 = Variable(np.array(2))
x1 = Variable(np.array(3))

f = Add()

y = f(x0, x1)
```

[그림 12-1]의 왼쪽 코드에서 알 수 있듯이 현재의 Add 클래스는 인수를 리스트에 모아서 받고 결과는 튜플로 반환합니다. 그러나 오른쪽 그림처럼 리스트나 튜플을 거치지 않고 인수와 결과를 직접 주고받는 편이 훨씬 자연스럽습니다. 코드를 이와 같은 형태로 작성할 수 있게 해주는 것이 첫 번째 개선입니다.

그럼 첫 번째 개선에 도전해봅시다. 그러려면 우선 Function 클래스를 수정합니다. 이전 단계와 달라진 부분에는 음영을 넣었습니다.

```python
class Function:
    def __call__(self, *inputs):  # ❶ 별표를 붙인다.
        xs = [x.data for x in inputs]
        ys = self.forward(xs)
        outputs = [Variable(as_array(y)) for y in ys]

        for output in outputs:
            output.set_creator(self)
        self.inputs = inputs
        self.outputs = outputs

        # ❷ 리스트의 원소가 하나라면 첫 번째 원소를 반환한다.
        return outputs if len(outputs) > 1 else outputs[0]
```

우선 ❷ 부분부터 설명하겠습니다. outputs에 원소가 하나뿐이면 리스트가 아니라 그 원소만을 반환합니다. 다시 말해 함수의 반환값이 하나라면 해당 변수를 직접 돌려줍니다.

이어서 ❶ 부분입니다. 함수를 정의할 때 인수 앞에 별표(*)를 붙였습니다. 이렇게 하면 리스트를 사용하는 대신 임의 개수의 인수(가변 길이 인수)를 건네 함수를 호출할 수 있습니다. 가변 길이 인수의 사용법은 다음 예를 보면 명확해질 것입니다.

```python
>>> def f(*x):
...     print(x)

>>> f(1, 2, 3)
(1, 2, 3)

>>> f(1, 2, 3, 4, 5, 6)
(1, 2, 3, 4, 5, 6)
```

이 코드에서 알 수 있듯이 함수를 '정의'할 때 인수에 별표를 붙이면 호출할 때 넘긴 인수들을 별표를 붙인 인수 하나로 모아서 받을 수 있습니다. 이상의 변경 덕에 DeZero의 함수 클래스 (Add 클래스)를 다음 코드처럼 사용할 수 있게 됩니다.

```
x0 = Variable(np.array(2))
x1 = Variable(np.array(3))
f = Add()
y = f(x0, x1)
print(y.data)
```

실행 결과

```
5
```

이것으로 Add 클래스 사용자들에게 더 자연스러운 사용법을 제공하게 되었군요. 지금까지가 첫 번째 개선이었습니다. 이어서 두 번째 개선으로 이동합니다.

12.2 두 번째 개선: 함수를 구현하기 쉽도록

두 번째는 Add 클래스를 '구현하는 사람'을 위한 개선입니다. 현재 Add 클래스를 구현하려면 [그림 12-2]의 왼쪽처럼 작성해야 합니다.

그림 12-2 현재의 코드(왼쪽)와 개선 후의 코드(오른쪽)

```
class Add(Function):
    def forward(self, xs):
        x0, x1 = xs
        y = x0 + x1
        return (y,)
```
→
```
class Add(Function):
    def forward(self, x0, x1):
        y = x0 + x1
        return y
```

왼쪽은 Add 클래스의 forward 메서드의 코드입니다. 인수는 리스트로 전달되고 결과는 튜플을 반환하고 있습니다. 물론 오른쪽 코드가 더 바람직해 보입니다. 입력도 변수를 직접 받고 결과도 변수를 직접 돌려주는 것이죠. 이것이 두 번째 개선에서 할 일입니다.

두 번째 개선을 위해 Function 클래스에서 다음 부분을 수정합니다.

```python
class Function:                                          steps/step12.py
    def __call__(self, *inputs):
        xs = [x.data for x in inputs]
        ys = self.forward(*xs)  # ❶ 별표를 붙여 언팩
        if not isinstance(ys, tuple):  # ❷ 튜플이 아닌 경우 추가 지원
            ys = (ys,)
        outputs = [Variable(as_array(y)) for y in ys]

        for output in outputs:
            output.set_creator(self)
        self.inputs = inputs
        self.outputs = outputs

        return outputs if len(outputs) > 1 else outputs[0]
```

우선 ❶의 self.forward(*xs) 부분을 보죠. 함수를 '호출'할 때 별표를 붙였는데, 이렇게 하면 리스트 언팩^{list unpack}이 이루어집니다. 언팩은 리스트의 원소를 낱개로 풀어서 전달하는 기법입니다. 예를 들어 xs = [x0, x1]일 때 self.forward(*xs)를 하면 self.forward(x0, x1)로 호출하는 것과 동일하게 동작합니다.

이어서 ❷에서는 ys가 튜플이 아닌 경우 튜플로 변경합니다. 이제 forward 메서드는 반환 원소가 하나뿐이라면 해당 원소를 직접 반환합니다. 이상의 수정으로 Add 클래스를 다음처럼 구현할 수 있습니다.

```python
class Add(Function):                                     steps/step12.py
    def forward(self, x0, x1):
        y = x0 + x1
        return y
```

이와 같이 순전파 메서드를 def forward(self, x0, x1):이라고 정의할 수 있습니다. 결과는 return y처럼 하여 원소 하나만 반환하죠. 이제 Add 클래스를 구현하는 사람에게 DeZero는 더 쓰기 편한 프레임워크가 되었습니다. 이상으로 두 번째 개선을 마무리합니다.

12.3 add 함수 구현

마지막으로 Add 클래스를 '파이썬 함수'로 사용할 수 있는 코드를 추가하겠습니다.

steps/step12.py

```python
def add(x0, x1):
    return Add()(x0, x1)
```

이 add 함수를 사용하면 계산 코드를 다음처럼 작성할 수 있습니다.

steps/step12.py

```python
x0 = Variable(np.array(2))
x1 = Variable(np.array(3))
y = add(x0, x1)  # Add 클래스 생성 과정이 감춰짐
print(y.data)
```

실행 결과

```
5
```

이상으로 함수가 가변 길이 인수를 더 자연스럽게 다룰 수 있게 해봤습니다. 여기에서는 '덧셈'만을 구현했지만 '곱셈'과 '나눗셈'도 같은 방식으로 구현할 수 있습니다. 그러나 가변 길이 인수를 다룰 수 있는 것은 아직 '순전파'뿐입니다. 예상하셨듯이 '역전파'는 바로 다음 단계에서 구현할 것입니다.

가변 길이 인수(역전파 편)

이전 단계까지의 변경으로 함수가 여러 개의 변수를 입력받고 반환할 수 있게 되었습니다. 이를 순전파 구현에 반영하고 계산이 올바로 이뤄지는지도 확인했습니다. 순전파 다음은 당연히 '역전파'입니다. 그래서 이번 단계에서는 역전파를 구현합니다.

13.1 가변 길이 인수에 대응한 Add 클래스의 역전파

역전파를 구현하기에 앞서 [그림 13-1]의 덧셈 계산 그래프를 살펴봅시다.

그림 13-1 덧셈 계산 그래프에서 순전파와 역전파(+'는 y = x0 + x1을 미분하는 함수)

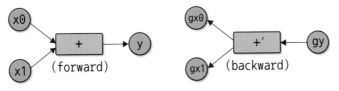

[그림 13-1]에서 덧셈의 순전파는 입력이 2개, 출력이 1개입니다. 역전파는 그 반대가 되어 입력이 1개, 출력이 2개입니다. 수식으로 확인하면 $y = x_0 + x_1$일 때 미분하면 $\frac{\partial y}{\partial x_0} = 1$, $\frac{\partial y}{\partial x_1} = 1$이 구해집니다.

CAUTION_ $y = x_0 + x_1$ 계산 (함수)의 입력 변수는 2개입니다. 이처럼 입력 변수가 여러 개인 함수를 **다변수 함수**라고 합니다. 다변수 함수에서 하나의 입력 변수에만 주목하여 (다른 변수는 상수로 취급) 미분하는 것을 **편미분***이라고 합니다. 편미분에서는 미분 기호로 ∂을 사용합니다. 예를 들어 $\frac{\partial y}{\partial x_0}$는 x_0 이외의 변수를 상수로 생각하고 x_0에만 주목하여 미분한다는 뜻입니다. 이 책에서는 앞으로 편미분을 따로 구분하지 않고 '미분'으로 통일해 부르겠습니다. 또한 변수가 하나인 경우에도 수식에서 ∂ 기호를 사용하겠습니다.

덧셈의 역전파는 출력 쪽에서 전해지는 미분값에 1을 곱한 값이 입력 변수(x_0, x_1)의 미분입니다. 즉, 상류에서 흘러오는 미분값을 '그대로 흘려보내는 것'이 덧셈의 역전파입니다. 이상을 반영하여 Add 클래스를 다음과 같이 구현합니다.

```python
class Add(Function):
    def forward(self, x0, x1):
        y = x0 + x1
        return y

    def backward(self, gy):
        return gy, gy
```
steps/step13.py

이와 같이 backward 메서드는 입력이 1개, 출력이 2개입니다. 물론 이 코드처럼 여러 개의 값을 반환할 수 있게 하려면 역전파의 핵심 구현을 변경해야 합니다. DeZero에서는 Variable 클래스의 backward 메서드를 수정하기로 했습니다.

13.2 Variable 클래스 수정

그럼 Variable 클래스의 backward 메서드를 살펴보겠습니다. 복습할 겸 Variable 클래스의 현재 코드를 먼저 보여드리죠.

```python
class Variable:
    ...
```
steps/step12.py

---

* 옮긴이_ 편미분은 영어로는 partial derivative라 하여 부분적(partial)으로 미분한다는 뜻입니다. 한자로는 偏微分으로 쓰는데, 여기서 편(偏)은 '편을 나누어 대립하다'라고 할 때의 편입니다. 여러 변수 중 하나씩 편을 나눠 미분한다고 해석하면 될 것 같습니다.

```python
def backward(self):
    if self.grad is None:
        self.grad = np.ones_like(self.data)

    funcs = [self.creator]
    while funcs:
        f = funcs.pop()
        x, y = f.input, f.output  # ❶ 함수의 입출력을 얻는다.
        x.grad = f.backward(y.grad)  # ❷ backward 메서드를 호출한다.

        if x.creator is not None:
            funcs.append(x.creator)
```

여기서 주목할 곳은 음영 부분입니다. 우선 while 블록 안의 ❶에서 함수의 입출력 변수를 꺼냅니다. 그리고 ❷에서 함수의 backward 메서드를 호출합니다. 지금까지 우리는 ❶에서 함수의 입출력이 하나씩이라고 한정했습니다. 이 부분을 여러 개의 변수에 대응할 수 있도록 수정하겠습니다.

```python
class Variable:                                        steps/step13.py
    ...

    def backward(self):
        if self.grad is None:
            self.grad = np.ones_like(self.data)

        funcs = [self.creator]
        while funcs:
            f = funcs.pop()
            gys = [output.grad for output in f.outputs]  # ❶
            gxs = f.backward(*gys)  # ❷
            if not isinstance(gxs, tuple):  # ❸
                gxs = (gxs,)

            for x, gx in zip(f.inputs, gxs):  # ❹
                x.grad = gx

                if x.creator is not None:
                    funcs.append(x.creator)
```

총 네 군데를 수정했습니다. 우선 ❶에서 출력 변수인 outputs에 담겨 있는 미분값들을 리스트에 담습니다. 그리고 ❷에서 함수 f의 역전파를 호출합니다. 이때 f.backward(*gys)처럼 인수에 별표를 붙여 호출하여 리스트를 풀어줍니다(리스트 언팩). ❸에서는 gxs가 튜플이 아니라면 튜플로 변환합니다.

> **NOTE_** ❷와 ❸은 이전 단계에서 순전파 개선 시 활용한 관례와 같습니다. ❷에서 Add 클래스의 backward 메서드를 호출할 때 인수를 풀어서 전달합니다. ❸에서는 Add 클래스의 backward 메서드가 튜플이 아닌 해당 원소를 직접 반환할 수 있게 합니다.

❹에서는 역전파로 전파되는 미분값을 Variable의 인스턴스 변수 grad에 저장해둡니다. 여기에서 gxs와 f.inputs의 각 원소는 서로 대응 관계에 있습니다. 더 정확히 말하면 i번째 원소에 대해 f.inputs[i]의 미분값은 gxs[i]에 대응합니다. zip 함수와 for 문을 이용해서 모든 Variable 인스턴스 각각에 알맞은 미분값을 설정한 것입니다. 이상이 Variable 클래스의 새로운 backward 메서드입니다.

13.3 Square 클래스 구현

지금까지 Variable과 Function 클래스가 가변 길이 입출력을 지원하도록 개선했습니다. 그리고 구체적인 함수로서 Add 클래스를 구현했습니다. 마지막으로 Square 클래스도 새로운 Variable과 Function 클래스에 맞게 수정하겠습니다. 수정할 곳은 단 하나뿐입니다. 다음 코드에서 음영을 입힌 부분이죠.

```
                                                    steps/step13.py
class Square(Function):
    def forward(self, x):
        y = x ** 2
        return y

    def backward(self, gy):
        x = self.inputs[0].data  # 수정 전: x = self.input.data
        gx = 2 * x * gy
        return gx
```

Function 클래스의 인스턴스 변수 이름이 단수형인 input에서 복수형인 inputs로 변경되었으니 바뀐 변수에서 입력 변수 x를 가져오도록 코드를 수정해주면 됩니다. 이것으로 새로운

Square 클래스도 완성입니다. 그럼 add 함수와 square 함수를 실제로 사용해봅시다. 다음은 $z = x^2 + y^2$을 계산하는 코드입니다.

```
steps/step13.py

x = Variable(np.array(2.0))
y = Variable(np.array(3.0))

z = add(square(x), square(y))
z.backward()
print(z.data)
print(x.grad)
print(y.grad)
```

실행 결과

```
13.0
4.0
6.0
```

보다시피 DeZero를 사용하여 $z = x^2 + y^2$이라는 계산을 $z = \mathrm{add}(\mathrm{square}(\mathrm{x}), \mathrm{square}(\mathrm{y}))$라는 코드로 풀어냈습니다. 그런 다음 z.backward()를 호출하기만 하면 미분 계산이 자동으로 이루어집니다!

이상에서 복수의 입출력에 대응한 자동 미분 구조를 완성했습니다. 이제 다른 함수들도 적절히 구현해주면 더 복잡한 계산도 가능할 것입니다. 그러나 사실 지금의 DeZero에는 몇 가지 문제가 숨어 있습니다. 다음 단계에서는 이 문제들을 먼저 해결하겠습니다.

같은 변수 반복 사용

현재의 DeZero에는 문제가 있습니다. 같은 변수를 반복해서 사용할 경우 의도대로 동작하지 않을 수 있다는 문제입니다. y = add(x, x) 계산을 예로 생각해봅시다.

그림 14-1 y = add(x, x)의 계산 그래프

DeZero는 [그림 14-1]처럼 동일한 변수를 사용하여 덧셈을 하면 제대로 미분하지 못합니다. 실제로 어떤 결과가 나오는지 직접 확인해보겠습니다.

```
x = Variable(np.array(3.0))
y = add(x, x)
print('y', y.data)

y.backward()
print('x.grad', x.grad)
```

실행 결과

```
y 6.0
x.grad 1.0
```

x = 3.0으로 설정한 후 더해봤습니다. y의 값은 6.0이라고 제대로 계산했군요. 그러나 x에 대한 미분값(x.grad)을 구하니 1.0이라는 잘못된 결과가 나왔습니다. 제대로 계산한다면 $y = x + x$ 일 때 $y = 2x$이니 미분값은 $\frac{\partial y}{\partial x} = 2$가 됩니다.

14.1 문제의 원인

왜 x에 대한 미분값(x.grad)이 틀리게 나왔을까요? 원인은 Variable 클래스의 다음 위치에 있습니다.

```python
class Variable:                                        steps/step13.py
    ...

    def backward(self):
        if self.grad is None:
            self.grad = np.ones_like(self.data)

        funcs = [self.creator]
        while funcs:
            f = funcs.pop()
            gys = [output.grad for output in f.outputs]
            gxs = f.backward(*gys)
            if not isinstance(gxs, tuple):
                gxs = (gxs,)

            for x, gx in zip(f.inputs, gxs):
                x.grad = gx  # 여기가 실수!

                if x.creator is not None:
                    funcs.append(x.creator)
```

이 코드에서 알 수 있듯이 현재 구현에서는 출력 쪽에서 전해지는 미분값을 그대로 대입합니다. 따라서 같은 변수를 반복해서 사용하면 전파되는 미분값이 덮어 써지는 것입니다. 예를 들어 앞의 덧셈 예에서는 미분값이 [그림 14-2]처럼 전파됩니다.

그림 14-2 y = add(x, x)의 역전파(화살표 위아래의 숫자는 전파되는 미분값)

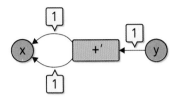

[그림 14-2]에 전파되는 미분값도 표시했습니다. 이때 x의 미분은 1 + 1 = 2가 되어야 올바른 결과입니다. 즉, 전파되는 미분값의 '합'을 구해야 합니다. 그러나 지금의 구현에서는 그냥 덮어쓰고 있습니다.

14.2 해결책

해결책은 간단합니다. 위 설명을 Variable 클래스의 코드에 그대로 반영하면 됩니다.

`steps/step14.py`

```python
class Variable:
    ...

    def backward(self):
        if self.grad is None:
            self.grad = np.ones_like(self.data)

        funcs = [self.creator]
        while funcs:
            f = funcs.pop()
            gys = [output.grad for output in f.outputs]
            gxs = f.backward(*gys)
            if not isinstance(gxs, tuple):
                gxs = (gxs,)

            for x, gx in zip(f.inputs, gxs):
                if x.grad is None:
                    x.grad = gx
                else:
                    x.grad = x.grad + gx

                if x.creator is not None:
                    funcs.append(x.creator)
```

이와 같이 미분값(grad)을 처음 설정하는 경우에는 지금까지와 똑같이 출력 쪽에서 전해지는 미분값을 그대로 대입합니다. 그리고 다음번부터는 전달된 미분값을 '더해'주도록 수정합니다.

> **CAUTION_** 앞의 코드에서 미분값을 더할 때 코드를 x.grad = x.grad + gx라고 썼습니다. 그 대신 복합 대입 연산자 +=을 사용하여 x.grad += gx처럼 써도 좋을 것입니다. 그러나 이렇게 하면 문제가 되는 경우가 있습니다. 그 이유와 배경은 다소 복잡하고 딥러닝의 본질적인 문제에서도 벗어나기 때문에 부록 A에서 따로 설명했습니다. 관심 있는 분은 참고하세요.

이제 같은 변수를 반복해서 사용할 수 있습니다. 시험 삼아 앞에서 실패했던 계산에 다시 도전해 보겠습니다.

```
x = Variable(np.array(3.0))
y = add(x, x)
y.backward()
print(x.grad)
```
steps/step14.py

실행 결과

```
2.0
```

이번에는 2.0이라는 올바른 결과를 얻었습니다. 그렇다면 x를 세 번 사용해도 여전히 잘 작동하는지 봅시다.

```
x = Variable(np.array(3.0))
y = add(add(x, x), x)
y.backward()
print(x.grad)
```
steps/step14.py

실행 결과

```
3.0
```

결과로 3.0을 얻었습니다. 수식으로 확인하면 $y = x + x + x = 3x$이므로 미분하면 3이 나옵니다. 실행 결과와 일치하는군요. 이상으로 같은 변수를 반복 사용하기 위한 구현을 완성했습니다.

14.3 미분값 재설정

방금 역전파 시 미분값을 더해주도록 코드를 수정했습니다. 그런데 이 변경으로 인해 새로운 주의사항이 튀어나옵니다. 바로 같은 변수를 사용하여 '다른' 계산을 할 경우 계산이 꼬이는 문제입니다. 다음 코드를 예로 살펴봅시다.

```python
# 첫 번째 계산
x = Variable(np.array(3.0))
y = add(x, x)
y.backward()
print(x.grad)

# 두 번째 계산(같은 x를 사용하여 다른 계산을 수행)
y = add(add(x, x), x)
y.backward()
print(x.grad)
```

실행 결과

```
2.0
5.0
```

앞의 코드는 서로 다른 두 가지 미분 계산을 수행했습니다. 그러면서 메모리를 절약하고자 Variable 인스턴스인 x를 재사용했다고 해봅시다. 그 결과 두 번째 x의 미분값에 첫 번째 미분값이 더해지고, 5.0이라는 잘못된 값을 돌려줍니다(3.0이 되어야 합니다).

이 문제를 해결하기 위해 Variable 클래스에 미분값을 초기화하는 cleargrad 메서드를 추가하겠습니다.

steps/step14.py

```python
class Variable:
    ...

    def cleargrad(self):
        self.grad = None
```

cleargrad는 미분값을 초기화하는 메서드로, 단순히 self.grad에 None을 대입합니다. 이 메서드를 사용하면 여러 가지 미분을 연달아 계산할 때 똑같은 변수를 재사용할 수 있습니다. 앞의 예는 다음과 같이 수정하면 됩니다.

```python
# 첫 번째 계산
x = Variable(np.array(3.0))
y = add(x, x)
y.backward()
print(x.grad)  # 2.0

# 두 번째 계산(같은 x를 사용하여 다른 계산을 수행)
x.cleargrad()  # 미분값 초기화
y = add(add(x, x), x)
y.backward()
print(x.grad)  # 3.0
```

실행 결과

```
2.0
3.0
```

이번에는 두 번째 미분값도 제대로 구했습니다(두 번째 미분의 올바른 값은 3.0입니다). 예시처럼 두 번째 x.backward()를 호출하기 전에 x.cleargrad()를 호출하면 변수에 누적된 미분값이 초기화됩니다. 이것으로 다른 계산에 똑같은 변수를 재사용할 때 생기던 문제가 사라졌습니다.

CAUTION_ DeZero의 cleargrad 메서드는 최적화 문제를 풀 때 유용하게 사용할 수 있습니다. 최적화 문제란 함수의 최솟값과 최댓값을 찾는 문제를 말합니다. 실제로 28단계에서 로젠브록 함수^{Rosenbrock function}를 최적화할 때 cleargrad 메서드를 사용합니다.

이상으로 이번 단계를 마무리합니다. 이번 단계를 거치며 Variable 클래스는 한층 성장했습니다. 그러나 아직도 중요한 문제가 하나 남아 있습니다. 그 문제는 이어지는 15, 16단계에서 해결하겠습니다. 16단계까지 마치면 마침내 Variable 클래스가 완성됩니다.

복잡한 계산 그래프(이론 편)

지금까지 우리는 [그림 15-1]처럼 한 줄로 늘어선 계산 그래프를 다뤘습니다.

그림 15-1 일직선 계산 그래프

그러나 변수와 함수가 꼭 이렇게 한 줄로 연결되리라는 법은 없습니다. 우리 DeZero는 꾸준히 발전을 거듭하고 있습니다. 그리고 지금의 DeZero는, 예를 들어 [그림 15-2]와 같은 계산 그래프도 만들 수 있습니다.

그림 15-2 더 복잡하게 연결된 계산 그래프 예

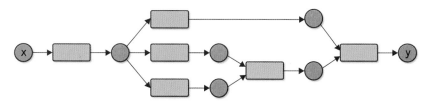

[그림 15-2]처럼 같은 변수를 반복해서 사용하거나 여러 변수를 입력받는 함수를 사용하는 계산을 할 수 있습니다. 이를 통해 더 복잡한 연결을 만들 수 있는 것이죠. 그러나 불행히도 지금의 DeZero는 이런 계산의 미분은 제대로 계산하지 못합니다. 더 정확하게는 이런 복잡한 연결의 역전파를 제대로 할 수 없습니다.

15.1 역전파의 올바른 순서

DeZero의 어디에 문제가 있는 걸까요? 원인을 파악하기 위해 [그림 15-3]과 같은 비교적 간 단한 계산 그래프를 생각해보겠습니다. 이 계산 그래프도 현재의 DeZero로는 제대로 미분하 지 못합니다.

그림 15-3 중간에 분기했다가 다시 합류하는 계산 그래프

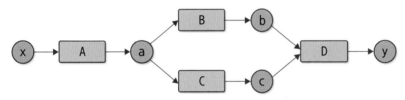

[그림 15-3]에서 주목할 부분은 계산 중간에 등장하는 변수 a입니다. 이전 단계에서 설명한 것 처럼 같은 변수를 반복해서 사용하면 역전파 때는 출력 쪽에서 전파되는 미분값을 더해야 합니 다. 따라서 a의 미분(수식으로는 $\frac{\partial y}{\partial a}$)을 계산하려면 a의 출력 쪽에서 전파하는 2개의 미분값이 필요합니다. 그 2개의 미분값이 전해진 '후'에야 a에서 x로 미분값을 전파할 수 있습니다. 이 점을 감안한 역전파의 흐름은 [그림 15-4]와 같습니다.

[그림 15-4]는 변수 y로부터 x로 미분값이 전파되는 흐름을 보여줍니다. 다시 한 번 이야기하 자면, 여기서 주목할 것은 변수 a에 2개의 미분값이 모두 전파된 '후'에야 a에서 x로 미분값을 전파한다는 점입니다. 함수의 관점에서 보면 역전파가 D, B, C, A의 순서로 진행되는 것이죠. 단, B와 C의 순서는 상관없으므로 D, C, B, A도 올바른 순서입니다. 반드시 지켜야 할 규칙은 함수 B와 C의 역전파를 모두 끝내고 나서 함수 A를 역전파한다는 것입니다.

그림 15-4 올바른 역전파의 순서

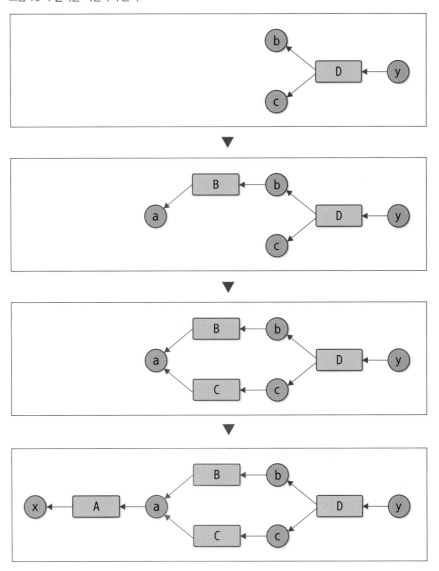

15.2 현재의 DeZero

우리 DeZero는 어떻게 구현되어 있는지 살펴보겠습니다. [그림 15-4]의 순서로 역전파하고
있을까요? 다음은 Variable 클래스의 현재 모습입니다. 음영 부분만 주목해보죠.

```python
class Variable:                                          steps/step14.py
    ...

    def backward(self):
        if self.grad is None:
            self.grad = np.ones_like(self.data)

        funcs = [self.creator]
        while funcs:
            f = funcs.pop()
            gys = [output.grad for output in f.outputs]
            gxs = f.backward(*gys)
            if not isinstance(gxs, tuple):
                gxs = (gxs,)

            for x, gx in zip(f.inputs, gxs):
                if x.grad is None:
                    x.grad = gx
                else:
                    x.grad = x.grad + gx

                if x.creator is not None:
                    funcs.append(x.creator)
```

눈여겨 볼 대상은 funcs 리스트입니다. while 블록의 마지막 줄을 보면 처리할 함수의 후보를
funcs 리스트의 끝에 추가하고 있습니다(funcs.append(x.creator)). 그리고 다음에 처리
할 함수를 그 리스트의 끝에서 꺼냅니다(funcs.pop()). 이 코드대로 진행하면 역전파의 흐름
이 [그림 15-5]처럼 됩니다.

그림 15-5 현재의 DeZero에서의 역전파 흐름

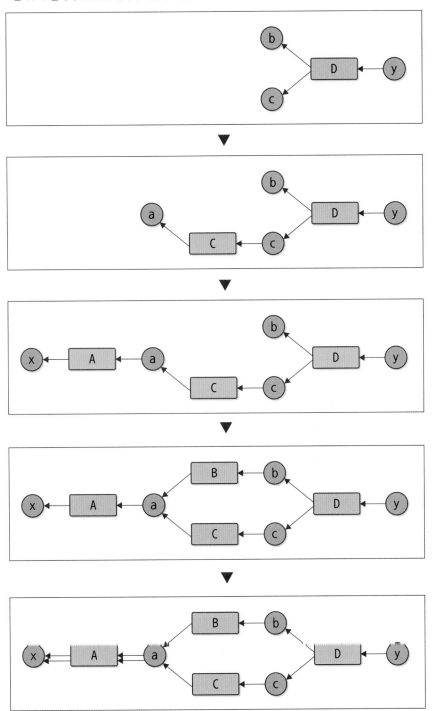

[그림 15-5]와 같이 함수의 처리 순서는 D, C, A, B, A가 됩니다. C 다음에 A로 바로 이어지는 게 문제군요. 그리고 함수 A의 역전파가 두 번 일어나는 것도 문제입니다. 왜 이런 문제가 일어나는지 앞의 코드와 비교하면서 살펴보겠습니다.

가장 먼저 funcs 리스트에 D가 추가되어 [D] 상태로 시작됩니다. 여기에서 함수 D가 꺼내지고, 그런 다음 D의 입력 변수(D.inputs)의 창조자인 B와 C가 funcs 리스트에 추가됩니다(그림 15-6).

그림 15-6 함수 D의 역전파(오른쪽은 funcs 리스트를 처리하는 코드)

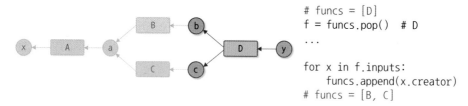

```
# funcs = [D]
f = funcs.pop()  # D
...

for x in f.inputs:
    funcs.append(x.creator)
# funcs = [B, C]
```

이 시점에서 funcs 리스트는 [B, C]입니다. 그런 다음 리스트의 마지막 원소인 C가 꺼내집니다. 그리고 C의 입력 변수의 창조자인 A가 리스트에 추가됩니다. 이 시점의 funcs 리스트는 [B, A]입니다(그림 15-7).

그림 15-7 함수 C의 역전파와 대응 코드

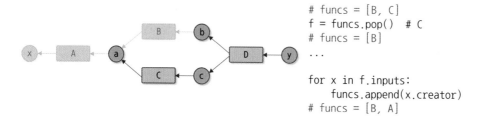

```
# funcs = [B, C]
f = funcs.pop()  # C
# funcs = [B]
...

for x in f.inputs:
    funcs.append(x.creator)
# funcs = [B, A]
```

이어서 다시 마지막 원소인 A가 꺼내집니다. 여기가 바로 문제를 일으키는 부분입니다. 원래는 B를 꺼내야 하는데 A를 꺼낸 것이죠.

CAUTION_ 지금까지 우리는 한 줄로 나열된 계산 그래프를 다뤘습니다. 그래서 리스트에서 원소(함수)를 꺼내 처리하는 순서를 고려하지 않아도 괜찮았습니다. 리스트에서 원소를 꺼낼 때는 항상 원소가 하나뿐이었기 때문입니다.

15.3 함수 우선순위

funcs 리스트에는 다음에 처리할 함수의 '후보'들이 들어 있습니다. 그러나 지금까지는 (아무 생각 없이) '마지막' 원소만 꺼냈습니다. 물론 funcs 리스트에서 적절한 함수를 꺼낼 수 있어야 합니다. 앞의 예로 말하면 [B, A] 상태의 리스트에서 출력 쪽에 더 가까운 B를 꺼낼 수 있어야 합니다. 이 문제를 해결하기 위해서는 함수에 '우선순위'를 줄 수 있어야 합니다. 만약 A보다 B의 우선순위가 높다면 B를 먼저 꺼내는 식이죠.

그럼 우선순위는 어떻게 설정하면 좋을까요? 첫 번째로, 주어진 계산 그래프를 '분석'하여 알아내는 방법이 있습니다. 가령 위상 정렬$^{\text{Topological Sort}}$ 알고리즘을 사용하면 노드의 연결 방법을 기초로 노드들을 정렬할 수 있습니다. 그 정렬 순서가 바로 우선순위가 됩니다. 그러나 더 쉬운 방법도 있습니다. 사실 우리는 그 답을 이미 목격했습니다.

우리는 일반적인 계산(순전파) 때 '함수'가 '변수'를 만들어내는 과정을 '목격'하고 있습니다. 즉, 어떤 함수가 어떤 변수를 만들어내는가 하는 '창조자-피조물 관계' 혹은 '부모-자식 관계'를 이미 목격하고 있습니다. 이 관계를 기준으로 [그림 15-8]처럼 함수와 변수의 '세대^{generation}'를 기록할 수 있습니다.

그림 15-8 순전파 때의 함수와 변수 '세대'

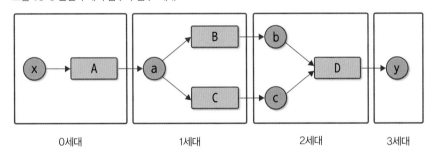

O세대   1세대   2세대   3세대

[그림 15-8]에서 말하는 '세대'가 바로 우선순위에 해당합니다. 역전파 시 세대 수가 큰 쪽부터 처리하면 '부모'보다 '자식'이 먼저 처리됨을 보장할 수 있습니다. [그림 15-8]의 예에서는 함수 B와 A 중 하나를 선택해야 할 때 세대 수가 큰 B를 먼저 꺼내면 됩니다. 이상이 역전파를 올바른 순서로 진행하는 요령입니다. 다음 단계에서는 이 이론을 코드로 구현하겠습니다.

복잡한 계산 그래프(구현 편)

이번 단계에서는 15단계에서 설명한 이론을 코드로 구현합니다. 가장 먼저 순전파 시 '세대'를 설정하는 부분부터 시작하겠습니다. 그런 다음 역전파 시 최근 세대의 함수부터 꺼내도록 합니다. 이렇게 하면 아무리 복잡한 계산 그래프라도 올바른 순서로 역전파가 이루어집니다.

16.1 세대 추가

먼저 Variable 클래스와 Function 클래스에 인스턴스 변수 generation을 추가하겠습니다. 몇 번째 '세대'의 함수(혹은 변수)인지 나타내는 변수죠. Variable 클래스부터 시작하겠습니다.

```
                                                              steps/step16.py
class Variable:
    def __init__(self, data):
        if data is not None:
            if not isinstance(data, np.ndarray):
                raise TypeError('{}은(는) 지원하지 않습니다.'.format(type(data)))

        self.data = data
        self.grad = None
        self.creator = None
        self.generation = 0  # 세대 수를 기록하는 변수
```

```
    def set_creator(self, func):
        self.creator = func
        self.generation = func.generation + 1  # 세대를 기록한다(부모 세대 + 1).
    ...
```

Variable 클래스는 generation을 0으로 초기화합니다. 그리고 set_creator 메서드가 호출될 때 부모 함수의 세대보다 1만큼 큰 값을 설정합니다. 예를 들어 [그림 16-1]처럼 f.generation이 2인 함수에서 만들어진 변수인 y의 generation은 3이 됩니다. 이상이 Variable 클래스에 추가되는 구현입니다.

그림 16-1 변수 generation의 관계도(노드 위의 숫자가 generation값)

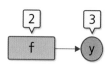

다음 차례는 Function 클래스입니다. Function 클래스의 generation은 입력 변수와 같은 값으로 설정합니다. 예를 들어 [그림 16-2]의 왼쪽처럼 입력 변수의 generation이 4라면 함수의 generation도 4가 됩니다.

그림 16-2 함수 generation의 관계도

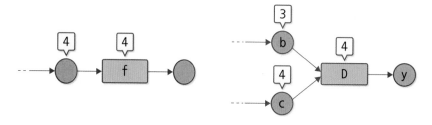

입력 변수가 둘 이상이라면 가장 큰 generation의 수를 선택합니다. 예를 들어 [그림 16-2]의 오른쪽처럼 입력 변수가 2개고 각각의 generation이 3과 4라면 함수 D의 generation은 4로 설정합니다. 다음은 이상의 설계를 반영한 Function 클래스의 코드입니다.

```
class Function(object):
    def __call__(self, *inputs):
        xs = [x.data for x in inputs]
        ys = self.forward(*xs)
        if not isinstance(ys, tuple):
            ys = (ys,)
        outputs = [Variable(as_array(y)) for y in ys]

        self.generation = max([x.generation for x in inputs])
        for output in outputs:
            output.set_creator(self)
        self.inputs = inputs
        self.outputs = outputs
        return outputs if len(outputs) > 1 else outputs[0]

    ...
```

이 코드의 음영 부분에서 Function의 generation을 설정했습니다.

16.2 세대 순으로 꺼내기

지금까지의 수정을 반영하여 일반적인 계산(순전파)을 하면 모든 변수와 함수에 세대가 설정됩니다. 구체적인 예로 [그림 16-3]과 같은 계산 그래프를 살펴보죠.

그림 16-3 세대 개념이 반영된 계산 그래프

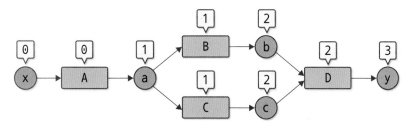

[그림 16-3]을 보면 함수 A, B, C, D의 세대는 차례로 0, 1, 1, 2입니다. 이렇게 세대가 설정되어 있으면 역전파 때 함수를 올바른 순서로 꺼낼 수 있습니다. 예를 들어 함수 A보다 세대가 큰 B와 C를 먼저 꺼내게 됩니다.

이어서 함수를 세대 순으로 꺼낼 차례입니다. 그 준비 작업으로 더미^{dummy} DeZero 함수를 사용하여 간단한 실험을 해보겠습니다.

```
>>> generations = [2, 0, 1, 4, 2]
>>> funcs = []

>>> for g in generations:
...     f = Function()  # 더미 함수 클래스
...     f.generation = g
...     funcs.append(f)

>>> [f.generation for f in funcs]
[2, 0, 1, 4, 2]
```

이와 같이 더미 함수를 준비하고 funcs 리스트에 추가합니다. 그런 다음 이 리스트에서 세대가 가장 큰 함수를 꺼내보겠습니다.

```
>>> funcs.sort(key=lambda x: x.generation)  # 리스트 정렬
>>> [f.generation for f in funcs]
[0, 1, 2, 2, 4]

>>> f = funcs.pop()  # 가장 큰 값을 꺼낸다.
>>> f.generation
4
```

코드에서 보듯 리스트의 sort 메서드를 이용하여 generation을 오름차순으로 정렬합니다. 이 메서드의 인수인 key=lambda x: x.generation은 '리스트의 원소를 x라고 했을 때 x.generation을 키로 사용해 정렬하라'라는 뜻입니다. 정렬 후 pop 메서드를 써서 리스트의 끝 원소를 꺼내면 자연스럽게 세대가 가장 큰 함수를 얻을 수 있습니다.

16.3 Variable 클래스의 backward

본론으로 돌아와서 Variable 클래스의 backward 메서드를 구현하겠습니다. 이전과 달라진 부분(음영)에 주목해서 살펴보죠.

steps/step16.py

```python
class Variable:
    ...

    def backward(self):
        if self.grad is None:
            self.grad = np.ones_like(self.data)

        funcs = []
        seen_set = set()

        def add_func(f):
            if f not in seen_set:
                funcs.append(f)
                seen_set.add(f)
                funcs.sort(key=lambda x: x.generation)

        add_func(self.creator)

        while funcs:
            f = funcs.pop()
            gys = [output.grad for output in f.outputs]
            gxs = f.backward(*gys)
            if not isinstance(gxs, tuple):
                gxs = (gxs,)

            for x, gx in zip(f.inputs, gxs):
                if x.grad is None:
                    x.grad = gx
```

```
    else:
        x.grad = x.grad + gx

    if x.creator is not None:
        add_func(x.creator)  # 수정 전: funcs.append(x.creator)
```

가장 큰 변화는 새로 추가된 add_func 함수입니다. 그동안 'DeZero 함수'를 리스트에 추가할 때 funcs.append(f)를 호출했는데, 대신 add_func 함수를 호출하도록 변경했습니다. 이 add_func 함수가 DeZero 함수 리스트를 세대 순으로 정렬하는 역할을 합니다. 그 결과 funcs.pop()은 자동으로 세대가 가장 큰 DeZero 함수를 꺼내게 됩니다.

참고로 add_func 함수를 backward 메서드 안에 중첩 함수로 정의했습니다. 중첩 함수는 주로 다음 두 조건을 충족할 때 적합합니다.

- 감싸는 메서드(backward 메서드) 안에서만 이용한다.
- 감싸는 메서드(backward 메서드)에 정의된 변수(funcs과 seen_set)를 사용해야 한다.

add_func 함수는 이 조건들을 모두 충족하기 때문에 메서드 안에 정의했습니다.

> **NOTE_** 앞의 구현에서는 seen_set이라는 '집합^{set}'을 이용하고 있습니다. funcs 리스트에 같은 함수를 중복 추가하는 일을 막기 위해서입니다. 덕분에 함수의 backward 메서드가 잘못되어 여러 번 불리는 일은 발생하지 않습니다.

16.4 동작 확인

이상으로 세대가 큰 함수부터 꺼낼 수 있게 되었습니다. 아무리 복잡한 계산 그래프의 역전파도 올바른 순서로 진행할 수 있게 된 것이죠. 그럼 시험 삼아 [그림 16-4]의 계산을 미분해봅시다.

그림 16-4 아직까지 올바르게 다루지 못했던 계산 그래프

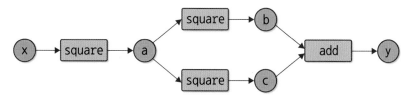

코드로는 다음과 같습니다.

```python
x = Variable(np.array(2.0))
a = square(x)
y = add(square(a), square(a))
y.backward()

print(y.data)
print(x.grad)
```

실행 결과

```
32.0
64.0
```

결과를 보면 x의 미분은 64.0입니다. 수식으로 확인하면 [그림 16-4]의 계산 그래프는 $y = (x^2)^2 + (x^2)^2$이므로 간단히 $y = 2x^4$을 미분하는 문제입니다. 이때 $y' = 8x^3$이므로 $x = 2.0$일 때의 미분은 64.0입니다. 물론 코드를 실행한 결과와 일치합니다.

축하합니다! 여러분은 드디어 복잡한 계산 그래프도 다룰 수 있게 되었습니다. [그림 16-4]는 여전히 간단한 편이지만, 사실 지금의 DeZero는 아무리 복잡한 '연결'도 제대로 미분할 수 있습니다. 가령 다음 페이지의 [그림 16-5]와 같은 계산 그래프도 문제없습니다!

이상으로 또 하나의 단계를 끝마쳤습니다. 이번 단계는 이 책에서 특별히 어려운 부분에 속합니다. 여기까지 잘 쫓아왔다면 곧 DeZero의 제대로 된 실력을 확인할 수 있으니 조금만 더 견뎌주세요. 다음 단계에서는 DeZero 성능, 특히 메모리 사용량에 대해 살펴보겠습니다.

그림 16-5 더 복잡하게 연결된 계산 그래프(35단계에서 만들어볼 y = tanh(x)의 4차 미분 계산 그래프입니다.)

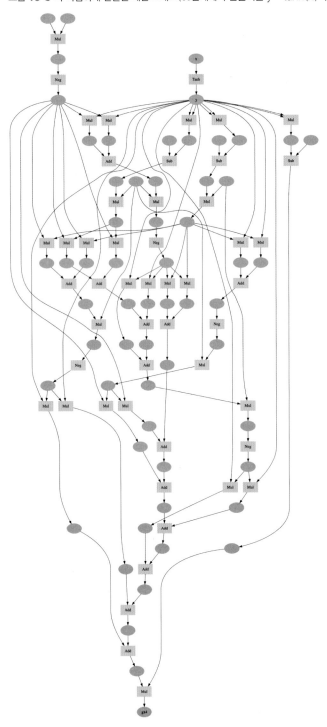

메모리 관리와 순환 참조

DeZero는 교육적인 면을 중시하여 가능한 한 이해하기 쉽도록 만들었습니다. 그래서 성능은 다소 희생한 감이 있습니다. 실제로도 지금까지의 구현에서는 처리 속도와 메모리 사용량에 전혀 신경 쓰지 않았습니다. 하지만 너무 한쪽으로 치우치는 것도 교육적으로 좋지는 않으므로 이번 단계와 다음 단계에 걸쳐 성능을 개선할 수 있는 대책(기술)을 DeZero에 도입할 계획입니다. 그럼 본격적인 시작에 앞서 파이썬에서의 메모리 관리에 대해 살짝 알아보겠습니다.

> NOTE_ '파이썬'이라고 하면 보통은 '프로그래밍 언어'를 가리키지만 때로는 파이썬 코드를 실행하는 '프로그램'을 지칭할 때도 씁니다. 이 프로그램을 일반적으로 '파이썬 인터프리터'라고 부릅니다. 또한 표준으로 사용되는 파이썬 인터프리터는 C 언어로 구현된 CPython입니다. 그래서 이번 단계에서 설명하는 파이썬 메모리 관리 설명은 CPython을 기준으로 합니다.

17.1 메모리 관리

파이썬은 필요 없어진 객체를 메모리에서 자동으로 삭제합니다. 이 고마운 기능 덕에 우리는 메모리 관리를 의식할 일이 크게 줄어듭니다. 불필요한 객체는 파이썬 인터프리터가 (우리 모르게) 제거해주기 때문에 우리는 더 중요한 작업에 집중할 수 있는 것이죠. 그렇더라도 코드를 세대로 작성하지 않으면 때때로 메모리 누수memory leak 또는 메모리 부족out of memory 등의 문제가 발생합니다. 특히 신경망에서는 큰 데이터를 다루는 경우가 많아서 메모리 관리를 제대로 하지 않으면 실행 시간이 오래 걸리는(GPU의 경우 실행할 수조차 없는) 일이 자주 발생합니다.

그렇다면 파이썬은 메모리를 어떤 식으로 관리하고 있을까요? 파이썬(정확하게는 CPython)의 메모리 관리는 두 가지 방식으로 진행됩니다. 하나는 참조^{reference} 수를 세는 방식이고, 다른 하나는 세대^{generation}를 기준으로 쓸모없어진 객체^{garbage}를 회수^{collection}하는 방식입니다. 이 책에서는 전자를 '참조 카운트'로, 후자를 'GC^{Garbage Collection, 가비지 컬렉션}'라고 부르겠습니다. 우선 참조 카운트에 대해 설명합니다.

> **CAUTION_** 문헌에 따라 참조 카운트 방식의 메모리 관리도 GC로 보기도 합니다. 이 책에서는 둘을 구분해서 부르겠습니다.

17.2 참조 카운트 방식의 메모리 관리

파이썬 메모리 관리의 기본은 참조 카운트입니다. 참조 카운트는 구조가 간단하고 속도도 빠릅니다! 모든 객체는 참조 카운트가 0인 상태로 생성되고, 다른 객체가 참조할 때마다 1씩 증가합니다. 반대로 객체에 대한 참조가 끊길 때마다 1만큼 감소하다가 0이 되면 파이썬 인터프리터가 회수해갑니다. 이런 방식으로 객체가 더 이상 필요 없어지면 즉시 메모리에서 삭제됩니다. 이상이 참조 카운트 방식의 메모리 관리입니다.

참고로 가령 다음과 같은 경우에 참조 카운트가 증가합니다.

- 대입 연산자를 사용할 때
- 함수에 인수로 전달할 때
- 컨테이너 타입 객체(리스트, 튜플, 클래스 등)에 추가할 때

코드로도 예를 준비했습니다(개념을 설명하기 위한 의사코드라서 동작하지는 않습니다).

```python
class obj:
    pass

def f(x):
    print(x)

a = obj()  # 변수에 대입: 참조 카운트 1
f(a)  # 함수에 전달: 함수 안에서는 참조 카운트 2
# 함수 완료: 빠져나오면 참조 카운트 1
a = None  # 대입 해제: 참조 카운트 0
```

먼저 obj()에 의해 생성된 객체*를 a에 대입했습니다. 그러면 이 객체의 참조 카운트는 1입니다. 다음 줄에서 함수 f(a)를 호출하는데, 이때 a가 인수로 전달되기 때문에 함수 f의 범위 안에서는 참조 카운트가 1 증가합니다(총 2). 그리고 함수의 범위를 벗어나면 참조 카운트가 다시 1 감소합니다. 마지막으로 a = None에서 참조를 끊으면 결국 0이 됩니다(아무도 참조하지 않는 상태). 이렇게 0이 되는 즉시 해당 객체는 메모리에서 삭제됩니다.

보다시피 참조 카운트 방식은 간단합니다. 그리고 이 간단한 방식을 사용하여 수많은 메모리 문제를 해결할 수 있습니다. 다음 코드를 보시죠.

```
a = obj()
b = obj()
c = obj()

a.b = b
b.c = c

a = b = c = None
```

a, b, c라는 세 개의 객체를 생성했습니다. 그리고 a가 b를 참조하고, b가 c를 참조합니다. 자, 이제 객체의 관계는 [그림 17-1]의 왼쪽처럼 되었습니다.

그림 17-1 객체 관계도(참조 관계는 점선, 숫자는 참조 카운트)

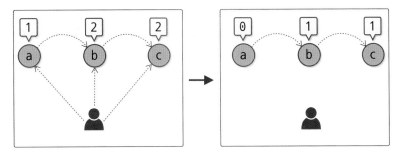

그런 다음 a = b = c = None 줄을 실행하면 객체의 관계는 [그림 17-1]의 오른쪽처럼 변합니다. 이때 a의 참조 카운트는 0이 됩니다(b와 c의 참조 카운트는 1입니다). 따라서 a는 즉시

---

* 파이썬에서는 사실 모든 대상이 객체입니다. 클래스도 함수도 다 객체인 것이죠. 클래스로부터 생성된 인스턴스 역시 객체입니다. 이번 단계에서는 참조 카운트를 설명하기 위해, 이 중에서 특히 인스턴스를 가리켜 객체라고 부르겠습니다.

삭제됩니다. 그 여파로 b의 참조 카운트가 1에서 0으로 감소하여 b 역시 삭제됩니다. 똑같은 원리로 c의 참조 카운트도 0이 되어 삭제됩니다. 이렇게 사용자로부터 참조되지 않는 객체들이 마치 도미노처럼 한꺼번에 삭제되는 것입니다.

이상이 파이썬의 참조 카운트 방식 메모리 관리입니다. 이 기능이 수많은 메모리 관리 문제를 해결해줍니다. 하지만 참조 카운트로는 해결할 수 없는 문제가 있으니, 바로 순환 참조입니다.

17.3 순환 참조

다음은 순환 참조circular reference를 설명하기 위해 준비한 코드입니다.

```
a = obj()
b = obj()
c = obj()

a.b = b
b.c = c
c.a = a

a = b = c = None
```

앞서 보여드린 코드와 거의 같지만, 이번에는 c에서 a로의 참조가 추가됐습니다. 그래서 세 개의 객체가 원 모양을 이루며 서로가 서로를 참조하게 되는데, 이 상태가 바로 순환 참조입니다. 현재의 a, b, c 관계는 [그림 17-2]와 같습니다.

그림 17-2 순환 참조가 발생한 객체 관계도(점선이 참조를 뜻함)

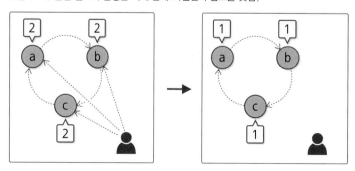

[그림 17-2]의 오른쪽에서 a, b, c의 참조 카운트는 모두 1입니다. 하지만 사용자는 이들 세 객체 중 어느 것에도 접근할 수 없습니다(즉, 모두 불필요한 객체입니다). 그러나 a = b = c = None을 실행하는 것으로는 순환 참조의 참조 카운트가 0이 되지 않고, 결과적으로 메모리에서 삭제되지 않습니다. 그래서 또 다른 메모리 관리 방식이 등장합니다. 그 주인공이 GC입니다(정확하게는 '세대별 가비지 컬렉션$^{generational\ garbage\ collection}$').

GC는 참조 카운트보다 영리한 방법으로 불필요한 객체를 찾아냅니다(GC의 구조는 복잡하기 때문에 이 책에서는 설명을 생략합니다). GC는 참조 카운트와 달리 메모리가 부족해지는 시점에 파이썬 인터프리터에 의해 자동으로 호출됩니다. 물론 명시적으로 호출할 수도 있습니다 (gc 모듈을 임포트해서 gc.collect()를 실행).

GC는 순환 참조를 올바르게 처리합니다. 따라서 일반적인 파이썬 프로그래밍에서는 순환 참조를 의식할 필요가 특별히 없습니다. 하지만 메모리 해제를 GC에 미루다 보면 프로그램의 전체 메모리 사용량이 (순환 참조가 없을 때와 비교해) 커지는 원인이 됩니다(자세한 내용은 문헌 [10] 참고). 그런데 마침 머신러닝, 특히 신경망에서 메모리는 중요한 자원입니다. 따라서 DeZero를 개발할 때는 순환 참조를 만들지 않는 것이 좋겠지요.

이 정도면 파이썬의 메모리 관리에 관한 지식은 충분한 것 같습니다. 그럼 DeZero로 눈을 돌려볼까요? 사실 현재의 DeZero에는 순환 참조가 존재합니다. 바로 [그림 17-3]과 같이 '변수'와 '함수'를 연결하는 방식에 순환 참조가 숨어 있습니다.

그림 **17-3** Variable과 Function 사이의 순환 참조

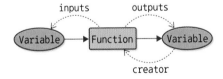

[그림 17-3]에서 보듯 Function 인스턴스는 두 개의 Variable 인스턴스(입력과 출력)를 참조합니다. 그리고 출력 Variable 인스턴스는 창조자인 Function 인스턴스를 참조합니다. 이때 Function 인스턴스와 Variable 인스턴스가 순환 참조 관계를 만듭니다. 다행히 이 순환 참조는 표준 파이썬 모듈인 weakref로 해결할 수 있습니다.

17.4 weakref 모듈

파이썬에서는 weakref.ref 함수를 사용하여 약한 참조^{weak reference}를 만들 수 있습니다. 약한 참조란 다른 객체를 참조하되 참조 카운트는 증가시키지 않는 기능입니다. 다음은 weakref.ref 함수를 사용하는 예입니다.

```
>>> import weakref
>>> import numpy as np

>>> a = np.array([1, 2, 3])
>>> b = weakref.ref(a)

>>> b
<weakref at 0x103b7f048; to 'numpy.ndarray' at 0x103b67e90>

>>> b()
[1 2 3]
```

ndarray 인스턴스를 대상으로 실험을 해봤습니다. 먼저 a는 일반적인 방식으로 참조하고, 다음으로 b는 약한 참조를 갖게 했습니다. 이 상태로 b를 출력해보면 ndarray를 가리키는 약한 참조(weakref)임을 확인할 수 있습니다. 참고로, 참조된 데이터에 접근하려면 b()라고 쓰면 됩니다.

그럼 앞의 코드에 바로 이어서 a = None을 실행하면 어떻게 될까요? 결과는 다음과 같습니다.

```
>>> a = None
>>> b
<weakref at 0x103b7f048; dead>
```

이와 같이 ndarray 인스턴스는 참조 카운트 방식에 따라 메모리에서 삭제됩니다. b도 참조를 가지고 있지만 약한 참조이기 때문에 참조 카운트에 영향을 주지 못하는 것이죠. 그래서 b를 출력하면 dead라는 문자가 나오고, 이것으로 ndarray 인스턴스가 삭제됐음을 알 수 있습니다.

> **CAUTION_** 지금까지의 약한 참조 실험 코드는 파이썬 인터프리터에서 실행한다고 가정했습니다. IPython과 주피터 노트북^{Jupyter Notebook} 등의 인터프리터는 인터프리터 자체가 사용자가 모르는 참조를 추가로 유지하기 때문에 앞의 코드에서 b가 여전히 유효한 참조를 유지할 것입니다(dead가 되지 않습니다).

이 weakref 구조를 DeZero에도 도입하려 합니다. 먼저 Function에 다음 음영 부분을 추가합니다.

```python
import weakref

class Function:
    def __call__(self, *inputs):
        xs = [x.data for x in inputs]
        ys = self.forward(*xs)
        if not isinstance(ys, tuple):
            ys = (ys,)
        outputs = [Variable(as_array(y)) for y in ys]

        self.generation = max([x.generation for x in inputs])
        for output in outputs:
            output.set_creator(self)
        self.inputs = inputs
        self.outputs = [weakref.ref(output) for output in outputs]
        return outputs if len(outputs) > 1 else outputs[0]

    ...
```

이와 같이 인스턴스 변수 self.outputs가 대상을 약한 참조로 가리키게 변경합니다. 그 결과 함수는 출력 변수를 약하게 참조합니다. 또한 이 변경의 여파로 다른 클래스에서 Function 클래스의 outputs를 참조하는 코드도 수정해야 합니다. DeZero에서는 Variable 클래스의 backward 메서드를 다음처럼 수정하면 됩니다.

```python
class Variable:
    ...
    def backward(self):
        ...
        while funcs:
            f = funcs.pop()
            # 수정 전: gys = [output.grad for output in f.outputs]
            gys = [output().grad for output in f.outputs]
            ...
```

이와 같이 [output.grad for ...] 부분을 [output().grad for ...]로 수정합니다. 이상으로 DeZero의 순환 참조 문제가 해결되었습니다.

17.5 동작 확인

순환 참조가 없어진 새로운 DeZero에서 다음 코드를 실행해보죠.

```
for i in range(10):
    x = Variable(np.random.randn(10000))  # 거대한 데이터
    y = square(square(square(x)))  # 복잡한 계산을 수행한다.
```

steps/step17.py

for 문을 사용하여 계산을 반복해 수행했습니다. 이 반복문은 [그림 17-4]와 같이 복잡한 참조 구조를 만들어냅니다.

그림 17-4 x와 y를 사용자가 참조하고 있을 때의 관계도

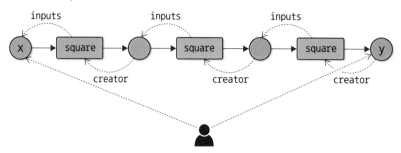

그리고 for 문이 두 번째 반복될 때 x와 y가 덮어 써집니다. 그러면 사용자는 이전의 계산 그래 프를 더 이상 참조하지 않게 되죠. 참조 카운트가 0이 되므로 이 시점에 계산 그래프에 사용된 메모리가 바로 삭제됩니다. 이것으로 DeZero 순환 참조 문제가 해소되었습니다.

> NOTE_ 파이썬으로 메모리 사용량을 측정하려면 외부 라이브러리인 memory profiler[11] 등을 사용하면 편리합니다. 방금 전의 코드를 실제로 측정해보면 메모리 사용량이 전혀 증가하지 않음을 확인할 수 있을 겁니다.

메모리 절약 모드

이전 단계에서는 파이썬의 메모리 관리 방식에 대해 알아봤습니다. 이번 단계에는 DeZero의 메모리 사용을 개선할 수 있는 구조 두 가지를 도입합니다. 첫 번째는 역전파 시 사용하는 메모리양을 줄이는 방법으로, 불필요한 미분 결과를 보관하지 않고 즉시 삭제합니다. 두 번째는 '역전파가 필요 없는 경우용 모드'를 제공하는 것입니다. 이 모드에서는 불필요한 계산을 생략합니다.

18.1 필요 없는 미분값 삭제

첫 번째로 DeZero의 역전파를 개선하겠습니다. 현재의 DeZero에서는 모든 변수가 미분값을 변수에 저장해두고 있습니다. 다음 예를 보시죠.

```python
x0 = Variable(np.array(1.0))
x1 = Variable(np.array(1.0))
t = add(x0, x1)
y = add(x0, t)
y.backward()

print(y.grad, t.grad)
print(x0.grad, x1.grad)
```

```
1.0 1.0
2.0 1.0
```

여기에서 사용자가 제공한 변수는 x0와 x1이며, 다른 변수 t와 y는 계산 결과로 만들어집니다. 그리고 y.backward()를 실행하여 미분하면 모든 변수가 미분 결과를 메모리에 유지합니다. 그러나 많은 경우, 특히 머신러닝에서는 역전파로 구하고 싶은 미분값은 말단 변수(x0, x1)뿐일 때가 대부분입니다. 앞의 예에서는 y와 t 같은 중간 변수의 미분값은 필요하지 않습니다. 그래서 중간 변수에 대해서는 미분값을 제거하는 모드를 추가하겠습니다. 현재의 Variable 클래스의 backward 메서드에 다음 음영 부분의 코드를 추가하면 됩니다.

```python
class Variable:                                          steps/step18.py
    ...
    def backward(self, retain_grad=False):
        if self.grad is None:
            self.grad = np.ones_like(self.data)

        funcs = []
        seen_set = set()

        def add_func(f):
            if f not in seen_set:
                funcs.append(f)
                seen_set.add(f)
                funcs.sort(key=lambda x: x.generation)

        add_func(self.creator)

        while funcs:
            f = funcs.pop()
            gys = [output().grad for output in f.outputs]
            gxs = f.backward(*gys)
            if not isinstance(gxs, tuple):
                gxs = (gxs,)

            for x, gx in zip(f.inputs, gxs):
                if x.grad is None:
                    x.grad = gx
                else:
                    x.grad = x.grad + gx
```

```
        if x.creator is not None:
            add_func(x.creator)

    if not retain_grad:
        for y in f.outputs:
            y().grad = None  # y는 약한 참조(weakref)
```

우선 메서드의 인수에 retain_grad를 추가합니다. 이 retain_grad가 True면 지금까지처럼 모든 변수가 미분 결과(기울기)를 유지합니다. 반면 retain_grad가 False면(기본값) 중간 변수의 미분값을 모두 None으로 재설정합니다. 그 원리는 앞의 코드에서 보듯 backward 메서드의 마지막 for 문으로, 각 함수의 출력 변수의 미분값을 유지하지 않도록 y().grad = None으로 설정하는 것입니다. 이렇게 하면 말단 변수 외에는 미분값을 유지하지 않습니다.

> **NOTE_** 앞 코드의 마지막 y().grad = None에서 y에 접근할 때 y()라고 한 이유는 y가 약한 참조이기 때문입니다(약한 참조 구조는 이전 단계에서 도입했습니다). y().grad = None 코드가 실행되면 참조 카운트가 0이 되어 미분값 데이터가 메모리에서 삭제됩니다.

이제 앞에서 실행했던 코드를 다시 실행해보죠.

```
x0 = Variable(np.array(1.0))                          steps/step18.py
x1 = Variable(np.array(1.0))
t = add(x0, x1)
y = add(x0, t)
y.backward()

print(y.grad, t.grad)
print(x0.grad, x1.grad)
```

실행 결과

```
None None
2.0 1.0
```

이와 같이 중간 변수인 y와 t의 미분값이 삭제되어 그만큼의 메모리를 다른 용도로 사용할 수 있게 됩니다. 이렇게 DeZero의 메모리 사용에 관한 첫 번째 개선이 완성되었습니다. 다음은 두 번째 개선 차례지만, 그에 앞서 잠시 현재의 Function 클래스를 복습해보겠습니다.

18.2 Function 클래스 복습

DeZero에서 미분을 하려면 순전파를 수행한 뒤 역전파해주면 됩니다. 그리고 역전파 시에는 순전파의 계산 결과가 필요하기 때문에 순전파 때 결괏값을 기억해둡니다. 결괏값을 보관하는 로직은 바로 Function 클래스의 다음 음영 부분입니다.

```python
class Function:
    def __call__(self, *inputs):
        xs = [x.data for x in inputs]
        ys = self.forward(*xs)
        if not isinstance(ys, tuple):
            ys = (ys,)
        outputs = [Variable(as_array(y)) for y in ys]

        self.generation = max([x.generation for x in inputs])
        for output in outputs:
            output.set_creator(self)
        self.inputs = inputs
        self.outputs = [weakref.ref(output) for output in outputs]
        return outputs if len(outputs) > 1 else outputs[0]
```

steps/step17.py

이와 같이 함수는 입력을 inputs라는 '인스턴스 변수'로 참조합니다. 그 결과 inputs가 참조하는 변수의 참조 카운트가 1만큼 증가하고, __call__ 메서드에서 벗어난 뒤에도 메모리에 생존합니다. 만약 인스턴스 변수인 inputs로 참조하지 않았다면 참조 카운트가 0이 되어 메모리에서 삭제됐을 겁니다.

인스턴스 변수 inputs는 역전파 계산 시 사용됩니다. 따라서 역전파하는 경우라면 참조할 변수들을 inputs에 미리 보관해둬야 합니다. 하지만 때로는 미분값이 필요 없는 경우도 있습니다. 이런 경우라면 중간 계산 결과를 저장할 필요가 없고, 계산의 '연결' 또한 만들 이유가 없습니다.

> **CAUTION_** 신경망에는 학습^{training}(혹은 훈련)과 추론^{inference}이라는 두 가지 단계가 있습니다. 학습 시에는 미분값을 구해야 하지만, 추론 시에는 단순히 순전파만 하기 때문에 중간 계산 결과를 곧바로 버리면 메모리 사용량을 크게 줄일 수 있습니다.

18.3 Config 클래스를 활용한 모드 전환

이제부터 순전파만 할 경우를 위한 개선을 DeZero에 추가하겠습니다. 우선 두 가지 모드, 즉 '역전파 활성 모드'와 '역전파 비활성 모드'를 전환하는 구조가 필요합니다. 간단히 다음 Config 클래스를 이용할 것입니다.

steps/step18.py

```python
class Config:
    enable_backprop = True
```

보다시피 아주 간단한 클래스입니다. 이 클래스의 속성은 (현재) 불리언 타입인 enable_backprop만 존재합니다. enable_backprop은 역전파가 가능한지 여부를 뜻하고, 이 값이 True면 '역전파 활성 모드'입니다.

> **CAUTION_** 설정 데이터는 단 한 군데에만 존재하는 게 좋습니다. 그래서 Config 클래스는 인스턴스화하지 않고 '클래스' 상태로 이용합니다. 인스턴스는 여러 개 생성할 수 있지만 클래스는 항상 하나만 존재하기 때문이죠. 따라서 앞 코드에서 Config 클래스가 '클래스 속성'을 갖도록 설정했습니다.

Config 클래스를 정의했으니 Function에서 참조하게 하여 모드를 전환할 수 있게 하겠습니다. 코드로는 다음과 같습니다.

steps/step18.py

```python
class Function:
    def __call__(self, *inputs):
        xs = [x.data for x in inputs]
        ys = self.forward(*xs)
        if not isinstance(ys, tuple):
            ys = (ys,)
        outputs = [Variable(as_variable(y)) for y in ys]

        if Config.enable_backprop:
            self.generation = max([x.generation for x in inputs])  # ❶ 세대 설정
            for output in outputs:
                output.set_creator(self)  # ❷ 연결 설정
            self.inputs = inputs
            self.outputs = [weakref.ref(output) for output in outputs]

        return outputs if len(outputs) > 1 else outputs[0]
```

이와 같이 Config.enable_backprop이 True일 때만 역전파 코드가 실행됩니다. ❶에서 정하는 '세대'는 역전파 시 노드를 따라가는 순서를 정하는 데 사용됩니다. 따라서 '역전파 비활성모드'에서는 필요하지 않습니다. 또한 ❷의 output.set_creator(self)는 계산들의 '연결'을 만드는데, 마찬가지로 '역전파 비활성 모드'에서는 필요 없습니다.

18.4 모드 전환

이상으로 역전파 활성/비활성을 구분 짓는 구조가 만들어졌습니다. 이 구조를 활용하면 다음과 같이 모드를 전환할 수 있습니다.

```python
Config.enable_backprop = True
x = Variable(np.ones((100, 100, 100)))
y = square(square(square(x)))
y.backward()

Config.enable_backprop = False
x = Variable(np.ones((100, 100, 100)))
y = square(square(square(x)))
```

일부러 큰 다차원 배열을 준비해보았습니다. 형상이 (100, 100, 100)인 텐서입니다. 이 텐서에 square 함수를 세 번 적용합니다(그러면 원소별 제곱이 이루어집니다). 이때 Config.enable_backprop이 True면 중간 계산 결과가 (적어도 역전파가 완료되기 전까지는) 계속 유지되어 그만큼 메모리를 차지합니다. 한편 Config.enable_backprop이 False면 중간 계산 결과는 사용 후 곧바로 삭제됩니다(정확하게는 다른 객체에서의 참조가 없어지는 시점에 메모리에서 삭제됩니다).

이상으로 역전파 모드를 전환하는 구조가 완성되었습니다. 이어서 모드 전환을 더 쉽게 해주는 구조를 만들어볼까 합니다.

18.5 with 문을 활용한 모드 전환

파이썬에는 with라고 하는, 후처리를 자동으로 수행하고자 할 때 사용할 수 있는 구문이 있습니다. 대표적인 예는 파일의 open과 close입니다. 예를 들어 with 문 없이 파일에 무언가를 쓰려면 다음처럼 작성해야 합니다.

```python
f = open('sample.txt', 'w')
f.write('hello world!')
f.close()
```

보다시피 open()으로 파일을 열고, 무언가를 쓰고, close()로 파일을 닫습니다. 이때 매번 close()하기란 귀찮기도 하거니와 깜빡하고 잊어버릴 때도 있습니다. with 문은 이런 실수를 막아줍니다.

```python
with open('sample.txt', 'w') as f:
    f.write('hello world!')
```

이 코드에서는 with 블록에 들어갈 때 파일이 열립니다. with 블록 안에서 파일은 계속 열린 상태고 블록을 빠져나올 때 (사용자에게 보이지 않는 곳에서) 자동으로 닫힙니다. 이와 같이 with 문을 사용하는 것으로 'with 블록에 들어갈 때의 처리(전처리)'와 'with 블록을 빠져나올 때의 처리(후처리)'를 자동으로 할 수 있습니다.

이러한 with 문의 원리를 이용하여 '역전파 비활성 모드'로 전환하려 합니다. 구체적으로는 다음과 같은 식으로 사용하려 합니다(using_config 메서드의 구현은 조금 뒤에 설명합니다).

```python
with using_config('enable_backprop', False):
    x = Variable(np.array(2.0))
    y = square(x)
```

steps/step18.py

이와 같이 with using_config('enable_backprop', False): 안에서만 '역전파 비활성 모드'가 됩니다. 그리고 with 블록을 벗어나면 일반 모드, 즉 '역전파 활성 모드'로 돌아갑니다.

그럼 with 문을 사용한 모드 전환을 구현해볼까요? contextlib 모듈을 사용하면 가장 쉽게 구현할 수 있습니다. 우선 contextlib 모듈 사용법을 설명하겠습니다.

```python
import contextlib

@contextlib.contextmanager
def config_test():
    print('start')  # 전처리
    try:
        yield
    finally:
        print('done')  # 후처리

with config_test():
    print('process...')
```

실행 결과

```
start
process...
done
```

앞의 코드처럼 @contextlib.contextmanager 데코레이터를 달면 문맥^{context}을 판단하는 함수가 만들어집니다. 그리고 이 함수 안에서 yield 전에는 전처리 로직을, yield 다음에는 후처리 로직을 작성합니다. 그러면 with config_test(): 형태의 구문을 사용할 수 있습니다. 이 구문을 사용하면 with 블록 안으로 들어갈 때 전처리가 실행되고 블록 범위를 빠져나올 때 후처리가 실행됩니다.

이상을 바탕으로 using_config 함수를 다음과 같이 구현할 수 있습니다.

```python
import contextlib

@contextlib.contextmanager
def using_config(name, value):
    old_value = getattr(Config, name)
    setattr(Config, name, value)
    try:
        yield
    finally:
        setattr(Config, name, old_value)
```

using_config(name, value)의 인수 중 name은 타입이 str이며, 사용할 Config 속성의 이름(클래스 속성 이름)을 가리킵니다. 그리고 name을 getattr 함수에 넘겨 Config 클래스에서 꺼내옵니다. 그런 다음 setattr 함수를 사용하여 새로운 값을 설정합니다.

이제 with 블록에 들어갈 때 name으로 지정한 Config 클래스 속성이 value로 설정됩니다. 그리고 with 블록을 빠져나오면서 원래 값(old_value)으로 복원됩니다. 그럼 using_config 함수를 실제로 사용해보죠.

```python
with using_config('enable_backprop', False):
    x = Variable(np.array(2.0))
    y = square(x)
```

이와 같이 역전파가 필요 없는 경우에는 with 블록에서 순전파 코드만 실행합니다. 이제 불필요한 계산을 생략하고 메모리를 절약할 수 있습니다. 그러나 with using_config('enable_backprop', False):라는 긴 코드를 매번 적어주기는 귀찮은 일이니 다음과 같이 no_grad라는 편의 함수를 준비했습니다.

```python
def no_grad():
    return using_config('enable_backprop', False)

with no_grad():
    x = Variable(np.array(2.0))
    y = square(x)
```

no_grad 함수는 단순히 using_config('enable_backprop', False)를 호출하는 코드를 return으로 돌려줄 뿐입니다. 이제 기울기가 필요 없을 때는 no_grad 함수를 호출하면 됩니다.

이상으로 이번 단계를 마칩니다. 앞으로는 기울기 계산이 필요 없을 때, 즉 단순히 순전파 계산만 필요할 때는 방금 구현한 '모드 전환'을 사용하겠습니다.

변수 사용성 개선

DeZero의 기초는 이미 완성됐습니다. 지금 상태로도 계산 그래프를 만들고 자동으로 미분을 계산할 수 있습니다. 그래서 앞으로 할 일은 DeZero를 더 쉽게 사용하도록 개선하는 작업입니다. 그 첫걸음으로, 이번 단계에서는 Variable 클래스를 더욱 쉽게 사용할 수 있게 해보겠습니다.

19.1 변수 이름 지정

앞으로 우리는 수많은 변수를 처리할 것이라서 변수들을 서로 구분할 필요가 있습니다. 변수에 '이름'을 붙여줄 수 있도록 설정하면 해결되겠군요. 그래서 다음과 같이 Variable 클래스에 name이라는 인스턴스 변수를 추가했습니다.

```python
                                                        steps/step19.py
class Variable:
    def __init__(self, data, name=None):
        if data is not None:
            if not isinstance(data, np.ndarray):
                raise TypeError('{} is not supported'.format(type(data)))

        self.data = data
        self.name = name
        self.grad = None
        self.creator = None
        self.generation = 0

    ...
```

이와 같이 초기화 인수 name=None을 추가하고 그 값을 인스턴스 변수 name에 설정합니다. 이제 예컨대 x = Variable(np.array(1.0), 'input_x')라고 작성하면 변수 x의 이름은 input_x가 됩니다. 아무런 이름도 주지 않으면 변수명으로 None이 할당됩니다.

> **NOTE_** 변수에 이름을 붙일 수 있다면, 예컨대 계산 그래프를 시각화할 때 변수 이름을 그래프에 표시할 수 있습니다. 계산 그래프 시각화는 25단계와 26단계를 참고하세요.

19.2 ndarray 인스턴스 변수

Variable은 데이터를 담는 '상자' 역할을 합니다. 그러나 사용하는 사람 입장에서 중요한 것은 상자가 아니라 그 안의 '데이터'입니다. 그래서 Variable이 데이터인 것처럼 보이게 하는 장치, 즉 상자를 투명하게 해주는 장치를 만들겠습니다.

> **NOTE_** 1단계에서 언급했듯이 수치 계산과 머신러닝 시스템은 다차원 배열(텐서)을 기본 데이터 구조로 사용합니다. 따라서 Variable 클래스는 (스칼라는 무시하고) ndarray만을 취급하기로 했습니다. 그래서 이번 절의 목표는 Variable 인스턴스를 ndarray 인스턴스처럼 보이게 하는 것입니다.

Variable 안에는 ndarray 인스턴스가 있습니다. 넘파이의 ndarray 인스턴스에는 다차원 배열용 인스턴스 변수가 몇 가지 제공됩니다. 다음은 그중 하나인 shape 인스턴스 변수를 사용하는 모습입니다.

```
>>> import numpy as np
>>> x = np.array([[1, 2, 3], [4, 5, 6]])
>>> x.shape
(2, 3)
```

인스턴스 변수 shape는 다차원 배열의 형상을 알려줍니다. 참고로 앞의 결과에서 (2, 3)은 수학에서 말하는 2×3 행렬을 뜻합니다. 이제 똑같은 작업을 Variable 인스턴스에서도 할 수 있도록 확장하겠습니다.

```
class Variable:
    ...

    @property
    def shape(self):
        return self.data.shape
```

shape라는 메서드를 추가한 후 실제 데이터의 shape를 반환하도록 했습니다. 여기서 중요한 부분은 def shape(self): 앞에 추가된 @property라는 한 줄입니다. 이 한 줄 덕분에 shape 메서드를 인스턴스 변수처럼 사용할 수 있게 됩니다. 확인해보겠습니다.

```
x = Variable(np.array([[1, 2, 3], [4, 5, 6]]))
print(x.shape)  # x.shape() 대신 x.shape로 호출할 수 있다.
```

실행 결과

```
(2, 3)
```

이와 같이 메서드 호출이 아닌 인스턴스 변수로 데이터의 형상을 얻을 수 있습니다. 같은 방법으로 ndarray의 다른 인스턴스 변수들을 Variable에 추가할 수 있습니다. 여기에서는 다음 세 인스턴스 변수를 더 추가하겠습니다.

```
class Variable:
    ...

    @property
    def ndim(self):
        return self.data.ndim

    @property
    def size(self):
        return self.data.size

    @property
    def dtype(self):
        return self.data.dtype
```

보다시피 ndim, size, dtype이라는 3개의 인스턴스 변수를 추가했습니다. ndim은 차원 수, size는 원소 수, dtype은 데이터 타입을 나타냅니다. 이상으로 Variable에 필요한 인스턴스 변수를 모두 추가했습니다. 이외에도 ndarray에는 많은 인스턴스 변수가 존재하며, 그 모두를 추가할 수도 있습니다. 하지만 단순한 작업이라서 지면으로는 설명하지 않겠습니다. 더 필요한 독자는 직접 추가해보기 바랍니다.

> CAUTION_ 이 책은 지금까지 ndarray 인스턴스의 데이터 타입인 dtype은 특별히 의식하지 않고 이야기를 진행했습니다. dtype을 지정하지 않으면 ndarray 인스턴스는 (환경에 따라) float64 또는 int64로 초기화됩니다. 한편 신경망에서는 float32를 사용하는 경우가 많습니다.

19.3 len 함수와 print 함수

이어서 Variable 클래스를 더 확장하여 파이썬의 len 함수와도 함께 사용할 수 있도록 하겠습니다. len은 객체 수를 알려주는 파이썬의 표준 함수입니다. 다음과 같이 사용할 수 있지요.

```
>>> x = [1, 2, 3, 4]
>>> len(x)
4

>>> x = np.array([1, 2, 3, 4])
>>> len(x)
4

>>> x = np.array([[1, 2, 3], [4, 5, 6]])
>>> len(x)
2
```

이와 같이 리스트 등에 len 함수를 사용하면 그 안에 포함된 원소 수를 반환합니다. ndarray 인스턴스라면 첫 번째 차원의 원소 수를 반환합니다. 이제 이 len 함수가 Variable 안의 원소 수도 인식하도록 해보겠습니다.

```
                                                                     steps/step19.py
class Variable:
    ...

    def __len__(self):
        return len(self.data)
```

이와 같이 __len__이라는 특수 메서드를 구현하면 Variable 인스턴스에 대해서도 len 함수를
사용할 수 있게 됩니다. 이제 다음과 같은 코드를 작성할 수 있습니다.

```
x = Variable(np.array([[1, 2, 3], [4, 5, 6]]))
print(len(x))
```

실행 결과

```
2
```

> **NOTE_** 파이썬에서 __init__와 __len__ 등 특별한 의미를 지닌 메서드는 밑줄 두 개로 감싼 이름을 사용합
> 니다.

마지막으로 Variable의 내용을 쉽게 확인할 수 있는 기능을 추가합니다. 바로 print 함수를 사
용하여 Variable의 안의 데이터 내용을 출력하는 기능입니다. 즉, 다음 예처럼 사용하고자 합
니다.

```
x = Variable(np.array([1, 2, 3]))
print(x)

x = Variable(None)
print(x)

x = Variable(np.array([[1, 2, 3], [4, 5, 6]]))
print(x)
```

실행 결과

```
variable([1 2 3])
variable(None)
variable([[1 2 3]
          [4 5 6]])
```

이와 같이 Variable 인스턴스를 print 함수에 건네면 안에 담긴 ndarray 인스턴스의 내용을 출력하도록 하겠습니다. 이때 출력 결과는 variable(...) 형태로 통일하여 사용자에게 Variable 인스턴스임을 알려줍니다. 값이 None이거나 내용을 여러 줄로 출력해야 하는 경우도 지원합니다. 여러 줄일 때는 공백 문자로 시작 위치를 조정하여 보기 좋게 출력합니다. 다음은 이상의 조건을 만족하는 Variable의 __repr__ 메서드 모습입니다.

```
                                                              steps/step19.py
class Variable:
    ...

    def __repr__(self):
        if self.data is None:
            return 'variable(None)'
        p = str(self.data).replace('\n', '\n' + ' ' * 9)
        return 'variable(' + p + ')'
```

이처럼 print 함수가 출력해주는 문자열을 입맛에 맞게 정의하려면 __repr__ 메서드를 재정의하면 됩니다. 반환값은 출력하고자 하는 문자열입니다. 앞의 코드에서는 str(self.data)를 이용하여 ndarray 인스턴스를 문자열로 변환했습니다. str 함수 안에서는 ndarray 인스턴스의 __str__ 함수가 호출되고 숫자가 문자열로 변환됩니다. 줄바꿈(\n)이 있으면 줄을 바꾼 후 새로운 줄 앞에 공백 9개를 삽입하여 여러 줄에 걸친 출력도 숫자의 시작 위치가 가지런하게 표시되게 했습니다. 마지막으로 변환된 문자열을 'variable(...)' 형태로 감쌉니다.

이상으로 Variable 클래스를 '투명한 상자'로 만드는 작업을 일부 끝마쳤습니다. 다음 단계에서도 이 작업을 계속 이어갈 것입니다.

연산자 오버로드(1)

이전 단계부터 Variable을 '투명한 상자'로 만드는 작업을 시작했지만 아직 +와 * 같은 연산자에 대응하는 작업이 남아 있습니다. 예컨대 Variable 인스턴스 a와 b가 있을 때 y = a * b처럼 코딩할 수 있으면 아주 유용한데, 이렇게 확장하는 것이 이번 단계의 목표입니다.

> **NOTE_** 궁극적인 목표는 Variable 인스턴스를 ndarray 인스턴스처럼 '보이게' 만드는 것입니다. 이렇게 하면 DeZero를 평범한 넘파이 코드를 작성하듯 사용할 수 있어서 넘파이를 사용해본 사람들이 아주 쉽게 배울 수 있습니다.

이제부터 +와 * 연산자를 지원하도록 Variable을 확장할 것입니다. 그 첫 번째로 곱셈을 수행하는 함수를 구현하려 합니다(덧셈은 11단계에서 구현했습니다). 자, 함께 곱셈을 수행하는 클래스 Mul을 구현해봅시다(Mul은 Multiply의 약자입니다).

20.1 Mul 클래스 구현

곱셈의 미분은 $y = x_0 \times x_1$일 때 $\frac{\partial y}{\partial x_0} = x_1$, $\frac{\partial y}{\partial x_1} = x_0$가 됩니다. 따라서 역전파는 [그림 20-1]처럼 이루어집니다.

그림 20-1 곱셈의 순전파(위)와 역전파(아래)

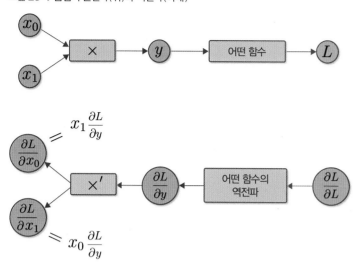

[그림 20-1]에서 보듯 역전파는 최종 출력인 L의 미분을, 정확하게는 L의 각 변수에 대한 미분을 전파합니다. 이때 변수 x_0와 x_1에 대한 미분은 각각 $\frac{\partial L}{\partial x_0} = x_1 \frac{\partial L}{\partial y}$과 $\frac{\partial L}{\partial x_1} = x_0 \frac{\partial L}{\partial y}$ 입니다.

> **CAUTION_** 우리는 스칼라를 출력하는 합성 함수에 관심이 있습니다. 그래서 [그림 20-1]에서는 마지막에 L이라는 스칼라를 출력하는 합성 함수를 가정했습니다. 여기서 L은 오차, 다른 말로 손실[loss]을 뜻합니다.

그럼 Mul 클래스의 코드부터 보죠. [그림 20-1]을 참고하여 다음과 같이 구현할 수 있습니다.

steps/step20.py

```python
class Mul(Function):
    def forward(self, x0, x1):
        y = x0 * x1
        return y

    def backward(self, gy):
        x0, x1 = self.inputs[0].data, self.inputs[1].data
        return gy * x1, gy * x0
```

이어서 Mul 클래스를 파이썬 함수로 사용할 수 있도록 해줍니다. 코드는 다음과 같습니다.

```
def mul(x0, x1):                                          steps/step20.py
    return Mul()(x0, x1)
```

이제 mul 함수를 사용하여 '곱셈'을 할 수 있습니다. 예를 들어 다음과 같은 코드를 작성할 수 있습니다.

```
a = Variable(np.array(3.0))
b = Variable(np.array(2.0))
c = Variable(np.array(1.0))

y = add(mul(a, b), c)

y.backward()

print(y)
print(a.grad)
print(b.grad)
```

실행 결과

```
variable(7.0)
2.0
3.0
```

이와 같이 add 함수와 mul 함수를 함께 사용할 수 있게 됐습니다. 이때 미분도 자동으로 이루어집니다. 다만 매번 y = add(mul(a, b), c)처럼 코딩하기는 번거로울 것 같군요. 지금보다는 y = a * b + c 형태가 훨씬 깔끔하겠죠? 그래서 +와 * 연산자를 사용할 수 있도록 Variable을 확장하려 합니다. 이를 위해 **연산자 오버로드**^{operator overload}를 이용할 것입니다.

> NOTE_ 연산자를 오버로드하면 +와 * 같은 연산자 사용 시 사용자가 설정한 함수가 호출됩니다. 파이썬에서는 __add__와 __mul__ 같은 특수 메서드를 정의함으로써 사용자 지정 함수가 호출되도록 합니다.

20.2 연산자 오버로드

먼저 곱셈 연산자 *를 오버로드하겠습니다. 곱셈의 특수 메서드는 __mul__(self, other)입니다(인수 self와 other에 대해서는 조금 뒤에 설명합니다). __mul__ 메서드를 정의(구현)하면 * 연산자를 사용할 때 __mul__ 메서드가 호출됩니다. 시험 삼아 Variable 클래스의 __mul__ 메서드를 다음과 같이 구현해보겠습니다.

```
Variable:
    ...

    def __mul__(self, other):
        return mul(self, other)
```

지금까지 구현한 Variable 클래스에 이 __mul__ 메서드를 추가합니다. 이제부터 *를 사용하면 __mul__ 메서드가 대신 불리고, 다시 그 안의 mul 함수가 불리게 됩니다. 시험해볼까요?

```
a = Variable(np.array(3.0))
b = Variable(np.array(2.0))
y = a * b
print(y)
```

실행 결과

```
variable(6.0)
```

보다시피 y = a * b라는 코드를 문제없이 실행할 수 있습니다. a * b가 실행될 때 인스턴스 a의 __mul__(self, other) 메서드가 호출됩니다. 이때 [그림 20-2]와 같이 연산자 * 왼쪽의 a가 인수 self에 전달되고, 오른쪽의 b가 other에 전달됩니다.

그림 20-2 __mul__ 메서드로 인수가 전달되는 방식

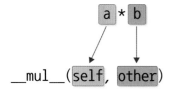

이상으로 * 연산자를 오버로드해봤습니다. 정확히는 Variable 클래스의 __mul__ 메서드를 구현했습니다. 그런데 이와 똑같은 작업을 다음 코드처럼 간단히 처리하는 방법도 있습니다.

```
class Variable:
    ...


Variable.__mul__ = mul
Variable.__add__ = add
```
steps/step20.py

Variable 클래스를 정의한 후 Variable.__mul__ = mul이라고 작성하면 끝! 파이썬에서는 함수도 객체이므로 이와 같이 함수 자체를 할당할 수 있습니다. 이렇게 하면 Variable 인스턴스의 __mul__ 메서드를 호출할 때 mul 함수가 불립니다.

앞의 코드에서 + 연산자의 특수 메서드인 __add__도 설정했습니다. + 연산자도 함께 오버로드한 것이죠. 그럼 +와 *를 모두 사용하여 계산을 해보겠습니다.

```
a = Variable(np.array(3.0))
b = Variable(np.array(2.0))
c = Variable(np.array(1.0))

# y = add(mul(a, b), c)
y = a * b + c
y.backward()

print(y)
print(a.grad)
print(b.grad)
```
steps/step20.py

```
variable(7.0)
2.0
3.0
```

보다시피 y = a * b + c 형태로 코딩하는 게 가능해졌습니다. 계산 시 +와 *를 자유롭게 사용할 수 있게 된 것이죠. /와 − 같은 다른 연산자도 같은 방식으로 구현할 수 있습니다. 그럼 다음 단계에서도 계속 연산자 오버로드를 살펴보겠습니다.

연산자 오버로드(2)

DeZero가 점점 편리해지고 있습니다. 이제 우리는 Variable 인스턴스 a와 b가 있을 때 a * b 혹은 a + b 같은 코드도 작성할 수 있지요. 하지만 안타깝게도 a * np.array(2.0)처럼 ndarray 인스턴스와 함께 사용할 수는 없습니다. 3 + b처럼 수치 데이터도 함께 사용할 수 없습니다. ndarray 인스턴스와 수치 데이터와도 함께 사용할 수 있게 되면 DeZero가 더욱 편리할 텐데 말이죠. 그래서 이번 단계에서는 Variable 인스턴스와 ndarray 인스턴스, 심지어 int나 float 등도 함께 사용할 수 있도록 해보겠습니다.

21.1 ndarray와 함께 사용하기

우선 Variable을 ndarray 인스턴스와 함께 사용할 수 있게 하겠습니다. 전략은 간단합니다. 예를 들어 a가 Variable 인스턴스일 때 a * np.array(2.0)이라는 코드를 만나면 ndarray 인스턴스를 자동으로 Variable 인스턴스로 변환하는 것입니다. 즉, Variable(np.array(2.0))으로 변환해버리면 그다음 계산은 지금까지와 같습니다.

이를 위한 사전 준비로 as_variable이라는 편의 함수를 준비합니다. 인수로 주어진 객체를 Variable 인스턴스로 변환해주는 함수입니다. 구현은 다음과 같습니다.

```
def as_variable(obj):                                    steps/step21.py
    if isinstance(obj, Variable):
        return obj
    return Variable(obj)
```

이 함수는 인수 obj가 Variable 인스턴스 또는 ndarray 인스턴스라고 가정합니다. obj가 Variable 인스턴스면 아무것도 손보지 않고 그대로 반환하고, 그렇지 않으면 Variable 인스턴스로 변환하여 반환합니다.

그럼 Function 클래스의 __call__ 메서드가 as_variable 함수를 이용하도록 다음 음영 부분의 코드를 추가합니다.

```
class Function:                                           steps/step21.py
    def __call__(self, *inputs):
        inputs = [as_variable(x) for x in inputs]

        xs = [x.data for x in inputs]
        ys = self.forward(*xs)
        ...
```

이와 같이 인수 inputs에 담긴 각각의 원소 x를 Variable 인스턴스로 변환합니다. 따라서 ndarray 인스턴스가 주어지면 Variable 인스턴스로 변환됩니다. 그러면 이후의 처리는 모든 변수가 Variable 인스턴스인 상태로 진행됩니다.

> NOTE_ DeZero에서 사용하는 모든 함수(연산)는 Function 클래스를 상속하므로 실제 연산은 Function 클래스의 __call__ 메서드에서 이루어집니다. 따라서 이 __call__ 메서드에 가한 수정은 DeZero에서 사용하는 모든 함수에 적용됩니다.

그러면 새로운 DeZero를 사용하여 계산을 해봅시다.

```
x = Variable(np.array(2.0))                              steps/step21.py
y = x + np.array(3.0)
print(y)
```

```
variable(5.0)
```

y = x + np.array(3.0)이라는 코드를 실행했고, 출력을 보면 제대로 작동함을 알 수 있습니다. ndarray 인스턴스가 Variable 인스턴스로 자동 변환된 결과죠. 이렇게 ndarray와 Variable을 함께 사용할 수 있게 되었습니다.

21.2 float, int와 함께 사용하기

이어서 파이썬의 float와 int, 그리고 np.float64와 np.int64 같은 타입과도 함께 사용할 수 있도록 하겠습니다. x가 Variable 인스턴스일 때 x + 3.0 같은 코드를 실행할 수 있도록 하려면 어떻게 해야 할까요? 한 가지 방법으로 add 함수에 다음의 음영 부분의 코드를 추가하는 방법이 떠오르는군요.

```
def add(x0, x1):
    x1 = as_array(x1)
    return Add()(x0, x1)
```
steps/step21.py

여기에서는 as_array 함수를 사용했습니다. 9단계에서 구현한 함수죠. as_array를 사용하면 x1이 float나 int인 경우 ndarray 인스턴스로 변환됩니다. 그리고 ndarray 인스턴스는 (이후에) Function 클래스에서 Variable 인스턴스로 변환됩니다. 이것으로 다음과 같은 코드를 작성할 수 있게 됐습니다.

```
x = Variable(np.array(2.0))
y = x + 3.0
print(y)
```
steps/step21.py

```
variable(5.0)
```

이와 같이 float와 Variable 인스턴스를 조합한 계산이 가능해졌습니다. 여기서는 add 함수만 대표로 수정해봤지만, mul과 같은 다른 함수들도 같은 방식으로 수정할 수 있습니다. 다 수정하고 나면 +나 *로 Variable 인스턴스, float, int를 조합하여 계산할 수 있습니다. 그런데 실은 지금의 방식에는 두 가지 문제가 남아 있습니다.

21.3 문제점 1: 첫 번째 인수가 float나 int인 경우

현재의 DeZero는 x * 2.0이라는 코드를 제대로 실행할 수 있습니다(x는 Variable 인스턴스). 하지만 2.0 * x를 실행하면 오류가 납니다. 어떤 오류가 나는지 볼까요?

```
y = 2.0 * x
```

실행 결과

```
TypeError: unsupported operand type(s) for *: 'float' and 'Variable'
```

원인은 2.0 * x를 실행했을 때 오류가 발생하는 과정을 보면 알 수 있습니다. 2.0 * x는 다음 순서로 처리됩니다.

1 연산자 왼쪽에 있는 2.0의 __mul__ 메서드를 호출하려 시도한다.

2 하지만 2.0은 float 타입이므로 __mul__ 메서드는 구현되어 있지 않다.

3 다음은 * 연산자 오른쪽에 있는 x의 특수 메서드를 호출하려 시도한다.

4 x가 오른쪽에 있기 때문에 (__mul__ 대신) __rmul__ 메서드를 호출하려 시도한다.

5 하지만 Variable 인스턴스에는 __rmul__ 메서드가 구현되어 있지 않다.

이상이 오류 발생 과정입니다. 핵심은 * 같은 이항 연산자의 경우 피연산자(항)의 위치에 따라 호출되는 특수 메서드가 다르다는 것입니다. 곱셈의 경우 피연산자가 좌항이면 __mul__ 메서드가 호출되고, 우항이면 __rmul__ 메서드가 호출됩니다.

따라서 이번 문제는 __rmul__ 메서드를 구현하면 해결됩니다. 이때 __rmul__ 메서드의 인수는 [그림 21-1]처럼 전달됩니다.

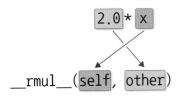
그림 21-1 __rmul__ 메서드로 인수가 전달되는 방식

[그림 21-1]과 같이 __rmul__(self, other)의 인수 중 self는 자신인 x에 대응하고, other는 다른 쪽 항인 2.0에 대응합니다. 그런데 곱셈에서는 좌항과 우항을 바꿔도 결과가 같기 때문에 둘을 구별할 필요가 없습니다(2.0 * x와 x * 2.0의 결과가 똑같죠). 덧셈도 마찬가지이므로 +와 *의 특수 메서드는 다음처럼 설정하면 됩니다.

steps/step21.py
```
Variable.__add__ = add
Variable.__radd__ = add
Variable.__mul__ = mul
Variable.__rmul__ = mul
```

이제 float와 int를 자유롭게 조합하여 계산할 수 있습니다. 연습 삼아 실제로 해보죠.

steps/step21.py
```
x = Variable(np.array(2.0))
y = 3.0 * x + 1.0
print(y)
```

실행 결과
```
variable(7.0)
```

이제 Variable 인스턴스와 float, int를 함께 사용할 수 있습니다. 이어서 나머지 문제 하나를 마저 해결해보죠.

21.4 문제점 2: 좌항이 ndarray 인스턴스인 경우

남은 문제는 ndarray 인스턴스가 좌항이고 Variable 인스턴스가 우항인 경우입니다. 예를 들어 다음과 같은 코드입니다.

```
x = Variable(np.array([1.0]))
y = np.array([2.0]) + x
```

이 예에서 좌항은 ndarray 인스턴스이고 우항은 Variable 인스턴스입니다. 이렇게 되면 좌항인 ndarray 인스턴스의 __add__ 메서드가 호출됩니다. 하지만 우리는 우항인 Variable 인스턴스의 __radd__ 메서드가 호출되길 원합니다. 그러려면 '연산자 우선순위'를 지정해야 합니다. 구체적으로는 Variable 인스턴스의 속성에 __array_priority__를 추가하고 그 값을 큰 정수로 설정해야 합니다. 다음처럼 말이죠.

```
class Variable:
    __array_priority__ = 200
    ...
```

이렇게 하면 Variable 인스턴스의 연산자 우선순위를 ndarray 인스턴스의 연산자 우선순위보다 높일 수 있습니다. 그 결과 좌항이 ndarray 인스턴스라 해도 우항인 Variable 인스턴스의 연산자 메서드가 우선적으로 호출됩니다.

이상이 연산자 오버로드 시 조심해야 할 핵심입니다. 마침내 DeZero는 *와 + 연산자를 서로 다른 타입과 섞어 사용할 수 있게 되었습니다. 이어서 다음 단계에서는 /와 − 같은 다른 연산자를 추가하겠습니다.

연산자 오버로드(3)

이전 단계에서는 DeZero가 *와 + 연산자를 지원하도록 확장했는데, 연산자는 이밖에도 많습니다. 그래서 이번 단계에서는 [표 22-1]의 연산자들을 새로 추가하겠습니다.

표 22-1 이번 단계에서 추가할 연산자들

특수 메서드	예
__neg__(self)	−self
__sub__(self, other)	self − other
__rsub__(self, other)	other − self
__truediv__(self, other)	self / other
__rtruediv__(self, other)	other / self
__pow__(self, other)	self ** other

[표 22-1]의 첫 번째 메서드인 __neg__(self)는 양수를 음수로, 혹은 음수를 양수로 바꿔주는 부호 변환 연산자입니다. 또한 다른 연산자들과 달리 항이 하나뿐인 '단항 연산자'입니다. 그래서 특수 메서드의 인수도 하나뿐이죠. 나머지 연산자들은 차례로 뺄셈, 나눗셈, 거듭제곱으로, 모두 이항 연산자입니다(a − b, a / b 등). 따라서 적용 대상이 우항이냐 좌항이냐에 따라 2개의 특수 메서드 중 하나가 선별되어 호출됩니다. 단, 거듭제곱은 x ** 3처럼 좌항이 Variable 인스턴스이고 우항이 상수(2, 3 등의 int)인 경우만을 고려하겠습니다.

그러면 작업을 시작해볼까요? 우선 복습도 할 겸 새로운 연산자를 추가하는 순서를 살펴보죠.

1 Function 클래스를 상속하여 원하는 함수 클래스를 구현합니다(예: Mul 클래스).

2 파이썬 함수로 사용할 수 있도록 합니다(예: mul 함수).

3 Variable 클래스의 연산자를 오버로드합니다(예: Variable.__mul__ = mul).

이번 단계에서도 똑같은 과정을 거쳐 새로운 연산자들을 추가할 것입니다. '부호 변환'부터 시작해보죠.

22.1 음수(부호 변환)

음수의 미분은 $y = -x$일 때 $\frac{\partial y}{\partial x} = -1$입니다. 따라서 역전파는 상류(출력 쪽)에서 전해지는 미분에 -1을 곱하여 하류로 흘려보내 주면 됩니다. 그러면 다음과 같이 구현할 수 있습니다.

```
class Neg(Function):                          steps/step22.py
    def forward(self, x):
        return -x

    def backward(self, gy):
        return -gy

def neg(x):
    return Neg()(x)

Variable.__neg__ = neg
```

이와 같이 Neg 클래스를 구현한 다음, 파이썬 함수로 사용할 수 있도록 neg 함수도 구현합니다. 그리고 특수 메서드인 __neg__에 neg를 대입하면 완성입니다. 이제 다음 코드를 실행할 수 있습니다.

```
x = Variable(np.array(2.0))
y = -x   # 부호를 바꾼다.
print(y)
```
steps/step22.py

실행 결과

```
variable(-2.0)
```

다음은 '뺄셈' 차례입니다.

22.2 뺄셈

뺄셈의 미분은 $y = x_0 - x_1$일 때 $\frac{\partial y}{\partial x_0} = 1$, $\frac{\partial y}{\partial x_1} = -1$입니다. 따라서 역전파는 상류에서 전해지는 미분값에 1을 곱한 값이 x_0의 미분 결과가 되며, −1을 곱한 값이 x_1의 미분 결과가 됩니다. 코드로는 다음처럼 구현할 수 있습니다.

```
class Sub(Function):
    def forward(self, x0, x1):
        y = x0 - x1
        return y

    def backward(self, gy):
        return gy, -gy

def sub(x0, x1):
    x1 = as_array(x1)
    return Sub()(x0, x1)

Variable.__sub__ = sub
```
steps/step22.py

이제 x0와 x1이 Variable 인스턴스라면 y = x0 − x1 계산을 수행할 수 있습니다. 그러나 x0 가 Variable 인스턴스가 아닌 경우, 예컨대 y = 2.0 − x 같은 코드는 제대로 처리할 수 없습니다. x의 __rsub__ 메서드가 호출되어 인수가 [그림 22−1] 형태로 전달되기 때문이죠.

그림 22-1 __rsub__ 메서드로 인수가 전달되는 방식

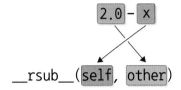

[그림 22−1]과 같이 __rsub__(self, other)가 호출될 때는 우항인 x가 인수 self에 전달됩니다. 따라서 다음처럼 구현해야 합니다.

```
                                                           steps/step22.py
def rsub(x0, x1):
    x1 = as_array(x1)
    return Sub()(x1, x0)  # x0와 x1의 순서를 바꾼다.

Variable.__rsub__ = rsub
```

보다시피 함수 rsub(x0, x1)을 정의하고 인수의 순서를 바꿔서 Sub()(x1, x0)를 호출하게 합니다. 그런 다음 특수 메서드인 __rsub__에 함수 rsub를 할당합니다.

CAUTION_ 덧셈과 곱셈은 좌항과 우항의 순서를 바꿔도 결과가 같기 때문에 둘을 구별할 필요가 없었습니다. 하지만 뺄셈에서는 좌우를 구별해야 합니다(x0 − x1과 x1 − x0의 값은 다릅니다). 따라서 우항을 대상으로 했을 때 적용할 함수인 rsub(x0, x1)을 별도로 준비해야 합니다.

이상으로 뺄셈도 할 수 있게 되었습니다. 이제 다음 코드가 잘 작동합니다.

```
                                                           steps/step22.py
x = Variable(np.array(2.0))
y1 = 2.0 - x
y2 = x - 1.0
print(y1)
print(y2)
```

```
variable(0.0)
variable(1.0)
```

다음은 '나눗셈'입니다.

22.3 나눗셈

나눗셈의 미분은 $y = x_0/x_1$일 때 $\frac{\partial y}{\partial x_0} = 1/x_1$, $\frac{\partial y}{\partial x_1} = -x_0/(x_1)^2$입니다. 코드로는 다음처럼 구현할 수 있습니다.

```
                                                              steps/step22.py
class Div(Function):
    def forward(self, x0, x1):
        y = x0 / x1
        return y

    def backward(self, gy):
        x0, x1 = self.inputs[0].data, self.inputs[1].data
        gx0 = gy / x1
        gx1 = gy * (-x0 / x1 ** 2)
        return gx0, gx1

def div(x0, x1):
    x1 = as_array(x1)
    return Div()(x0, x1)

def rdiv(x0, x1):
    x1 = as_array(x1)
    return Div()(x1, x0)  # x0와 x1의 순서를 바꾼다.

Variable.__truediv__ = div
Variable.__rtruediv__ = rdiv
```

나눗셈도 뺄셈과 마찬가지로 좌/우항 중 어느 것에 적용할지에 따라 적용되는 함수가 다릅니다. 그 외에는 특별히 어려운 점은 없을 것입니다.

그럼 마지막으로 '거듭제곱'을 살펴보겠습니다.

22.4 거듭제곱

거듭제곱은 $y = x^c$ 형태로 표현됩니다. 이때 x를 밑이라 하고 c를 지수라 합니다. 거듭제곱의 미분은 미분 공식으로부터 $\frac{\partial y}{\partial x} = cx^{c-1}$이 됩니다. $\frac{\partial y}{\partial c}$의 값도 구할 수는 있지만 실전에서는 거의 사용되지 않으니 이 책에서는 밑이 x인 경우만 미분해보겠습니다. 즉, 지수 c는 상수로 취급하여 따로 미분을 계산하지 않기로 합니다. 다음은 이를 구현한 코드입니다.

steps/step22.py

```python
class Pow(Function):
    def __init__(self, c):
        self.c = c

    def forward(self, x):
        y = x ** self.c
        return y

    def backward(self, gy):
        x = self.inputs[0].data
        c = self.c
        gx = c * x ** (c - 1) * gy
        return gx

def pow(x, c):
    return Pow(c)(x)

Variable.__pow__ = pow
```

코드를 보면 Pow 클래스를 초기화할 때 지수 c를 제공할 수 있습니다. 그리고 순전파 메서드인 forward(x)는 밑에 해당하는 x만(즉, 하나의 항만) 받게 합니다. 그런 다음 특수 메서드인 __pow__에 함수 pow를 할당합니다. 이제 ** 연산자를 사용하여 거듭제곱을 계산할 수 있습니다. 한번 해볼까요?

steps/step22.py

```python
x = Variable(np.array(2.0))
y = x ** 3
print(y)
```

실행 결과

```
variable(8.0)
```

이상으로 목표한 연산자를 모두 추가했습니다. 이번 단계는 다소 단조로운 작업의 연속이었지만 그 덕분에 DeZero의 유용성은 크게 향상됐습니다. 사칙연산 연산자들을 자유롭게 계산에 활용할 수 있게 된 것이죠. 거듭제곱도 가능하기 때문에 제법 고급 계산까지 표현할 수 있답니다! 다음 단계에서는 지금까지의 성과를 파이썬 '패키지'로 정리한 다음 DeZero의 실력을 검증해보겠습니다.

패키지로 정리

지금까지는 단계마다 내용 전체를 파일 하나에 담았습니다. step01.py에서 시작하여 step22.py까지 도달했죠. 그런데 어느덧 우리의 DeZero는 크게 '성장'했습니다. 그래서 이번 단계에서는 지금까지의 성과를 재사용할 수 있도록 패키지로 정리할 생각입니다.

참고로 파이썬에서는 '모듈', '패키지', '라이브러리'라는 용어를 사용하는데, 보통 다음의 의미로 통용됩니다.

- **모듈**

  모듈은 파이썬 파일입니다. 특히 다른 파이썬 프로그램에서 임포트^{import}하여 사용하는 것을 가정하고 만들어진 파이썬 파일을 '모듈'이라고 합니다.

- **패키지**

  패키지는 여러 모듈을 묶은 것입니다. 패키지를 만들려면 먼저 디렉터리를 만들고 그 안에 모듈(파이썬 파일)을 추가합니다.

- **라이브러리**

  라이브러리는 여러 패키지를 묶은 것입니다. 그래서 하나 이상의 디렉터리로 구성되죠. 때로는 패키지를 가리켜 '라이브러리'라고 부르기도 합니다.

23.1 파일 구성

파일 구성부터 확인하겠습니다. 지금까지는 step01.py, step02.py, ...처럼 각 step 파일에 코드를 작성했습니다. 이제부터는 이 step 파일 모두에서 DeZero를 이용할 수 있도록 dezero라는 공통의 디렉터리를 하나 만들겠습니다. 그래서 최종 파일 구성은 다음과 같습니다.

```
.
|
├─── dezero
|    ├─── __init__.py
|    ├─── core_simple.py
|    ├─── ...
|    └─── utils.py
|
├─── steps
|    ├─── step01.py
|    ├─── ...
|    └─── step60.py
|
```

이와 같이 구성한 뒤 dezero 디렉터리에 모듈을 추가하는 것입니다. 그리하여 dezero라는 패키지가 만들어지는데, 이 패키지가 바로 우리가 만드는 프레임워크입니다. 앞으로는 주로 이 dezero 디렉터리에 있는 파일들에 코드를 추가할 것입니다.

23.2 코어 클래스로 옮기기

dezero 디렉터리에 파일을 추가해보죠. 목표는 이전 단계의 step22.py 코드를 dezero/core_simple.py라는 코어^{core, 핵심} 파일로 옮기는 것입니다. 파일 이름에 core를 붙인 이유는 지금까지 구현한 기능들이 DeZero의 핵심이라고 보기 때문입니다. 그리고 뒤에 가서는 최종 형태인 core.py로 교체할 계획이라서 당장은 core_simple.py로 시작하겠습니다.

그럼 step22.py에 정의된 다음 클래스들을 코어 파일로 복사해봅시다.

- Config
- Variable

- Function
- Add(Function)
- Mul(Function)
- Neg(Function)
- Sub(Function)
- Div(Function)
- Pow(Function)

여기에서 Add(Function)의 (Function)은 Function 클래스를 상속했다는 뜻입니다. 보다시피 Config, Variable, Function 클래스가 있고, Function 클래스를 상속한 함수(DeZero 함수 클래스)가 여섯 개 있습니다. 이어서 step22.py에 정의한 파이썬 함수들도 정리해야 합니다. 즉, 다음 함수들을 코어 파일로 옮길 것입니다.

- using_config
- no_grad
- as_array
- as_variable
- add
- mul
- neg
- sub
- rsub
- div
- rdiv
- pow

처음 두 함수는 DeZero 설정 함수로, 역전파의 활성/비활성을 전환하는 데 사용합니다. 그다음의 as_array와 as_variable은 인수로 주어진 객체를 ndarray 또는 Variable로 변환하는 함수입니다. 나머지는 DeZero에서 사용하는 함수입니다. 자, 우선은 step22.py에 담긴 클래스와 함수를 그대로 코어 파일에 복사합니다.

> **CAUTION_** 지금까지 Exp 클래스와 Square 클래스 그리고 exp 함수와 square 함수 등 DeZero에서 사용하는 구체적인 함수도 구현했습니다. 아시만 이 코느들은 코어 파일에 넣시 않겠습니다. 이 코드들은 나중에 dezero/functions.py에 추가할 겁니다.

이제 외부의 파이썬 파일에서 다음과 같이 dezero를 임포트할 수 있습니다.

```python
import numpy as np
from dezero.core_simple import Variable

x = Variable(np.array(1.0))
print(x)
```

실행 결과

```
variable(1.0)
```

이와 같이 from dezero.core_simple import Variable 줄을 추가하여 Variable 클래스를 임포트할 수 있습니다. dezero.core_simple처럼 파일 이름까지 명시한 점에 주의하세요. 바로 뒤에서 core_simple을 생략하고 from dezero import Variable로 사용할 수 있는 구조를 도입할 겁니다.

> CAUTION_ from … import … 구문을 사용하면 모듈 내의 클래스나 함수 등을 직접 임포트할 수 있습니다. 또한 import XXX as A라고 쓰면 XXX라는 모듈을 A라는 이름으로 임포트할 수 있습니다. 예를 들어 import dezero.core_simple as dz로 쓰면 dezero.core_simple 모듈을 dz라는 이름으로 임포트합니다. 그런 다음 Variable 클래스를 사용하려면 dz.Variable이라고 쓰면 됩니다.

23.3 연산자 오버로드

이것으로 step22.py의 코드 대부분이 옮겨졌습니다. 이제부터는 오버로드한 연산자들을 dezero로 옮기겠습니다. 이를 위해 코어 파일인 dezero/core_simple.py에 다음 함수들을 추가합니다.

dezero/core_simple.py

```python
def setup_variable():
    Variable.__add__ = add
    Variable.__radd__ = add
    Variable.__mul__ = mul
    Variable.__rmul__ = mul
```

```
Variable.__neg__ = neg
Variable.__sub__ = sub
Variable.__rsub__ = rsub
Variable.__truediv__ = div
Variable.__rtruediv__ = rdiv
Variable.__pow__ = pow
```

setup_variable은 Variable의 연산자들을 오버로드해주는 함수입니다. 이 함수를 호출하면 Variable의 연산자들이 설정됩니다. 그렇다면 이 함수는 어디에서 호출하면 좋을까요? 바로 dezero/__init__.py 파일입니다.

__init__.py는 모듈을 임포트할 때 가장 먼저 실행되는 파일입니다. 우리의 경우 dezero 패키지에 속한 모듈을 임포트할 때 dezero/__init__.py의 코드가 첫 번째로 호출됩니다. 그래서 dezero/__init__.py에 다음 코드를 작성해 넣어야 합니다.

```
                                                              dezero/__init__.py
from dezero.core_simple import Variable
from dezero.core_simple import Function
from dezero.core_simple import using_config
from dezero.core_simple import no_grad
from dezero.core_simple import as_array
from dezero.core_simple import as_variable
from dezero.core_simple import setup_variable

setup_variable()
```

이와 같이 setup_variable 함수를 임포트해 호출하도록 합니다. 이렇게 함으로써 dezero 패키지를 이용하는 사용자는 반드시 연산자 오버로드가 이루어진 상태에서 Variable을 사용할 수 있습니다.

한편 __init__.py의 시작이 from dezero.core_simple import Variable인데, 이 문장이 실행됨으로써 dezero 패키지에서 Variable 클래스를 곧바로 임포트할 수 있습니다. 예를 들어 다음과 같이 이용할 수 있습니다.

```
# dezero를 이용하는 사용자의 코드

# from dezero.core_simple import Variable
from dezero import Variable
```

즉, 지금까지 from dezero.core_simple import Variable이라고 작성한 것을 from dezero import Variable처럼 짧게 줄일 수 있습니다. 마찬가지로 dezero/__init__.py의 임포트문들 덕분에 사용자는 나머지 Function이나 using_config 등도 '간소화된' 임포트를 이용할 수 있게 됩니다.

23.4 실제 __init__.py 파일

이 책에서는 앞으로(23단계에서 32단계까지) DeZero 코어 파일로 dezero/core_simple.py를 사용합니다. 그러다가 33단계부터는 dezero/core.py로 대체할 것입니다. 그래서 실제 dezero/__init__.py는 core_simple.py와 core.py 중 하나를 선택해 임포트하도록 작성되어 있습니다.

```
                                                        dezero/__init__.py
is_simple_core = True

if is_simple_core:
    from dezero.core_simple import Variable
    from dezero.core_simple import Function
    from dezero.core_simple import using_config
    from dezero.core_simple import no_grad
    from dezero.core_simple import as_array
    from dezero.core_simple import as_variable
    from dezero.core_simple import setup_variable

else:
    from dezero.core import Variable
    from dezero.core import Function
    ...
    ...

setup_variable()
```

이와 같이 is_simple_core 플래그로 임포트할 대상을 선택합니다. is_simple_core가 True면 core_simple.py에서, False면 core.py에서 임포트가 이루어집니다.

23.5 dezero 임포트하기

이렇게 하여 dezero라는 패키지가 만들어졌습니다. 이제 이번 단계용 step23.py는 다음처럼 작성할 수 있습니다.

```
                                                                    steps/step23.py
if '__file__' in globals():
    import os, sys
    sys.path.append(os.path.join(os.path.dirname(__file__), '..'))

import numpy as np
from dezero import Variable

x = Variable(np.array(1.0))
y = (x + 3) ** 2
y.backward()

print(y)
print(x.grad)
```

실행 결과

```
variable(16.0)
8.0
```

우선 if '__file__' in globals(): 문장에서 __file__이라는 전역 변수가 정의되어 있는지 확인합니다. python steps23.py처럼 터미널에서 python 명령으로 실행한다면 __file__ 변수가 정의되어 있습니다. 이 경우 현재 파일(step23.py)이 위치한 디렉터리의 부모 디렉터리(..)를 모듈 검색 경로에 추가합니다. 이로써 파이썬 명령어를 어디에서 실행하든 dezero 디렉터리의 파일들은 제대로 임포트할 수 있게 됩니다. 예를 들어 명령술에서 python steps/step23.py 형태로 실행하든 cd steps; python step23.py 형태로 디렉터리를 옮겨 실행하든 상관없이 코드가 정상 작동합니다. 참고로 책 지면에서는 편의상 이 모듈 검색 경로 추가 코드는 (매번 똑같이 반복되므로) 생략하고 보여줍니다.

> **NOTE_** 검색 경로 추가 코드는 현재 개발 중인 dezero 디렉터리를 임포트하기 위해 일시적으로 사용하는 것입니다. (예를 들어 pip install dezero 등의 명령으로) DeZero가 패키지로 설치된 경우라면 DeZero 패키지가 파이썬 검색 경로에 추가됩니다. 따라서 앞에서와 같이 경로를 수동으로 추가하는 일은 필요치 않게 됩니다. 또한 __file__ 변수는 파이썬 인터프리터의 인터랙티브 모드와 구글 콜랩^{Google Colab} * 등의 환경에서 실행하는 경우에는 정의되어 있지 않습니다. 이 점을 고려하여 (step 파일을 수정 없이 구글 콜랩에서도 동작하도록 하기 위해) 부모 디렉터리를 검색 경로에 추가할 때 if '__file__' in globals():라는 조건 검사 문장을 넣었습니다.

방금 보여드린 코드가 step23.py의 전부입니다(생략한 코드는 없습니다). 이것으로 DeZero 프레임워크의 원형이 완성되었습니다. 앞으로는 dezero 디렉터리에 있는 파일(모듈)들을 확장하는 식으로 진행하겠습니다.

---

* 옮긴이_ 번역 시점에 우리나라에서는 '구글 코랩'으로 더 많이 쓰고 있으나, 구글의 공식 소개 동영상(https://bit.ly/31hbc1L)에서도 '콜랩(Colab)'으로 표기하고 있고, 실제 원어민 발음에 훨씬 가까우며, 외래어 표기법상으로도 맞기 때문에 이 책에서는 '콜랩'으로 옮기겠습니다.

복잡한 함수의 미분

DeZero는 이제 대표적인 연산자들(+, *, −, /, **)을 지원합니다. 따라서 평소 파이썬 프로그래밍을 하듯 코딩할 수 있습니다. 이 혜택은 복잡한 수식을 코딩할 때 피부로 느껴질 것입니다. 그래서 이번 단계에서는 지금까지의 성과를 느낄 수 있는 복잡한 수식의 미분 몇 가지를 풀어보겠습니다.

이번 단계에서 다루는 함수들은 최적화 문제에서 자주 사용되는 테스트 함수입니다. 최적화 문제의 테스트 함수란 다양한 최적화 기법이 '얼마나 좋은가'를 평가하는 데 사용되는 함수를 뜻합니다. '벤치마크'용 함수라고 할 수 있겠네요. 테스트 함수에도 종류가 많은데, 위키백과의 'Test functions for optimization' 페이지[13]를 보면 대표적인 예를 확인할 수 있으며, [그림 24-1]과 같은 표로 정리되어 있습니다.

[그림 24-1]은 일부만 발췌한 것이며, 우리는 이 중 세 함수를 선택하여 실제로 미분해보려 합니다. 그러면 DeZero의 실력이 어느 정도인지 알 수 있겠죠. 우선 Sphere라는 간단한 함수에서 시작하겠습니다.

그림 24-1 최적화 문제에 사용되는 벤치마크 함수 목록(위키백과[13]에서 발췌)

Name	Plot	Formula
Rastrigin function		$f(\mathbf{x}) = An + \sum_{i=1}^{n} \left[x_i^2 - A\cos(2\pi x_i) \right]$ where: $A = 10$
Ackley function		$f(x, y) = -20\exp\left[-0.2\sqrt{0.5\left(x^2 + y^2\right)} \right]$ $- \exp[0.5\left(\cos 2\pi x + \cos 2\pi y\right)] + e + 20$
Sphere function		$f(\boldsymbol{x}) = \sum_{i=1}^{n} x_i^2$
Rosenbrock function		$f(\boldsymbol{x}) = \sum_{i=1}^{n-1} \left[100\left(x_{i+1} - x_i^2\right)^2 + (1 - x_i)^2 \right]$
Beale function		$f(x, y) = (1.5 - x + xy)^2 + \left(2.25 - x + xy^2\right)^2$ $+ \left(2.625 - x + xy^3\right)^2$
Goldstein– Price function		$f(x, y) = \left[1 + (x + y + 1)^2 \left(19 - 14x + 3x^2 - 14y + 6xy + 3y^2\right) \right]$ $\left[30 + (2x - 3y)^2 \left(18 - 32x + 12x^2 + 48y - 36xy + 27y^2\right) \right]$

24.1 Sphere 함수

Sphere 함수를 수식으로 표현하면 $z = x^2 + y^2$입니다. 단순히 두 개의 입력 변수를 제곱하여 더하는 함수죠.* 우리가 할 일은 그 미분($\frac{\partial z}{\partial x}$와 $\frac{\partial z}{\partial y}$)을 계산하는 것입니다. 이번 절에서는 $(x, y) = (1.0, 1.0)$인 경우를 미분해보겠습니다. 코드는 다음과 같습니다.

```python
import numpy as np                                    steps/step24.py
from dezero import Variable

def sphere(x, y):
    z = x ** 2 + y ** 2
    return z

x = Variable(np.array(1.0))
y = Variable(np.array(1.0))
z = sphere(x, y)
z.backward()
print(x.grad, y.grad)
```

실행 결과

```
2.0 2.0
```

코드에서 보듯 원하는 계산을 z = x ** 2 + y ** 2로 표현할 수 있습니다. 그리고 x와 y에 대한 미분 모두 2.0이라고 나옵니다. 수식으로 확인하면 $\frac{\partial z}{\partial x} = 2x$, $\frac{\partial z}{\partial y} = 2y$가 되므로 (x, y) = (1.0, 1.0)의 미분 결과는 (2.0, 2.0)입니다. 앞의 실행 결과와 일치하는군요.

24.2 matyas 함수

이어서 matyas 함수**를 살펴보죠. 수식으로는 $z = 0.26(x^2 + y^2) - 0.48xy$이며, DeZero 로는 다음처럼 구현할 수 있습니다.

```python
def matyas(x, y):                                     steps/step24.py
    z = 0.26 * (x ** 2 + y ** 2) - 0.48 * x * y
```

---

* 옮긴이_ 예시로 사용한 함수는 차원이 x, y, z뿐인 3차원 공간에서의 Sphere 함수입니다. n차원으로 일반화한 Sphere 함수의 수식은 [그림 24-1]에도 나와 있듯이 $f(x) = \sum_{i=1}^{n} x_i^2$입니다.

** '마차시'라고 읽습니다.

```
    return z

x = Variable(np.array(1.0))
y = Variable(np.array(1.0))
z = matyas(x, y)
z.backward()
print(x.grad, y.grad)
```

실행 결과

```
0.040000000000000036 0.040000000000000036
```

이번에도 수식을 그대로 코드로 옮길 수 있었습니다. 사칙연산 연산자는 자유롭게 사용할 수 있으므로 손쉽게 해결됐습니다. 만약 이 연산자들을 사용할 수 없다면 matyas 함수를 다음과 같이 작성해야 합니다.

```
def matyas(x, y):
    z = sub(mul(0.26, add(pow(x, 2), pow(y, 2))), mul(0.48, mul(x, y)))
    return z
```

사람에게는 읽기 어려운 코드죠. 이제 +와 ** 같은 연산자를 사용할 수 있다는 게 얼마나 고마운 일인지 느껴질 것입니다. 이 연산자들 덕분에 타이핑 양도 줄이면서 일반 수식에 가까운 형태로 읽고 쓸 수 있는 것이죠. 그럼 마지막으로 Goldstein-Price 함수라는 복잡한 수식에 도전해봅시다.

24.3 Goldstein-Price 함수

Goldstein-Price 함수를 수식으로 표현하면 다음과 같습니다.

$$f(x, y) = [1 + (x + y + 1)^2(19 - 14x + 3x^2 - 14y + 6xy + 3y^2)]$$

$$[30 + (2x - 3y)^2(18 - 32x + 12x^2 + 48y - 36xy + 27y^2)]$$

꽤 복잡해 보이지만 DeZero라면 어렵지 않게 표현할 수 있습니다. 직접 보시죠.

```
def goldstein(x, y):
    z = (1 + (x + y + 1)**2 * (19 - 14*x + 3*x**2 - 14*y + 6*x*y + 3*y**2)) * \
        (30 + (2*x - 3*y)**2 * (18 - 32*x + 12*x**2 + 48*y - 36*x*y + 27*y**2))
    return z
```

수식과 비교해가며 코드로 옮기면 금방 끝날 것입니다. 반면 이 연산자들을 사용하지 않고 코딩하기란 보통 사람에게는 불가능할지 모릅니다. 그럼 Goldstein-Price 함수를 미분해볼까요?

```
x = Variable(np.array(1.0))
y = Variable(np.array(1.0))
z = goldstein(x, y)
z.backward()
print(x.grad, y.grad)
```

실행 결과

```
-5376.0 8064.0
```

x에 대한 미분은 −5376.0이 나왔고, y에 대한 미분은 8064.0이 나왔습니다. 물론 올바른 결과입니다. 보다시피 DeZero는 Goldstein-Price 함수와 같은 복잡한 계산도 훌륭하게 미분할 수 있답니다! 또한 이 결과가 맞는지는 기울기 확인으로 검증할 수 있습니다. 이것으로 두 번째 고지도 무사히 정복했습니다.

이번 제2고지에서 DeZero가 크게 성장했습니다. 고지 점령을 시작할 무렵의 DeZero는 간단한 계산밖에 할 수 없었지만 지금은 복잡한 계산도 가능하게 되었습니다(엄밀히 말하면 아무리 복잡하게 '연결'된 계산 그래프라도 올바르게 역전파할 수 있습니다). 또한 연산자를 오버로드한 덕에 보통의 파이썬 프로그래밍처럼 코드를 작성할 수 있습니다. 일반적인 파이썬 연산자를 이용해도 미분을 자동으로 계산할 수 있기 때문에 DeZero는 '일반적인 프로그래밍'을 '미분 가능'하게 만들었다고 표현할 수도 있습니다.

이제 DeZero의 기초는 충분히 닦았습니다. 다음 단계부터는 더 고급 계산도 처리할 수 있도록 DeZero를 확장해갈 것입니다.

딥러닝 프레임워크는 동작 방식에 따라 크게 두 가지로 나눌 수 있습니다. 하나는 '정적 계산 그래프' 혹은 'Define-and-Run' 방식이며, 다른 하나는 '동적 계산 그래프' 혹은 'Define-by-Run' 방식입니다. 이번 칼럼에서는 이 두 방식을 설명하며 장단점도 함께 알아보겠습니다.

Define-and-Run(정적 계산 그래프 방식)

Define-and-Run을 직역하면 '계산 그래프를 정의한 다음 데이터를 흘려보낸다'라는 뜻입니다. 계산 그래프 정의는 사용자가 제공하고, 프레임워크는 주어진 그래프를 컴퓨터가 처리할 수 있는 형태로 변환하여 데이터를 흘려보내는 식입니다. 이 흐름을 그림으로 표현하면 [그림 B-1]과 같습니다.

그림 B-1 Define-and-Run 방식 프레임워크의 처리 흐름

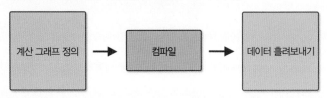

[그림 B-1]에서 보듯 프레임워크는 계산 그래프의 정의를 변환합니다. 이 책에서는 이 변환을 편의상 '컴파일'이라고 부르겠습니다. 컴파일에 의해 계산 그래프가 메모리상에 펼쳐지며, 실제 데이터를 흘려보낼 준비가 갖춰집니다. 여기서 중요한 점은 '계산 그래프 정의'와 '데이터 흘려보내기' 처리가 분리되어 있다는 것입니다. 다음 의사코드[pseudocode]를 보면 더 명확하게 이해될 것입니다.

```
# 가상의 Define-and-Run 방식 프레임워크용 코드 예

# 계산 그래프 정의
a = Variable('a')
b = Variable('b')
c = a * b
d = c + Constant(1)
```

```
# 계산 그래프 컴파일
f = compile(d)

# 데이터 흘려보내기
d = f(a=np.array(2), b=np.array(3))
```

주석을 제외한 첫 네 줄로 계산 그래프를 정의했습니다. 주의할 점은 이 네 줄의 코드에서는 실제 계산이 이루어지지 않는다는 사실입니다. 실제 '수치'가 아닌 '기호^{symbol}'를 대상으로 프로그래밍됐기 때문입니다. 참고로 이런 프로그래밍 방식을 '기호 프로그래밍$^{symbolic\ programming}$'이라고 합니다.

이와 같이 Define-and-Run 방식 프레임워크에서는 실제 데이터가 아닌 기호를 사용한 추상적인 계산 절차를 코딩해야 합니다. 그리고 도메인 특화 언어$^{Domain-Specific}$ ^{Language}(DSL)를 사용해야 하죠. 여기서 도메인 특화 언어란 프레임워크 자체의 규칙들로 이루어진 언어를 뜻합니다. 앞의 예에서는 '상수는 Constant에 담아라'라는 규칙을 따라야 합니다. 그 외에도, 예컨대 조건에 따라 분기하고 싶다면 if 문에 해당하는 특수 연산을 이용해야 합니다. 이것도 물론 도메인 특화 언어의 규칙입니다. 참고로 텐서플로에서는 if 문의 역할로 tf.cond라는 연산을 사용합니다. 다음은 실제 텐서플로 코드 예입니다.

```
import tensorflow as tf

flg = tf.placeholder(dtype=tf.bool)
x0 = tf.placeholder(dtype=tf.float32)
x1 = tf.placeholder(dtype=tf.float32)
y = tf.cond(flg, lambda: x0+x1, lambda: x0*x1)
```

텐서플로는 이와 같이 데이터를 저장하는 플레이스홀더(tf.placeholder)로 이루어진 계산 그래프를 만듭니다. 마지막 줄에서는 tf.cond라는 연산을 사용하여 실행 시 flg 값에 따라 처리 방식을 달리합니다. tf.cond 연산이 파이썬의 if 문 역할을 해주는 것입니다.

> NOTE_ Define-and-Run 방식 프레임워크의 대부분은 도메인 특화 언어를 사용하여 계산을 정의합니다. 도메인 특화 언어는 한마디로 '파이썬 위에서 동작하는 새로운 프로그래밍 언어'라고 할 수 있

이상이 Define-and-Run의 개요입니다. 딥러닝 여명기에는 Define-and-Run 방식 프레임워크가 대부분을 차지했습니다. 대표적으로 텐서플로, 카페, CNTK가 있죠(텐서플로는 2.0부터 Define-by-Run 방식도 도입했습니다). 그리고 다음 세대로 등장한 것이 우리 DeZero도 채용할 Define-by-Run입니다.

Define-by-Run(동적 계산 그래프 방식)

Define-by-Run이라는 용어는 '데이터를 흘려보냄으로써 계산 그래프가 정의된다'라는 뜻입니다. '데이터 흘려보내기'와 '계산 그래프 구축'이 동시에 이루어진다는 것이 특징입니다.

Define-by-Run 방식 프레임워크는 넘파이를 사용하는 일반적인 프로그래밍과 똑같은 형태로 코딩할 수 있습니다. 실제로 DeZero를 사용하면 코드를 다음과 같이 작성할 수 있습니다.

```
import numpy as np
from dezero import Variable

a = Variable(np.ones(10))
b = Variable(np.ones(10) * 2)
c = b * a
d = c + 1
print(d)
```

넘파이를 사용한 일반적인 프로그램과 흡사하죠. 유일한 차이는 넘파이 데이터를 Variable 이라는 클래스로 감쌌다는 점입니다. 그 외에는 넘파이를 사용한 보통의 코드와 같고, 결 곽값도 코드가 실행되면 즉시 구해집니다. 그리고 백그라운드에서는 계산 그래프를 위한 연결이 자동으로 만들어집니다.

Define-by-Run 방식은 2015년에 체이너[Chainer]에 의해 처음 제창되고, 이후 많은 프 레임워크에 채용되고 있습니다. 대표적으로 파이토치, MXNet, DyNet, 텐서플로(2.0 이상에서는 기본값)를 들 수 있습니다.

동적 계산 그래프 방식의 장점

동적 계산 그래프 프레임워크에서는 일반 넘파이를 사용할 때와 같은 방식으로 수치 계산 이 가능합니다. 따라서 프레임워크 고유의 '도메인 특화 언어'를 배우지 않아도 됩니다. 계산 그래프를 '컴파일'하여 독자적인 데이터 구조로 변환할 필요도 없습니다. 즉, 일반 파이썬 프로그래밍으로 계산 그래프를 구축하고 실행할 수 있습니다. 파이썬의 if 문이나 for 문 등을 그대로 사용하여 계산 그래프를 만들 수 있다는 뜻이죠. 실제로 DeZero의 경우 다음과 같은 코딩이 가능합니다.

```python
x = Variable(np.array(3.0))
y = Variable(np.array(0.0))

while True:
    y = y + x
    if y.data > 100:
        break

y.backward()
```

이와 같이 계산에 while 문이나 if 문을 사용할 수 있습니다. 그러면 계산 그래프(DeZero 의 경우는 계산 그래프를 이루는 연결)가 자동으로 만들어집니다. 앞의 예에서는 while 문과 if 문만 사용했지만 클로저나 재귀 호출 등 파이썬에서 사용할 수 있는 프로그래밍 기법이라면 그대로 DeZero에서도 사용할 수 있습니다.

동적 계산 그래프는 디버깅에도 유리합니다. 계산 그래프가 파이썬 프로그램 형태로 실행되기 때문에 디버깅도 항상 파이썬 프로그램으로 할 수 있습니다. pdb 같은 파이썬 디버 거를 사용할 수 있다는 뜻이죠. 이에 반해 정적 계산 그래프 프레임워크에서는 컴파일을 거쳐 프레임워크만 이해하고 실행할 수 있는 표현 형식으로 변환됩니다. 당연히 파이썬 (파이썬 프로세서)은 이 독자적인 표현 형식을 이해할 수 없습니다.

또한 정적 계산 그래프에서 디버깅이 어려운 본질적인 이유는 '계산 그래프 정의'와 '데이 터 흘려보내기' 작업이 분리되어 있다는 데 있습니다. 왜냐하면 문제(버그)는 주로 데이 터를 흘려보낼 때 발견되지만, 문제의 원인은 '계산 그래프 정의'에 있는 경우가 대부분이 기 때문입니다. 다시 말해 문제 발생 시점과 원인이 만들어지는 시점이 떨어져 있어서 어 디가 문제인지 특정하기 어려울 때가 많습니다.

> NOTE_ 정적 계산 그래프(Define-and-Run 방식) 프레임워크는 데이터를 흘려보내기에 앞서 계 산 그래프를 정의해야 합니다. 따라서 데이터를 흘려보내는 동안은 계산 그래프의 구조를 바꿀 수 없 습니다. 또한 if 문에 대응하는 tf.cond 같은 전용 연산의 사용법을 익혀야 해서 프로그래머가 도메인 특화 언어를 새롭게 배워야 하는 부담이 생깁니다.

정적 계산 그래프 방식의 장점

정적 계산 그래프의 가장 큰 장점은 성능입니다. 계산 그래프를 최적화하면 성능도 따라 서 최적화됩니다. 그래서 계산 그래프 최적화는 계산 그래프의 구조와 사용되는 연산을 효율적인 것으로 변환하는 형태로 이뤄집니다. [그림 B-2]는 간단한 예입니다.

그림 B-2 계산 그래프 최적화의 예

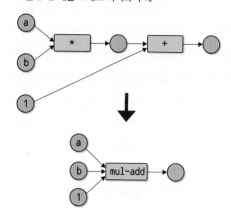

[그림 B-2]는 a * b + 1이라는 계산 그래프와 이를 최적화한 계산 그래프를 보여줍니다. 최적화 버전에서는 곱셈과 덧셈을 한 번에 수행하는 연산을 사용했습니다(많은 하드웨어에서 덧셈과 곱셈을 동시에 수행하는 명령을 제공합니다). 이 변환으로 인해 '두 개의 연산'을 '하나의 연산'으로 '축약'하여 계산 시간이 단축됩니다.

이처럼 작은 수준의 최적화뿐 아니라 계산 그래프 전체를 파악한 후 큰 그림에서 최적화할 수도 있습니다. Define-and-Run 방식의 프레임워크는 데이터를 흘려보내기 전에 전체 계산 그래프가 손에 들어오므로 계산 그래프 전체를 고려해 최적화할 수 있습니다. 예를 들어 for 문 등에서 반복해 사용하는 연산을 하나로 '축약'하여 계산 효율을 크게 끌어올릴 수 있는 경우도 있습니다.

> NOTE_ 신경망 학습은 주로 '신경망을 한 번만 정의하고, 정의된 신경망에 데이터를 여러 번 흘려보내는' 형태로 활용됩니다. 따라서 신경망 구축과 최적화에 시간을 조금 더 들이더라도 데이터를 반복해 흘려보내는 단계에서 만회할 가능성이 큽니다.

Define-and-Run 방식 프레임워크의 또 다른 장점은 어떻게 컴파일하느냐에 따라 다른 실행 파일로 변환할 수도 있다는 것입니다. 따라서 파이썬이 아닌 다른 환경에서도 데이터를 흘려보내는 게 가능합니다. 파이썬에서 벗어났을 때 얻는 가장 큰 혜택은 파이썬 자체가 주는 오버헤드가 사라진다는 것입니다. IoT 기기처럼 자원이 부족한 에지edge 전용 환경에서는 특히 중요한 특징입니다.

또한 학습을 여러 대의 컴퓨터에 분산해 수행하는 경우에도 Define-and-Run 방식이 유리할 때가 있습니다. 특히 계산 그래프 자체를 분할하여 여러 컴퓨터로 분배하는 시나리오는 사전에 전체 계산 그래프가 구축되어 있어야만 가능합니다. 따라서 Define-and-Run 방식의 프레임워크가 유리합니다.

정리

지금까지 Define-and-Run과 Define-by-Run 각각은 나름의 장단이 있다고 설명했습니다. 정리하면 다음과 같습니다.

표 B-1 정적 계산 그래프와 동적 계산 그래프 비교

	Define-and-Run(정적 계산 그래프)	Define-by-Run(동적 계산 그래프)
장점	• 성능이 좋다. • 신경망 구조를 최적화하기 쉽다. • 분산 학습 시 더 편리하다.	• 파이썬으로 계산 그래프를 제어할 수 있다. • 디버깅이 쉽다. • 동적인 계산 처리에 알맞다.
단점	• 독자적인 언어(규칙)를 익혀야 한다. • 동적 계산 그래프를 만들기 어렵다. • 디버깅하기 매우 어려울 수 있다.	• 성능이 낮을 수 있다.

[표 B-1]과 같이 두 방식은 나름의 장단점이 있습니다. 간단하게 정리하면 성능이 중요할 때는 Define-and-Run이 유리하고, 사용성이 중요할 때는 Define-by-Run이 훨씬 유리합니다.

어느 한 방식이 절대적이지 않기 때문에 두 모드를 모두 지원하는 프레임워크도 많습니다. 예를 들어 파이토치는 기본적으로 동적 계산 그래프 모드로 수행되지만 정적 계산 그래프 모드도 제공합니다(자세한 내용은 TorchScript[16] 참고). 마찬가지로 체이너도 기본은 Define-by-Run이지만 Define-and-Run 모드로 전환할 수 있습니다. 텐서플로 역시 2.0부터 Eager Execution이라는 동적 계산 그래프 모드가 표준으로 채택되었으며, 필요 시 정적 계산 그래프로 전환할 수 있습니다.

또한 최근에는 프로그래밍 언어 자체에서 자동 미분을 지원하려는 시도도 볼 수 있습니다. 유명한 예로는 Swift for TensorFlow[17]를 들 수 있습니다. 스위프트Swift라는 범용 프로그래밍 언어를 확장하여(스위프트 컴파일러를 손질하여) 자동 미분 구조를 도입하려는 시도입니다. 자동 미분을 프로그래밍 언어 차원에서 지원하므로 성능과 사용성이라는 두 마리 토끼를 모두 잡을 수 있으리라 기대되고 있습니다.

고차 미분 계산

DeZero는 이제 역전파를 완벽하게 구동할 수 있습니다. 아무리 복잡한 계산이라도 문제없이 역전파를 수행해주기 때문에 지금의 DeZero라면 미분 계산이 필요한 문제의 대부분을 해결할 수 있습니다. 하지만 아직 할 수 없는 일도 있는데, 그중 하나가 고차 미분입니다.

고차 미분*이란 어떤 함수를 2번 이상 미분한 것을 말합니다. 구체적으로는 1차 미분, 2차 미분, 3차 미분, ... 식으로 미분을 반복하는 작업입니다. 파이토치와 텐서플로 등 현대적인 딥러닝 프레임워크에서는 고차 미분을 자동으로 계산할 수 있습니다. 더 정확히 말하면, 역전파에 대한 역전파를 할 수 있습니다(이번 고지에서 원리를 밝혀드립니다).

지금부터 세 번째 고지로 향합니다. 이번 고지에서는 주로 고차 미분을 계산할 수 있도록 DeZero를 확장하는 일을 합니다. 그 결과 DeZero의 활용폭이 한층 넓어집니다. 그럼 출발할까요?

----

* 옮긴이_ '고계 도함수(higher order derivative)' 혹은 '고계 미분'이라고 많이 쓰나, 다른 용어들과의 일관성을 높이고자 '고차 미분'으로 옮겼습니다.

제3고지

고차 미분 계산

계산 그래프 시각화(1)

DeZero는 이제 복잡한 수식도 쉽게 코드로 옮길 수 있습니다. 실제로 24단계에서는 Goldstein-Price 함수라는 매우 복잡한 함수를 코딩했습니다. 그런데 이런 복잡한 식을 계산할 때 그 뒤편에서는 어떤 '계산 그래프'가 만들어지는 것일까요? 그 전모를 눈으로 직접 확인하고 싶지 않나요? 그런 분들을 위해 이번 단계에서는 계산 그래프를 시각화합니다.

> NOTE_ 계산 그래프를 시각화하면 문제가 발생했을 때 원인이 되는 부분을 파악하기 쉬워집니다. 또한 더 나은 계산 방법을 발견할 수도 있고, 신경망의 구조를 3자에게 시각적으로 전달하는 용도로도 활용할 수 있습니다.

시각화 도구도 밑바닥부터 만들 수 있지만 이 책의 주제인 딥러닝에서 조금 탈선하는 느낌이라 외부 자원인 Graphviz[18]를 활용하려 합니다. 이번 단계에서는 주로 Graphviz의 사용법을 설명하고, 다음 단계에서 Graphviz를 사용하여 계산 그래프를 시각화하겠습니다.

25.1 Graphviz 설치하기

Graphviz는 그래프를 시각화해주는 도구입니다(여기서 '그래프'는 계산 그래프와 같이 노드와 화살표로 이뤄진 데이터 구조를 말합니다). Graphviz를 이용하면 예쁜 그림을 쉽게 그릴 수 있습니다. 우선 설치부터 함께 해보겠습니다.

macOS는 Homebrew와 MacPorts를 사용하여 설치할 수 있습니다. Homebrew를 사용하는 경우 터미널을 열고 다음 명령을 실행합니다.

```
$ brew install graphviz
```

우분투의 경우 터미널에서 다음 명령을 실행하면 됩니다.

```
$ sudo apt install graphviz
```

설치가 끝나면 터미널에서 dot 명령을 사용할 수 있게 됩니다. 시험 삼아 다음 명령을 실행해 볼까요?

```
$ dot -V
dot - graphviz version 2.40.1 (20161225.0304)
```

이와 같이 Graphviz 버전이 출력되면 제대로 설치된 것입니다. 이어서 dot 명령의 사용법을 보겠습니다.

```
$ dot sample.dot -T png -o sample.png
```

이 명령은 sample.dot라는 파일을 sample.png로 변환합니다. 옵션 -o 다음에 출력 '파일 이름'을 지정하고, 옵션 -T 다음에 출력 파일의 '형식'을 지정합니다. png 외에 pdf나 svg 등도 지원합니다.

앞의 명령에서 첫 번째 인수로 sample.dot라는 파일을 지정했습니다. 이 sample.dot 파일에는 그리려는 그래프의 내용이 'DOT 언어'로 쓰여 있답니다. DOT 언어는 그래프를 설명하는 언어로, 간단한 문법으로 그래프를 작성할 수 있습니다. 다음 절에서는 이 DOT 언어에 대해 배웁니다.

25.2 DOT 언어로 그래프 작성하기

그럼 DOT 언어로 그래프를 그려봅시다. 각자 좋아하는 편집기를 열고 다음 텍스트를 입력하세요.

```
digraph g{
x
y
}
```

DOT 언어의 문법부터 설명하겠습니다. 우선 반드시 digraph g {...} 구조여야 합니다. 그리고 그리려는 그래프의 정보가 ... 안에 들어갑니다. 앞의 예에서는 x와 y가 등장하는데, 2개의 노드를 그린다는 뜻입니다. 또한 각 노드는 '줄바꿈'으로 구분해야 합니다.

앞의 내용을 입력한 다음 sample.dot 파일로 저장하고 다음 명령을 실행해보세요.

```
$ dot sample.dot -T png -o sample.png
```

그러면 [그림 25-1]의 이미지가 출력됩니다.

그림 25-1 dot 파일에서 변환된 이미지

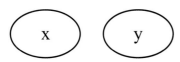

이상으로 DOT 언어를 최대한 간단하게 소개해봤습니다. 이어지는 절들에서 조금 더 자세히 알아보겠습니다.

25.3 노드에 속성 지정하기

노드에는 '색'과 '모양'을 지정할 수 있습니다. 방금 사용한 sample.dot 파일을 다음과 같이 수정해봅시다.

```
digraph g {
1 [label="x", color=orange, style=filled]
2 [label="y", color=orange, style=filled]
}
```

이전과 마찬가지로 각 줄에는 노드 하나의 정보가 담깁니다. 그러나 이번에는 각 줄이 '1'과 '2' 같은 숫자로 시작하고 있습니다. 이 값은 노드의 ID를 나타냅니다. 그리고 해당 ID의 노드에 부여할 속성을 대괄호 [] 안에 적습니다. 예를 들어 label="x"라고 쓰면 노드 안에 x라는 문자가 표시됩니다. color=orange는 노드를 오렌지색으로 그리라는 뜻이고, style=filled는 노드 안쪽을 색칠하라는 뜻입니다.

> **CAUTION_** 노드 ID는 0 이상의 정수이며, 다른 노드와 중복되지 않아야 합니다.

앞에서처럼 터미널에서 dot sample.dot −T png −o sample.png 명령을 실행해보세요. 그러면 [그림 25−2]를 얻을 수 있습니다.

그림 25-2 노드의 색상을 오렌지색으로 변경

[그림 25−2]처럼 오렌지색 노드가 2개 렌더링되었습니다. 여기에 사각형의 하늘색 노드를 추가해보죠.

```
digraph g {
1 [label="x", color=orange, style=filled]
2 [label="y", color=orange, style=filled]
3 [label="Exp", color=lightblue, style=filled, shape=box]
}
```

이와 같이 새로운 노드를 추가하고 속성으로 사각형(box)과 하늘색(lightblue)을 지정합니다. 이 파일로부터는 [그림 25-3]을 얻을 수 있습니다.

그림 25-3 원형(타원형) 노드와 사각형 노드

원형과 사각형 노드를 그릴 수 있으니, 이것으로 DeZero의 '변수'와 '함수'를 그릴 준비가 끝났습니다. 나머지는 노드들을 화살표로 연결하기만 하면 됩니다.

> NOTE_ 이 책에서는 계산 그래프를 그릴 때 변수를 원(타원)으로, 함수를 사각형으로 표현했습니다. 그래서 DOT 언어를 사용한 시각화에서도 변수는 원으로, 함수는 사각형으로 그리겠습니다.

25.4 노드 연결하기

노드를 연결하려면 두 노드의 ID를 '->'로 연결하면 됩니다. 예를 들어 1 -> 2라고 쓰면 ID가 1인 노드에서 ID가 2인 노드로 화살표가 그려집니다. 다음 dot 파일을 작성해봅시다.

```
digraph g {
1 [label="x", color=orange, style=filled]
2 [label="y", color=orange, style=filled]
3 [label="Exp", color=lightblue, style=filled, shape=box]
1 -> 3
3 -> 2
}
```

이 dot 파일로부터 [그림 25-4]를 얻을 수 있습니다.

그림 25-4 화살표로 연결된 노드

이처럼 노드들을 화살표로 연결할 수 있습니다. DOT 언어는 이외에도 많은 기능을 제공하지만 우리에게는 지금까지의 지식이면 충분합니다. 이제 DeZero 계산 그래프를 그릴 준비가 끝났습니다. 다음 단계에서는 DeZero 계산 그래프를 DOT 언어로 출력하는 기능을 추가하겠습니다.

계산 그래프 시각화(2)

이전 단계에서는 DOT 언어를 작성하는 방법을 배웠습니다. 그 지식을 바탕으로 이번 단계에서는 DeZero 계산 그래프를 DOT 언어로 변환하려 합니다. 구체적으로는 DeZero에서 실행한 계산을 DOT 언어로 변환하는 기능을 구현할 것입니다.

26.1 시각화 코드 예

계산 그래프를 시각화하는 함수를 get_dot_graph라는 이름으로 dezero/utils.py에 구현하겠습니다. 우선 이 함수를 사용하는 모습부터 보여드리죠.

```python
import numpy as np
from dezero import Variable
from dezero.utils import get_dot_graph

x0 = Variable(np.array(1.0))
x1 = Variable(np.array(1.0))
y = x0 + x1  # 어떤 계산

# 변수 이름 지정
x0.name = 'x0'
x1.name = 'x1'
y.name = 'y'

txt = get_dot_graph(y, verbose=False)
print(txt)
```

```
# dot 파일로 저장
with open('sample.dot', 'w') as o:
    o.write(txt)
```

실행 결과

```
digraph g {
4423761088 [label="y", color=orange, style=filled]
4423742632 [label="Add", color=lightblue, style=filled, shape=box]
4403357456 -> 4423742632
4403358016 -> 4423742632
4423742632 -> 4423761088
4403357456 [label="x0", color=orange, style=filled]
4403358016 [label="x1", color=orange, style=filled]
}
```

여기에서 알 수 있듯이 get_dot_graph 함수에는 최종 출력인 변수 y를 인수로 제공합니다. 그러면 출력 변수 y를 기점으로 한 계산 과정을 DOT 언어로 전환한 문자열을 반환합니다(인수 verbose의 역할은 조금 뒤에 설명합니다). 또한 get_dot_graph 함수를 호출하기 전에 x0.name = 'x0'과 x1.name = 'x1'처럼 Variable 인스턴스의 속성에 name을 추가합니다. 계산 그래프를 시각화할 때 변수 노드에 레이블(이름)을 달아주기 위해서입니다.

앞의 출력 결과를 sample.dot 파일에 저장한 다음 터미널에서 dot sample.dot -T png -o sample.png 명령을 실행하면 [그림 26-1]을 얻을 수 있습니다.

그림 26-1 시각화된 계산 그래프의 예

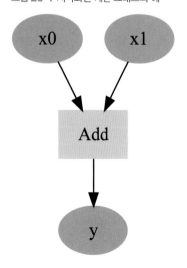

여기까지가 계산 그래프 시각화의 흐름입니다. 정리하면, 출력 변수를 기점으로 그 변수가 걸어온 계산 과정을 DOT 언어로 표현하는 것입니다. 사실 우리는 이 방법을 이미 알고 있습니다. 역전파를 구현한 논리를 거의 그대로 사용하면 되니까요.

> **NOTE_** 역전파는 출력 변수를 기점으로 역방향으로 모든 노드(변수와 함수)를 추적합니다. 이 구조를 활용하여 계산 그래프의 노드를 DOT 언어로 변환할 수 있습니다.

26.2 계산 그래프에서 DOT 언어로 변환하기

이상의 내용을 코드로 옮겨봅시다. 몸체인 get_dot_graph 함수는 잠시 뒤로 미루고, _dot_var라는 보조 함수부터 구현하겠습니다. 이름 앞에 밑줄(_)이 붙은 이유는 이 함수를 로컬에서만, 즉 get_dot_graph 함수 전용으로 사용할 것이기 때문입니다. 다음은 _dot_var 함수의 코드와 사용 예입니다.

```
dezero/utils.py
def _dot_var(v, verbose=False):
    dot_var = '{} [label="{}", color=orange, style=filled]\n'

    name = '' if v.name is None else v.name
    if verbose and v.data is not None:
        if v.name is not None:
            name += ': '
        name += str(v.shape) + ' ' + str(v.dtype)
    return dot_var.format(id(v), name)
```

```
# 사용 예
x = Variable(np.random.randn(2, 3))
x.name = 'x'
print(_dot_var(x))
print(_dot_var(x, verbose=True))
```

실행 결과

```
4423761088 [label="x", color=orange, style=filled]
4423761088 [label="x: (2, 3) float64", color=orange, style=filled]
```

이와 같이 _dot_var 함수에 Variable 인스턴스를 건네면 인스턴스의 내용을 DOT 언어로 작성된 문자열로 바꿔서 반환합니다. 한편 변수 노드에 고유한 ID를 부여하기 위해 파이썬 내장 함수인 id를 사용했습니다. id 함수는 주어진 객체의 ID를 반환하는데, 객체 ID는 다른 객체와 중복되지 않기 때문에 노드의 ID로 사용하기에 적합합니다.

또한 마지막 반환 직전에 format 메서드를 이용했습니다. format 메서드는 문자열에 등장하는 "{}" 부분을 메서드 인수로 건넨 객체(문자열이나 정수 등)로 차례로 바꿔줍니다. 가령 앞의 코드에서는 dot_var 문자열의 첫 번째 {} 자리에는 id(v)의 값이, 두 번째 {} 자리에는 name 의 값이 채워집니다.

> NOTE_ _dot_var 함수는 verbose 인수도 받습니다. 이 값을 True로 설정하면 ndarray 인스턴스의 '형상' 과 '타입'도 함께 레이블로 출력합니다.

이어서 'DeZero 함수'를 DOT 언어로 변환하는 편의 함수를 구현하겠습니다. 이름은 _dot_ func이고 코드는 다음과 같습니다.

```
                                                            dezero/utils.py
def _dot_func(f):
    dot_func = '{} [label="{}", color=lightblue, style=filled, shape=box]\n'
    txt = dot_func.format(id(f), f.__class__.__name__)

    dot_edge = '{} -> {}\n'
    for x in f.inputs:
        txt += dot_edge.format(id(x), id(f))
    for y in f.outputs:
        txt += dot_edge.format(id(f), id(y()))  # y는 약한 참조(weakref, 17.4절 참고)
    return txt
```

```
# 사용 예
x0 = Variable(np.array(1.0))
x1 = Variable(np.array(1.0))
y = x0 + x1
txt = _dot_func(y.creator)
print(txt)
```

```
4423742632 [label="Add", color=lightblue, style=filled, shape=box]
4403357456 -> 4423742632
4403358016 -> 4423742632
4423742632 -> 4423761088
```

_dot_func 함수는 'DeZero 함수'를 DOT 언어로 기술합니다. 또한 '함수와 입력 변수의 관계' 그리고 '함수와 출력 변수의 관계'도 DOT 언어로 기술합니다. 복습해보자면, DeZero 함수는 Function 클래스를 상속하고 [그림 26-2]처럼 inputs와 outputs라는 인스턴스 변수를 가지고 있습니다.

그림 26-2 Function 클래스의 inputs와 outputs

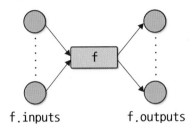

준비가 끝났습니다. 이제 본격적으로 get_dot_graph 함수를 구현할 차례입니다. Variable 클래스의 backward 메서드를 참고하여 다음과 같이 구현할 수 있습니다.

```
                                                              dezero/utils.py
def get_dot_graph(output, verbose=True):
    txt = ''
    funcs = []
    seen_set = set()

    def add_func(f):
        if f not in seen_set:
            funcs.append(f)
            # funcs.sort(key=lambda x: x.generation)
            seen_set.add(f)

    add_func(output.creator)
    txt += _dot_var(output, verbose)
```

```
    while funcs:
        func = funcs.pop()
        txt += _dot_func(func)
        for x in func.inputs:
            txt += _dot_var(x, verbose)

            if x.creator is not None:
                add_func(x.creator)
    return 'digraph g {\n' + txt + '}'
```

이 코드의 로직은 Variable 클래스의 backward 메서드와 거의 같습니다(backward 메서드 구현에서 달라진 부분은 음영으로 표시했습니다). backward 메서드는 미분값을 전파했지만, 여기에서는 미분 대신 DOT 언어로 기술한 문자열을 txt에 추가합니다.

또한 실제 역전파에서는 노드를 따라가는 순서가 중요했습니다. 그래서 함수에 generation(세대)이라는 정숫값을 부여하고 그 값이 큰 순서대로 꺼냈죠(자세한 내용은 15~16단계 참고). 하지만 get_dot_graph 함수에서는 노드를 추적하는 순서는 문제가 되지 않으므로 generation 값으로 정렬하는 코드를 주석으로 처리했습니다.

> NOTE_ 계산 그래프를 DOT 언어로 변환할 때는 '어떤 노드가 존재하는가'와 '어떤 노드끼리 연결되는가'가 문제입니다. 즉, 노드의 추적 '순서'는 문제가 되지 않기 때문에 generation을 사용하여 순서대로 꺼내는 구조는 사용하지 않아도 됩니다.

이것으로 계산 그래프 시각화 코드가 완성되었습니다. 이어서 계산 그래프를 더 손쉽게 시각화하는 함수를 추가하겠습니다.

26.3 이미지 변환까지 한 번에

get_dot_graph 함수는 계산 그래프를 DOT 언어로 변환합니다. 그런데 DOT 언어를 이미지로 변환하려면 dot 명령을 수동으로 실행해야 하므로 매번 하기에는 번거롭습니다. 그래서 dot 명령 실행까지 한 번에 해주는 함수를 제공하려 합니다. 코드는 다음과 같습니다.

```python
import os
import subprocess

def plot_dot_graph(output, verbose=True, to_file='graph.png'):
    dot_graph = get_dot_graph(output, verbose)

    # ❶ dot 데이터를 파일에 저장
    tmp_dir = os.path.join(os.path.expanduser('~'), '.dezero')
    if not os.path.exists(tmp_dir):  # ~/.dezero 디렉터리가 없다면 새로 생성
        os.mkdir(tmp_dir)
    graph_path = os.path.join(tmp_dir, 'tmp_graph.dot')

    with open(graph_path, 'w') as f:
        f.write(dot_graph)

    # ❷ dot 명령 호출
    extension = os.path.splitext(to_file)[1][1:]  # 확장자(png, pdf 등)
    cmd = 'dot {} -T {} -o {}'.format(graph_path, extension, to_file)
    subprocess.run(cmd, shell=True)
```

우선 ❶에서는 방금 구현한 get_dot_graph 함수를 호출하여 계산 그래프를 DOT 언어(텍스트)로 변환하고 파일에 저장합니다. 대상 디렉터리는 ~/.dezero이고 파일 이름은 tmp_graph.dot로 했습니다(일시적으로 사용할 파일이므로 tmp라는 이름을 썼습니다). os.path.expanduser('~') 문장은 사용자의 홈 디렉터리를 뜻하는 '~'를 절대 경로로 풀어줍니다.

❷에서는 앞에서 저장한 파일 이름을 지정하여 dot 명령을 호출합니다. 이때 plot_dot_graph 함수의 인수인 to_file에 저장할 이미지 파일의 이름을 지정합니다. 참고로 파이썬에서 외부 프로그램을 호출하기 위해 subprocess.run 함수를 사용했습니다.

> **CAUTION_** 실제 plot_dot_graph 함수에는 앞에서 보여드린 코드 외에 몇 줄이 더 추가되어 있습니다. 추가된 코드는 독자가 주피터 노트북에서 이 코드를 실행하는 경우 주피터 노트북의 셀에 이미지를 직접 출력해주는 기능입니다.

이상으로 계산 그래프를 시각화하는 함수를 작성했습니다. 여기에서 구현한 함수는 앞으로 다양한 장소에서 사용되기 때문에 dezero/utils.py에 추가합니다. 그러면 from dezero.utils import plot_dot_graph로 임포트할 수 있습니다.

26.4 동작 확인

24단계에서 구현한 Goldstein-Price 함수를 시각화해보겠습니다.

```python
import numpy as np
from dezero import Variable
from dezero.utils import plot_dot_graph


def goldstein(x, y):
    z = (1 + (x + y + 1)**2 * (19 - 14*x + 3*x**2 - 14*y + 6*x*y + 3*y**2)) * \
        (30 + (2*x - 3*y)**2 * (18 - 32*x + 12*x**2 + 48*y - 36*x*y + 27*y**2))
    return z

x = Variable(np.array(1.0))
y = Variable(np.array(1.0))
z = goldstein(x, y)
z.backward()

x.name = 'x'
y.name = 'y'
z.name = 'z'
plot_dot_graph(z, verbose=False, to_file='goldstein.png')
```

`steps/step26.py`

이 코드를 실행하면 goldstein.png라는 파일이 생성됩니다. 그 결과는 [그림 26-3]과 같이 다양한 변수와 함수가 복잡하게 얽힌 계산 그래프입니다. 자세히 보면 입력 변수 x와 y에서 시작하여 최종적으로 변수 z가 출력되고 있음을 알 수 있습니다.* 참고로 Goldstein-Price 함수를 DeZero에서 구현할 때 수식을 거의 그대로 코드에 옮길 수 있었는데, 그 뒤편에는 [그림 26-3]처럼 복잡하게 얽힌 계산 그래프가 만들어져 있던 것입니다!

이상으로 계산 그래프를 시각화해봤습니다. 여기에서 구현한 시각화 함수는 앞으로도 필요할 때마다 계속 이용할 것입니다.

----

* 옮긴이_ y는 원 모양 노드를 기준으로 세 번째 줄에 있습니다.

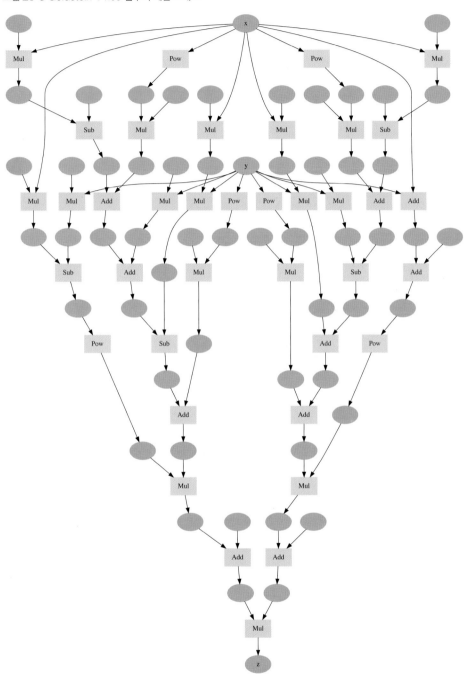

그림 26-3 Goldstein–Price 함수의 계산 그래프

STEP 27

테일러 급수 미분

지금부터는 DeZero를 사용하여 구체적인 문제를 몇 개 풀어보겠습니다. 이번 단계의 목표는 sin 함수의 미분입니다. 아시듯이 sin의 미분은 해석적으로 풀립니다. 그러니 우선은 정공법을 써서 sin 함수를 DeZero로 구현하고, 이어서 그 미분을 테일러 급수를 이용해 계산해보겠습니다.

27.1 sin 함수 구현

sin 함수의 미분은 해석적으로 풀 수 있습니다. $y = \sin(x)$일 때 그 미분은 $\frac{\partial y}{\partial x} = \cos(x)$입니다. 따라서 Sin 클래스와 sin 함수는 다음처럼 구현할 수 있습니다.

```
                                                    steps/step27.py
import numpy as np
from dezero import Function

class Sin(Function):
    def forward(self, x):
        y = np.sin(x)
        return y

    def backward(self, gy):
        x = self.inputs[0].data
        gx = gy * np.cos(x)
        return gx
```

```python
def sin(x):
    return Sin()(x)
```

보다시피 넘파이가 제공하는 np.sin 함수와 np.cos 함수를 사용해 간단하게 구현할 수 있습니다. 이제 DeZero에서도 sin 함수를 사용해 계산할 수 있게 되었군요. 시험 삼아 $x = \pi/4$에서 $y = \sin(x)$를 미분해보면 다음과 같습니다.

```python
from dezero import Variable                              steps/step27.py

x = Variable(np.array(np.pi/4))
y = sin(x)
y.backward()

print(y.data)
print(x.grad)
```

실행 결과

```
0.7071067811865476
0.7071067811865476
```

y값과 x의 미분 모두 0.7071067811865476이군요. 1 / np.sqrt(2)와 거의 일치합니다(수식으로는 $1/\sqrt{2}$). 물론 $\sin(\pi/4) = \cos(\pi/4) = 1/\sqrt{2}$ 이기 때문에 옳은 결과입니다.

27.2 테일러 급수 이론

본론으로 넘어가보죠. 이제부터 sin 함수의 미분을 다른 방법으로 계산해보려 합니다. 바로 테일러 급수^Taylor Series^를 이용한 방법입니다. 테일러 급수란 어떤 함수를 다항식으로 근사하는 방법으로, 수식으로는 다음과 같습니다.

$$f(x) = f(a) + f'(a)(x-a) + \frac{1}{2!}f''(a)(x-a)^2 + \frac{1}{3!}f'''(a)(x-a)^3 + \cdots \quad \text{[식 27.1]}$$

이것이 점 a에서 $f(x)$의 테일러 급수입니다. a는 임의의 값이고, $f(a)$는 점 a에서 $f(x)$의 값입니다. 또한 f'는 1차 미분, f''는 2차 미분, f'''은 3차 미분을 뜻합니다. 그리고 ! 기호는 계승^{factorial}을 뜻하며 $n!$, 즉 n의 계승은 1에서 n까지 모든 정수의 곱을 말합니다. 예컨대 $5! = 5 \times 4 \times 3 \times 2 \times 1 = 120$이 됩니다.

> **NOTE_** 2차 미분은 미분한 값을 한 번 더 미분한 것입니다. 물리 세계에서 예를 찾아보면 위치의 미분(변화)은 속도이며 속도의 미분(변화)은 가속도입니다. 이때 속도가 1차 미분이고 가속도가 2차 미분에 해당합니다.

테일러 급수에 의해 $f(x)$는 점 a를 기점으로 [식 27.1]로 나타낼 수 있습니다. [식 27.1]은 1차 미분, 2차 미분, 3차 미분, … 식으로 항이 무한히 계속되지만, 어느 시점에서 중단하면 $f(x)$의 값을 근사할 수 있습니다. 물론 항이 많아질수록 근사의 정확도가 높아집니다.

한편 $a = 0$일 때의 테일러 급수를 매클로린 전개$^{\text{Maclaurin's series}}$라고도 합니다. 실제로 [식 27.1]에 $a = 0$을 대입하면 다음과 같이 됩니다.

$$f(x) = f(0) + f'(0)x + \frac{1}{2!}f''(0)x^2 + \frac{1}{3!}f'''(0)x^3 + \cdots \qquad \text{[식 27.2]}$$

[식 27.2]에서 $a = 0$으로 한정함으로써 더 간단한 수식이 되었습니다. 이제 $f(x) = \sin(x)$를 [식 27.2]에 적용시켜 보겠습니다. 그러면 $f'(x) = \cos(x)$, $f''(x) = -\sin(x)$, $f'''(x) = -\cos(x)$, $f''''(x) = \sin(x)$, … 형태가 반복되는데, $\sin(0) = 0$, $\cos(0) = 1$이기 때문에 다음 식을 이끌어낼 수 있습니다.

$$\sin(x) = \frac{x}{1!} - \frac{x^3}{3!} + \frac{x^5}{5!} - \cdots = \sum_{i=0}^{\infty}(-1)^i\frac{x^{2i+1}}{(2i+1)!} \qquad \text{[식 27.3]}$$

[식 27.3]에서 보듯 sin 함수는 x의 거듭제곱으로 이루어진 항들이 무한히 계속되는 형태로 표현됩니다. 여기서 중요한 점은 $\sum$의 i가 커질수록 근사 정밀도가 좋아진다는 것입니다. 또한 i가 커질수록 $(-1)^i\frac{x^{2i+1}}{(2i+1)!}$의 절댓값은 작아지므로, 이 값을 참고하여 i의 값(반복 횟수)을 적절히 결정할 수 있습니다.

27.3 테일러 급수 구현

그러면 [식 27.3]에 따라 sin 함수를 구현해보죠. 계승 계산은 파이썬의 math 모듈에 있는 math.factorial 함수를 사용하겠습니다.

```
import math                                          steps/step27.py

def my_sin(x, threshold=0.0001):
    y = 0
    for i in range(100000):
        c = (-1) ** i / math.factorial(2 * i + 1)
        t = c * x ** (2 * i + 1)
        y = y + t
        if abs(t.data) < threshold:
            break
    return y
```

이와 같이 for 문 안에서 i번째에 추가할 항목을 t로 하여 [식 27.3]을 구현했습니다. 이때 임곗값을 threshold로 지정하고, t의 절댓값이 threshold보다 낮아지면 for 문을 빠져나오게 합니다. threshold로 근사치의 정밀도를 조정하는 것이죠(threshold가 작을수록 정밀도가 높아집니다).

그러면 앞에서 구현한 my_sin 함수를 사용하여 계산을 한번 해봅시다.

```
x = Variable(np.array(np.pi/4))                      steps/step27.py
y = my_sin(x)
y.backward()

print(y.data)
print(x.grad)
```

실행 결과

```
0.7071064695751781
0.7071032148228457
```

이번 단계 시작 시 구현한 sin 함수와 거의 같은 결과를 얻었습니다. 오차는 무시할 정도로 작습니다. 더구나 threshold값을 줄이면 이마저도 더 줄일 수 있습니다.

27.4 계산 그래프 시각화

앞 절의 코드를 실행했을 때 어떤 계산 그래프가 나오는지 볼까요? 이어지는 그림들은 앞 단계에서 구현한 시각화 함수, 즉 dezero/utils.py의 plot_dot_graph 함수를 이용해 만들었습니다. 우선 threshold = 0.0001일 때 my_sin 함수의 계산 그래프는 [그림 27-1]과 같습니다.

그림 27-1 threshold = 0.0001일 때 my_sin 함수의 계산 그래프

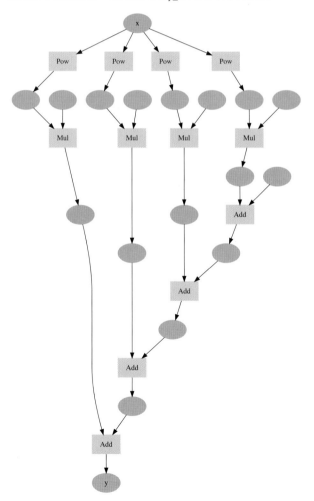

[그림 27-1]은 sin 함수를 근사하기 위해 만들어진 계산 그래프입니다. 여기에서 흥미로운 점은 threshold값으로 '계산 그래프의 복잡성'을 제어한다는 것입니다. 시험 삼아 threshold = 1e−150*으로 설정하여 계산 그래프를 시각화해봅시다. 결과는 [그림 27-2]와 같습니다.

그림 **27-2** threshold = 1e−150일 때 my_sin 함수의 계산 그래프

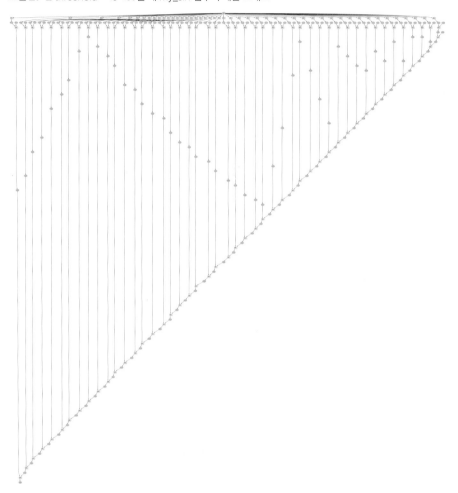

threshold값을 줄이자 for 문의 반복 횟수가 늘어나서 [그림 27-2]와 같은 '깊은' 계산 그래프가 만들어졌습니다. 자! 방금 우리는 이렇게 큰 계산 그래프를 단순히 파이썬의 for 문과 if 문

---

* 1×10^{-150}을 뜻합니다. 따라서 0.00...1 형태에서 소수점과 마지막 1 사이에 0이 149개 등장합니다.

을 사용하여 만들었습니다. (다른 특별한 구조가 아닌) 파이썬의 제어 구문만으로 지극히 평범한 코드를 작성한 것이죠. 여기서 우리는 DeZero가 제공하는 Define-by-Run의 '사용 편의성'이 이미 상당한 수준에 도달했음을 알 수 있습니다.

함수 최적화

DeZero는 이제 미분을 자동으로 계산할 줄 압니다. 미분은 다양한 분야에서 다양한 용도로 활용되며, 그중 가장 중요한 용도로 함수 최적화를 들 수 있습니다. 이번 단계에서는 구체적인 함수를 대상으로 최적화를 해보겠습니다.

> **NOTE_** 최적화란 어떤 함수가 주어졌을 때 그 최솟값(또는 최댓값)을 반환하는 '입력(함수의 인수)'을 찾는 일입니다. 신경망 학습의 목표도 손실 함수의 출력을 최소화하는 매개변수를 찾는 것이니 최적화 문제에 속합니다. 따라서 이번 단계에서 수행하는 내용은 그대로 신경망 학습에도 적용할 수 있습니다.

28.1 로젠브록 함수

이번 단계에서는 로젠브록 함수$^{\text{Rosenbrock function}}$를 다룹니다. 수식으로는 [식 28.1]로 표현되며, 모양은 [그림 28-1]과 같습니다.

$$y = 100(x_1 - x_0^2)^2 + (1 - x_0)^2 \qquad \text{[식 28.1]}$$

[그림 28-1]을 보면 포물선 모양으로 길게 뻗은 골짜기가 보입니다. 참고로 [그림 28-1]의 '산'에 능고선을 그리면 그 모양이 바나나를 닮았다고 하여 로젠브록 함수를 바나나 함수$^{\text{Banana function}}$라고도 합니다.

그림 28-1 로젠브록 함수의 형태(이미지는 참고문헌 [19]에서 발췌)

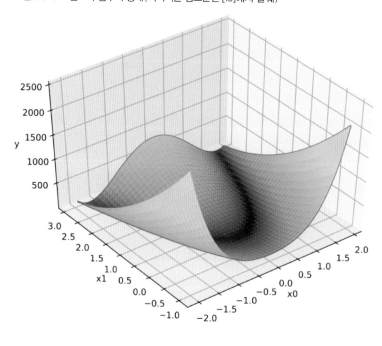

이번 단계의 목표는 로젠브록 함수의 출력이 최소가 되는 x_0와 x_1을 찾는 것입니다. 답부터 말하면, 로젠브록 함수가 최솟값이 되는 지점은 $(x_0, x_1) = (1, 1)$입니다. 이번 단계에서는 DeZero를 사용하여 이 최솟값 지점을 실제로 찾아낼 수 있는지 확인합니다.

> NOTE_ 로젠브록 함수의 올바른 정의는 a, b가 정수일 때 $f(x_0, x_1) = b(x_1 - x_0^2)^2 + (a - x_0)^2$ 입니다. 그래서 [식 28.1]과 [그림 28-1]은 $a = 1, b = 100$일 때의 로젠브록 함수에 해당합니다. 로젠브록 함수는 최적화 문제의 벤치마크 함수로 자주 사용되며, 지금 예처럼 $a = 1, b = 100$으로 설정하여 벤치마크하는 것이 일반적입니다. *

28.2 미분 계산하기

가장 먼저 로젠브록 함수의 $(x_0, x_1) = (0.0, 2.0)$에서의 미분($\frac{\partial y}{\partial x_0}$와 $\frac{\partial y}{\partial x_1}$)을 계산해보죠. DeZero를 이용하면 다음과 같이 구현할 수 있습니다.

---

* 옮긴이_ 로젠브록 함수가 벤치마크로 자주 쓰이는 이유는 골짜기로 향하는 기울기에 비해 골짜기 바닥에서 전역 최솟값으로 가는 기울기가 너무 작아서 최적화하기가 어렵기 때문입니다.

```python
import numpy as np
from dezero import Variable


def rosenbrock(x0, x1):
    y = 100 * (x1 - x0 ** 2) ** 2 + (1 - x0) ** 2
    return y
```

```python
x0 = Variable(np.array(0.0))
x1 = Variable(np.array(2.0))

y = rosenbrock(x0, x1)
y.backward()
print(x0.grad, x1.grad)
```

실행 결과

```
-2.0 400.0
```

이와 같이 수치 데이터(ndarray 인스턴스)를 Variable로 감싸서 건네주기만 하면 그다음은 수식을 따라 코딩하면 됩니다. 그리고 마지막에 y.backward()를 호출하면 자동으로 미분을 계산할 수 있습니다.

이 코드를 실행하면 x0와 x1의 미분은 각각 −2.0과 400.0이라고 나옵니다. 이때 두 미분값을 모은 값, 즉 (−2.0, 400.0) 벡터를 **기울기**gradient 혹은 **기울기 벡터**라고 합니다. 기울기는 각 지점에서 함수의 출력을 가장 크게 하는 방향을 가리킵니다. 지금 예에서는 (x0, x1) = (0.0, 2.0) 지점에서 y값을 가장 크게 늘려주는 방향이 (−2.0, 400.0)이라는 의미입니다. 반대로 기울기에 마이너스를 곱한 (2.0 −400.0) 방향은 y값을 가장 작게 줄여주는 방향을 뜻합니다.

28.3 경사하강법 구현

복잡한 형상의 함수라면 기울기가 가리키는 방향에 반드시 최댓값이 존재한다고는 볼 수 없습니다(마찬가지로 반대 방향에 최솟값이 존재한다고 볼 수도 없습니다). 그러나 국소적으로 보면 기울기는 함수의 출력을 가장 크게 하는 방향을 나타냅니다. 그래서 기울기 방향으로 일정

거리만큼 이동하여 다시 기울기를 구하는 작업을 반복하면 점차 원하는 지점(최댓값 혹은 최솟값)에 접근하리라 기대할 수 있습니다. 이것이 **경사하강법**gradient descent입니다. 알맞은 지점에서 시작하면(좋은 초깃값을 주면) 경사하강법은 우리를 목적지까지 효율적으로 안내해줍니다.

그러면 경사하강법을 우리 문제에 적용해보죠. 여기에서 문제는 로젠브록 함수의 '최솟값' 찾기입니다. 따라서 기울기 방향에 마이너스를 곱한 방향으로 이동합니다. 코드는 다음과 같습니다.

```python
x0 = Variable(np.array(0.0))
x1 = Variable(np.array(2.0))
lr = 0.001  # 학습률
iters = 1000  # 반복 횟수

for i in range(iters):
    print(x0, x1)

    y = rosenbrock(x0, x1)

    x0.cleargrad()
    x1.cleargrad()
    y.backward()

    x0.data -= lr * x0.grad
    x1.data -= lr * x1.grad
```

steps/step28.py

이와 같이 반복 횟수를 iters로 설정합니다(iters는 iterations의 약자입니다). 또한 기울기에 곱하는 값을 미리 설정해두고 있는데, 앞의 예에서는 lr = 0.001로 설정했습니다(lr은 learning rate의 머리글자로, 학습률을 의미합니다).

> **CAUTION_** 앞 코드의 for 문에서는 x0와 x1이라는 Variable 인스턴스를 반복 사용하여 미분값을 구합니다. 이때 x0.grad와 x1.grad에는 미분값이 계속 누적되기 때문에 새롭게 미분할 때는 지금까지 누적된 값을 초기화해야 합니다. 그래서 역전파하기 전에 각 변수의 cleargrad 메서드를 호출하여 미분값을 초기화한 것입니다.

코드를 실행해보면 (x0, x1) 값이 갱신되는 과정을 볼 수 있습니다. 실제로 터미널에 다음과 같은 결과가 출력됩니다.

```
variable(0.) variable(2.)
variable(0.002) variable(1.6)
variable(0.005276) variable(1.2800008)
...
...
variable(0.68349178) variable(0.4656506)
```

출발점(0.0, 2.0)에서 시작하여 위치가 계속 갱신되는 모습을 볼 수 있습니다. [그림 28-2]는
이 결과를 플롯한 모습입니다.

그림 28-2 갱신 경로(빨간 점의 궤적이 갱신 과정, 별이 최솟값의 위치)

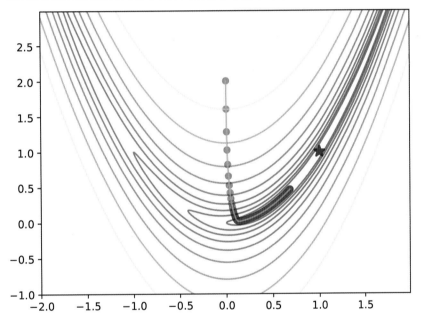

[그림 28-2]를 보면 목적지인 별의 위치에 서서히 접근하고 있음을 알 수 있습니다. 다만 도중
에 멈춘 것 같군요. 그래서 반복 횟수를 iters = 10000으로 늘려 다시 실행해봤습니다. 그 결
과가 [그림 28-3]입니다.

그림 28-3 iters = 10000일 때의 결과

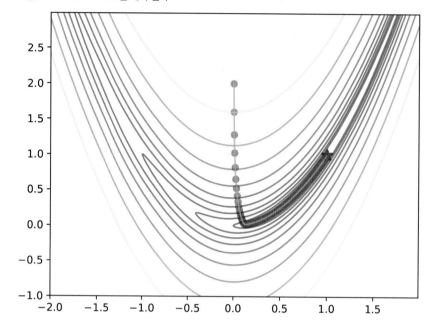

[그림 28-3]에서는 목적지에 더욱 가까워졌습니다. 이때 (x0, x1) 값은 (0.99449622, 0.98900063)입니다. 참고로 횟수를 더 늘려서, 예컨대 iters = 50000으로 설정해 실행하면 실제로 (1.0, 1.0) 위치에 간신히 도착합니다.

이것으로 이번 단계도 끝입니다. 이번 단계에서는 DeZero를 사용하여 경사하강법을 구현했고, 이를 이용해 로젠브록 함수의 최솟값 위치를 찾을 수 있었습니다. 그러나 50,000번이나 반복한다는 것은 너무 과해 보입니다. 사실 경사하강법은 로젠브록 함수 같이 골짜기가 길게 뻗은 함수에는 잘 대응하지 못합니다. 그래서 다음 단계에서는 또 다른 최적화 기법을 소개하고 구현할 예정입니다.

뉴턴 방법으로 푸는 최적화(수동 계산)

이전 단계에서는 로젠브록 함수의 최솟값을 경사하강법으로 구해봤는데, 기울기를 구하는 작업을 5만 번 가까이 반복하고 나서야 겨우 목적지에 도달했습니다. 그 예에서 알 수 있듯이 경사하강법은 일반적으로 수렴이 느리다는 단점이 있습니다.

경사하강법을 대체할 수 있는, 수렴이 더 빠른 방법은 여러 가지가 있습니다. 그중에서 유명한 것이 **뉴턴 방법**^{Newton's method} 입니다. 뉴턴 방법으로 최적화하면 더 적은 단계로 최적의 결과를 얻을 가능성이 높아집니다. 예를 들어 이전 단계에서 푼 문제를 뉴턴 방법으로 풀면 [그림 29-1]의 오른쪽과 같은 결과를 얻을 수 있습니다.

그림 29-1 경사하강법의 갱신 경로(왼쪽)와 뉴턴 방법에 의한 최적화 기법 갱신 경로(오른쪽)

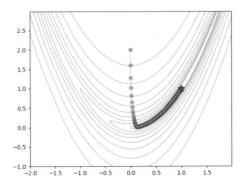
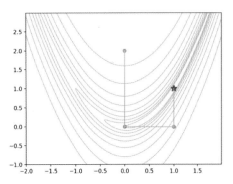

[그림 29-1]을 보면 경사하강법이 '계곡'에서 고전하면서 서서히 목표값에 접근해가는 반면 뉴턴 방법은 계곡을 뛰어넘어 단번에 목적지에 도착합니다. 갱신 횟수는 불과 6회입니다! 경사하강법에서 5만 번 가까이 필요했던 갱신이 불과 6회만에 끝나다니, 극적인 차이가 아닐 수 없습니다.

> CAUTION_ 로젠브록 함수에서는 경사하강법과 뉴턴 방법의 갱신 횟수 차이가 아주 크게 나왔습니다. 물론 이 횟수는 초깃값이나 학습률 등을 어떻게 설정하느냐에 크게 좌우되며, 이렇게까지 큰 차이를 볼 수 없는 경우도 많습니다. 일반적으로 초깃값이 정답에 충분히 가까우면 뉴턴 방법이 더 빨리 수렴합니다.

29.1 뉴턴 방법을 활용한 최적화 이론

이번 단계의 목표는 뉴턴 방법을 활용한 최적화를 구현하는 것입니다. 경사하강법 대신 뉴턴 방법을 사용하여 실제로 더 빨리 수렴하는지 확인할 것입니다. 참고로 설명을 단순화하기 위해 변수를 하나만 받는 함수를 예로 들겠습니다(로젠브록 함수는 두 개의 변수를 입력받는 함수였습니다).

그렇다면 뉴턴 방법은 최적의 값을 어떤 원리로 찾아내는 것일까요? $y = f(x)$라는 함수의 최솟값을 구하는 문제를 생각해보죠. 뉴턴 방법으로 최적화하려면 테일러 급수에 따라 $y = f(x)$를 다음과 같이 변환합니다.

$$f(x) = f(a) + f'(a)(x-a) + \frac{1}{2!}f''(a)(x-a)^2 + \frac{1}{3!}f'''(a)(x-a)^3 + \cdots \quad \text{[식 29.1]}$$

테일러 급수에 따라 어떤 점 a를 기점으로 f를 x의 다항식으로 나타낼 수 있습니다(테일러 급수에 대해서는 27단계에서 설명했습니다). 이때 1차 미분, 2차 미분, 3차 미분, … 형태로 항이 증가하는데, 증가하는 걸 어느 시점에 중단하면 $f(x)$를 근사적으로 나타낼 수 있습니다. 여기에서는 다음과 같이 2차 미분에서 중단하겠습니다.

$$f(x) \simeq f(a) + f'(a)(x-a) + \frac{1}{2}f''(a)(x-a)^2 \quad \text{[식 29.2]}$$

[식 29.2]와 같이 $y = f(x)$ 함수를 2차 미분항까지 사용하여 근사했습니다. 변수 x를 기준으

로, 이 식은 x의 2차 함수임을 알 수 있습니다. 즉, $y = f(x)$는 '어떤 함수'를 x의 2차 함수로 근사한 것입니다(그래서 2차 근사라고 합니다). 참고로 이 작업을 [그림 29-2]로 표현할 수 있습니다.

그림 29-2 2차까지 테일러 급수로 근사한 예

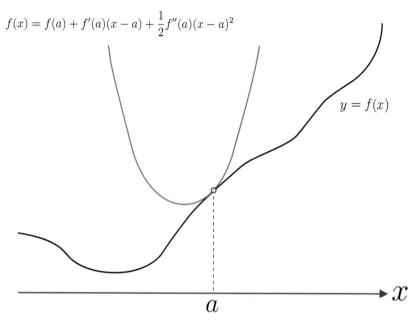

$$f(x) = f(a) + f'(a)(x - a) + \frac{1}{2}f''(a)(x - a)^2$$

[그림 29-2]와 같이 근사한 2차 함수는 a에서 $y = f(x)$에 접하는 곡선입니다. 다행히 2차 함수의 최솟값은 해석적으로 구할 수 있습니다. 2차 함수의 미분 결과가 0인 위치를 확인하면 되죠. 수식으로는 다음과 같습니다.

$$\frac{d}{dx}\left(f(a) + f'(a)(x - a) + \frac{1}{2}f''(a)(x - a)^2\right) = 0$$

$$f'(a) + f''(a)(x - a) = 0 \qquad \text{[식 29.3]}$$

$$x = a - \frac{f'(a)}{f''(a)}$$

이 결과로부터 근사한 2차 함수의 최솟값은 $x = a - \frac{f'(a)}{f''(a)}$ 위치에 있음을 알 수 있습니다. 즉, [그림 29-3]처럼 a의 위치를 $-\frac{f'(a)}{f''(a)}$ 만큼 갱신하면 됩니다.

그림 29-3 a의 위치 갱신

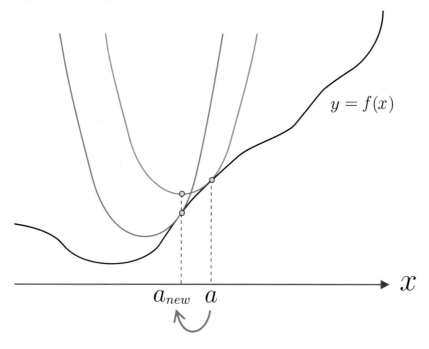

$$y = f(x)$$

[그림 29-3]처럼 a의 위치를 갱신합니다. 그리고 갱신된 a의 위치에서 같은 작업을 반복합니다. 이것이 뉴턴 방법에 의한 최적화입니다. 이 뉴턴 방법을 경사하강법과 비교해보면 특성이 명확히 드러납니다. 다음 식을 살펴보시죠.

$$x \leftarrow x - \alpha f'(x) \qquad \text{[식 29.4]}$$

$$x \leftarrow x - \frac{f'(x)}{f''(x)} \qquad \text{[식 29.5]}$$

[식 29.4]가 경사하강법이고 [식 29.5]*가 뉴턴 방법입니다. 보시는 것처럼 두 방법 모두 x를 갱신하지만 방법이 다릅니다. 경사하강법에서는 α라는 계수를 사람이 수동으로 설정하고 α의 값만큼 기울기(1차 미분) 방향으로 진행하여 x의 값을 갱신합니다. 이에 반해 뉴턴 방법은 2차 미분을 이용하여 경사하강법에서 말하는 α를 자동으로 조정합니다. 즉, 뉴턴 방법은 $\alpha = \dfrac{1}{f''(x)}$로 대치한 방법이라고 생각할 수 있습니다.

....
* 비교하기 편하도록 [식 29.3]의 a를 x로 바꿔 표기했습니다.

지금까지의 이야기를 정리하면 경사하강법은 1차 미분만의 정보를 사용하는 반면 뉴턴 방법을 활용한 최적화는 2차 미분의 정보도 이용합니다. 물리 세계에서 예를 들면 속도 정보만 사용하는 것이 경사하강법이고, 속도와 가속도 정보까지 사용하는 것이 뉴턴 방법입니다. 뉴턴 방법은 추가된 2차 미분 정보 덕에 효율적인 탐색을 기대할 수 있으며, 결과적으로 목적지에 더 빨리 도달할 확률이 커집니다.

자, 그렇다면 뉴턴 방법을 이용하여 구체적인 문제를 풀어볼 차례입니다. $y = x^4 - 2x^2$이라는 수식의 최적화를 해볼까 합니다. 이 함수의 모양은 [그림 29-4]와 같이 '오목'한 부분이 두 곳이며, 최솟값은 x가 각각 −1과 1인 위치입니다. 초깃값을 $x = 2$로 설정한 후 최솟값 중 하나인 $x = 1$에 도달할 수 있는지 검증해볼 것입니다.

그림 29-4 $y = x^4 - 2x^2$의 그래프

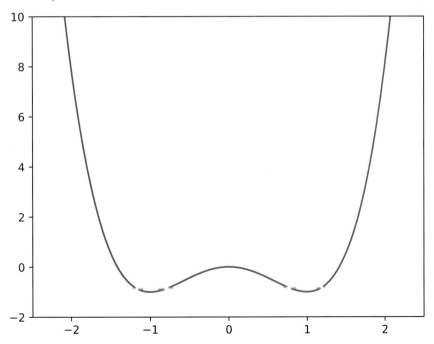

29.2 뉴턴 방법을 활용한 최적화 구현

그럼 뉴턴 방법을 구현해봅시다. 뉴턴 방법을 활용한 최적화를 구현하려면 [식 29.5]를 구현하기만 하면 됩니다. 하지만 DeZero는 아쉽게도 2차 미분은 자동으로 구하지 못하므로 다음과 같이 수동으로 2차 미분을 구하기로 합시다.

$$y = x^4 - 2x^2$$

$$\frac{\partial y}{\partial x} = 4x^3 - 4x$$

$$\frac{\partial^2 y}{\partial x^2} = 12x^2 - 4$$

이 결과를 사용하면 뉴턴 방법을 활용한 최적화를 다음처럼 구현할 수 있습니다.

steps/step29.py

```python
import numpy as np
from dezero import Variable

def f(x):
    y = x ** 4 - 2 * x ** 2
    return y

def gx2(x):
    return 12 * x ** 2 - 4

x = Variable(np.array(2.0))
iters = 10

for i in range(iters):
    print(i, x)

    y = f(x)
    x.cleargrad()
    y.backward()

    x.data -= x.grad / gx2(x.data)
```

이와 같이 1차 미분은 지금까지처럼 역전파로 구하고 2차 미분은 수동으로 코딩해 구합니다. 그런 다음 뉴턴 방법의 갱신 수식에 따라 x를 갱신합니다. 이 코드를 실행하면 x값의 갱신 과정이 다음과 같이 출력됩니다.

```
0 variable(2.0)
1 variable(1.4545454545454546)
2 variable(1.1510467893775467)
3 variable(1.0253259289766978)
4 variable(1.0009084519430513)
5 variable(1.0000012353089454)
6 variable(1.000000000002289)
7 variable(1.0)
8 variable(1.0)
9 variable(1.0)
```

이 문제의 답(최솟값)은 1입니다. 앞의 결과를 보면 목적지까지 빠르게 도달했음을 알 수 있습니다. 단 7회의 갱신만으로 최솟값에 도달했죠. 한편 경사하강법은 최적값에 도달하는 데 오랜 시간이 걸립니다. [그림 29-5]는 두 기법의 갱신 경로를 비교한 모습입니다.

그림 29-5 경사하강법의 갱신 경로(왼쪽)와 뉴턴 방법을 활용한 최적화 기법의 갱신 경로(오른쪽)

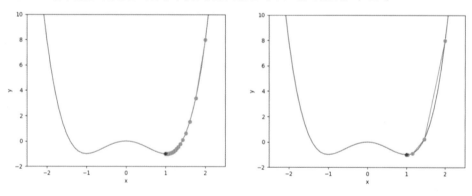

이처럼 경사하강법으로는 갱신을 여러 번 해야 합니다. 참고로 [그림 29-5]에서 경사하강법의 모습은 학습률을 0.01로 했을 때의 결과입니다. 이때 x = 1.0과의 절대오차가 0.001 이하로 좁혀지기까지는 124번이나 갱신해야 했습니다. 그에 반해 뉴턴 방법은 불과 7번입니다!

이상이 뉴턴 방법의 이론과 구현입니다. 이번 단계에서는 뉴턴 방법을 활용한 최적화를 구현하고 구체적인 문제를 풀어봤습니다. 그리고 실제로 좋은 결과를 얻어냈습니다. 그러나 구현 시 2차 미분을 수동으로 계산했다는 한계가 있군요(2차 미분을 계산하기 위해 수식을 손으로 써 내려갔고, 그 결과를 하드코딩했습니다). 이쯤이면 자연스럽게 짐작되시겠죠? 바로 다음으로 정복할 목표는 이 수작업을 자동화하는 것입니다.

고차 미분(준비 편)

현재의 DeZero는 미분을 자동으로 계산할 수 있지만 1차 미분 한정입니다. 그래서 이번 단계에서는 2차 미분도 자동으로 계산할 수 있도록, 나아가 3차 미분, 4차 미분, … 형태의 모든 고차 미분까지 자동으로 계산할 수 있도록 DeZero를 확장할 것입니다.

그러려면 DeZero를 사용하여 2차 미분을 계산하려는 현재의 역전파 구현을 근본적으로 재검토해야 합니다. DeZero의 역전파는 Variable과 Function 클래스에 기초해 동작합니다. 그래서 우선 Variable과 Function의 현재 구현부터 간단히 되돌아보려 합니다. 앞으로의 이야기는 조금 길어지므로 3개 절로 나눠 하나씩 확인하겠습니다.

30.1 확인 ❶: Variable 인스턴스 변수

첫 번째로 Variable 클래스의 인스턴스 변수에 관해 복습하겠습니다. 우선 Variable 클래스를 초기화하는 __init__ 메서드를 보죠.

```python
class Variable:
    def __init__(self, data, name=None):
        if data is not None:
            if not isinstance(data, np.ndarray):
                raise TypeError('{}은(는) 지원하지 않습니다.'.format(type(data)))
```

```
    self.data = data
    self.name = name
    self.grad = None
    self.creator = None
    self.generation = 0
...
```

이와 같이 Variable 클래스에는 인스턴스 변수가 여러 개입니다. 그중 data와 grad에 주목해보죠. data와 grad는 각각 순전파 계산과 역전파 계산 시 사용됩니다. 주의할 것은 data와 grad 모두 ndarray 인스턴스를 저장한다는 사실입니다. 이 점을 부각하기 위해 [그림 30-1]처럼 그리겠습니다.

그림 30-1 Variable을 그리는 새로운 방법

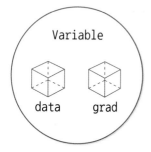

[그림 30-1]과 같이 data와 grad는 '입방체의 상자'로 그리겠습니다. 그리고 data와 grad가 ndarray 인스턴스를 참조하는 경우에는 [그림 30-2]처럼 그립니다.

그림 30-2 Variable을 그리는 새로운 방법(데이터 참조 시)

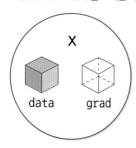
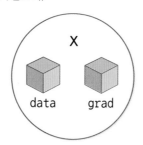

[그림 30-2]의 왼쪽은 예컨대 x = Variable(np.array(2.0))을 실행했을 때의 상태입니다. 추가로 x.backward()와 x.grad = np.array(1.0)까지 실행하면 오른쪽 그림의 상태가 됩니다. 앞으로의 설명에서는 이런 그림을 사용할 테니 잘 기억해두세요.

30.2 확인 ❷: Function 클래스

이번 차례는 Function입니다. 다음은 Function 클래스의 __call__ 메서드 코드로, 음영 부분에 주목해주세요.

```python
class Function:
    def __call__(self, *inputs):
        inputs = [as_variable(x) for x in inputs]
        # ❶ 순전파 계산(메인 처리)
        xs = [x.data for x in inputs]
        ys = self.forward(*xs)
        if not isinstance(ys, tuple):
            ys = (ys,)
        outputs = [Variable(as_array(y)) for y in ys]

        if Config.enable_backprop:
            self.generation = max([x.generation for x in inputs])
            # ❷ '연결'을 만듦
            for output in outputs:
                output.set_creator(self)
            self.inputs = inputs
            self.outputs = [weakref.ref(output) for output in outputs]

        return outputs if len(outputs) > 1 else outputs[0]
```

우선 ❶ 부분입니다. 여기에서는 xs = [x.data for x in inputs]에 의해 Variable 인스턴스 변수인 data를 꺼내 리스트 xs로 모읍니다. 그리고는 forward(*xs)를 호출하여 구체적인 계산을 수행합니다.

이어서 ❷ 부분은 살펴보죠. 여기에서는 Variable과 Function의 '관계'가 만들어집니다. 변수에서 함수로의 '연결'은 set_creator 메서드가 만들어줍니다. 새로 생성된 Variable에 부모 함수(자신)를 알려주는 것이죠. 또한 함수의 입력과 출력 변수를 inputs와 outputs라는 인스턴스 변수에 저장하여 함수에서 변수로의 '연결'을 유지합니다.

> NOTE_ 변수와 함수의 '연결'을 만드는 이유는 나중에 미분값을 역방향으로 흘려보내기 때문입니다. DeZero는 계산이 이루어지는 시점에 '관계'를 동적으로 생성하는 Define-by-Run 방식으로 동작함을 잊지 않으셨죠?

DeZero의 함수는 모두 Function 클래스를 상속합니다. 그리고 구체적인 계산은 상속된 클래스에서 forward 메서드에 구현합니다. 예를 들어 sin 함수를 계산하는 Sin 클래스의 코드는 다음과 같습니다.

```
class Sin(Function):
    def forward(self, x):
        y = np.sin(x)
        return y

    def backward(self, gy):
        x = self.inputs[0].data
        gx = gy * np.cos(x)
        return gx
```

여기에서 forward 메서드의 인수와 반환값은 모두 ndarray 인스턴스입니다. 마찬가지로 backward 메서드의 인수와 반환값도 ndarray 인스턴스입니다. 이 Sin 클래스를 사용하면 계산을 다음과 같이 할 수 있습니다.

```
def sin(x):
    return Sin()(x)

x = Variable(np.array(1.0))
y = sin(x)
```

여기에서는 sin 함수의 순전파만 해보았습니다. 이때 변수와 함수의 '동작'을 시각화하면 [그림 30-3]과 같이 됩니다.

그림 30-3 y = sin(x)의 계산 그래프(순전파만)

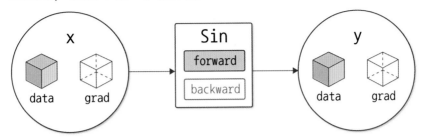

[그림 30-3]과 같이 순전파의 구체적인 계산은 Sin 클래스의 forward 메서드에서 진행됩니다. 그리고 변수와 함수의 '연결'이 만들어지죠. 다시 말하지만 이 '연결'은 Function 클래스의 __call__ 메서드에서 만들어집니다.

30.3 확인 ❸ : Variable 클래스의 역전파

마지막으로 역전파 로직을 살펴보겠습니다. 역전파는 Variable 클래스의 backward 메서드에서 구현합니다. 그래서 Variable 클래스의 backward 메서드를 준비했습니다. 음영 부분에 주목해서 살펴보시죠.

```python
class Variable:
    ...

    def backward(self, retain_grad=False):
        if self.grad is None:
            self.grad = np.ones_like(self.data)

        funcs = []
        seen_set = set()

        def add_func(f):
            if f not in seen_set:
                funcs.append(f)
                seen_set.add(f)
                funcs.sort(key=lambda x: x.generation)
```

```
    add_func(self.creator)

    while funcs:
        f = funcs.pop()

        # 역전파 계산(메인 처리)
        gys = [output().grad for output in f.outputs]  # ❶
        gxs = f.backward(*gys)  # ❷
        if not isinstance(gxs, tuple):
            gxs = (gxs,)

        for x, gx in zip(f.inputs, gxs):  # ❸
            if x.grad is None:
                x.grad = gx
            else:
                x.grad = x.grad + gx

            if x.creator is not None:
                add_func(x.creator)

        if not retain_grad:
            for y in f.outputs:
                y().grad = None
```

우선 ❶에서 Variable의 인스턴스 변수인 grad를 리스트로 모읍니다. 여기에서 인스턴스 변수 grad는 ndarray 인스턴스를 참조하고 있습니다. 따라서 ❷의 backward 메서드에는 ndarray 인스턴스가 담긴 리스트가 전달됩니다. 그리고 ❸에서 출력 쪽에서 전파하는 미분값 (gxs)을 함수의 입력 변수(f.inputs)의 grad로 설정합니다.

그럼 이상의 사실을 기억하면서 다음 코드를 살펴봅시다.

```
x = Variable(np.array(1.0))
y = sin(x)
y.backward(retain_grad=True)
```

sin 함수를 계산(순전파)하고 곧바로 역전파한 코드입니다. 여기에서는 y.backward(retain_grad = True)에 의해 모든 변수가 미분 결과를 메모리에 유지합니다(18단계에서 성능 개선을 위해 도입한 기능입니다). [그림 30-4]는 이때의 변수와 함수의 '동작'을 시각화한 모습입니다.

그림 30-4 y = sin(x)의 계산 그래프의 순전파와 역전파

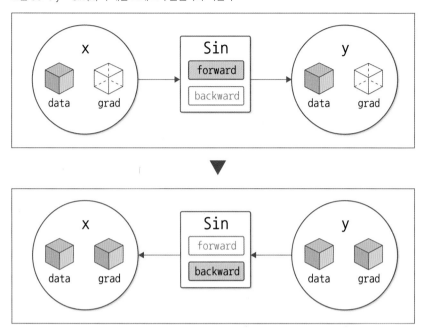

[그림 30-4]와 같이 일반적인 계산(순전파)인 y = sin(x)가 실행될 때 계산 그래프가 만들어지고, Variable 인스턴스 변수인 data가 채워집니다. 그리고 역전파 시 Sin 클래스의 backward 메서드가 불리고 Variable의 인스턴스 변수인 grad가 채워집니다.

이상이 현재의 DeZero에 의한 역전파 구현 방식입니다. 다음 단계에서는 고차 미분을 계산할 수 있도록 현재의 DeZero를 개선하겠습니다.

고차 미분(이론 편)

이전 단계에서는 현재의 DeZero 구현을 되돌아봤습니다. 요점은 다음과 같습니다.

- 계산의 '연결'은 Function 클래스의 __call__ 메서드에서 만들어집니다.
- 구체적인 순전파와 역전파 계산은 Function 클래스를 상속한 클래스의 forward 메서드와 backward 메서드로 처리합니다.

여기서 주목할 점은 계산 그래프의 '연결'이 만들어지는 시점으로, 순전파를 계산할 때 만들어집니다. 역전파를 계산할 때는 만들어지지 않는데, 여기에 문제의 핵심이 있습니다.

31.1 역전파 계산

순전파와 마찬가지로 역전파에도 구체적인 계산 로직이 있습니다. 예를 들어 이전 단계에서 본 Sin 클래스의 backward 메서드의 구현은 다음과 같습니다.

```python
class Sin(Function):
    ...

    def backward(self, gy):
        x = self.inputs[0].data
        gx = gy * np.cos(x)
        return gx
```

이와 같이 gx = gy * np.cos(x)라는 구체적인 계산이 이루어집니다. 하지만 현재의 DeZero 는 이 계산과 관련한 아무런 계산 그래프도 만들지 않습니다. 왜냐하면 이 계산에서는 ndarray 인스턴스가 사용되기 때문이죠. 만약 역전파를 계산할 때도 '연결'이 만들어진다면 어떤 장점 이 있을까요? 바로 고차 미분을 자동으로 계산할 수 있게 됩니다! 원리를 이해하기 위해 우선 [그림 31-1]의 계산 그래프를 살펴보죠.

그림 31-1 y = sin(x)의 계산 그래프

[그림 31-1]은 y = sin(x)의 계산 그래프입니다. 이때 y.backward()를 호출하면 y의 x에 대한 미분이 구해집니다. 앞에서도 한번 살펴본 예죠. 이어서 [그림 31-2]의 계산 그래프도 살 펴보죠.

그림 31-2 y = sin(x)의 미분을 구하는 계산 그래프(gx는 y의 x에 대한 미분 결과)

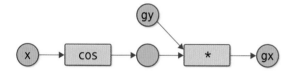

[그림 31-2]는 'sin 함수의 미분'을 구하기 위한 계산 그래프입니다. 참고로 이 계산 그래프는 앞서 제시한 Sin 클래스의 역전파 코드(gx = gy * np.cos(x))를 계산 그래프로 나타낸 것입 니다. 만약 [그림 31-2]와 같은 계산 그래프가 있다면 gx.backward()를 호출하여 gx의 x에 대한 미분을 계산할 수 있습니다. 원래 gx는 y = sin(x)의 미분이기 때문에 gx.backward() 를 호출함으로써 x에 대한 미분이 한 번 더 이루어집니다. 즉, 이것이 x의 2차 미분에 해당합 니다.

> **NOTE_** 앞의 설명으로 이해되지 않는다면 [그림 31-2]의 x를 '시간'으로, gx를 '속도'로 바꿔 생각해보세 요. 그러면 [그림 31-2]는 '시간'을 입력하면 그 시간에서의 '속도'가 출력되는 계산 그래프가 됩니다. 이때 역전파를 하면 '속도'의 '시간'에 대한 미분(변화)이 구해지는데, 바로 '가속도'에 해당합니다.

앞으로의 목표는 [그림 31-2]와 같은 '미분 계산'을 계산 그래프로 만드는 것입니다. 여기서 '미 분 계산'이라 함은, 다시 말해 역전파 때 수행되는 계산입니다. 따라서 역전파 때 수행되는 계산

에 대해서도 '연결'을 만들면 문제가 해결됩니다. 이제 이 아이디어를 현실화하는 방법을 생각해보겠습니다.

31.2 역전파로 계산 그래프 만들기

DeZero는 순전파 계산의 '연결'을 만듭니다. 더 정확하게는 'Variable 인스턴스를 사용'하여 일반적인 계산(순전파)을 하는 시점에 '연결'이 만들어지죠. 이 말인즉슨 함수의 backward 메서드에서도 ndarray 인스턴스가 아닌 Variable 인스턴스를 사용하면 계산의 '연결'이 만들어진다는 뜻입니다.

이를 위한 준비로 우선 미분값(기울기)을 Variable 인스턴스 형태로 유지해야 합니다. 즉, Variable을 [그림 31-3]처럼 변경합니다.

그림 31-3 지금까지의 Variable 클래스(왼쪽)와 새로운 Variable 클래스(오른쪽)

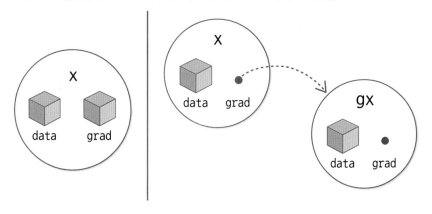

[그림 31-3]에서 알 수 있듯이 지금까지 Variable 클래스의 grad는 ndarray 인스턴스를 참조했습니다. 이를 Variable 인스턴스를 참조하도록 변경합니다. 이렇게 변경하면, 예컨대 방금 전의 y = sin(x)를 [그림 31-4]와 같은 계산 그래프로 표현할 수 있습니다.

그림 31-4 Sin 클래스의 순전파와 역전파의 계산 그래프(역전파 계산 내용은 생략)

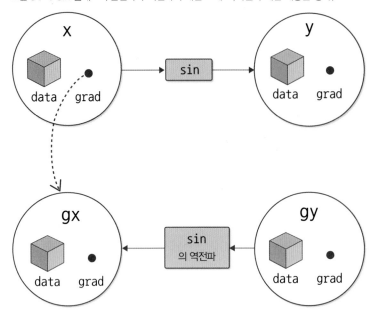

[그림 31-4]는 Sin 클래스의 순전파와 역전파를 수행한 후의 계산 그래프입니다. 중요한 점은 역전파 계산에 대한 계산 그래프도 만들어진다는 것입니다. 미분값을 나타내는 gy가 Variable 인스턴스가 된 덕분에 gy를 사용한 계산에도 '연결'이 만들어지는 것입니다.

> **CAUTION_** y = sin(x) 계산에서 y.backward()를 수행하면 x와 같은 '말단 변수(사용자가 제공한 변수)'만 미분값을 유지합니다. y는 함수가 만들어내는 변수이므로 미분값을 유지하지 않기 때문입니다. [그림 31-4]에서도 y.grad에서 gy로의 참조는 없습니다.

그런데 [그림 31-4]에서는 Sin 클래스의 역전파 계산 내용을 생략했습니다. Sin 클래스의 backward 메서드를 구현했을 때 그 미분을 계산하는 코드는 gx = gy * cos(x)였습니다. 이때의 변수가 모두 Variable 인스턴스로 바뀌었다고 생각해보죠. 그러면 [그림 31-4]에서 생략한 역전파 계산은 실제로는 [그림 31-5]의 계산 그래프를 만듭니다.

그림 31-5 실제로 만들어지는 계산 그래프

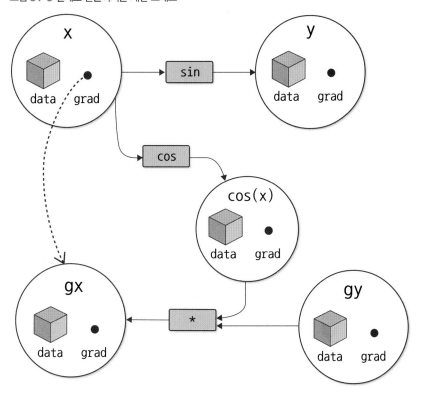

[그림 31-5]는 y.backward()를 호출함으로써 '새로' 만들어지는 계산 그래프입니다. 즉, '역전파에 의해 새롭게 계산 그래프가 만들어졌다'는 뜻입니다. [그림 31-5]와 같은 계산 그래프가 있다면 gx.backward()를 호출함으로써 y의 x에 대한 2차 미분이 이루어집니다.

이상이 고차 미분을 계산하기 위한 전략입니다. 다음 단계에서는 전략을 실제로 구현하겠습니다.

고차 미분(구현 편)

이번 단계에서는 고차 미분을 해낼 수 있도록 DeZero를 변경하겠습니다. 이전 단계에서 이야기한 대로 역전파 시 수행되는 계산에 대해서도 계산 그래프를 만들면 됩니다. 역전파 때도 Variable 인스턴스를 사용하면 해결된다는 것을 이전 단계에서 설명했으니, 이제 코드로 구현할 차례입니다.

> **NOTE_** 지금까지는 Variable 클래스를 dezero/core_simple.py에서 구현했습니다. 하지만 이번 단계에서는 기존의 것을 대체하는 새로운 Variable 클래스를 dezero/core.py에 구현하겠습니다. 그리고 dezero/core_simple.py에 구현했던 사칙연산 등의 함수와 연산자 오버로드들 또한 dezero/core.py에서 새로 구현하겠습니다.

32.1 새로운 DeZero로!

새로운 DeZero로 가는 가장 중요한 변화는 Variable 클래스의 인스턴스 변수인 grad입니다. 지금까지의 grad는 ndarray 인스턴스를 참조했습니다. 반면 새로운 DeZero에서는 다른 Variable 인스턴스를 참조하겠습니다. 따라서 Variable 클래스의 다음 음영 부분을 변경합니다.

```
class Variable:                                                       dezero/core.py
    ...

    def backward(self, retain_grad=False):
        if self.grad is None:
            # self.grad = np.ones_like(self.data)
            self.grad = Variable(np.ones_like(self.data))
        ...
```

이와 같이 단 한 줄만 바꾸면 됩니다. 하지만 이 작은 변경 덕에 미분값을 자동으로 저장하는 코드에서 self.grad가 Variable 인스턴스를 담게 되죠. 이상으로 새로운 Variable 클래스를 완성했습니다.

32.2 함수 클래스의 역전파

이제 DeZero의 구체적인 함수들의 backward 메서드를 수정하는 일이 남았습니다 (Function 클래스는 수정할 게 없습니다). 지금까지는 dezero/core_simple.py 파일에서 다음 DeZero 함수 클래스들을 구현했습니다.

- Add
- Mul
- Neg
- Sub
- Div
- Pow

이번 단계에서는 이 클래스들의 backward 메서드를 수정한 다음 dezero/core.py로 옮기겠습니다. 첫 번째인 Add 클래스는 수정할 게 아무것도 없습니다. 참고로 Add 클래스의 구현은 다음과 같습니다.

```
class Add(Function):                                                  dezero/core.py
    def forward(self, x0, x1):
        y = x0 + x1
        return y
```

```
    def backward(self, gy):
        return gy, gy
```

Add 클래스의 역전파가 하는 일은 출력 쪽에서 전해지는 미분값을 입력 쪽으로 전달하는 게 다입니다. 이처럼 역전파 때는 아무것도 계산하지 않기 때문에 수정할 거리도 없는 것입니다.

다음은 Mul 클래스 차례입니다. Mul 클래스의 backward 메서드는 다음처럼 수정합니다.

그림 32-1 Mul 클래스의 backward 메서드 비교(왼쪽: 수정 전, 오른쪽: 수정 후)

```
class Mul(Function):                    class Mul(Function):
    ...                                     ...
    def backward(self, gy):                 def backward(self, gy):
        x0 = self.inputs[0].data                x0, x1 = self.inputs
        x1 = self.inputs[1].data
        return gy * x1, gy * x0                 return gy * x1, gy * x0
```

[그림 32-1]과 같이 수정 전에는 Variable 인스턴스 안에 있는 데이터(ndarray 인스턴스)를 꺼내야 했습니다. 한편 수정 후에는 Mul 클래스에서 Variable 인스턴스를 그대로 사용합니다.

[그림 32-1]에서 주목할 점은 역전파를 계산하는 gy * x1 코드입니다. 다시 말하지만 새로운 DeZero에서는 gy와 x1이 Variable 인스턴스입니다. Variable 클래스의 '* 연산자'는 이미 오버로드되어 있으므로 gy * x1이 실행되는 뒤편에서는 Mul 클래스의 순전파가 호출됩니다. 그때 Function.__call__()이 호출되고, 그 안에서 계산 그래프가 만들어집니다.

> CAUTION_ 역전파 계산은 Variable 인스턴스에 대해 이루어집니다. 따라서 DeZero 함수에 Variable 인스턴스를 넣어 계산해야 합니다.

나머지 Sub, Div, Pow 클래스의 backward 메서드도 같은 방법으로 수정하면 되므로 설명은 생략하겠습니다.

32.3 역전파를 더 효율적으로(모드 추가)

우리는 18단계에서 역전파의 활성/비활성 모드를 도입했습니다. 역전파가 필요 없는 경우에는

'역전파 비활성 모드'로 전환하여 역전파 처리(계산 그래프 생성과 입력 변수 유지 등)를 생략한 것이죠. 이번 절에서는 역전파에서 수행하는 계산에도 같은 전략을 도입합니다. 즉, 역전파를 처음 한 번 이후로 다시 할 일이 없다면(역전파를 1회만 한다면) 역전파 계산도 '역전파 비활성 모드'로 실행하도록 하는 것이죠. 이를 위해 Variable 클래스의 backward 메서드에 다음 코드를 추가합니다.

```
                                                                    dezero/core.py
    def backward(self, retain_grad=False, create_graph=False):
        ...

        while funcs:
            f = funcs.pop()
            gys = [output().grad for output in f.outputs]

            with using_config('enable_backprop', create_graph):
                gxs = f.backward(*gys)  # 메인 backward
                if not isinstance(gxs, tuple):
                    gxs = (gxs,)

                for x, gx in zip(f.inputs, gxs):
                    if x.grad is None:
                        x.grad = gx
                    else:
                        x.grad = x.grad + gx  # 이 계산도 대상

                    if x.creator is not None:
                        add_func(x.creator)
        ...
```

우선 인수 create_graph를 추가하고 기본값을 False로 설정합니다. 그리고 실제 역전파의 처리를 with using_config(...)에서 수행합니다(using_config 메서드 사용법은 18단계에서 설명했습니다). 따라서 create_graph가 False면 역전파로 인한 계산은 '역전파 비활성 모드'에서 이루어집니다.

> **NOTE_** 이야기가 조금 복잡하므로 구체적인 예를 들어 보충하겠습니다. 가령 Mul 클래스의 backward 메서드는 gy * x1 계산을 합니다. 여기서 '* 연산자'는 오버로드되어 있기 때문에 실제로는 Mul()(gy, x1) 코드가 호출되고, 이어서 부모 클래스인 Function의 __call__()이 호출됩니다. Function.__call__() 메서드에서 Config.enable_backprop이 참조되고, 역전파 활성/비활성 모드가 전환됩니다.

또한 create_graph=False로 기본 설정한 이유는 실무에서 역전파가 단 1회만 수행되는 경우가 압도적으로 많기 때문입니다. 만약 2차 이상의 미분이 필요하다면 create_graph를 True로 설정합니다. 그러면 역전파를 계산할 때도 계산 그래프가 만들어지므로 역전파를 반복해서 할 수 있습니다.

32.4 __init__.py 변경

이것으로 새로운 DeZero의 핵심은 완성됐습니다. 그러니 지금까지의 수정을 새로운 dezero/core.py에 넣어보겠습니다. 그리고 앞으로는 dezero/core_simple.py 대신 dezero/core.py를 사용할 것이므로 초기화를 수행하는 dezero/__init__.py를 다음처럼 수정합니다.

```
dezero/__init__.py

# step23.py에서 step32.py까지는 simple_core를 이용
is_simple_core = False  # True

if is_simple_core:
    from dezero.core_simple import Variable
    from dezero.core_simple import Function
    from dezero.core_simple import using_config
    from dezero.core_simple import no_grad
    from dezero.core_simple import as_array
    from dezero.core_simple import as_variable
    from dezero.core_simple import setup_variable

else:
    from dezero.core import Variable
    from dezero.core import Function
    from dezero.core import using_config
    from dezero.core import no_grad
    from dezero.core import as_array
    from dezero.core import as_variable
    from dezero.core import setup_variable
    ...
```

이와 같이 is_simple_core를 False로 설정하여 주요 기능을 dezero/core.py에서 임포트하도록 바꿉니다. 이것으로 고차 미분에 대응하는 core 파일을 임포트할 수 있습니다.

이상으로 이번 단계를 마칩니다. 다음 단계에서는 새로운 DeZero를 사용하여 고차 미분을 자동으로 계산해보겠습니다.

뉴턴 방법으로 푸는 최적화(자동 계산)

지금까지는 2차 미분을 수동으로 계산했습니다. 이번 단계에서는 새로운 DeZero를 사용하여 2차 미분도 자동으로 계산할 생각입니다. 우선 간단한 수식의 2차 미분을 계산합니다. 그리고 미분값이 제대로 구해졌음을 확인한 다음, 이어서 뉴턴 방법을 사용해 최적화하겠습니다.

33.1 2차 미분 계산하기

29단계에서 다룬 $y = x^4 - 2x^2$이라는 수식의 2차 미분을 계산해봅시다. DeZero를 사용하면 다음과 같이 구현할 수 있습니다(이 구현에는 사실 한 가지 문제가 있습니다).

```python
import numpy as np
from dezero import Variable

def f(x):
    y = x ** 4 - 2 * x ** 2
    return y

x = Variable(np.array(2.0))
y = f(x)
y.backward(create_graph=True)  # ❶
print(x.grad)
```

```
# 두 번째 역전파 진행
gx = x.grad  # ❷
gx.backward()  # ❸
print(x.grad)
```

실행 결과

```
variable(24.0)
variable(68.0)
```

우선 ❶의 y.backward(create_graph=True)에 의해 첫 번째 역전파가 진행됩니다. 이때 인수 create_graph를 True로 지정하여 역전파 계산에 대해서도 계산 그래프를 만들게 했습니다. 이제 역전파 계산 그래프에 다시 한 번 역전파할 차례입니다. x의 2차 미분을 계산해야 하므로 먼저 ❷의 gx = x.grad 코드로 y의 x에 대한 미분값을 꺼냅니다. 그리고 ❸에서는 방금 꺼낸 미분값인 gx에서 한 번 더 역전파합니다. 이렇게 하면 gx의 x에 대한 미분이 구해집니다. 이 두 번째 미분이 바로 2차 미분에 해당합니다.

코드를 실행하면 1차 미분이 24.0이고, 2차 미분이 68.0으로 나옵니다. 수식으로 확인하면 $y' = 4x^3 - 4x$이므로 $x = 2$일 때의 1차 미분은 24입니다. 구현 결과와 일치합니다. 그리고 2차 미분은 수식으로 $y'' = 12x^2 - 4$이므로 $x = 2$일 때는 44입니다. 이런! 우리의 결과와 다르군요.

앞의 코드가 내놓은 68이라는 잘못된 결과는 1차 미분 결과(24)에 2차 미분 결과(44)가 '더해진' 값입니다. 즉, Variable에 미분값이 남아 있는 상태에서 새로운 역전파를 수행했기 때문에 새로운 미분값이 '더해진' 것입니다. 이 문제를 해결하려면 새로운 계산을 하기 전에 Variable의 미분값을 '재설정'해야 합니다.

> **NOTE_** 복습해봅시다. DeZero에서 역전파 시 x.backward(retain_grad=False)처럼 retain_grad라는 인수를 받습니다. retain_grad는 18단계에서 추가한 기능으로, 값이 False(기본값)면 계산 과정에서 중간 변수의 미분값(기울기)은 자동으로 재설정됩니다. 따라서 말단 변수(사용자가 제공한 변수)만 미분값을 갖게 됩니다. 예컨대 x.backward()를 호출하면 x만 미분값을 유지합니다.

이를 반영하여 이전 문제를 다시 풀어봅시다.

```
x = Variable(np.array(2.0))
y = f(x)
y.backward(create_graph=True)
print(x.grad)

gx = x.grad
x.cleargrad()   # 미분값 재설정
gx.backward()
print(x.grad)
```

실행 결과

```
variable(24.0)
variable(44.0)
```

보다시피 gx.backward()를 부르기 전에 x.cleargrad()를 추가했습니다. 이 한 줄이 x의 미분값을 재설정하여 역전파가 올바르게 이루어지게 합니다. 실제로 앞의 코드를 실행하면 2차 미분의 결과는 44.0이 나오며, 수식으로 확인한 결과와 일치합니다.

33.2 뉴턴 방법을 활용한 최적화

이제 뉴턴 방법을 활용해 최적화를 해볼 차례입니다. 우선 뉴턴 방법을 활용한 최적화의 수식을 다시 확인해보죠.

$$x \leftarrow x - \frac{f'(x)}{f''(x)}$$

[식 33.1]

[식 33.1]과 같이 함수 $f(x)$의 1차 미분과 2차 미분을 사용하여 x를 갱신하고 있습니다. 이 계산을 DeZero를 사용하여 자동으로 수행되도록 해봅시다.

steps/step33.py

```
import numpy as np
from dezero import Variable

def f(x):
    y = x ** 4 - 2 * x ** 2
    return y
```

```
x = Variable(np.array(2.0))
iters = 10

for i in range(iters):
    print(i, x)

    y = f(x)
    x.cleargrad()
    y.backward(create_graph=True)

    gx = x.grad
    x.cleargrad()
    gx.backward()
    gx2 = x.grad

    x.data -= gx.data / gx2.data
```

이 코드는 29단계에서 구현한 코드에 기초하고 있습니다. 지난번에는 2차 미분을 '손으로' 계산해 하드코딩했지만, 이번에는 backward 메서드를 두 번 실행하여 자동으로 계산하게 수정했습니다. 이 코드를 실행하면 x값의 갱신 과정이 다음과 같이 출력됩니다.

```
0 variable(2.0)
1 variable(1.4545454545454546)
2 variable(1.1510467893775467)
3 variable(1.0253259289766978)
4 variable(1.0009084519430513)
5 variable(1.0000012353089454)
6 variable(1.000000000002289)
7 variable(1.0)
8 variable(1.0)
9 variable(1.0)
```

결과에서 알 수 있듯이 불과 7회 만에 최솟값 1에 도달합니다. 29단계 때와 똑같은 결과입니다. 즉, 뉴턴 방법을 활용한 최적화를 자동으로 진행하게끔 한 구현이 올바르게 작동함을 알 수 있습니다!

sin 함수 고차 미분

지금까지 고차 미분에 대응하는 함수들(Add, Mul, Neg, Sub, Div, Pow 클래스)을 구현하여 dezero/core.py에 추가해뒀습니다. 이번 단계에서는 새로운 DeZero 함수 몇 개를 추가로 구현하겠습니다.

> NOTE_ 앞으로 나오는 DeZero 함수는 dezero/functions.py에 추가하겠습니다. 따라서 이 DeZero 함수들을 다른 파일에서 사용하려면 from dezero.functions import sin 형태로 임포트해야 합니다.

34.1 sin 함수 구현

우선 고차 미분에 대응하는 새로운 Sin 클래스를 구현하겠습니다. 수식으로는 $y = \sin(x)$일 때 $\frac{\partial y}{\partial x} = \cos(x)$입니다. 따라서 Sin 클래스와 sin 함수는 다음처럼 구현할 수 있습니다.

dezero/functions.py

```python
import numpy as np
from dezero.core import Function

class Sin(Function):
    def forward(self, x):
        y = np.sin(x)
        return y
```

```
    def backward(self, gy):
        x, = self.inputs
        gx = gy * cos(x)  # ❶
        return gx

def sin(x):
    return Sin()(x)
```

backward 메서드에 주목해보죠. 특히 backward 메서드 안의 모든 변수가 Variable 인스턴스인 점이 중요합니다(forward 메서드 안의 변수는 ndarray 인스턴스입니다). 따라서 ❶의 cos(x)는 DeZero의 cos 함수입니다. 이는 Sin 클래스를 구현하려면 Cos 클래스와 cos 함수가 필요하다는 뜻입니다.

또한 backward 메서드 구현 시 모든 계산은 반드시 DeZero 함수를 사용해야 합니다. 만약 해당하는 DeZero 함수가 없다면 새로 구현해야 합니다. 앞의 코드에서 gy * cos(x)에는 곱셈 연산자를 오버로드해 놓았기 때문에 DeZero의 mul 함수가 호출됩니다.

> **NOTE_** dezero/functions.py에 있는 Sin 클래스의 코드는 앞의 코드와 다른 부분이 일부 있습니다. GPU를 활용하는 코드가 추가되어 있기 때문이죠. 앞으로 선보이는 함수들도 마찬가지로 GPU 대응 코드는 지면에서 생략하겠습니다. 참고로 GPU 대응은 52단계에서 진행합니다.

34.2 cos 함수 구현

이어서 Cos 클래스와 cos 함수를 구현하겠습니다. 수식으로는 $y = \cos(x)$일 때 $\frac{\partial y}{\partial x} = -\sin(x)$입니다. 코드는 다음과 같습니다.

dezero/functions.py

```
class Cos(Function):
    def forward(self, x):
        y = np.cos(x)
        return y

    def backward(self, gy):
        x, = self.inputs
        gx = gy * -sin(x)
        return gx
```

```
def cos(x):
    return Cos()(x)
```

이번에도 backward 메서드에 주목해야 합니다. backward에서의 구체적인 계산에서 sin 함수를 사용하고 있군요. 다행히 sin 함수는 앞 절에서 이미 구현했으니 더 할 일은 없습니다. 이 것으로 DeZero의 sin 함수와 cos 함수의 구현이 끝났습니다.

34.3 sin 함수 고차 미분

다음 차례로 sin 함수의 고차 미분입니다. 이번에는 2차 미분뿐 아니라 3차 미분, 4차 미분도 계산해보겠습니다. 코드는 다음과 같습니다.

```
import numpy as np
from dezero import Variable
import dezero.functions as F

x = Variable(np.array(1.0))
y = F.sin(x)
y.backward(create_graph=True)

for i in range(3):
    gx = x.grad
    x.cleargrad()
    gx.backward(create_graph=True)
    print(x.grad)  # n차 미분
```

실행 결과

```
variable(-0.8414709848078965)
variable(-0.5403023058681398)
variable(0.8414709848078965)
```

for 문을 사용하여 역전파를 반복했습니다. 그에 따라 2차 미분, 3차 미분, ... 식으로 'n차 미분'이 구해집니다. 이 for 문 안의 코드는 지금까지와 다르지 않습니다. 먼저 gx = x.grad에서 미분값을 꺼내 gx에서 역전파하는 것이죠. 그리고 역전파를 하기 전에 x.cleargrad()를 호출하여 미분값을 재설정합니다. 이 작업을 반복하여 n차 미분을 계산하고 있습니다.

이어서 앞의 코드를 조금 확장하여 그래프를 그려보겠습니다. 코드는 다음과 같습니다.

steps/step34.py

```python
import numpy as np
import matplotlib.pyplot as plt
from dezero import Variable
import dezero.functions as F

x = Variable(np.linspace(-7, 7, 200))  # ❶
y = F.sin(x)
y.backward(create_graph=True)

logs = [y.data]

for i in range(3):
    logs.append(x.grad.data)
    gx = x.grad
    x.cleargrad()
    gx.backward(create_graph=True)

# 그래프 그리기
labels = ["y=sin(x)", "y'", "y''", "y'''"]
for i, v in enumerate(logs):
    plt.plot(x.data, logs[i], label=labels[i])
plt.legend(loc='lower right')
plt.show()
```

이전 코드와의 주요 차이는 ❶ 부분으로, 입력 변수를 x = Variable(np.linspace(-7, 7, 200)) 형태로 설정했습니다. np.linspace(-7, 7, 200)은 -7부터 7까지 균일하게 200등분한 배열을 만들어줍니다. 구체적으로는 [-7., -6.92964824, -6.85929648, ..., 7.]이라는 1차원 배열이 만들어지죠. 그리고 이렇게 만들어진 1차원 배열을 Variable로 감싸 x에 할당했습니다.

입력 변수가 1차원 배열이 된 것을 제외하면 고차 미분을 계산하는 코드는 이전과 똑같습니다. 그리고 지금까지 구현해온 DeZero 함수는 다차원 배열을 입력받으면 각 원소에 대해 독립적으로 계산합니다. 따라서 한 번의 계산(순전파)으로 원소 200개의 계산이 모두 이루어집니다.

> CAUTION_ 넘파이 함수 대부분은 다차원 배열이 주어지면 원소별로 독립적으로 계산해줍니다. 그리고 DeZero 함수는 순전파 시 ndarray 인스턴스에는 넘파이 함수를 사용하므로 DeZero 함수에 다차원 배열을 건네면 원소별 계산이 이루어집니다.

코드를 실행하면 [그림 34-1]을 얻을 수 있습니다.

그림 34-1 y = sin(x)와 고차 미분 그래프(y'는 1차 미분, y''는 2차 미분, y'''는 3차 미분)

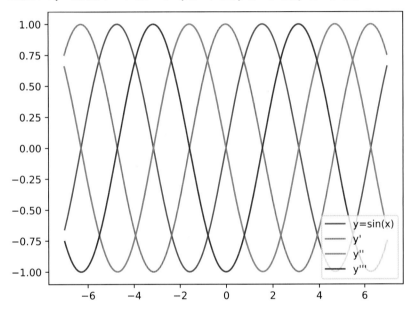

[그림 34-1]과 같이 y = sin(x)와 그 고차 미분 그래프를 얻을 수 있습니다. 보다시피 각각의 그래프는 파도 모양 위상이 '어긋난' 함수입니다. 1차 미분, 2차 미분, 3차 미분, … 식으로 차수가 증가함에 따라 y = sin(x) → y = cos(x) → y = −sin(x) → y = −cos(x) 식으로 진행될 것입니다.

이것으로 이번 단계를 마칩니다. 이번 단계에서는 DeZero에 sin 함수와 cos 함수를 새로 구현해 넣었습니다. 다음 단계에서도 새로운 DeZero 함수를 추가할 것입니다.

고차 미분 계산 그래프

이전 단계에 이어 이번 단계에서도 DeZero 함수를 추가합니다. 이번에 추가할 함수는 tanh 입니다. tanh는 **쌍곡탄젠트** 혹은 **하이퍼볼릭 탄젠트**라고 읽습니다. 수식은 [식 35.1]과 같으며, 모양은 [그림 35-1]과 같습니다.

$$y = \tanh(x) = \frac{e^x - e^{-x}}{e^x + e^{-x}}$$

[식 35.1]

그림 35-1 tanh 함수의 모양

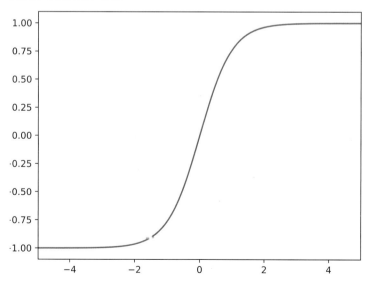

[그림 35-1]과 같이 tanh 함수는 입력을 −1 ～ 1 사이의 값으로 변환합니다. 그럼 [식 35.1]의 미분인 $\frac{\partial y}{\partial x}$부터 구해봅시다.

35.1 tanh 함수 미분

tanh 함수의 미분은 다음의 미분 공식을 이용해 계산합니다.

$$\left\{\frac{f(x)}{g(x)}\right\}' = \frac{f'(x)g(x) - f(x)g'(x)}{g(x)^2} \qquad \text{[식 35.2]}$$

[식 35.2]는 분수 함수의 미분 공식입니다. 여기에서는 읽기 쉽도록 $f(x)$의 x에 대한 미분을 $f'(x)$로 표기했습니다. 이때 자연로그의 밑(e)에 대해 $\frac{\partial e^x}{\partial x} = e^x$이고 $\frac{\partial e^{-x}}{\partial x} = -e^{-x}$인 점을 이용하면 [식 35.1]의 tanh 함수는 다음과 같이 미분할 수 있습니다.

$$\begin{aligned}
\frac{\partial \tanh(x)}{\partial x} &= \frac{(e^x + e^{-x})(e^x + e^{-x}) - (e^x - e^{-x})(e^x - e^{-x})}{(e^x + e^{-x})^2} \\[2mm]
&= 1 - \frac{(e^x - e^{-x})(e^x - e^{-x})}{(e^x + e^{-x})^2} \\[2mm]
&= 1 - \left\{\frac{(e^x - e^{-x})}{(e^x + e^{-x})}\right\}^2 \\[2mm]
&= 1 - \tanh(x)^2 \\[2mm]
&= 1 - y^2
\end{aligned}$$

[식 35.3]

[식 35.3]과 같이 tanh 함수의 미분은 '분수 함수의 미분'을 이용하여 간단한 식으로 변환할 수 있으며, 최종적으로는 $1 - y^2$이라는 결과를 얻었습니다.

35.2 tanh 함수 구현

tanh 함수의 미분은 $y = \tanh(x)$일 때 $\frac{\partial \tanh(x)}{\partial x} = 1 - y^2$입니다. 그래서 Tanh 클래스와 tanh 함수는 다음과 같이 구현할 수 있습니다.

```python
                                                        dezero/functions.py
class Tanh(Function):
    def forward(self, x):
        y = np.tanh(x)
        return y

    def backward(self, gy):
        y = self.outputs[0]()
        gx = gy * (1 - y * y)
        return gx

def tanh(x):
    return Tanh()(x)
```

순전파에서는 넘파이의 np.tanh 메서드를 이용합니다. 한편 역전파에서는 gy * (1 - y * y) 형태로 구현합니다(물론 gy * (1 - y ** 2)라고 작성해도 됩니다). 이상이 DeZero의 tanh 함수 구현입니다. tanh 함수는 앞으로도 사용할 수 있도록 dezero/functions.py에 추가하겠습니다.

35.3 고차 미분 계산 그래프 시각화

DeZero의 tanh 함수를 구현했으니 이 함수를 사용하여 재미있는 실험을 하나 해보려 합니다. 먼저 tanh 함수의 고차 미분을 계산하고, 그 계산 그래프를 시각화해보죠. 1차 미분, 2차 미분, 3차 미분, ... 식으로 진행하면서 어떤 계산 그래프가 만들어지는지 살펴보겠습니다. 실험 코드는 다음과 같습니다.

```python
import numpy as np
from dezero import Variable
from dezero.utils import plot_dot_graph
import dezero.functions as F

x = Variable(np.array(1.0))
y = F.tanh(x)
x.name = 'x'
y.name = 'y'
y.backward(create_graph=True)

iters = 0

for i in range(iters):
    gx = x.grad
    x.cleargrad()
    gx.backward(create_graph=True)

# 계산 그래프 그리기
gx = x.grad
gx.name = 'gx' + str(iters+1)
plot_dot_graph(gx, verbose=False, to_file='tanh.png')
```

지금까지 보아온 코드와 거의 같습니다. for 문에서 반복해서 역전파함으로써 고차 미분을 계산합니다. 반복 횟수는 iters값으로 지정합니다. iters = 0이면 1차 미분이, 1이면 2차 미분이 계산되는 식입니다. 마지막으로, 생성된 계산 그래프를 시각화합니다.

> NOTE_ 계산 그래프 시각화에는 26단계에서 구현한 plot_dot_graph 함수를 이용했습니다. 이 함수는 dezero/utils.py에 있습니다.

코드를 실행해보죠. 우선 iters = 0일 때의 계산 그래프를 보겠습니다. 결과는 [그림 35-2]와 같습니다.

그림 35-2 y = tanh(x)의 1차 미분 계산 그래프

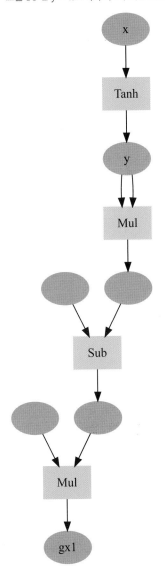

[그림 35-2]는 y = tanh(x)의 1차 미분을 계산하기 위한 계산 그래프입니다. DeZero 함수 중 Tanh, Mul, Sub가 사용되고 있음을 알 수 있습니다.

이어서 iters값을 변경하여 2~5차 미분을 계산해보겠습니다. 어떤 계산 그래프가 만들어질까요? 결과는 [그림 35-3]과 같습니다.

그림 35-3 n차 미분(n = 2, 3, 4, 5)의 계산 그래프

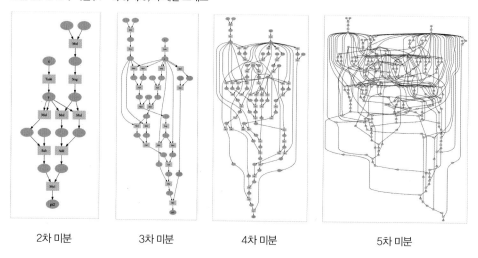

2차 미분   3차 미분   4차 미분   5차 미분

[그림 35-3]에서 보듯 차수가 늘어날수록 계산 그래프도 복잡해집니다. 역전파를 할 때마다 기존까지의 계산에 대한 새로운 계산 그래프가 만들어지므로 노드 수가 기하급수적으로 증가합니다. 그림을 보니 마치 세포가 분열하는 듯하군요. 계속해서 [그림 35-4]는 6차 미분과 7차 미분의 결과입니다.

그림 35-4 n차 미분(n = 6, 7)의 계산 그래프

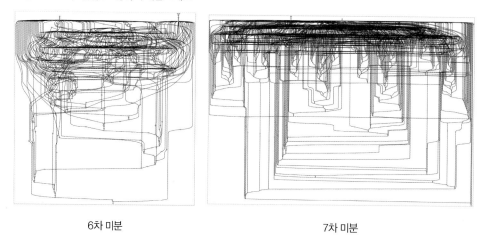

6차 미분   7차 미분

매우 복잡한 계산 그래프가 만들어졌습니다. 이 정도로 복잡한 계산 그래프를 손으로 그리는 것은 거의 불가능할 거 같습니다. DeZero는 분명 우리 손으로 만들었지만, DeZero 활용해 '우리 이상의 무언가'를 만들어낸 순간입니다! 이런 점이 컴퓨터와 프로그래밍의 매력이 아닐까 싶습니다.

> **NOTE_** 이 계산 그래프들의 고해상도 버전을 https://github.com/WegraLee/deep-learning-from-scratch-3/tree/tanh에 올려뒀으니 관심 있는 분은 참고하세요.

마지막으로 8차 미분을 시각화해보며 이번 단계의 실험을 마치겠습니다.

그림 35-5 8차 미분의 계산 그래프

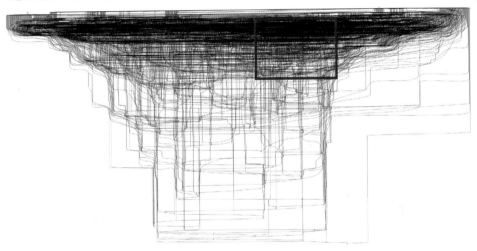

계산 그래프가 한층 더 복잡해졌습니다. 지면으로는 노드의 형태조차 확인할 수 없을 정도지요. 얼마나 복잡한지 느껴볼 수 있도록 다음 페이지에는 [그림 35-5]의 사각형 영역만 확대하여 실어보았습니다. 이것으로 이번 단계의 실험은 끝입니다.

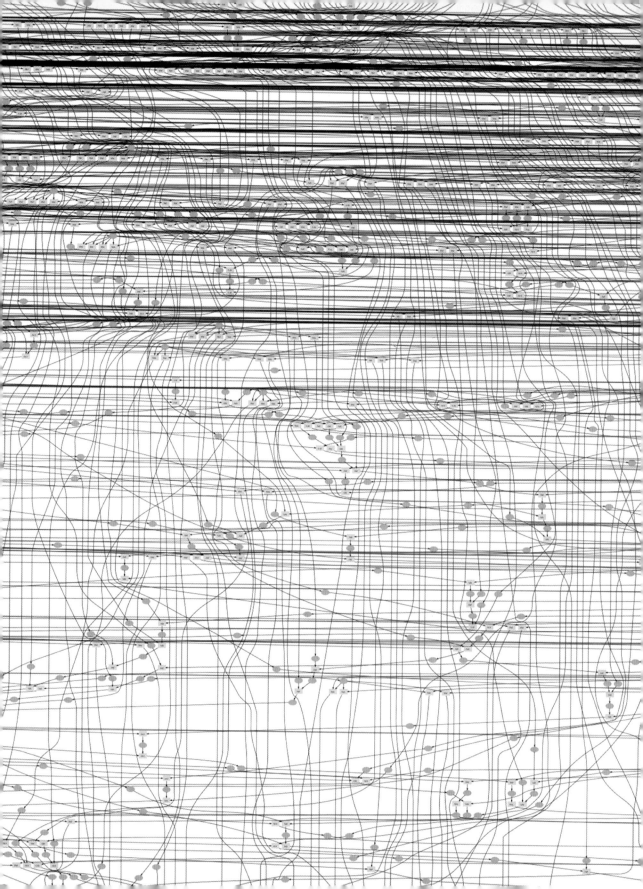

고차 미분 이외의 용도

지금까지 여러 단계를 거쳐 DeZero로 고차 미분을 계산해봤습니다. 본질적으로는 한 가지 일을 한 셈인데, 바로 역전파 시 수행되는 계산에 대해서도 '연결'을 만들도록 했습니다. 여기에서 중요한 점은 역전파의 계산 그래프를 만드는 기능 자체가 DeZero의 새로운 능력이라는 사실입니다. 고차 미분은 이 능력을 응용한 한 가지 예에 지나지 않습니다. 그래서 이번 단계에서는 새로워진 DeZero를 고차 미분 외에 또 어떻게 활용할 수 있는지 살펴보겠습니다.

> NOTE_ 새로운 DeZero에서는 역전파로 수행한 계산에 대해 또 다시 역전파할 수 있습니다. 이를 double backpropagation이라고 합니다(이후 double backprop로 줄여 표기). double backprop은 현대적인 딥러닝 프레임워크 대부분이 지원합니다.

36.1 double backprop의 용도

고차 미분 외에 double backprop을 또 어디에 활용할 수 있을까요? 우선 다음 문제를 생각해보죠.

문제: 다음의 두 식이 주어졌을 때 $x = 2.0$에서 x에 대한 z의 미분 $\frac{\partial z}{\partial x}$를 구하라.

$$y = x^2 \tag{식 36.1}$$

$$z = \left(\frac{\partial y}{\partial x}\right)^3 + y \tag{식 36.2}$$

지금까지와 같은 미분 계산 문제지만 [식 36.2]에 이미 미분이 포함되어 있는 점이 다릅니다. 즉, 미분이 포함된 식에서 다시 한 번 미분해야 합니다. 이 문제도 double backprop으로 계산할 수 있습니다. 설명에 앞서 $\frac{\partial z}{\partial x}$를 손으로 계산해보겠습니다. 다음은 식의 전개 과정입니다.

$$\frac{\partial y}{\partial x} = 2x$$

$$z = \left(\frac{\partial y}{\partial x}\right)^3 + y = 8x^3 + x^2$$

$$\frac{\partial z}{\partial x} = 24x^2 + 2x$$

식을 이와 같이 전개한 후 $24x^2 + 2x$에 $x = 2.0$을 대입하면 100.0이라는 답을 얻을 수 있습니다.

> **CAUTION_** 위 식에서 $\frac{\partial y}{\partial x}$는 값이 아니라 x의 식입니다. 만약 여기에서 $x = 2.0$일 때 $\frac{\partial y}{\partial x}$의 값을 찾고, 그 값을 $z = \left(\frac{\partial y}{\partial x}\right)^3 + y$에 대입하면 올바른 결과를 얻을 수 없습니다.

이상의 내용을 바탕으로 같은 문제를 DeZero를 사용해 풀어봅시다. 코드는 다음과 같습니다.

```
steps/step36.py
import numpy as np
from dezero import Variable

x = Variable(np.array(2.0))
y = x ** 2
y.backward(create_graph=True)
gx = x.grad
x.cleargrad()

z = gx ** 3 + y
z.backward()
print(x.grad)
```

실행 결과

```
variable(100.)
```

이 코드에서 중요한 부분은 y.backward(create_graph=True)입니다. 미분을 하기 위해 역전파하는 코드죠. 이 코드가 새로운 계산 그래프를 생성합니다(지금의 경우 2 * x라는 계산 그래프가 자동으로 생성됩니다). 그리고 역전파가 만들어낸 계산 그래프를 사용하여 새로운 계산을 하고 다시 역전파합니다. 이렇게 하면 미분이 올바르게 이루어집니다.

> **NOTE_** 코드의 gx = x.grad는 단순한 변수(값)가 아니라 계산 그래프(식)입니다. 따라서 x.grad의 계산 그래프에 대해 추가로 역전파할 수 있습니다.

이상과 같은 형태의 문제(미분의 식을 구하고, 그 식을 사용하여 계산한 다음, 또다시 미분하는 문제)를 double backprop으로 해결할 수 있습니다. 딥러닝 연구에서도 많이 볼 수 있는 유형의 문제로, 다음 절에서는 딥러닝 연구에서 사용한 예를 몇 가지 소개하겠습니다.

36.2 딥러닝 연구에서의 사용 예

딥러닝에서 double backprop을 사용하는 연구는 여러 가지입니다. 예를 들어 WGAN-GP[21] 논문에서는 [그림 36-1]의 수식을 최적화합니다.

그림 36-1 WGAN-GP에서 최적화하는 함수(수식은 참고문헌 [21]에서 인용)

기울기

$$L = \mathop{\mathbb{E}}_{\tilde{\boldsymbol{x}} \sim \mathbb{P}_g} [D(\tilde{\boldsymbol{x}})] - \mathop{\mathbb{E}}_{\boldsymbol{x} \sim \mathbb{P}_r} [D(\boldsymbol{x})] + \lambda \mathop{\mathbb{E}}_{\hat{\boldsymbol{x}} \sim \mathbb{P}_{\hat{\boldsymbol{x}}}} \left[(\|\underline{\nabla_{\hat{\boldsymbol{x}}} D(\hat{\boldsymbol{x}})}\|_2 - 1)^2 \right]$$

[그림 36-1]에서 주목할 점은 최적화하는 식에 기울기(텐서의 각 원소에 대한 미분 결과)가 들어 있다는 것입니다. 이 기울기는 첫 번째 역전파에서 구할 수 있습니다. 그리고 이 기울기를 사용하여 함수 L을 계산하고 함수 L을 최적화하기 위해 두 번째 역전파를 합니다.

이와 같이 최신의 연구에서도 double backprop이 사용됩니다. WGAN-GP 외에 MAML[22]과 TRPO[23] 등 유명한 연구에서 double backprop 기능이 실제로 사용되고 있답니다.

> **NOTE_** TRPO에서는 헤세 행렬과 벡터의 곱을 구할 때 double backprop을 사용합니다. double backprop을 사용하면 계산 효율이 좋아지죠. 헤세 행렬과 벡터의 곱에 관해서는 이어지는 '칼럼: 뉴턴 방법과 double backprop 보충 학습'에서 설명합니다.

이상으로 제3고지도 정복했습니다. 이번 고지에서는 DeZero의 역전파를 수정하여 double backprop이 가능하게 되었습니다. 이를 통해 고차 미분에 필요한 뉴턴 방법을 구현할 수 있었습니다. 다음 고지부터는 DeZero를 본격 신경망용으로 탈바꿈시킬 계획입니다.

칼럼: 뉴턴 방법과 double backprop 보충 학습

이번 칼럼은 제3고지의 내용을 보충합니다. 먼저 입력이 벡터인 경우의 뉴턴 방법에 대해 설명하고, 이어서 뉴턴 방법을 대체할 수 있는 또 다른 방법을 소개합니다. 마지막으로 double backprop의 실용적인 쓰임 예를 추가합니다. 이번 칼럼은 다소 깊이 있는 정보를 다루다 보니 수식이 많이 등장합니다. 어렵게 느껴지면 건너뛰어도 무방합니다(이번 칼럼의 내용은 이후의 단계들과 큰 관련은 없습니다).

다변수 함수의 뉴턴 방법

제3고지에서 뉴턴 방법을 구현하면서 $y = x^4 - 2x^2$이라는 수식의 최솟값을 뉴턴 방법으로 구했습니다. 보는 바와 같이 이 식에서 입력 변수는 x뿐입니다. 따라서 우리가 한 일은 정확히 '입력 변수가 하나(스칼라)인 경우의 뉴턴 방법을 구현'한 것입니다.

그렇다면 입력이 다차원 배열일 경우의 뉴턴 방법은 어떻게 다를까요? 여기에서는 입력 변수를 벡터 $\mathbf{x}$로 바꾸고 함수 $y = f(\mathbf{x})$에 대해 생각해봅시다. 이때 $\mathbf{x}$는 벡터이며 $\mathbf{x} = (x_1, x_1, \cdots, x_n)$ 형태로 n개의 원소를 갖습니다.

> **CAUTION_** 이 책에서는 수식을 표기할 때 변수가 스칼라가 아닌 경우 $\mathbf{x}$처럼 굵은 글씨로 표기하고, 스칼라라면 x처럼 보통 굵기로 표기합니다.

그러면 $y = f(\mathbf{x})$에 대한 뉴턴 방법은 다음과 같아집니다.

$$\mathbf{x} \leftarrow \mathbf{x} - [\nabla^2 f(\mathbf{x})]^{-1} \nabla f(\mathbf{x}) \qquad \text{[식 C.1]}$$

우선 기호의 뜻부터 설명하겠습니다. [식 C.1]의 $\nabla f(\mathbf{x})$는 기울기^{gradient}를 나타냅니다. 기울기는 $\mathbf{x}$의 각 원소에 대한 미분으로, 원소까지 표기하면 다음과 같습니다.

$$\nabla f(\mathbf{x}) = \begin{pmatrix} \frac{\partial f}{\partial x_1} \\ \frac{\partial f}{\partial x_2} \\ \vdots \\ \frac{\partial f}{\partial x_n} \end{pmatrix} \qquad \text{[식 C.2]}$$

그리고 $\nabla^2 f(\mathbf{x})$는 헤세 행렬$^{\text{Hessian matrix}}$입니다. 헤세 행렬의 식은 다음과 같습니다.

$$\nabla^2 f(\mathbf{x}) = \begin{pmatrix} \dfrac{\partial^2 f}{\partial x_1^2} & \dfrac{\partial^2 f}{\partial x_1 \partial x_2} & \cdots & \dfrac{\partial^2 f}{\partial x_1 \partial x_n} \\[2mm] \dfrac{\partial^2 f}{\partial x_2 \partial x_1} & \dfrac{\partial^2 f}{\partial x_2^2} & \cdots & \dfrac{\partial^2 f}{\partial x_2 \partial x_n} \\[2mm] \vdots & \vdots & \ddots & \vdots \\[2mm] \dfrac{\partial^2 f}{\partial x_n \partial x_1} & \dfrac{\partial^2 f}{\partial x_n \partial x_2} & \cdots & \dfrac{\partial^2 f}{\partial x_n^2} \end{pmatrix} \qquad \text{[식 C.3]}$$

[식 C.3]과 같이 헤세 행렬은 $\mathbf{x}$의 두 원소에 대한 미분입니다. 두 원소의 조합이 이루어 지기 때문에 행렬 형태로 정의됩니다.

> NOTE_ 기울기 $\nabla f(\mathbf{x})$는 $\dfrac{\partial f}{\partial \mathbf{x}}$라고 표기할 수도 있고, 헤세 행렬 $\nabla^2 f(\mathbf{x})$는 $\dfrac{\partial^2 f}{\partial \mathbf{x} \partial \mathbf{x}^{\mathsf{T}}}$라고 표기할 수 도 있습니다.

[식 C.1]에서는 기울기와 헤세 행렬을 사용하여 $\mathbf{x}$를 갱신했습니다([식 C.1]의 $[\nabla^2 f(\mathbf{x})]^{-1}$ 은 헤세 행렬 $\nabla^2 f(\mathbf{x})$의 역행렬을 뜻합니다). 이때 $\mathbf{x}$를 기울기 방향으로 갱신하고 그 진 행 거리를 헤세 행렬의 역행렬을 사용하여 조정합니다. 헤세 행렬이라는 2차 미분 정보를 이용함으로써 더 공격적으로 진행할 수 있어서 목적지에 더 빠르게 도달할 수 있는 것입 니다. 그러나 아쉽게도 머신러닝, 특히 신경망에서는 뉴턴 방법이 좀처럼 사용되지 않습 니다.

뉴턴 방법의 문제와 대안

머신러닝 같은 문제에서는 뉴턴 방법에 큰 단점이 있습니다. 매개변수가 많아지면 뉴턴 방 법의 헤세 행렬, 정확히는 헤세 행렬의 역행렬 계산에 자원이 너무 많이 소모되는 문제입 니다. 매개변수가 n개면 n^2만큼의 메모리를 사용하며, $n \times n$의 역행렬 계산에는 n^3만큼 사용합니다.

> NOTE_ 신경망에서는 매개변수가 100만 개를 넘는 일이 다반사입니다. 만약 100만 개의 매개변수 를 뉴턴 방법으로 갱신한다면 100만×100만 크기의 헤세 행렬이 필요한데, 이렇게 큰 메모리를 장착 한 장비는 현실적이지 않습니다.

이처럼 뉴턴 방법은 현실적인 해결책이 아닌 경우가 많기 때문에 대안들이 제안되고 있습니다. 대표적인 예가 **준 뉴턴 방법**$^{Quasi-Newton Method}$(QNM)입니다. 준 뉴턴 방법은 뉴턴 방법 중 '헤세 행렬의 역행렬'을 근사해 사용하는 방법의 총칭입니다(준 뉴턴 방법이라는 구체적인 방법이 존재하는 것은 아닙니다).

준 뉴턴 방법은 지금까지 몇 가지가 제안되었습니다. 그중에서 유명한 것이 L−BFGS입니다. L−BFGS는 기울기만으로 헤세 행렬을 근사합니다. (정확한 값이 아닌) 근삿값을 구하여 계산 비용과 메모리 공간을 절약하는 전략입니다. 파이토치에는 L−BFGS[20]가 구현되어 있으니 부담 없이 시도해볼 수 있습니다. 다만 지금까지 딥러닝 분야에서 주류는 기울기만을 사용한 최적화(SGD, Momentum, Adam 등)라서 L−BFGS 등의 준 뉴턴 방법을 사용한 예는 많지 않습니다.

double backprop의 용도: 헤세 행렬과 벡터의 곱

마지막으로 double backprop에 대해 보충하겠습니다. double backprop의 사용 예로는 **헤세 행렬과 벡터의 곱**$^{Hessian-vector product}$ 계산이 있습니다. 앞에서 말한 것처럼 원소 수가 늘어나면 헤세 행렬을 계산하는 비용이 매우 커집니다. 그러나 헤세 행렬과 벡터의 곱의 '결과'만 필요하다면 double backprop을 사용하여 효율적으로 구할 수 있습니다.

예를 들어 $y = f(\mathbf{x})$와 임의의 n차원 벡터 $\mathbf{v}$에서 헤세 행렬은 $\nabla^2 f(\mathbf{x})$입니다. 이때 $\nabla^2 f(\mathbf{x})\mathbf{v}$ (헤세 행렬 $\nabla^2 f(\mathbf{x})$와 벡터 $\mathbf{v}$의 곱)를 구해봅시다. 그러기 위해 다음 식으로 변환합니다.

$$\nabla^2 f(\mathbf{x})\mathbf{v} = \nabla(\mathbf{v}^\mathsf{T} \nabla f(\mathbf{x}))$$

[식 C.4]

이 변환이 가능하다는 것은 좌변과 우변의 원소를 표기한 후 전개해보면 알 수 있습니다. 다음은 벡터의 원소 수가 2개인 경우로 한정하여 식을 전개한 예입니다.

$$\nabla^2 f(\mathbf{x})\mathbf{v} = \begin{pmatrix} \dfrac{\partial^2 f}{\partial x_1^2} & \dfrac{\partial^2 f}{\partial x_1 \partial x_2} \\ \dfrac{\partial^2 f}{\partial x_2 \partial x_1} & \dfrac{\partial^2 f}{\partial x_2^2} \end{pmatrix} \begin{pmatrix} v_1 \\ v_2 \end{pmatrix}$$

$$= \begin{pmatrix} \dfrac{\partial^2 f}{\partial x_1^2} v_1 + \dfrac{\partial^2 f}{\partial x_1 \partial x_2} v_2 \\ \dfrac{\partial^2 f}{\partial x_2 \partial x_1} v_1 + \dfrac{\partial^2 f}{\partial x_2^2} v_2 \end{pmatrix}$$

$$\nabla(\mathbf{v}^\mathsf{T}\nabla f(\mathbf{x})) = \nabla\left(\begin{pmatrix} v_1 & v_2 \end{pmatrix} \begin{pmatrix} \dfrac{\partial f}{\partial x_1} \\ \dfrac{\partial f}{\partial x_2} \end{pmatrix} \right)$$

$$= \nabla\left(\frac{\partial f}{\partial x_1}v_1 + \frac{\partial f}{\partial x_2}v_2 \right)$$

$$= \begin{pmatrix} \dfrac{\partial^2 f}{\partial x_1^2}v_1 + \dfrac{\partial^2 f}{\partial x_1 \partial x_2}v_2 \\ \dfrac{\partial^2 f}{\partial x_2 \partial x_1}v_1 + \dfrac{\partial^2 f}{\partial x_2^2}v_2 \end{pmatrix}$$

여기에서는 원소 수가 2개인 벡터로 한정했지만, n개짜리 벡터로도 쉽게 확장할 수 있습니다. 이상으로 [식 C.4]가 성립함을 알 수 있습니다.

이제 다시 [식 C.4]로 눈을 돌려보죠. [식 C.4]의 우변이 의미하는 것은 벡터 $\mathbf{v}$와 기울기 $\nabla f(\mathbf{x})$의 곱, 즉 벡터의 내적을 먼저 구하고, 그 결과로부터 다시 한 번 기울기를 구한다는 뜻입니다. 따라서 헤세 행렬을 만들지 않아도 되므로 계산 효율이 좋아집니다.

그러면 DeZero를 사용하여 헤세 행렬과 벡터의 곱을 구해보겠습니다. 원소 수가 2개인 벡터를 사용한 계산 예입니다(행렬 곱을 구하기 위해 나중에 소개할 F.matmul 함수를 미리 이용했습니다).

```
import numpy as np
from dezero import Variable
import dezero.functions as F

x = Variable(np.array([1.0, 2.0]))
v = Variable(np.array([4.0, 5.0]))

def f(x):
    t = x ** 2
    y = F.sum(t)
    return y

y = f(x)
y.backward(create_graph=True)

gx = x.grad
x.cleargrad()
```

```
z = F.matmul(v, gx)  # ❶
z.backward()  # ❷
print(x.grad)
```

실행 결과

```
variable([ 8. 10.])
```

이 코드를 수식으로 표현하면 $\nabla(\mathbf{v}^{\mathrm{T}}\nabla f(\mathbf{x}))$에 해당합니다. $\mathbf{v}^{\mathrm{T}}\nabla f(\mathbf{x})$의 계산이 z = F.matmul(v, gx)에 대응하고(❶), z.backward()에서 z에 대해 다시 한 번 기울기를 구하는 것이죠(❷). 이로써 헤세 행렬과 벡터의 곱이 구해집니다. 참고로 앞의 출력 결과는 올바른 값입니다. 이상으로 이번 칼럼을 마칩니다.

제4고지

신경망 만들기

지금까지는 변수로 주로 '스칼라'만을 취급했습니다. 그러나 머신러닝에서는 '텐서(다차원 배열)'가 주역입니다. 그래서 이번 제4고지의 목표는 DeZero를 머신러닝용으로, 특히 신경망을 잘 다루도록 확장하는 것입니다. 그 첫 발걸음은 텐서를 사용해 계산하기입니다.

머신러닝에서 미분을 계산하는 작업은 복잡해지기 쉽습니다. 그러나 DeZero는 이미 자동 미분의 기초를 제공하기 때문에 앞으로 할 작업도 기술적으로는 그다지 어렵지 않습니다. 그다음은 DeZero의 자동 미분 위에 머신러닝에 필요한 함수와 기능을 추가하는 것이 주된 작업입니다. 이 작업이 끝나면 머신러닝 문제를 몇 가지 풀어보면서 DeZero의 실력을 확인해보겠습니다.

이번 고지는 지금까지 시간을 들여 만들어온 DeZero가 딥러닝(신경망) 분야에서 꽃피는 무대입니다. 고지를 정복할 무렵에는 DeZero가 '딥러닝 프레임워크'라고 불러도 좋을 만큼 성장해 있을 것입니다. 자, 슬슬 출발합시다!

제4고지

신경망 만들기

텐서를 다루다

지금까지는 변수로 주로 '스칼라'를 다뤘습니다. 그러나 머신러닝 데이터로는 벡터나 행렬 등의 '텐서'가 주로 쓰입니다. 이번 단계에서는 텐서를 사용할 때의 주의점을 알아보면서 DeZero 확장을 준비합니다. 또한 지금까지 구현한 DeZero 함수들이 텐서도 문제없이 다룰 수 있음을 보여드리겠습니다.

37.1 원소별 계산

이미 우리는 add, mul, div, sin 등의 DeZero 함수를 몇 가지 구현했습니다. 이 함수들을 구현하면서 우리는 입력과 출력이 모두 '스칼라'라고 가정했습니다. 예를 들어 sin 함수를 구현하면서 다음과 같은 경우를 가정했습니다.

```python
import numpy as np
import dezero.functions as F
from dezero import Variable

x = Variable(np.array(1.0))
y = F.sin(x)
print(y)
```

실행 결과

```
variable(0.84147098)
```

이 예에서 x는 단일값인 스칼라(정확하게는 0차원의 ndarray 인스턴스)입니다. 하지만 x가 텐서일 경우, 가령 행렬이라면 어떻게 될까요? 이 경우 sin 함수가 원소별로 적용됩니다. 진짜로 그런지 실행해보죠.

```python
x = Variable(np.array([[1, 2, 3], [4, 5, 6]]))
y = F.sin(x)
print(y)
```

실행 결과

```
variable([[ 0.84147098  0.90929743  0.14112001]
          [-0.7568025  -0.95892427 -0.2794155 ]])
```

이와 같이 sin 함수가 x의 원소 각각에 적용됩니다. 따라서 입력과 출력 텐서의 형상은 바뀌지 않습니다. 실제로 입력 x의 형상은 (2, 3)이고 출력 y의 형상도 (2, 3)입니다. 이처럼 지금까지 구현한 DeZero 함수들은 원소별 계산이 이루어집니다. 다른 예로, 덧셈에서도 다음과 같이 원소별 계산이 이루어집니다.

```python
x = Variable(np.array([[1, 2, 3], [4, 5, 6]]))
c = Variable(np.array([[10, 20, 30], [40, 50, 60]]))
y = x + c
print(y)
```

실행 결과

```
variable([[11 22 33]
          [44 55 66]])
```

보다시피 y는 x와 c를 원소별로 더한 값이 되었습니다. 그래서 출력 y의 형상은 x, c와 똑같습니다.

CAUTION_ 앞의 코드는 x와 c의 형상이 같아야 합니다. 그래야 텐서의 원소 사이에 일대일 대응 관계가 만들어집니다. 한편 넘파이에는 **브로드캐스트**^{broadcast}라는 기능이 있습니다. 만약 x와 c의 형상이 다르면 자동으로 데이터를 복사하여 같은 형상의 텐서로 변환해주는 기능입니다. 브로드캐스트는 40단계에서 자세히 설명합니다.

37.2 텐서 사용 시의 역전파

이번 절이 이번 단계의 핵심입니다. 지금까지의 역전파 구현은 '스칼라'를 대상으로 했습니다. 그렇다면 텐서를 사용한 계산에 역전파를 적용하려면 무엇을 바꿔야 할까요? 사실 지금까지 구현한 함수들은 '텐서'를 이용해 계산해도 역전파 코드가 문제없이 작동합니다. 이유는 다음과 같습니다.

- 우리는 그동안 '스칼라'를 대상으로 역전파를 구현했습니다.
- 지금까지 구현한 DeZero 함수에 '텐서'를 건네면 텐서의 원소마다 '스칼라'로 계산합니다.
- 텐서의 원소별 '스칼라' 계산이 이루어지면 '스칼라'를 가정해 구현한 역전파는 '텐서'의 원소별 계산에서도 성립합니다.

이상의 논리로부터 원소별 계산을 수행하는 DeZero 함수들은 '텐서'를 사용한 계산에도 역전파를 올바르게 해낼 것임을 유추할 수 있습니다. 진짜로 그런지 확인해보죠.

```
x = Variable(np.array([[1, 2, 3], [4, 5, 6]]))          steps/step37.py
c = Variable(np.array([[10, 20, 30], [40, 50, 60]]))
t = x + c
y = F.sum(t)
```

두 변수를 더한 다음 sum 함수로 모든 원소의 총합을 구하는 코드입니다. sum 함수는 39단계에서 구현하지만 먼저 가져와 사용했습니다. sum 함수를 사용하면 주어진 텐서에의 모든 원소의 총합을 구해 하나의 스칼라로 출력합니다. 그래서 앞의 코드에서 x, c, t는 모두 (2, 3) 형상이지만, 마지막 출력 y는 스칼라입니다.

> **NOTE_** 머신러닝 문제에서는 텐서를 입력받아 스칼라를 출력하는 함수(손실 함수[loss function])를 설정하는 것이 일반적입니다. 위 코드도 머신러닝 문제라 가정하고 마지막에 스칼라를 출력하는 계산을 수행했습니다.

[그림 37-1]은 앞의 코드가 수행하는 계산의 계산 그래프입니다.

그림 37-1 텐서를 사용한 계산 그래프

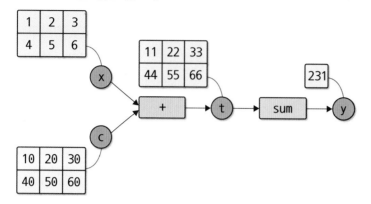

[그림 37-1]은 각 변수의 데이터를 구체적으로 보여줍니다. 그래서 마지막 출력은 스칼라임도 확인할 수 있습니다. 이번 단계는 이와 같이 '마지막 출력이 스칼라인 계산 그래프'에 대한 역전파를 다룹니다. 자, 이제 실제로 역전파를 해보겠습니다. 앞의 코드에 이어서 다음 코드를 실행하면 됩니다.

```python
y.backward(retain_grad=True)
print(y.grad)
print(t.grad)
print(x.grad)
print(c.grad)
```

steps/step37.py

실행 결과

```
variable(1)
variable([[1 1 1]
          [1 1 1]])
variable([[1 1 1]
          [1 1 1]])
variable([[1 1 1]
          [1 1 1]])
```

이와 같이 y.backward(retain_grad=True)를 실행하면 각 변수의 미분값이 구해집니다. 인수 retain_grad를 True로 설정했으므로 미분값이 유지됩니다. 그리고 출력 결과가 올바르게 나왔음을 확인할 수 있습니다. 이처럼 지금까지 구현한 DeZero 함수들은 텐서를 사용한 계산에서도 제대로 역전파할 수 있습니다.

여기에서 중요한 특징이 하나 등장합니다. 기울기의 형상과 데이터(순전파 때의 데이터)의 형상이 일치한다는 것입니다. 즉, x.shape == x.grad.shape이며, c.shape == c.grad.shape이고, t.shape == t.grad.shape입니다. 이 성질을 이용하면 원소별 계산이 아닌 함수, 가령 sum이나 reshape 함수 등을 구현하기도 어렵지 않습니다. 이 내용은 다음 단계에서 reshape 함수를 구현할 때 살펴보겠습니다.

> **CAUTION_** 텐서의 미분을 머신러닝에서는 '기울기'라고 합니다. Variable 클래스의 grad도 gradient(기울기)의 약자입니다. 그러니 이 책에서도 앞으로 '미분'이라고 하지 않고 '기울기'라고 쓰겠습니다.

이번 단계의 주요 내용은 여기까지입니다. 마지막으로 다음 절에서는 수식을 이용하여 텐서를 사용했을 때의 역전파에 대해 보충합니다. 다소 깊게 들어갑니다만, 이후의 단계에 영향이 없으니 읽지 않아도 상관없습니다.

37.3 【보충】텐서 사용 시의 역전파

이번 절에서는 텐서를 사용했을 때의 역전파를 수식으로 설명합니다. $\mathbf{y} = F(\mathbf{x})$라는 함수를 생각해봅시다. $\mathbf{x}$와 $\mathbf{y}$는 벡터이고, 두 벡터 모두 원소 수가 n개라고 가정합니다.

> **CAUTION_** 여기에서는 '벡터'에 한정하여 이야기를 진행합니다. 그러나 이 절에서 얻은 결론(이론)은 '텐서(n차원 텐서)'의 경우에도 그대로 적용할 수 있습니다. 왜냐하면 데이터가 텐서일 경우에는 전처리로 '벡터화 처리'(원소를 1열로 정렬하는 형상 변환 처리)를 추가하면 되기 때문이죠.

이제 $\mathbf{y} = F(\mathbf{x})$의 미분에 대해 알아보겠습니다. $\mathbf{y}$의 $\mathbf{x}$에 대한 미분은 다음 식으로 정의됩니다.

$$\frac{\partial \mathbf{y}}{\partial \mathbf{x}} = \begin{pmatrix} \frac{\partial y_1}{\partial x_1} & \frac{\partial y_1}{\partial x_2} & \cdots & \frac{\partial y_1}{\partial x_n} \\ \frac{\partial y_2}{\partial x_1} & \frac{\partial y_2}{\partial x_2} & \cdots & \frac{\partial y_2}{\partial x_n} \\ \vdots & \vdots & \ddots & \vdots \\ \frac{\partial y_n}{\partial x_1} & \frac{\partial y_n}{\partial x_2} & \cdots & \frac{\partial y_n}{\partial x_n} \end{pmatrix}$$

y와 **x** 모두 벡터이므로 그 미분은 이와 같이 '행렬'의 형태가 됩니다. 이 행렬을 **야코비 행렬**_{Jacobian matrix}이라고도 합니다. 참고로, 만약 **y**가 스칼라라면 y의 **x**에 대한 미분은 다음과 같습니다.

$$\frac{\partial y}{\partial \mathbf{x}} = \begin{pmatrix} \frac{\partial y}{\partial x_1} & \frac{\partial y}{\partial x_2} & \cdots & \frac{\partial y}{\partial x_n} \end{pmatrix}$$

이는 $1 \times n$의 야코비 행렬이며, 행 벡터(가로로 나열된 벡터)로 간주할 수 있습니다.

다음으로 합성 함수에 대해 알아보겠습니다. 합성 함수 $\mathbf{y} = F(\mathbf{x})$가 $\mathbf{a} = A(\mathbf{x})$, $\mathbf{b} = B(\mathbf{a})$, $y = C(\mathbf{b})$라는 3개의 함수로 구성되어 있는 경우를 생각해보죠. 이때 변수 **x**, **a**, **b**는 벡터이고, 원소 수는 모두 똑같이 n개입니다. 그리고 최종 출력 y만 스칼라인 경우를 가정합니다. 그러면 y의 **x**에 대한 미분은 연쇄 법칙에 의해 다음 식으로 표시됩니다.

$$\frac{\partial y}{\partial \mathbf{x}} = \frac{\partial y}{\partial \mathbf{b}} \frac{\partial \mathbf{b}}{\partial \mathbf{a}} \frac{\partial \mathbf{a}}{\partial \mathbf{x}}$$

[식 37.1]

[식 37.1]이 연쇄 법칙에 의해 얻어지는 결과입니다. 여기에서 $\frac{\partial y}{\partial \mathbf{b}}$와 $\frac{\partial \mathbf{b}}{\partial \mathbf{a}}$는 야코비 행렬을 나타냅니다. 그리고 이 값들을 '행렬의 곱'으로 계산합니다(행렬의 곱은 41단계에서 설명합니다). 이것이 [식 37.1]이 의미하는 내용입니다.

이어서 [식 37.1]의 행렬 곱을 계산하는 '순서'를 알아보겠습니다. 두 가지 방법이 있습니다. 첫 번째 방법은 [그림 37-2]와 같이 입력 쪽에서 출력 쪽으로 계산해 가는 방식입니다.

그림 37-2 입력 쪽에서 출력 쪽으로 괄호를 친다(forward 모드).

$$\frac{\partial y}{\partial \mathbf{x}} = \left(\frac{\partial y}{\partial \mathbf{b}} \underbrace{\left(\frac{\partial \mathbf{b}}{\partial \mathbf{a}} \frac{\partial \mathbf{a}}{\partial \mathbf{x}} \right)}_{} \right)$$

$$\frac{\partial \mathbf{b}}{\partial \mathbf{x}} = \begin{pmatrix} \frac{\partial b_1}{\partial x_1} & \frac{\partial b_1}{\partial x_2} & \cdots & \frac{\partial b_1}{\partial x_n} \\ \frac{\partial b_2}{\partial x_1} & \frac{\partial b_2}{\partial x_2} & \cdots & \frac{\partial b_2}{\partial x_n} \\ \vdots & \vdots & \ddots & \vdots \\ \frac{\partial b_n}{\partial x_1} & \frac{\partial b_n}{\partial x_2} & \cdots & \frac{\partial b_n}{\partial x_n} \end{pmatrix}$$

[그림 37-2]와 같이 입력 쪽에서 출력 쪽으로 괄호를 치는 계산 방식을 '자동 미분의 forward 모드'라고 합니다. 여기에서 주목할 점은 중간의 행렬 곱의 결과가 다시 행렬이 된다는 것입니다. 예를 들어 $\frac{\partial \mathbf{b}}{\partial \mathbf{a}} \frac{\partial \mathbf{a}}{\partial \mathbf{x}}$의 결과는 $n \times n$ 행렬입니다.

두 번째 방법은 [그림 37-3]과 같이 출력 쪽에서 입력 쪽으로 계산해 가는 방식입니다. 첫 번째 방법과 반대이므로 reverse 모드라고 합니다(정확하게는 '자동 미분의 reverse 모드'입니다).

그림 37-3 출력 쪽에서 입력 쪽으로 괄호를 친다(reverse 모드).

$$\frac{\partial y}{\partial \mathbf{x}} = \left(\left(\underbrace{\left(\frac{\partial y}{\partial \mathbf{b}} \frac{\partial \mathbf{b}}{\partial \mathbf{a}} \right) \frac{\partial \mathbf{a}}{\partial \mathbf{x}}}_{} \right) \right)$$

$$\frac{\partial y}{\partial \mathbf{a}} = \begin{pmatrix} \frac{\partial y}{\partial a_1} & \frac{\partial y}{\partial a_2} & \cdots & \frac{\partial y}{\partial a_n} \end{pmatrix}$$

[그림 37-3]은 출력 쪽에서 입력 쪽으로 괄호를 쳐서 계산합니다. 이때 y가 스칼라이므로 중간의 행렬 곱의 결과는 모두 벡터(행 벡터)입니다. 예를 들어 $\frac{\partial y}{\partial \mathbf{b}} \frac{\partial \mathbf{b}}{\partial \mathbf{a}}$의 결과는 n개의 원소로 구성된 벡터입니다.

> NOTE_ forward 모드는 $n \times n$ 행렬을 전파합니다. 그에 비해 reverse 모드에서는 n개의 벡터를 전파합니다. 그런데 행렬과 행렬의 곱보다 벡터와 행렬의 곱 쪽의 계산량이 적습니다. 이런 이유로 reverse 모드, 즉 역전파 쪽의 계산 효율이 좋습니다.

[그림 37-3]과 같이 reverse 모드는 (수식 상으로) 벡터와 야코비 행렬의 곱으로 구성됩니다. [그림 37-3]의 예로 말하면, 먼저 벡터인 $\frac{\partial y}{\partial \mathbf{b}}$와 야코비 행렬인 $\frac{\partial \mathbf{b}}{\partial \mathbf{a}}$의 곱을 구한 다음, 바로 이어서 벡터인 $\frac{\partial y}{\partial \mathbf{a}}$와 야코비 행렬인 $\frac{\partial \mathbf{a}}{\partial \mathbf{x}}$의 곱을 구합니다. 이와 같이 역전파에서는 각 함수에 대해 벡터와 야코비 행렬의 곱을 계산합니다.

여기에서 중요한 점은 명시적으로 야코비 행렬을 구하여 '행렬의 곱'을 계산할 필요가 없다는 것입니다. 결과만 필요한 상황이라면 역전파 수행에 아무런 문제가 없습니다. 예를 들어 [그림 37-3]에서 $\mathbf{a} = A(\mathbf{x})$가 원소별 연산을 수행한 경우를 가정해보죠(예: $\mathbf{a} = \sin(\mathbf{x})$). 이 함수의 야코비 행렬을 구하면 다음과 같습니다.

$$\begin{pmatrix} \frac{\partial a_1}{\partial x_1} & 0 & \cdots & 0 \\ 0 & \frac{\partial a_2}{\partial x_2} & \cdots & 0 \\ \vdots & \vdots & \ddots & \vdots \\ 0 & \cdots & 0 & \frac{\partial a_n}{\partial x_n} \end{pmatrix}$$

이와 같이 원소별 연산의 야코비 행렬은 대각 행렬이 됩니다(대각 행렬은 대각 성분 외에는 모두 0인 행렬입니다). x_i는 a_i에만 영향을 주기 때문이죠(i는 1부터 n까지의 정수). 그리고 야코비 행렬이 대각 행렬이라면 벡터와 야코비 행렬의 곱은 다음과 같습니다.

$$\frac{\partial y}{\partial \mathbf{a}} \frac{\partial \mathbf{a}}{\partial \mathbf{x}} = \begin{pmatrix} \frac{\partial y}{\partial a_1} & \frac{\partial y}{\partial a_2} & \cdots & \frac{\partial y}{\partial a_n} \end{pmatrix} \begin{pmatrix} \frac{\partial a_1}{\partial x_1} & 0 & \cdots & 0 \\ 0 & \frac{\partial a_2}{\partial x_2} & \cdots & 0 \\ \vdots & \vdots & \ddots & \vdots \\ 0 & \cdots & 0 & \frac{\partial a_n}{\partial x_n} \end{pmatrix}$$

$$= \begin{pmatrix} \frac{\partial y}{\partial a_1} \frac{\partial a_1}{\partial x_1} & \frac{\partial y}{\partial a_2} \frac{\partial a_2}{\partial x_2} & \cdots & \frac{\partial y}{\partial a_n} \frac{\partial a_n}{\partial x_n} \end{pmatrix}$$

이 식에서 보듯 최종 결과는 원소별 미분을 계산한 다음 그 결괏값을 원소별로 곱하면 얻을 수 있습니다. 즉, 원소별 연산에서는 역전파도 미분을 원소별로 곱하여 구한다는 뜻입니다.

NOTE_ 여기에서 중요한 점은 명시적으로 야코비 행렬을 구하여 행렬의 곱을 계산할 필요 없이 단순히 결과만 구하면 된다는 사실입니다. 따라서 더 효율적으로 계산(구현)할 수 있는 방법이 있으면 그 계산 방식을 사용할 수 있습니다.

이상으로 텐서 버전의 역전파를 수식으로 살펴보았습니다.

형상 변환 함수

이전 단계에서는 텐서를 사용한 계산에서의 역전파를 설명했습니다. 요약하면 다음과 같습니다.

- 원소별 연산을 수행하는 함수(add, sin 등)는 입출력 데이터가 스칼라라고 가정하고 순전파와 역전파를 구현할 수 있습니다.
- 이 경우 텐서를 입력해도 역전파가 올바르게 성립합니다.

앞으로는 원소별로 계산하지 않는 함수에 대해 살펴보겠습니다. 이번 단계에서는 그 첫걸음으로 두 가지 함수를 구현합니다. 텐서의 형상을 변환하는 reshape 함수와 행렬을 전치하는 transpose 함수입니다. 두 함수 모두 텐서의 형상을 바꾸는 함수입니다.

38.1 reshape 함수 구현

먼저 텐서의 형상을 바꾸는 함수를 구현해보죠. 사전 준비로 넘파이의 reshape 함수의 사용법을 확인해보겠습니다. 이 함수는 np.reshape(x, shape) 형태로 쓰며 x를 shape 인수로 지정한 형상으로 변환합니다. 예를 보시죠.

```python
import numpy as np

x = np.array([[1, 2, 3], [4, 5, 6]])
y = np.reshape(x, (6,))
print(y)
```

```
[1, 2, 3, 4, 5, 6]
```

x의 형상을 (2, 3)에서 (6,)으로 변환했습니다. 텐서의 원소 수는 같고 형상만 바뀝니다. 이제 DeZero 버전의 reshape 함수를 구현할 차례입니다. 이때 문제는 역전파를 어떻게 구현하느냐입니다.

> NOTE_ 계산을 원소별로 하지 않는 함수는 텐서의 형상을 고려해야 합니다. 그러면 역전파 구현이 명확해지죠. 구체적으로는 변수의 데이터와 기울기의 형상이 일치하는지 확인해야 합니다. 예를 들어 x가 Variable 인스턴스일 때 x.data.shape == x.grad.shape를 만족할 수 있도록 역전파를 구현합니다.

reshape 함수는 단순히 형상만 변환합니다. 다시 말해, 구체적인 계산은 아무것도 하지 않습니다. 따라서 역전파는 출력 쪽에서 전해지는 기울기에 아무런 손도 대지 않고 입력 쪽으로 흘려보내줍니다. 그러나 [그림 38-1]과 같이 기울기의 형상이 입력의 형상과 같아지도록 변환합니다.

그림 38-1 reshape 함수의 순전파와 역전파 계산 그래프(역전파 함수는 reshape'로 표시했으며 (a, b, c, d, e, f)라는 더미 기울기를 사용함)

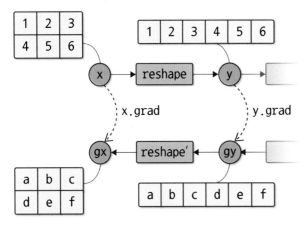

[그림 38-1]에서 역전파는 출력 쪽에서부터 기울기를 전달합니다. 이 기울기를 x.data.shape와 x.grad.shape가 일치하도록 변환하는데, 실제로 (6,)인 형상을 (2, 3)으로 변환하고 있습니다. 즉, 입력 변수 쪽의 형상에 맞게 변환합니다. 이것이 reshape 함수의 역전파입니다. 이상의 내용을 바탕으로 DeZero용 reshape 함수를 구현하면 다음처럼 됩니다.

```
class Reshape(Function):
    def __init__(self, shape):
        self.shape = shape

    def forward(self, x):
        self.x_shape = x.shape
        y = x.reshape(self.shape)
        return y

    def backward(self, gy):
        return reshape(gy, self.x_shape)
```

우선 Reshape 클래스를 초기화할 때 변형 목표가 되는 형상을 shape 인수로 받습니다. 그리고 forward 메서드(순전파)는 넘파이의 reshape 함수를 사용하여 형상을 변환합니다. 이때 self.x_shape = x.shape 코드에서 입력 x의 형상을 기억해둡니다. 이렇게 하여 backward 메서드(역전파)에서 입력 형상(self.x_shape)으로 변환할 수 있는 것이죠.

> **CAUTION_** backward(gy)의 인수 gy는 Variable 인스턴스입니다. 따라서 backward(gy)에서는 Variable 인스턴스를 다루는 DeZero 함수를 사용해 계산해야 합니다. 즉, 바로 이어서 구현할 reshape 함수를 사용해야 합니다.

이어서 reshape 함수를 다음과 같이 구현합니다.

```
from dezero.core import as_variable


def reshape(x, shape):
    if x.shape == shape:
        return as_variable(x)
    return Reshape(shape)(x)
```

여기에서 인수 x는 ndarray 인스턴스 또는 Variable 인스턴스 중 하나라고 가정했습니다. 만약 x.shape == shape면 아무 일도 하지 않고 x를 그대로 돌려줍니다. 하지만 reshape 함수가 Variable 인스턴스를 반환함을 보장하기 위해 as_variable 함수를 사용하여 Variable 인스턴스로 변환합니다. 참고로 as_variable 함수는 21단계에서 구현했습니다. as_variable(x)는 x가 ndarray 인스턴스면 Variable 인스턴스로 변환해주고, x가 Variable 인스턴스면 그대로 x를 돌려줍니다.

방금 구현한 reshape 함수를 사용해보죠.

```python
import numpy as np
from dezero import Variable
import dezero.functions as F

x = Variable(np.array([[1, 2, 3], [4, 5, 6]]))
y = F.reshape(x, (6,))
y.backward(retain_grad=True)
print(x.grad)
```
steps/step38.py

실행 결과

```
variable([[1 1 1]
          [1 1 1]])
```

이와 같이 reshape 함수를 사용하여 형상을 변환시켰습니다. 그리고 y.backward(retain_grad=True)를 수행하여 x의 기울기를 구합니다. 이 과정에서 y의 기울기도 자동으로 채워집니다. 채워진 기울기의 형상은 y와 같고(y.grad.shape == y.shape), 원소는 모두 1로 이루어진 텐서입니다. 그럼 실제로 어떤 데이터가 흐르게 되는지 살펴볼까요? 결과는 [그림 38-2]와 같습니다.

그림 38-2 reshape 함수를 사용한 계산 예

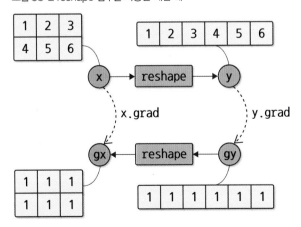

[그림 38-2]와 같이 순전파에서는 텐서의 형상이 (2, 3)에서 (6,)으로 변합니다. 그리고 역전파에서는 기울기의 형상이 (6,)에서 (2, 3)으로, 순전파 때와는 반대로 변합니다. 이때 각 변수의 data와 grad의 형상이 일치함을 확인할 수 있습니다.

이상이 DeZero의 reshape 함수 구현입니다. 이어서 이 함수를 더 편리하게 사용할 수 있는지 고민해보겠습니다.

38.2 Variable에서 reshape 사용하기

다음 목표는 DeZero의 reshape 함수를 넘파이의 reshape와 비슷하게 만들기입니다. 넘파이의 reshape는 다음처럼 사용할 수도 있습니다.

```python
x = np.random.rand(1, 2, 3)

y = x.reshape((2, 3))  # 튜플로 받기
y = x.reshape([2, 3])  # 리스트로 받기
y = x.reshape(2, 3)  # 인수를 그대로(풀어서) 받기
```

보다시피 reshape를 ndarray 인스턴스의 메서드로 사용할 수 있습니다. 또한 x.reshape(2, 3)과 같이 가변 인수도 받습니다. 우리 DeZero에서도 이와 똑같은 용법을 제공하고 싶습니다. 그래서 다음 코드를 Variable 클래스에 추가합니다.*

```python
import dezero

class Variable:
    ...

    def reshape(self, *shape):
        if len(shape) == 1 and isinstance(shape[0], (tuple, list)):
            shape = shape[0]
        return dezero.functions.reshape(self, shape)
```
dezero/core.py

----

* 코드 마지막 줄에서 F.reshape가 아닌 dezero.functions.reshape 형태로 쓴 것은 순환 임포트를 피하기 위해서입니다.

이와 같이 Variable 클래스에 '가변 인수'를 받는 reshape 메서드를 추가합니다. 그리고 주어진 인수를 적절히 조정하여 앞서 구현한 DeZero의 reshape 함수를 호출합니다. 그러면 다음처럼 사용할 수 있습니다.

```python
x = Variable(np.random.randn(1, 2, 3))
y = x.reshape((2, 3))
y = x.reshape(2, 3)
```

보다시피 reshape 함수를 Variable 인스턴스의 메서드 형태로도 호출할 수 있게 되어서 편의성이 더 좋아졌습니다. 이상으로 reshape 함수 구현을 마칩니다.

38.3 행렬의 전치

이어서 행렬을 전치해주는 함수를 구현하겠습니다. 행렬을 전치하면 행렬의 형상이 [그림 38-3]과 같이 변합니다.

그림 38-3 행렬 전치의 예

$$\mathbf{x} = \begin{pmatrix} x_{11} & x_{12} & x_{13} \\ x_{21} & x_{22} & x_{23} \end{pmatrix} \qquad \mathbf{x}^{\mathrm{T}} = \begin{pmatrix} x_{11} & x_{21} \\ x_{12} & x_{22} \\ x_{13} & x_{23} \end{pmatrix}$$

이제부터 전치를 transpose라는 이름의 DeZero 함수로 구현하겠습니다.

CAUTION_ 당장은 입력 변수가 행렬(2차원 텐서)일 때로 한정하여 transpose 함수를 구현하겠습니다. 실제 DeZero의 transpose 함수는 더 범용적으로 구현되어 있고, 축 데이터를 교체할 수도 있습니다. 이와 관련해서는 이번 단계의 마지막에서 설명합니다.

그런데 넘파이에서도 transpose 함수를 사용하여 전치를 할 수 있습니다. 다음처럼 말이죠.

```python
x = np.array([[1, 2, 3], [4, 5, 6]])
y = np.transpose(x)
print(y)
```

```
[[1 4]
 [2 5]
 [3 6]]
```

보다시피 x의 형상이 (2, 3)에서 (3, 2)로 달라졌습니다. 텐서의 원소 자체는 그대로이고 형상만이 바뀝니다. 따라서 역전파에서는 출력 쪽에서 전해지는 기울기의 형상만 변경합니다. 순전파 때와 정확히 '반대' 형태로 말이죠. 그래서 DeZero의 transpose 함수는 다음처럼 구현할 수 있습니다.

dezero/functions.py

```python
class Transpose(Function):
    def forward(self, x):
        y = np.transpose(x)
        return y

    def backward(self, gy):
        gx = transpose(gy)
        return gx

def transpose(x):
    return Transpose()(x)
```

이와 같이 순전파는 np.transpose 함수를 사용하여 전치합니다. 한편 역전파에서는 출력 쪽에서 전해지는 기울기를 바로 아래 줄에서 구현한 transpose 함수를 사용하여 변환합니다. 이제 역전파에서는 순전파와는 '반대'의 변환이 이루어집니다. 그럼 transpose 함수를 사용해보죠.

steps/step38.py

```python
x = Variable(np.array([[1, 2, 3], [4, 5, 6]]))
y = F.transpose(x)
y.backward()
print(x.grad)
```

```
variable([[1 1 1]
          [1 1 1]])
```

보다시피 transpose 함수를 사용하여 계산할 수 있으며 역전파도 제대로 이루어집니다. 이어서 Variable 인스턴스에서도 transpose 함수를 사용할 수 있도록 다음 코드를 추가합니다.

```
class Variable:                                              dezero/core.py
    ...

    def transpose(self):
        return dezero.functions.transpose(self)

    @property
    def T(self):
        return dezero.functions.transpose(self)
```

이번에는 두 개의 메서드를 추가했습니다. 첫 번째인 transpose는 '인스턴스 메서드'로 이용하기 위한 코드입니다. 두 번째 T에는 @property 데코레이터가 붙어 있는데, '인스턴스 변수'로 사용할 수 있게 해주는 데코레이터입니다. 그래서 다음처럼 사용할 수 있게 됩니다.

```
x = Variable(np.random.rand(2, 3))
y = x.transpose()
y = x.T
```

이상이 전치를 수행하는 transpose 함수의 구현입니다. 이번 절에서는 '행렬'로 한정하여 간단하게 구현했습니다만, 실제 DeZero의 transpose 함수에는 코드가 살짝 추가되어 있습니다. 이에 관해서는 다음 절에서 보충 설명합니다.

38.4 【보충】 실제 transpose 함수

넘파이의 np.transpose 함수는 더 범용적으로 사용할 수 있습니다. 예를 들어 다음과 같이 축의 데이터 순서를 바꿀 수 있습니다.

```
A, B, C, D = 1, 2, 3, 4
x = np.random.rand(A, B, C, D)
y = x.transpose(1, 0, 3, 2)
```

이 코드는 형상이 (A, B, C, D)인 데이터의 축을 np.transpose 함수를 사용하여 변환합니다 (이해하기 쉽도록 형상 값은 A 등의 변수를 사용해 나타냈습니다). 이 함수에 건네지는 인수는 변환 후의 축 순서(인덱스)입니다. [그림 38-4]를 보면 더 명확해질 것입니다.

그림 38-4 np.transpose 함수의 구체적인 예

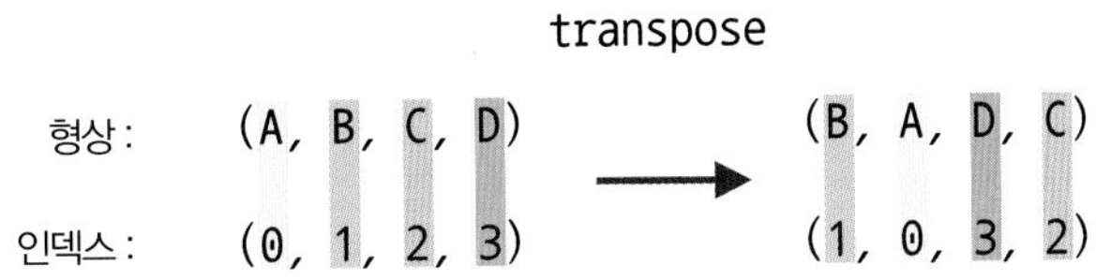

이와 같이 축의 순서를 지정하면 그에 맞게 데이터의 축이 달라집니다. 그리고 인수를 None 으로 주면 축이 역순으로 정렬됩니다(기본값은 None입니다). 따라서 x가 행렬일 때 x.transpose()를 실행하면 0번째와 1번째 축의 데이터가 1번째와 0번째 순서로 바뀝니다. 즉, 행렬이 '전치'됩니다.

DeZero의 실제 transpose 함수도 이처럼 축 데이터를 교환할 수 있게 구현해뒀습니다. 역전파 때는 당연히 축의 방향도 '반대로' 변환합니다. 지면에서는 코드를 따로 싣지 않았으니 관심 있는 분은 dezero/functions.py의 Transpose 클래스를 참고하세요.

CAUTION_ 옮긴이_ Transpose 클래스에 추가된 '축 순서 변경' 기능을 활용할 수 있도록 Variable 클래스의 transpose 메서드도 실제로는 314쪽의 코드와 다르게 작성되었습니다. 따라서 지면의 코드를 직접 타이핑해가며 공부 중이시라면 dezero/core.py 파일을 참고하여 Variable 클래스의 transpose 메서드 코드도 수정해주세요. 수정 사항을 반영하지 않으면 57단계에서 인수의 수가 다르다며 다음 오류가 발생합니다.

```
TypeError: transpose() takes 1 positional argument but 5 were given
```

합계 함수

이번 단계에서는 DeZero에 합계를 구하는 함수 sum을 추가합니다. 먼저 '덧셈'의 미분을 복습하고 이를 응용하여 sum 함수의 미분을 이끌어냅니다. 그런 다음 sum 함수를 구현하는 순서로 진행하겠습니다.

39.1 sum 함수의 역전파

'덧셈' 함수는 이미 구현되어 있습니다. 덧셈의 미분은 $y = x_0 + x_1$일 때 $\frac{\partial y}{\partial x_0} = 1$, $\frac{\partial y}{\partial x_1} = 1$입니다. 따라서 역전파는 출력 쪽에서 전해지는 기울기를 그대로 입력 쪽으로 흘려보내기만 하면 됐습니다. [그림 39-1]과 같이 말이죠.

그림 39-1 덧셈의 순전파와 역전파

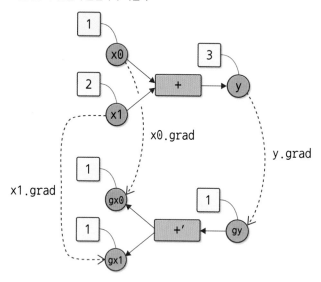

[그림 39-1]의 계산은 덧셈을 수행한 후 변수 y로부터 역전파합니다. 이때 변수 x0와 x1에는 출력 쪽에서 전해준 1이라는 기울기를 두 개로 '복사'하여 전달합니다 이것이 덧셈의 역전파입니다. 이 덧셈의 역전파는 원소가 2개인 벡터를 사용해도 똑같이 이루어집니다. 그러면 [그림 39-2]를 살펴보시죠.

그림 39-2 sum 함수의 계산 그래프 예 1(역전파 함수는 sum'로 표시)

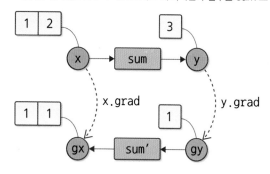

[그림 39-2]의 변수 x는 2개의 원소로 구성된 벡터입니다. 이 벡터에 sum 함수를 적용하면 스칼라를 출력합니다. 역전파는 출력 쪽에서 전해준 값인 1을 [1, 1]이라는 벡터(1차원 배열)로 확장해 전파합니다.

이상을 바탕으로 원소가 2개 이상인 벡터의 합에 대한 역전파도 이끌어낼 수 있습니다. 기울기 벡터의 원소 수만큼 '복사'하면 되죠. 그림으로는 [그림 39-3]과 같습니다.

그림 39-3 sum 함수의 계산 그래프 예 2

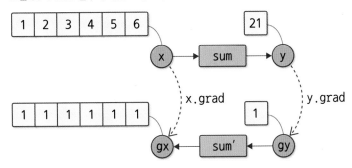

[그림 39-3]에서 알 수 있듯이 기울기를 입력 변수의 형상과 같아지도록 복사합니다. 이것이 sum 함수의 역전파입니다. 같은 원리가 입력 변수가 2차원 이상의 배열일 때도 동일하게 적용됩니다. 그럼 계속해서 구현으로 넘어가겠습니다.

39.2 sum 함수 구현

DeZero의 sum 함수 역전파에서는 입력 변수의 형상과 같아지도록 기울기의 원소를 복사합니다. 그런데 역전파에서는 Variable 인스턴스를 사용하므로 복사 작업도 DeZero 함수로 해야 합니다.

> CAUTION_ 지정한 형상에 맞게 원소를 복사하는 작업은 넘파이의 브로드캐스트와 같은 기능입니다. 이 기능은 다음 단계에서 broadcast_to(x, shape)라는 함수로 구현할 예정입니다. Variable 인스턴스인 x의 원소를 복사하여 shape 인수로 지정한 형상이 되도록 만들어주는 함수입니다.

이를 위해 다음 단계에서 구현할 broadcast_to 함수를 미리 사용하겠습니다. 그러면 DeZero의 Sum 클래스와 sum 함수는 다음과 같이 구현할 수 있습니다.

```
class Sum(Function):                                          dezero/functions.py
    def forward(self, x):
        self.x_shape = x.shape
        y = x.sum()
        return y

    def backward(self, gy):
        gx = broadcast_to(gy, self.x_shape)
        return gx

def sum(x):
    return Sum()(x)
```

이와 같이 broadcast_to 함수를 사용하여 입력 변수와 형상이 같아지도록 기울기 gy의 원소를 복사합니다. 이것으로 sum 함수도 구현 끝! 한번 사용해보죠.

```
import numpy as np                                            steps/step39.py
from dezero import Variable
import dezero.functions as F

x = Variable(np.array([1, 2, 3, 4, 5, 6]))
y = F.sum(x)
y.backward()
print(y)
print(x.grad)
```

실행 결과

```
variable(21)
variable([1 1 1 1 1 1])
```

보다시피 합계와 기울기가 올바르게 구해졌습니다. 이 함수는 입력 변수가 벡터가 아닌 경우에도 제대로 작동합니다. 정말 그런지 2차원 배열(행렬)을 입력해 확인해보겠습니다.

```
x = Variable(np.array([[1, 2, 3], [4, 5, 6]]))              steps/step39.py
y = F.sum(x)
y.backward()
print(y)
print(x.grad)
```

```
variable(21)
variable([[1 1 1]
         [1 1 1]])
```

이번에도 x.grad와 x가 같은 형상입니다. 값도 정확하고요. 이상으로 sum 함수의 '기본'을 완성했습니다. 이어서 현재의 sum 함수를 확장하여 '진짜' sum 함수를 완성해보겠습니다.

39.3 axis와 keepdims

넘파이의 np.sum 함수는 더 정교합니다. 가령 합계를 구할 때 '축'을 지정할 수 있습니다. 다음 예를 보시죠.

```
x = np.array([[1, 2, 3], [4, 5, 6]])
y = np.sum(x, axis=0)
print(y)
print(x.shape, ' -> ', y.shape)
```

실행 결과

```
[5 7 9]
(2, 3) -> (3,)
```

x의 형상은 (2, 3)이고 출력 y의 형상은 (3,)입니다. 그런데 이번에는 np.sum(x, axis=0) 코드에서 axis=0으로 지정했습니다. axis는 우리말로 '축'을 뜻하며, [그림 39-4]와 같이 다차원 배열에서 화살표의 '방향'을 의미합니다.

그림 39-4 ndarray 인스턴스의 axis(축의 인덱스)

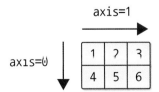

[그림 39-4]는 2차원 배열일 때의 예입니다. 축의 인덱스는 그림과 같이 이미 정해져 있습니다. np.sum 함수에서는 이 축을 지정함으로써 합계를 구할 방향을 정할 수 있습니다(그림 39-5).

그림 39-5 axis에 따른 x.sum()의 계산 결과

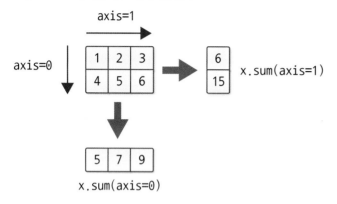

CAUTION_ 인수 axis는 int 외에도 None과 튜플도 받습니다. None이면 모든 원소를 다 더한 값 하나(스칼라)를 출력합니다(기본값이 None입니다). 그리고 (0, 2)처럼 튜플로 지정하면 해당 튜플에서 지정한 축 모두에 대해, 즉 (0, 2)의 경우는 0번과 2번 축 모두에 대해 합계를 계산합니다.

또한 np.sum 함수는 keepdims라는 인수도 받습니다. keepdims는 입력과 출력의 차원 수(축 수)를 똑같게 유지할지 정하는 플래그입니다. 예를 보시죠.

```
x = np.array([[1, 2, 3], [4, 5, 6]])
y = np.sum(x, keepdims=True)
print(y)
print(y.shape)
```

실행 결과

```
[[21]]
(1, 1)
```

여기에서 y의 형상은 (1, 1)입니다. 만약 keepdims=False로 지정했다면 y의 형상은 (), 즉 스칼라였을 것입니다. 이처럼 keepdims=True로 지정하면 축의 수가 유지됩니다.

지금까지 살펴본 두 인수 axis와 keepdims는 실전에서 자주 사용합니다. 따라서 DeZero의 sum 함수도 두 인수를 지원하도록 수정하겠습니다. axis와 keepdims 때문에 합계 계산이 다소 복잡해집니다만 sum 함수의 역전파에 적용되는 이론은 동일합니다. 입력 변수와 형상이 같아지도록 기울기의 원소를 복사하는 것이죠. 수정 버전 Sum 클래스와 sum 함수는 다음과 같습니다.

```python
from dezero import utils                                   dezero/functions.py

class Sum(Function):
    def __init__(self, axis, keepdims):
        self.axis = axis
        self.keepdims = keepdims

    def forward(self, x):
        self.x_shape = x.shape
        y = x.sum(axis=self.axis, keepdims=self.keepdims)
        return y

    def backward(self, gy):
        gy = utils.reshape_sum_backward(gy, self.x_shape, self.axis,
                                        self.keepdims)
        gx = broadcast_to(gy, self.x_shape)
        return gx

def sum(x, axis=None, keepdims=False):
    return Sum(axis, keepdims)(x)
```

보다시피 Sum 클래스를 초기화할 때 axis와 keepdims를 입력받아 속성으로 설정합니다. 그리고 순전파에서는 이 속성들을 사용해 합계를 구합니다. 역전파에서는 기존처럼 broadcast_to 함수를 사용하여 입력 변수의 형상과 같아지도록 기울기의 원소를 복사합니다.

> CAUTION_ 역전파 구현에서 broadcast_to 함수 전에 utils.reshape_sum_backward 함수를 사용했습니다. 이 함수는 gy의 형상을 '미세하게 조정'합니다(axis와 keepdims를 지원하게 되면서 기울기의 형상을 변환하는 경우가 생기기 때문에 그에 대응하는 함수입니다). 넘파이와 관련한 문제이며, 본질과는 관련이 없기 때문에 설명은 생략합니다.

이상으로 DeZero의 sum 함수를 완성했습니다. 다음에는 sum 함수를 Variable의 메서드로 사용할 수 있도록 하겠습니다. Variable 클래스에 다음 코드를 추가하면 됩니다.

dezero/core.py
```python
class Variable:
    ...
    def sum(self, axis=None, keepdims=False):
        return dezero.functions.sum(self, axis, keepdims)
```

이제 DeZero의 sum 함수를 다음 예처럼 사용할 수 있습니다.

steps/step39.py
```python
x = Variable(np.array([[1, 2, 3], [4, 5, 6]]))
y = F.sum(x, axis=0)
y.backward()
print(y)
print(x.grad)

x = Variable(np.random.randn(2, 3, 4, 5))
y = x.sum(keepdims=True)
print(y.shape)
```

실행 결과
```
variable([5 7 9])
variable([[1 1 1]
         [1 1 1]])
(1, 1, 1, 1)
```

이상으로 이번 단계를 마칩니다.

브로드캐스트 함수

이전 단계에서 DeZero의 sum 함수를 구현했는데, 이 함수의 역전파에서는 당시에는 구현되지 않은 broadcast_to 함수를 이용했습니다. 이번 단계에서는 바로 이 broadcast_to 함수를 구현합니다. 또한 DeZero에서도 넘파이와 같은 브로드캐스트를 할 수 있도록 DeZero 함수 몇 개를 손보겠습니다.

> NOTE_ 넘파이에는 브로드캐스트라는 기능이 있습니다. DeZero의 순전파에서는 실제로 넘파이의 브로드캐스트를 사용하기도 합니다. 하지만 현재의 DeZero에서 브로드캐스트가 일어나면 역전파가 제대로 이루어지지 않습니다. 이번 단계에서는 브로드캐스트에 올바르게 대처할 수 있도록 DeZero를 수정합니다.

먼저 넘파이 함수를 사용하여 설명한 다음 DeZero 함수를 구현하는 순서로 진행하겠습니다.

40.1 broadcast_to 함수와 sum_to 함수(넘파이 버전)

먼저 넘파이의 np.broadcast_to(x, shape)를 살펴보겠습니다. 이 함수는 ndarray 인스턴스인 x의 원소를 복제하여 shape 인수로 지정한 형상이 되도록 해줍니다. 다음처럼 사용할 수 있죠.

```
import numpy as np

x = np.array([1, 2, 3])
y = np.broadcast_to(x, (2, 3))
print(y)
```

실행 결과

```
[[1 2 3]
 [1 2 3]]
```

이와 같이 원래는 (3,) 형상이던 1차원 배열의 원소를 복사하여 (2, 3) 형상으로 바꿔줬습니다. 그런데 브로드캐스트(즉, '원소 복사')가 수행된 후의 역전파는 어떻게 될까요?

> NOTE_ DeZero는 같은 변수(Variable 인스턴스)를 여러 번 사용하여 계산할 수 있습니다. 예를 들어 y = x + x 같은 계산을 지원합니다. 여기서 x + x는 x를 '복사'하여 이용한다고 가정합니다. 그리고 그 역전파에서는 x에 기울기를 두 번 흘려보내게 되어 기울기가 '더해지게' 됩니다. 이 원리에 따르면 '원소 복사'가 일어날 경우 기울기를 '합'하면 된다는 사실을 알 수 있습니다.

'원소 복사'가 일어날 경우 역전파 때는 기울기의 '합'을 구합니다. np.broadcast_to 같은 함수는 [그림 40-1]과 같이 동작합니다.

그림 **40-1** broadcast_to 함수의 역전파

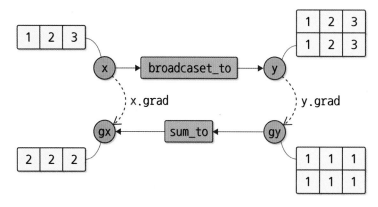

[그림 40-1]과 같이 broadcast_to 함수의 역전파는 입력 x의 형상과 같아지도록 기울기의 합을 구합니다. sum_to(x, shape)라는 함수가 있다면 간단하게 해결되는 문제입니다. sum_to는 x의 원소의 합을 구해 shape 형상으로 만들어주는 함수입니다. 이런 함수가 있다면 [그림 40-1]과 같은 순전파와 역전파의 관계가 만들어집니다.

그러나 넘파이에는 이러한 함수가 없으므로 DeZero에서는 dezero/utils.py에 넘파이 버전 sum_to 함수를 준비해뒀습니다. 이 함수를 사용하면 다음과 같은 계산이 가능합니다.

```python
import numpy as np
from dezero.utils import sum_to

x = np.array([[1, 2, 3], [4, 5, 6]])
y = sum_to(x, (1, 3))
print(y)

y = sum_to(x, (2, 1))
print(y)
```

실행 결과

```
[[5 7 9]]
[[ 6]
 [15]]
```

이와 같이 sum_to(x, shape) 함수는 shape 형상이 되도록 합을 계산합니다. 기능은 np.sum 함수와 같지만 인수를 주는 방법이 다릅니다.

> NOTE_ dezero/utils.py의 sum_to 함수는 다음의 체이너 코드를 참고해 구현했습니다.
> https://github.com/chainer/chainer/blob/v6.4.0/chainer/utils/array.py#L51-L65

이어서 sum_to 함수의 역전파를 생각해보죠. 말했다시피 sum_to(x, shape)는 x의 원소의 합을 구해 shape 형상으로 만들어줍니다. 따라서 역전파는 broadcast_to 함수를 그대로 이용하여 [그림 40-2]처럼 할 수 있습니다.

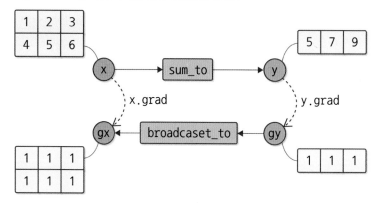

그림 40-2 sum_to 함수의 역전파는 broadcast_to 함수

[그림 40-2]와 같이 sum_to 함수의 역전파는 broadcast_to 함수를 사용하여 입력 x의 형상과 같아지도록 기울기의 원소를 복제합니다. 이상이 넘파이 버전 broadcast_to 함수와 sum_to 함수입니다. 이어서 DeZero 버전 broadcast_to 함수와 sum_to 함수를 구현하겠습니다.

40.2 broadcast_to 함수와 sum_to 함수(DeZero 버전)

다음은 DeZero의 BroadcastTo 클래스와 broadcast_to 함수의 코드입니다.

```
                                                    dezero/functions.py
class BroadcastTo(Function):
    def __init__(self, shape):
        self.shape = shape

    def forward(self, x):
        self.x_shape = x.shape
        y = np.broadcast_to(x, self.shape)
        return y

    def backward(self, gy):
        gx = sum_to(gy, self.x_shape)
        return gx

def broadcast_to(x, shape):
```

```python
        if x.shape == shape:
            return as_variable(x)
    return BroadcastTo(shape)(x)
```

역전파 코드에 주목해보죠. 역전파에서는 입력 x와 형상을 일치시키는 데 DeZero의 sum_to 함수를 이용하고 있습니다. sum_to 함수는 이제부터 구현할 것입니다. 바로 다음 코드가 SumTo 클래스와 sum_to 함수입니다.

dezero/functions.py

```python
from dezero import utils

class SumTo(Function):
    def __init__(self, shape):
        self.shape = shape

    def forward(self, x):
        self.x_shape = x.shape
        y = utils.sum_to(x, self.shape)
        return y

    def backward(self, gy):
        gx = broadcast_to(gy, self.x_shape)
        return gx

def sum_to(x, shape):
    if x.shape == shape:
        return as_variable(x)
    return SumTo(shape)(x)
```

여기에서도 주목할 부분은 역전파 코드입니다. 역전파에서는 입력 x와 형상이 같아지도록 기울기의 원소를 복제합니다. 이를 위해 방금 구현한 DeZero의 broadcast_to 함수를 사용합니다. 이처럼 broadcast_to 함수와 sum_to 함수는 상호 의존적입니다.

이것으로 DeZero 버전의 broadcast_to 함수와 sum_to 함수를 완성했습니다.

40.3 브로드캐스트 대응

이번 단계에서 sum_to 함수를 구현한 데에는 한 가지 이유가 있었습니다. 바로 넘파이 브로드 캐스트에 대응하기 위해서죠. 브로드캐스트란 형상이 다른 다차원 배열끼리의 연산을 가능하게 하는 넘파이 기능입니다. 다음 예를 보시죠.

```python
x0 = np.array([1, 2, 3])
x1 = np.array([10])
y = x0 + x1
print(y)
```

실행 결과

```
array([11, 12, 13])
```

여기서 x0와 x1은 형상이 다릅니다. 하지만 계산 과정에서 x1의 원소가 x0 형상에 맞춰 복제 되죠. 여기서 중요한 점은 넘파이 브로드캐스트 기능은 우리에게는 보이지 않는 곳에서 이루어 진다는 것입니다. 그리고 이 브로드캐스트가 DeZero에서도 일어납니다. 예를 하나 살펴보죠.

```python
x0 = Variable(np.array([1, 2, 3]))
x1 = Variable(np.array([10]))
y = x0 + x1
print(y)
```

실행 결과

```
variable([11, 12, 13])
```

이와 같이 순전파는 ndarray 인스턴스를 사용해 구현했기 때문에 브로드캐스트가 일어납니다. 물론 순전파에서 브로드캐스트가 일어났다면 그 역전파에서는 '브로드캐스트의 역전파'가 이루어져야 합니다. 하지만 현재의 DeZero에서는 브로드캐스트의 역전파가 전혀 일어나지 않습니다.

넘파이 브로드캐스트는 broadcast_to 함수에서 이루어집니다. 그리고 broadcast_to 함수의 역전파는 sum_to 함수에 해당합니다. 이 사실을 떠올려 DeZero의 Add 클래스는 다음과 같이 수정할 수 있습니다.

```python
class Add(Function):
    def forward(self, x0, x1):
        self.x0_shape, self.x1_shape = x0.shape, x1.shape
        y = x0 + x1
        return y

    def backward(self, gy):
        gx0, gx1 = gy, gy
        if self.x0_shape != self.x1_shape:
            gx0 = dezero.functions.sum_to(gx0, self.x0_shape)
            gx1 = dezero.functions.sum_to(gx1, self.x1_shape)
        return gx0, gx1
```

순전파 때 브로드캐스트가 일어난다면 입력되는 x0와 x1의 형상이 다를 것입니다. 이 점을 이용해 두 형상이 다를 때 브로드캐스트용 역전파를 계산하는 것입니다. 이를 위해 기울기 gx0는 x0의 형상이 되도록 합을 구하고, 마찬가지로 기울기 gx1은 x1의 형상이 되도록 합을 구합니다.

이 수정을 dezero/core.py의 Add 클래스에 반영합니다. 마찬가지로 Mul, Sub, Div 클래스 등 사칙연산 클래스에는 모두 같은 수정을 반영합니다. 이것으로 브로드캐스트에 대응할 수 있게 되었습니다. 수정을 모두 마쳤다면 다음 코드가 올바르게 작동할 겁니다.

```python
import numpy as np
from dezero import Variable

x0 = Variable(np.array([1, 2, 3]))
x1 = Variable(np.array([10]))
y = x0 + x1
print(y)

y.backward()
print(x1.grad)
```

실행 결과

```
variable([11 12 13])
variable([3])
```

앞의 예에서는 x0 + x1에서 브로드캐스트가 일어납니다. 보다시피 브로드캐스트 역전파가 DeZero의 함수를 이용해 제대로 이루어지고 있습니다. 실제로 x1의 기울기는 3이므로 올바른 결과입니다.

이것으로 브로드캐스트가 일어나도 DeZero가 올바르게 동작함을 확인했습니다.

행렬의 곱

이번 단계의 주제는 '벡터의 내적'과 '행렬의 곱'입니다. 먼저 이 두 가지 계산 방법을 알아본 다음 DeZero 함수로 구현하겠습니다. 이번 단계가 끝나면 텐서를 다루는 최소한의 핵심 함수들이 모두 등장하여 드디어 실용적인 문제를 풀 수 있게 됩니다.

41.1 벡터의 내적과 행렬의 곱

'벡터의 내적'과 '행렬의 곱'이란 무엇일까요? 벡터의 내적부터 알아보죠. 벡터 $\mathbf{a} = (a_1, \cdots, a_n)$ 과 $\mathbf{b} = (b_1, \cdots, b_n)$이 있다고 가정합시다. 이때 두 벡터의 내적은 [식 41.1]과 같이 정의됩니다.

$$\mathbf{ab} = a_1 b_1 + a_2 b_2 + \cdots + a_n b_n \qquad \text{[식 41.1]}$$

[식 41.1]에서 보듯 두 벡터 사이의 대응 원소의 곱을 모두 합한 값이 벡터의 내적입니다.

> CAUTION_ 수식으로 표기할 때 스칼라는 a, b처럼 보통의 글꼴로, 벡터나 행렬은 $\mathbf{a}$, $\mathbf{b}$처럼 굵게 표기하겠습니다.

다음은 '행렬의 곱'입니다. 행렬의 곱은 [그림 41-1]과 같이 계산합니다.

그림 41-1 행렬의 곱 계산 방법

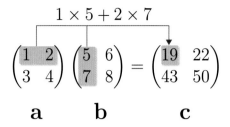

[그림 41-1]과 같이 행렬의 곱에서는 왼쪽 행렬의 '가로 방향 벡터'와 오른쪽 행렬의 '세로 방향 벡터' 사이의 내적을 계산합니다. 그리고 그 결과가 새로운 행렬의 원소가 됩니다. 예를 들어 **a**의 1행과 **b**의 1열의 내적이 결과 행렬의 1행 1열 원소가 되고, **a**의 2행과 **b**의 1열의 내적이 결과 행렬의 2행 1열 원소가 되는 식입니다.

자, 벡터의 내적과 행렬의 곱을 우선 넘파이를 사용하여 구현해보려 합니다. np.dot 함수를 사용하면 됩니다.

```python
import numpy as np

# 벡터의 내적
a = np.array([1, 2, 3])
b = np.array([4, 5, 6])
c = np.dot(a, b)
print(c)

# 행렬의 곱
a = np.array([[1, 2], [3, 4]])
b = np.array([[5, 6], [7, 8]])
c = np.dot(a, b)
print(c)
```

실행 결과

```
32
[[19, 22],
 [43, 50]]
```

보시는 것처럼 벡터의 내적과 행렬의 곱 계산은 모두 np.dot 함수로 처리할 수 있습니다. np.dot(x, y)의 두 인수가 모두 1차원 배열이면 벡터의 내적을 계산하고, 인수가 2차원 배열이면 행렬의 곱을 계산합니다.

41.2 행렬의 형상 체크

행렬과 벡터를 사용한 계산에서는 '형상'에 주의해야 합니다. 예컨대 행렬의 곱 계산은 [그림 41-2]와 같이 형상이 달라집니다.

그림 41-2 행렬의 곱에서는 대응하는 차원(축)의 원소 수를 일치시킨다.

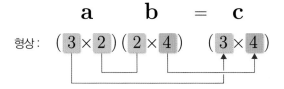

[그림 41-2]의 예에서는 3×2 행렬 **a**와 2×4 행렬 **b**를 곱하여 3×4 행렬 **c**가 만들어졌습니다. 이때 그림과 같이 행렬 **a**와 **b**의 대응하는 차원(축)의 원소 수가 일치해야 합니다. 그리고 결과로 만들어진 행렬 **c**의 형상은 행렬 **a**와 같은 수의 행을, 행렬 **b**와 같은 수의 열을 갖게 됩니다.

> NOTE_ 행렬의 곱 같은 계산에서는 행렬의 형상에 주의하여 그 추이를 잘 살펴야 합니다. 이 책에서는 이러한 형상 확인 작업을 '형상 체크'라고 부르겠습니다.

41.3 행렬 곱의 역전파

이어서 행렬 곱의 역전파를 알아보겠습니다. 행렬 곱의 역전파는 다소 복잡하므로 먼저 정공법으로 설명한 다음, 이어서 직관적으로 이해할 수 있는 설명을 보충하겠습니다. 참고로 DeZero는 행렬 곱 계산을 MatMul 클래스와 matmul 함수로 구현합니다. matmul은 'matrix multiply'의 약자입니다.

자, $\mathbf{y} = \mathbf{xW}$라는 계산을 예로 행렬 곱의 역전파를 설명해보겠습니다. 여기에서 $\mathbf{x}$, $\mathbf{W}$, $\mathbf{y}$의 형상은 차례로 $1 \times D$, $D \times H$, $1 \times H$입니다. 계산 그래프로는 [그림 41-3]과 같습니다.

그림 41-3 행렬 곱의 순전파(각 변수의 위에 형상을 표기)

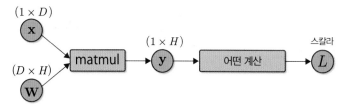

다시 말하지만 우리는 최종적으로 스칼라를 출력하는 계산을 다룹니다. 따라서 이 계산도 스칼라값인 L을 출력한다고 가정했습니다(L의 각 변수에 대한 미분을 역전파로 구합니다). 이때 $\mathbf{x}$의 i번째 원소에 대한 미분 $\frac{\partial L}{\partial x_i}$은 다음과 같이 구할 수 있습니다.

$$\frac{\partial L}{\partial x_i} = \sum_j \frac{\partial L}{\partial y_j} \frac{\partial y_j}{\partial x_i}$$ [식 41.2]

[식 41.2]의 $\frac{\partial L}{\partial x_i}$은 x_i를 (미세하게) 변화시켰을 때 L이 얼마나 변화하느냐를 뜻하는 '변화율'을 말합니다. 여기서 x_i를 변화시키면 벡터 $\mathbf{y}$의 모든 원소가 변화합니다. 그리고 $\mathbf{y}$의 각 원소의 변화를 통해 궁극적으로 L이 변화하게 됩니다. 따라서 x_i에서 L에 이르는 연쇄 법칙의 경로는 여러 개 있고, 그 총합이 $\frac{\partial L}{\partial x_i}$입니다.

그런데 $\frac{\partial y_j}{\partial x_i} = W_{ij}$*가 성립하기 때문에 [식 41.2]를 [식 41.3]처럼 더 간단하게 표현할 수 있습니다.

$$\frac{\partial L}{\partial x_i} = \sum_j \frac{\partial L}{\partial y_j} \frac{\partial y_j}{\partial x_i} = \sum_j \frac{\partial L}{\partial y_j} W_{ij}$$ [식 41.3]

[식 41.3]에서 $\frac{\partial L}{\partial x_i}$ 은 '벡터 $\frac{\partial L}{\partial \mathbf{y}}$'과 '$\mathbf{W}$의 i행 벡터'의 내적으로 구해지는 것을 알 수 있습니다. 이 관계로부터 다음 식을 이끌어낼 수 있습니다.

$$\frac{\partial L}{\partial \mathbf{x}} = \frac{\partial L}{\partial \mathbf{y}} \mathbf{W}^\mathsf{T}$$ [식 41.4]

---

* $\mathbf{y}$의 j번째 원소를 풀어쓰면 $y_j = x_1 W_{1j} + x_2 W_{2j} + \cdots + x_i W_{ij} + \cdots + x_H W_{Hj}$입니다. 따라서 $\frac{\partial y_j}{\partial x_i} = W_{ij}$가 성립함을 알 수 있습니다.

[식 41.4]에서 알 수 있듯이 $\frac{\partial L}{\partial \mathbf{x}}$은 행렬의 곱으로 한 번에 구할 수 있습니다. [그림 41-4]는 이 계산에서의 행렬(과 벡터)의 형상입니다.

그림 41-4 행렬 곱의 형상 체크

$$\frac{\partial L}{\partial \mathbf{x}} \;=\; \frac{\partial L}{\partial \mathbf{y}} \quad \mathbf{W}^{\mathrm{T}}$$

형상 : $\left(\; 1 \times D \;\right)\;\left(\; 1 \times H \;\right)\left(\; H \times D \;\right)$

[그림 41-4]를 보면 행렬들의 형상이 올바르게 짝지어져 있습니다. 따라서 [식 41.4]는 올바른 행렬 계산입니다. 또한 이 과정을 거꾸로 진행하여(즉, 일관성을 유지한 채) 역전파 수식(구현)을 도출하는 방식도 생각할 수 있습니다.** 다시 $\mathbf{y} = \mathbf{xW}$라는 행렬 곱 계산을 예로 그 방법을 설명해보겠습니다. 단, 이번에는 $\mathbf{x}$의 형상이 $N \times D$라고 합시다. 즉, $\mathbf{x}$, $\mathbf{W}$, $\mathbf{y}$의 형상은 각각 $N \times D$, $D \times H$, $N \times H$입니다. 이때 역전파의 계산 그래프는 [그림 41-5]와 같이 됩니다.

그림 41-5 행렬 곱의 순전파(위)와 역전파(아래)

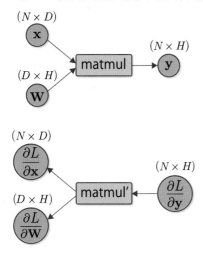

** 행렬의 곱에 대해서는 '형상 체크'에 의해 역전파 식을 도출해낼 수 있다는 뜻일 뿐 '형상 체크'가 올바르다고 해서 역전파 식이 항상 올바르게 도출된다는 뜻은 아닙니다.

이제 $\frac{\partial L}{\partial \mathbf{x}}$ 과 $\frac{\partial L}{\partial \mathbf{W}}$ 을 도출해봅시다. 행렬의 형상에 주목하여 일관성이 유지되도록 행렬 곱을 수행합니다. 그러면 [그림 41-6]의 식을 유도할 수 있습니다.

그림 41-6 행렬 곱의 역전파

$$\frac{\partial L}{\partial \mathbf{x}} \;=\; \frac{\partial L}{\partial \mathbf{y}} \quad \mathbf{W}^{\mathrm{T}}$$

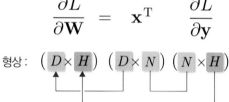

형상: $\big(N \times D\big)\;\big(N \times H\big)\;\big(H \times D\big)$

$$\frac{\partial L}{\partial \mathbf{W}} \;=\; \mathbf{x}^{\mathrm{T}} \quad \frac{\partial L}{\partial \mathbf{y}}$$

형상: $\big(D \times H\big)\;\big(D \times N\big)\;\big(N \times H\big)$

[그림 41-6]의 수식은 [그림 41-4]의 수식처럼 각 행렬의 원소를 계산하여 양변을 비교하면 유도할 수 있습니다. 또한 행렬 곱의 형상 체크도 충족하는지 확인합니다. 이 수식이 있으면 DeZero 함수로 '행렬의 곱'을 손쉽게 구현할 수 있습니다. 다음과 같이 구현하면 됩니다.

```python
class MatMul(Function):
    def forward(self, x, W):
        y = x.dot(W)
        return y

    def backward(self, gy):
        x, W = self.inputs
        gx = matmul(gy, W.T)
        gW = matmul(x.T, gy)
        return gx, gW

def matmul(x, W):
    return MatMul()(x, W)
```

dezero/functions.py

역전파는 [그림 41-6]의 수식을 DeZero 함수를 사용해 옮기면 됩니다. 한편 순전파는 np.dot(x, W) 대신 x.dot(W)로 구현했습니다. 이렇게 하면 ndarray 인스턴스에도 대응할 수 있습니다.

> CAUTION_ 앞의 코드에서 역전파 시 사용하는 matmul 함수는 바로 아랫줄에서 구현한 함수입니다. 또한 전치(W.T와 x.T) 시에는 DeZero의 transpose 함수가 호출됩니다(38단계에서 구현).

이제 DeZero의 matmul 함수를 사용하여 다음 계산이 가능해졌습니다. 그리고 미분도 계산할 수 있습니다.

```python
import numpy as np                                    steps/step41.py
from dezero import Variable
import dezero.functions as F

x = Variable(np.random.randn(2, 3))
W = Variable(np.random.randn(3, 4))
y = F.matmul(x, W)
y.backward()

print(x.grad.shape)
print(W.grad.shape)
```

실행 결과
```
(2, 3)
(3, 4)
```

이 코드에서는 무작위로 생성한 넘파이 다차원 배열을 사용하여 계산하였고, 아무런 오류 없이 실행됩니다. 또한 x.grad.shape와 x.shape가 동일하고, w.grad.shape와 W.shape가 동일함을 확인할 수 있습니다. 이상으로 DeZero 버전의 행렬 곱을 완성했습니다.

선형 회귀

머신러닝은 '데이터'를 사용하여 문제를 해결합니다. 사람이 해법을 생각하여 알려주는 게 아니라 모아진 데이터로부터 컴퓨터가 스스로 해법을 찾아냅니다(학습합니다). 이처럼 데이터로부터 해법을 찾는 것이 머신러닝의 본질입니다. 앞으로 우리는 DeZero를 사용하여 머신러닝 문제에 부딪혀볼 것입니다. 이를 위해 이번 단계에서는 머신러닝의 가장 기본이 되는 '선형 회귀 linear regression'를 구현하겠습니다.

42.1 토이 데이터셋

이번 단계에서는 실험용으로 작은 데이터셋을 만듭니다. 이런 작은 데이터셋을 '토이 데이터셋 toy dataset'이라고들 하죠. 같은 데이터를 나중에 재현해야 하니 데이터를 생성하는 시드값을 고정하겠습니다.

```python
import numpy as np

np.random.seed(0)  # 시드값 고정
x = np.random.rand(100, 1)
y = 5 + 2 * x + np.random.rand(100, 1)  # y에 무작위 노이즈 추가
```

x와 y라는 두 개의 변수로 구성된 데이터셋을 생성했습니다. [그림 42-1]은 (x, y) 점들을 시각화한 모습입니다. 그림에서 보듯 x와 y는 '선형' 관계인데 y에 추가된 노이즈 때문에 점들이 구름처럼 퍼져 있음을 확인할 수 있습니다.

그림 42-1 이번 단계에서 사용하는 데이터셋

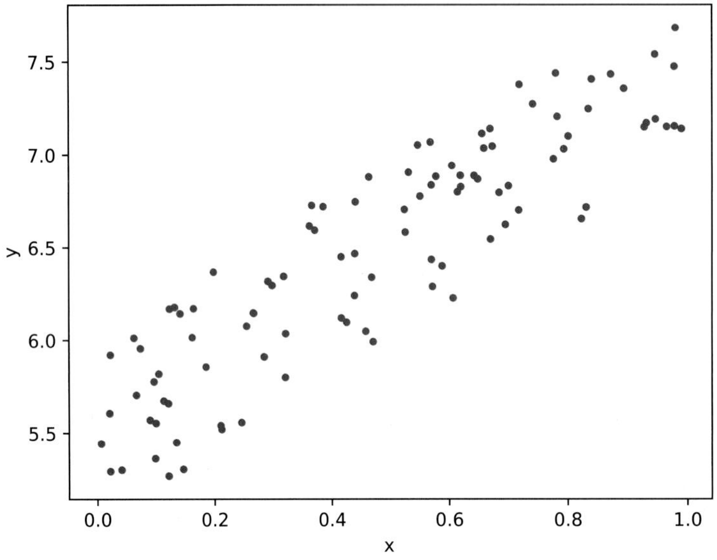

우리 목표는 x값이 주어지면 y값을 예측하는 모델(수식)을 만드는 것입니다.

> **NOTE_** x로부터 실숫값 y를 예측하는 것을 '회귀[regression]'라고 합니다. 그리고 회귀 모델 중 예측값이 선형(직선)을 이루는 것을 '선형 회귀'라고 합니다.

42.2 선형 회귀 이론

목표는 주어진 데이터를 잘 표현하는 함수 찾기입니다. 여기에서는 y와 x가 선형 관계라고 가정하기 때문에 $y = Wx + b$라는 식으로 표현할 수 있습니다(W는 스칼라값). 이 식은 [그림 42-2]와 같이 직선을 그립니다.

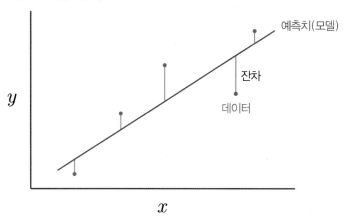

그림 42-2 선형 회귀 예

[그림 42-2]와 같이 우리 목표는 데이터에 맞는 직선 $y = Wx + b$를 찾는 것입니다. 그러기 위해서는 데이터와 예측치의 차이, 즉 '잔차^{residual}'를 최소화해야 합니다. 여기에서는 예측치(모델)와 데이터의 오차를 나타내는 지표를 다음 식으로 정의합니다.

$$L = \frac{1}{N}\sum_{i=1}^{N}(f(x_i) - y_i)^2$$ [식 42.1]

[식 42.1]은 총 N개의 점에 대해 (x_i, y_i)의 각 점에서 제곱오차를 구한 다음 모두 더합니다. 그리고 평균을 구하기 위해 $\frac{1}{N}$을 곱합니다. 이 수식을 **평균 제곱 오차**$^{\text{mean squared error}}$라고 합니다. 또한 [식 42.1]은 $\frac{1}{N}\cdots$의 형태지만 $\frac{1}{2N}\cdots$ 형태로 정의하는 경우도 있습니다. 두 경우 모두 경사하강법으로 풀게 되면 학습률 값을 조정해 똑같은 문제로 만들 수 있습니다.

> NOTE_ 모델의 성능이 얼마나 '나쁜가'를 평가하는 함수를 손실 함수라고 합니다. 따라서 선형 회귀는 '손실 함수로 평균 제곱 오차를 이용한다'고 말할 수 있습니다.

우리 목표는 [식 42.1]로 표현되는 손실 함수의 출력을 최소화하는 W와 b를 찾는 것입니다. 기억하시겠지만, 바로 함수 최적화 문제입니다. 그리고 우리는 이미 28단계에서 함수 최적화 문제를 경사하강법을 사용하여 풀어봤습니다. 이번에도 경사하강법을 사용하여 [식 42.1]을 최소화하는 매개변수를 찾아보려 합니다.

42.3 선형 회귀 구현

이제 DeZero를 사용하여 선형 회귀를 구현해봅시다. 편의상 코드를 전반과 후반으로 나눠 보여드리겠습니다. 다음은 전반 코드입니다.

```python
import numpy as np
from dezero import Variable
import dezero.functions as F

# 토이 데이터셋
np.random.seed(0)
x = np.random.rand(100, 1)
y = 5 + 2 * x + np.random.rand(100, 1)
x, y = Variable(x), Variable(y)  # 생략 가능

W = Variable(np.zeros((1, 1)))
b = Variable(np.zeros(1))

def predict(x):
    y = F.matmul(x, W) + b
    return y
```

steps/step42.py

매개변수 W와 b를 Variable 인스턴스로 생성했습니다(W는 대문자로 씁니다). W의 형상은 (1, 1)이고 b의 형상은 (1,)입니다.

> **NOTE_** DeZero 함수는 ndarray 인스턴스도 처리할 수 있습니다(DeZero 내부에서 Variable 인스턴스로 변환합니다). 따라서 앞의 코드에서 데이터셋 x, y는 Variable 인스턴스로 명시적으로 변환하지 않아도 ndarray 인스턴스 상태 그대로 처리할 수 있습니다.

앞의 코드에서 predict 함수를 정의했습니다. 이 함수는 matmul 함수를 사용하여 행렬의 곱을 계산하는데, 행렬의 곱을 이용하면 여러 데이터를 모아서 한 번에 계산할 수 있습니다(앞의 예에서는 100개). 이때 형상의 추이는 [그림 42-3]과 같습니다.

그림 42-3 행렬 곱의 형상 추이(수식에서 + b 부분은 생략)

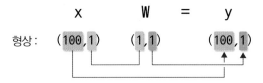

[그림 42-3]과 같이 대응하는 차원의 원소 수가 일치하는 것을 알 수 있습니다. 그리고 결과인 y의 형상은 (100, 1)입니다. 즉, 총 100개의 데이터로 이루어진 x에 대해 모든 데이터 각각에 W를 곱한 것입니다. 이것으로 단 한 번의 계산으로 모든 데이터의 예측치가 구해집니다. 또한 지금은 x의 데이터가 1차원인데, 만약 D차원이라면 W의 형상이 (D, 1)이어야 올바르게 계산됩니다. 예를 들어 D = 4라면 [그림 42-4]와 같은 행렬 곱이 이루어집니다.

그림 42-4 행렬 곱의 형상 추이(x의 데이터 차원이 4인 경우)

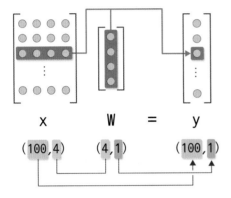

[그림 42-4]와 같이 x.shape[1]과 W.shape[0]을 일치시켜야 행렬 곱이 제대로 계산됩니다. 이때 100개의 데이터 각각에 대해 W에 의한 '벡터의 내적'을 계산하게 됩니다.

> **CAUTION_** 앞에서 작성한 코드 y = F.matmul(x, W) + b에서 덧셈 계산 시 브로드캐스트가 일어납니다. 구체적으로는 b의 형상은 (1,)이지만 그 원소를 복제하여 (100, 1) 형상으로 만든 후 원소별로 더해주는 것이죠. 브로드캐스트 대응은 40단계에서 해뒀으니 브로드캐스트가 발생해도 역전파가 제대로 이루어집니다.

다음은 후반 코드를 살펴볼 차례입니다.

steps/step42.py

```python
def mean_squared_error(x0, x1):
    diff = x0 - x1
    return F.sum(diff ** 2) / len(diff)

lr = 0.1
iters = 100

for i in range(iters):
```

```
y_pred = predict(x)
loss = mean_squared_error(y, y_pred)

W.cleargrad()
b.cleargrad()
loss.backward()

W.data -= lr * W.grad.data
b.data -= lr * b.grad.data
print(W, b, loss)
```

평균 제곱 오차를 구하는 함수를 mean_squared_error(x0, x1)이라는 이름으로 구현했습니다. [식 42.1]을 DeZero 함수를 사용하여 구현하면 됩니다. 그런 다음 경사하강법으로 매개변수를 갱신합니다. 이 구현은 28단계에서 완료했습니다. 여기서 주의점은 매개변수를 갱신할 때 W.data -= lr * W.grad.data처럼 인스턴스 변수의 data에 대해 계산해야 한다는 것입니다. 매개변수 갱신은 단순히 데이터를 갱신할 뿐이므로 계산 그래프를 만들 필요는 없습니다.

코드를 실행해보죠. 그러면 손실 함수의 출력값이 줄어드는 것을 확인할 수 있습니다. 그리고 최종적으로 W = [[2.11807369]], b = [5.46608905]라는 값을 얻습니다. 참고로 이 매개변수에 의해 얻어지는 직선의 그래프는 [그림 42-5]와 같습니다.

그림 42-5 학습이 완료된 모델

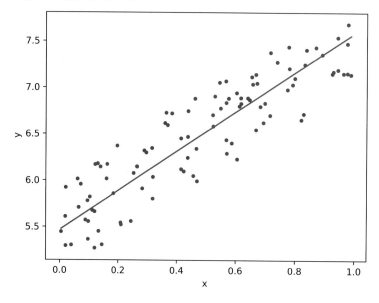

[그림 42-5]와 같이 데이터에 적합^{fit}된 모델을 얻을 수 있습니다. DeZero를 사용하여 선형 회귀를 성공적으로 구현한 것입니다! 이것으로 선형 회귀 구현은 끝입니다. 마지막으로 DeZero의 mean_squared_error 함수에 관한 설명을 약간 보충하겠습니다.

42.4 【보충】 DeZero의 mean_squared_error 함수

방금 우리는 평균 제곱 오차를 구하는 함수를 구현했습니다. 코드는 다음과 같습니다.

```
def mean_squared_error(x0, x1):
    diff = x0 - x1
    return F.sum(diff ** 2) / len(diff)
```
steps/step42.py

이 함수는 계산을 정확하게 수행합니다. 그리고 DeZero 함수를 사용하여 계산하므로 미분도 할 수 있습니다. 그러나 이 구현 방식에는 개선할 점이 있습니다. [그림 42-6]의 계산 그래프를 살펴보는 것으로 설명을 시작하겠습니다.

그림 42-6 mean_squared_error 함수의 계산 그래프(코드 len(diff)는 N으로 표기)

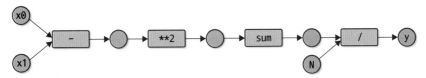

[그림 42-6]은 앞의 mean_squared_error 함수가 만들어내는 계산 그래프입니다. 여기서 주목할 점은 중간에 등장하는 이름 없는 변수 세 개입니다. 이 변수들은 계산 그래프에 기록되어 있기 때문에 계산 그래프가 존재하는 동안은 메모리에 계속 살아 있습니다. 이 변수들의 데이터(ndarray 인스턴스)도 마찬가지로 계속 살아 있습니다.

> NOTE_ DeZero에서 미분을 하려면 먼저 순전파를 한 다음에 역전파해야 합니다. [그림 42-6]에 존재하는 변수들(과 그 변수들이 참조하는 데이터들)은 순전파와 역전파 내내 메모리를 차지하게 됩니다.

컴퓨터의 메모리가 충분하다면 지금의 구현 방식도 문제없습니다. 하지만 제3자가 사용할 수 있는 함수이므로 더 나은 방식을 도입해보죠. 바로 Function 클래스를 상속하여 구현하는 방식입니다. 그래서 다음 코드처럼 MeanSquaredError라는 DeZero 함수 클래스를 구현했습니다.

```python
class MeanSquaredError(Function):                    dezero/functions.py
    def forward(self, x0, x1):
        diff = x0 - x1
        y = (diff ** 2).sum() / len(diff)
        return y

    def backward(self, gy):
        x0, x1 = self.inputs
        diff = x0 - x1
        gx0 = gy * diff * (2. / len(diff))
        gx1 = -gx0
        return gx0, gx1

def mean_squared_error(x0, x1):
    return MeanSquaredError()(x0, x1)
```

우선 순전파는 ndarray 인스턴스로 구현합니다. 조금 전에 DeZero 버전의 함수에서 구현한 코드와 거의 같습니다. 이 처리 단위를 하나로 묶어서 그 역전파 코드를 backward에 구현합니다. 역전파 구현은 먼저 수식으로 미분을 계산한 다음 해당 수식을 코드로 옮기면 됩니다. 자세한 설명은 생략하겠습니다.

새로 구현한 mean_squared_error 함수는 앞서 구현한 함수와 같은 결과를 얻을 수 있지만 메모리는 덜 사용합니다. [그림 42-7]과 같은 계산 그래프가 만들어지기 때문이죠.

그림 42-7 새로운 mean_squared_error 함수의 계산 그래프

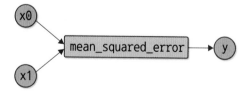

[그림 42-7]을 이전 계산 그래프(그림 42-6)와 비교해보면 중간에 등장하던 변수들이 사라졌음을 알 수 있습니다. 중간 데이터들은 MeanSquaredError 클래스의 forward 메서드에서만 사용됩니다. 더 정확하게 말하면, 이 변수들은 ndarray 인스턴스로 사용되며 forward 메서드의 범위를 벗어나는 순간 메모리에서 삭제됩니다.

이상의 이유로 dezero/functions.py의 mean_squared_error 함수는 새로운 방식으로 구현해뒀고, 낡은 버전의 구현은 참고 목적으로 mean_squared_error_simple이라는 이름으로 남겨뒀습니다. 이상으로 DeZero의 mean_squared_error 함수에 대한 보충 설명을 마칩니다.

신경망

이전 단계에서는 선형 회귀를 구현하고 올바로 동작시키는 데 성공했습니다. 선형 회귀를 구현했다면 이를 신경망으로 확장하는 일은 간단합니다. 이번 단계에서는 이전 단계의 코드를 수정하여 신경망으로 '진화'시킬 것입니다. 우선 이전 단계에서 수행한 변환을 DeZero의 linear 함수로 구현하는 일부터 시작하겠습니다.

43.1 DeZero의 linear 함수

이전 단계에서는 간단한 데이터셋을 대상으로 선형 회귀를 구현했지만, 그 선형 회귀로 수행한 계산은 (손실 함수를 제외하면) '행렬의 곱'과 '덧셈'뿐이었습니다. 해당 코드를 발췌하면 다음과 같습니다.

```
y = F.matmul(x, W) + b
```

이와 같이 입력 x와 매개변수 W 사이에서 행렬 곱을 구하고, 거기에 b를 더합니다. 이 변환을 **선형 변환**linear transformation 혹은 **아핀 변환**affine transformation 이라고 합니다.

> NOTE_ 선형 변환은 엄밀히 말하면 y = F.matmul(x, W)까지로, b는 포함되지 않습니다. 그러나 신경망 분야에서는 b를 더하는 계산까지 포함한 연산을 선형 변환이라고 부르는 것이 일반적입니다(이 책도 마찬가지입니다). 그리고 선형 변환은 신경망에서는 **완전연결계층**fully connected layer 에 해당하며, 매개변수 W는 **가중치**weight, 매개변수 b는 **편향**bias 이라고 합니다.

이번 절에서는 앞의 선형 변환을 linear 함수로 구현하겠습니다. 이전 단계에서 설명한 대로 구현 방법은 두 가지입니다. 하나는 앞의 코드와 같이 지금까지 구현해온 DeZero 함수를 사용하는 방식이고, 다른 하나는 Function 클래스를 상속하여 새롭게 Linear라는 함수 클래스를 구현하는 방식입니다. 역시 앞서 설명한 대로 후자가 메모리를 더 효율적으로 씁니다. 그 차이는 [그림 43-1]을 보면 알 수 있습니다.

그림 43-1 선형 변환의 두 가지 구현 방식

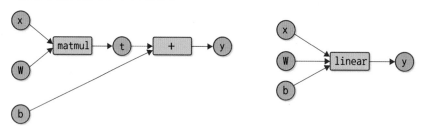

[그림 43-1]의 왼쪽이 DeZero의 matmul 함수와 +(add 함수)를 이용한 방식입니다. 이 경우 matmul 함수의 출력은 Variable 인스턴스이므로 계산 그래프에 기록됩니다. 즉, Variable 인스턴스와 그 안에 담긴 데이터(ndarray 인스턴스)는 계산 그래프가 존재하는 동안은 계속 메모리에 머물게 됩니다.

한편 오른쪽 그림은 Function 클래스를 상속하여 Linear 클래스를 구현하는 방식입니다. 이 방식에서는 중간 결과가 Variable 인스턴스로 보존되지 않기 때문에 순전파 시 사용하던 중간 데이터는 순전파가 끝나는 즉시 삭제됩니다. 따라서 DeZero를 제3자에게 제공할 생각이라면 메모리 효율 관점에서 후자의 방식을 취해야 할 것입니다. 그러나 전자의 방식을 채용하면서 메모리 효율도 개선할 수 있는 '묘수'가 있습니다. 이제부터 그 묘수에 대해 설명합니다.

그럼 다시 [그림 43-1]의 왼쪽을 보겠습니다. matmul 함수의 출력 변수로 t가 있습니다. 변수 t는 matmul 함수의 출력인 동시에 +(add 함수)의 입력입니다. 이 두 함수의 역전파를 생각해보겠습니다. 우선 +의 역전파인데, 출력 쪽의 기울기를 단순히 흘려보내기만 할 뿐입니다. 즉, t의 데이터는 + 역전파에 필요하지 않습니다. 다음으로 matmul 역전파는 입력 x, W, b만 사용합니다. 따라서 matmul 역전파 또한 t의 데이터를 필요로 하지 않습니다.

이상으로부터 변수 t의 데이터는 역전파 시 아무에게도 필요하지 않다는 사실을 알 수 있습니다. 즉, 기울기를 흘려보내야 하므로 계산 그래프에서는 변수 t가 필요하지만, 그 안의 데이터는 즉시 지워도 된다는 것입니다. 이상의 점을 고려하여 linear_simple 함수는 다음처럼 구현할 수 있습니다.

dezero/functions.py

```python
def linear_simple(x, W, b=None):
    t = matmul(x, W)
    if b is None:
        return t

    y = t + b
    t.data = None  # t의 데이터 삭제
    return y
```

인수 x와 W는 Variable 인스턴스 혹은 ndarray 인스턴스라고 가정합니다. ndarray 인스턴스라면 matmul 함수(정확하게는 Function 클래스의 __call__ 메서드) 안에서 Variable 인스턴스로 변환됩니다. 또한 편향인 b를 생략할 수 있도록 했습니다. b=None인 경우는 단순히 행렬 곱셈만 계산하여 그 결과를 반환합니다.

그리고 편향이 주어지면 단순히 더해줍니다. 이때 중간 결과인 t의 데이터는 역전파 시 아무에게도 필요치 않으므로 y = t + b 계산이 끝난 후 삭제할 수 있습니다. 그래서 t.data = None 코드에서 t의 데이터를 메모리에서 삭제합니다(참조 카운트가 0이 되어 파이썬 인터프리터에 의해 삭제됩니다).

> NOTE_ 신경망에서 메모리의 대부분을 차지하는 것이 중간 계산 결과인 텐서(ndarray 인스턴스)입니다. 특히 큰 텐서를 취급하는 경우 ndarray 인스턴스가 거대해지므로 불필요한 ndarray 인스턴스는 즉시 삭제하는 것이 바람직합니다. 이 책에서는 불필요한 ndarray 인스턴스를 (t.data = None처럼) 손수 삭제했으나 자동화하는 방법도 존재합니다. 일례로 체이너는 Aggressive Buffer Release[24]라는 구조를 이용합니다.

이상이 메모리 사용을 개선하는 '묘수'입니다. 여기에서 구현한 linear_simple 함수는 dezero/functions.py에 추가해두었고, Function 클래스를 상속한 Linear 클래스와 linear 함수는 dezero/functions.py에 구현되어 있습니다. 간단한 코드이므로 관심 있는 분은 참고하시기 바랍니다.

43.2 비선형 데이터셋

이전 단계에서는 직선상에 나열된 데이터셋을 사용했는데, 이번 절에서는 더 복잡한 데이터셋에 도전하겠습니다.

```
steps/step43.py
import numpy as np

np.random.seed(0)
x = np.random.rand(100, 1)
y = np.sin(2 * np.pi * x) + np.random.rand(100, 1)  # 데이터 생성에 sin 함수 이용
```

보다시피 sin 함수를 사용하여 데이터를 생성했습니다. 이렇게 생성한 (x, y) 점들을 2차원 평면에 그리면 [그림 43-2]와 같이 됩니다.

그림 43-2 이번 단계에서 사용하는 데이터셋

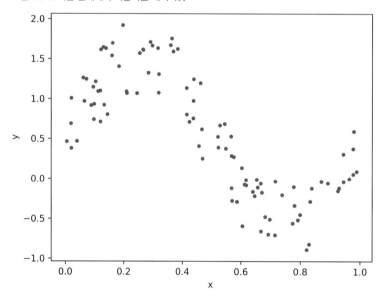

보다시피 x와 y는 선형 관계가 아닙니다. 이러한 비선형 데이터셋은 당연히 선형 회귀로는 풀수 없습니다. 신경망이 해결사로 등장하는 순간이죠.

43.3 활성화 함수와 신경망

선형 변환은 이름 그대로 입력 데이터를 선형으로 변환해줍니다. 한편 신경망은 선형 변환의 출력에 비선형 변환을 수행합니다. 이 비선형 변환을 **활성화 함수**^{activation function}라고 하며, 대표적으로 ReLU^{렐루} 함수와 시그모이드 함수^{sigmoid function} 등이 있습니다.

여기에서는 활성화 함수로 시그모이드 함수를 사용합니다. 시그모이드 함수는 [식 43.1]로 표현되며, 그래프는 [그림 43-3]과 같습니다.

$$y = \frac{1}{1 + \exp(-x)}$$

[식 **43.1**]

그림 **43-3** 시그모이드 함수의 그래프

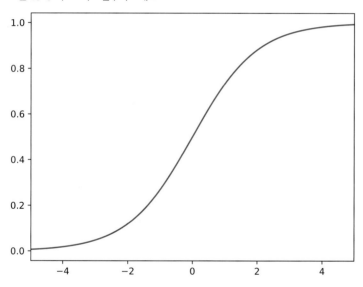

[그림 43-3]에서와 같이 시그모이드 함수는 비선형입니다. 이 비선형 변환이 텐서의 각 원소에 적용되죠. 다음은 DeZero를 사용하여 구현한 시그모이드 함수입니다.

```
def sigmoid_simple(x):
    x = as_variable(x)
    y = 1 / (1 + exp(-x))
    return y
```
dezero/functions.py

이와 같이 수식을 그대로 코드로 옮기면 됩니다. 지수 함수로 DeZero의 exp 함수를 사용한다는 점만 유의하면 특별히 어려운 점은 없을 겁니다. 계속해서 이 함수를 사용하여 신경망을 구현하겠습니다.

> NOTE_ 여기에서 제시한 시그모이드 함수 코드는 (이번에도) 메모리 효율이 좋지 않습니다. 더 나은 방식은 Function 클래스를 상속한 Sigmoid 클래스를 구현하는 것입니다. 또한 시그모이드 함수의 경우 클래스를 하나의 단위로 하여 기울기 계산 효율을 높일 수 있습니다. Sigmoid 클래스와 sigmoid 함수는 dezero/functions.py에 구현되고 있으니 관심 있는 분은 참고하기 바랍니다. 참고로 시그모이드 함수의 미분 도출 과정은 『밑바닥부터 시작하는 딥러닝』의 '5.5.2 Sigmoid 계층' 절에서 설명했습니다.

43.4 신경망 구현

일반적인 신경망은 '선형 변환 → 활성화 함수 → 선형 변환 → 활성화 함수 → 선형 변환 → ...' 형태로 연속적으로 변환을 수행합니다. 예를 들어 2층 신경망은 다음처럼 구현할 수 있습니다 (매개변수 생성 코드는 생략함).

```python
W1, b1 = Variable(...), Variable(...)
W2, b2 = Variable(...), Variable(...)

def predict(x):
    y = F.linear(x, W1, b1)  # 또는 F.linear_simple(...)
    y = F.sigmoid(y)  # 또는 F.sigmoid_simple(y)
    y = F.linear(y, W2, b2)
    return y
```

이와 같이 '선형 변환'과 '활성화 함수'를 순서대로 적용합니다. 이것이 신경망 추론predict 코드입니다. 물론 이 추론을 제대로 하려면 '학습'이 필요합니다. 신경망 학습에서는 추론을 처리한 후 손실 함수를 추가하고, 손실 함수의 출력을 최소화하는 매개변수를 찾습니다. 이것이 신경망의 학습입니다.

> NOTE_ 신경망에서는 선형 변환이나 활성화 함수 등에 의한 변환을 층layer, 레이어이라고 합니다. 또한 선형 변환과 같이 매개변수가 있는 층 N개가 연속으로 이어져 N번의 변환을 수행하는 구조를 'N층 신경망'이라고 합니다.

그러면 실제 데이터셋을 활용하여 신경망을 학습시켜볼까요? 다음은 그 코드입니다.

```python
import numpy as np
from dezero import Variable
import dezero.functions as F

# 데이터셋
np.random.seed(0)
x = np.random.rand(100, 1)
y = np.sin(2 * np.pi * x) + np.random.rand(100, 1)

# ❶ 가중치 초기화
I, H, O = 1, 10, 1
W1 = Variable(0.01 * np.random.randn(I, H))
b1 = Variable(np.zeros(H))
W2 = Variable(0.01 * np.random.randn(H, O))
b2 = Variable(np.zeros(O))

# ❷ 신경망 추론
def predict(x):
    y = F.linear(x, W1, b1)
    y = F.sigmoid(y)
    y = F.linear(y, W2, b2)
    return y

lr = 0.2
iters = 10000

# ❸ 신경망 학습
for i in range(iters):
    y_pred = predict(x)
    loss = F.mean_squared_error(y, y_pred)

    W1.cleargrad()
    b1.cleargrad()
    W2.cleargrad()
    b2.cleargrad()
    loss.backward()

    W1.data -= lr * W1.grad.data
    b1.data -= lr * b1.grad.data
    W2.data -= lr * W2.grad.data
    b2.data -= lr * b2.grad.data
    if i % 1000 == 0:  # 1000회마다 출력
        print(loss)
```

우선 ❶에서 매개변수들을 초기화합니다. 여기서 I(= 1)는 입력층^{input layer}의 차원 수, H(= 10)는 은닉층^{hidden layer 혹은 middle layer}의 차원 수, O(= 1)는 출력층^{output layer}의 차원 수에 해당합니다. I와 O의 값은 이번 문제에서는 1로 설정해야 합니다. 한편 H는 하이퍼파라미터^{hyperparameter}이며 1 이상의 임의의 정수로 설정할 수 있습니다. 또한 편향은 0 벡터(np.zeros(…))로 초기화하고 가중치는 작은 무작위값(0.01 ∗ np.random.randn(…))으로 초기화합니다.

> **CAUTION_** 신경망에서는 가중치의 초깃값을 무작위로 설정하는 것이 좋습니다. 이유는 『밑바닥부터 시작하는 딥러닝』의 '6.2.1 초깃값을 0으로 하면?' 절을 참고하세요.

그리고 ❷에서 신경망 추론을 수행하고 ❸에서 매개변수를 갱신합니다. ❸ 부분은 매개변수가 늘어난 것을 제외하면 이전 단계의 코드와 똑같습니다.

이상의 코드를 실행하면 신경망 학습이 시작됩니다. 그리고 학습을 마친 신경망은 [그림 43-4]의 곡선을 예측합니다.

그림 43-4 학습이 완료된 신경망

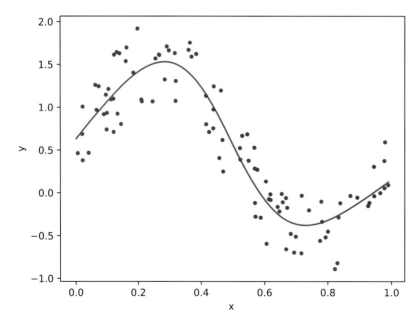

[그림 43-4]와 같이 sin 함수의 곡선을 잘 표현하고 있습니다. 보다시피 선형 회귀의 구현에 활성화 함수와 선형 변환을 거듭 적용하여 비선형 관계도 제대로 학습할 수 있었습니다.

이 구현 방식을 그대로 적용하면 더 깊은 신경망도 구현할 수 있습니다. 하지만 층이 깊어질수록 매개변수 관리(매개변수의 기울기를 재설정하거나 매개변수를 갱신하는 등의 작업)가 번거로워집니다. 그래서 다음 단계에서는 매개변수 관리를 간소화하는 구조를 만들려 합니다.

매개변수를 모아두는 계층

이전 단계에서는 DeZero를 사용하여 신경망을 구현했습니다. 단순하지만 진짜 신경망이었습니다. 이제 DeZero를 '신경망 프레임워크'라고 말할 수 있을 것입니다. 하지만 '사용 편의성' 면에서는 여전히 몇 가지 문제가 있습니다. 앞으로 우리는 DeZero에 신경망을 위한 기능을 추가할 것입니다. 이를 통해 신경망을, 그리고 딥러닝을 더 간단하고 직관적으로 구현할 수 있게 됩니다.

이번 단계에서는 매개변수를 다룹니다. 이전 단계에서는 매개변수의 기울기를 재설정할 때(혹은 매개변수를 갱신할 때) 다소 단조로운 코드를 작성해야 했습니다. 앞으로는 더욱 복잡한 신경망을 구현할 텐데, 그렇게 되면 매개변수를 다루는 일도 그만큼 복잡해집니다.

> NOTE_ 매개변수는 경사하강법 등의 최적화 기법에 의해 갱신되는 변수입니다. 이전 단계의 예에서는 선형 변환에 사용되는 '가중치'와 '편향'이 매개변수에 해당합니다.

이번 단계에서는 매개변수를 담는 구조를 만듭니다. 이를 위해 Parameter와 Layer라는 클래스를 구현합니다. 이 두 클래스를 사용하면 매개변수 관리를 자동화할 수 있습니다.

44.1 Parameter 클래스 구현

우선 Parameter 클래스입니다. Parameter 클래스는 Variable 클래스와 똑같은 기능을 갖게 합니다. 그래서 다음과 같이 구현합니다.

```
class Parameter(Variable):                                    dezero/core.py
    pass
```

이것이 Parameter 클래스입니다. 보다시피 Variable 클래스를 상속한 게 다라서 기능도
Variable 클래스와 동일합니다.

> **NOTE_** Parameter 클래스는 dezero/core.py에 추가합니다. 그리고 dezero/__init__.py에 from
> dezero.core import Parameter라는 한 줄을 추가합니다. 그러면 DeZero를 사용하는 사람은 from
> dezero import Parameter로 임포트할 수 있습니다.

Parameter 인스턴스와 Variable 인스턴스는 기능은 같지만 구별할 수는 있습니다. 구체적인
예를 볼까요?

```
import numpy as np
from dezero import Variable, Parameter

x = Variable(np.array(1.0))
p = Parameter(np.array(2.0))
y = x * p

print(isinstance(p, Parameter))
print(isinstance(x, Parameter))
print(isinstance(y, Parameter))
```

실행 결과

```
True
False
False
```

이와 같이 Parameter 인스턴스와 Variable 인스턴스를 조합하여 계산할 수 있습니다. 그리고
isinstance 함수로 구분할 수 있죠. 이 점을 이용하여 Parameter 인스턴스만을 담는 구조를
만들 수 있습니다.

44.2 Layer 클래스 구현

다음은 Layer 클래스입니다. Layer는 DeZero의 Function 클래스와 마찬가지로 변수를 변환하는 클래스입니다. 그러나 매개변수를 유지한다는 점이 다릅니다. Layer 클래스는 매개변수를 유지하고 매개변수를 사용하여 변환을 하는 클래스입니다.

> **NOTE_** Layer 클래스를 기반 클래스로 두고 구체적인 변환은 자식 클래스에서 구현합니다. 예를 들어 선형 변환은 Layer 클래스를 상속한 Linear 클래스에서 구현합니다.

Layer 클래스의 구현을 보겠습니다. 우선 초기화와 __setattr__ 특수 메서드를 살펴보시죠.

```python
from dezero.core import Parameter                        # dezero/layers.py

class Layer:
    def __init__(self):
        self._params = set()

    def __setattr__(self, name, value):
        if isinstance(value, Parameter):
            self._params.add(name)
        super().__setattr__(name, value)
```

Layer 클래스에는 _params라는 인스턴스 변수가 있습니다. _params에는 Layer 인스턴스에 속한 매개변수를 보관합니다.

> **CAUTION_** 인스턴스 변수 _params의 타입은 '집합^{Set}'입니다. 집합은 리스트와 달리 원소들에 순서가 없고, ID가 같은 객체는 중복 저장할 수 없습니다.

__setattr__은 인스턴스 변수를 설정할 때 호출되는 특수 메서드입니다. __setattr__(self, name, value)는 이름이 name인 인스턴스 변수에 값으로 value로 전달해줍니다. 이 메서드를 재정의^{override}하면 인스턴스 변수를 설정할 때 여러분만의 로직을 추가할 수 있습니다.

여기에서는 value가 Parameter 인스턴스라면 self._params에 name을 추가합니다.* 이렇게 하여 Layer 클래스가 갖는 매개변수를 인스턴스 변수 _params에 모아둘 수 있습니다. 다음은 예시 코드입니다.

```python
layer = Layer()

layer.p1 = Parameter(np.array(1))
layer.p2 = Parameter(np.array(2))
layer.p3 = Variable(np.array(3))
layer.p4 = 'test'

print(layer._params)
print('-------------')

for name in layer._params:
    print(name, layer.__dict__[name])
```

실행 결과

```
{'p2', 'p1'}
-------------
p2 variable(2)
p1 variable(1)
```

이와 같이 layer 인스턴스 변수를 설정하면 Parameter 인스턴스를 보유하고 있는 인스턴스 변수 이름만 layer._params에 추가됩니다. 또한 인스턴스 변수 __dict__에는 모든 인스턴스 변수가 딕셔너리dictionary 타입으로 저장되기 때문에 Parameter 인스턴스만 꺼낼 수 있습니다.

그런 다음 Layer 클래스에 다음 4개의 메서드를 추가합니다.

dezero/layers.py

```python
import weakref


class Layer:
    ...

    def __call__(self, *inputs):
```

----

* self._params에는 value가 아니라 name을 추가합니다. 매개변수를 외부 파일로 저장할 때 name을 유지하는 쪽이 편리하기 때문입니다. 해당 작업은 53단계에서 수행합니다.

```
        outputs = self.forward(*inputs)
        if not isinstance(outputs, tuple):
            outputs = (outputs,)
        self.inputs = [weakref.ref(x) for x in inputs]
        self.outputs = [weakref.ref(y) for y in outputs]
        return outputs if len(outputs) > 1 else outputs[0]

    def forward(self, inputs):
        raise NotImplementedError()

    def params(self):
        for name in self._params:
            yield self.__dict__[name]

    def cleargrads(self):
        for param in self.params():
            param.cleargrad()
```

__call__ 메서드는 입력받은 인수를 건네 forward 메서드를 호출합니다. forward 메서드는
자식 클래스에서 구현할 것입니다. __call__ 메서드는 출력이 하나뿐이라면 튜플이 아니라 그
출력을 직접 반환합니다(Function 클래스와 똑같은 관례를 따랐습니다). 또한 나중을 생각하
여 입력과 출력 변수를 약한 참조로 유지하고 있습니다.

params 메서드는 Layer 인스턴스에 담겨 있는 Parameter 인스턴스들을 꺼내주고, cleargrads
메서드는 모든 매개변수의 기울기를 재설정합니다. 참고로 cleargrads의 이름 끝에 's'를 붙여
'복수'형으로 만들었는데, 이는 Layer가 가진 '모든' 매개변수에 대해 (단수형인) cleargrad를
호출한다는 사실을 명시한 것입니다.

> NOTE_ params 메서드는 yield를 사용하여 값을 반환합니다. yield는 return처럼 사용할 수 있습니다. 다
> 만 return은 처리를 종료하고 값을 반환하는 반면 yield는 처리를 '일시 중지suspend'하고 값을 반환합니다. 따
> 라서 yield를 사용하면 작업을 재개resume할 수 있습니다. 앞의 예로 말하자면, params 메서드를 호출할 때마
> 다 일시 중지됐던 처리가 재개됩니다. 이런 식으로 (yield를 for 문과 함께 사용하여) 매개변수를 순차적으로
> 꺼낼 수 있습니다.

이상으로 Layer 클래스의 구현을 마칩니다. 이제부터 Layer 클래스를 상속하여 선형 변환 등
의 구체적인 처리를 구현할 것입니다.

44.3 Linear 클래스 구현

이어서 선형 변환을 하는 Linear 클래스를 구현하겠습니다(함수로서의 Linear 클래스가 아니라 계층으로서의 Linear 클래스를 구현합니다). 먼저 간단한 Linear 클래스를 보여드린 후 개선하는 식으로 진행하겠습니다. 다음 코드를 살펴보시죠.

```python
import numpy as np
import dezero.functions as F
from dezero.core import Parameter

class Linear(Layer):
    def __init__(self, in_size, out_size, nobias=False, dtype=np.float32):
        super().__init__()

        I, O = in_size, out_size
        W_data = np.random.randn(I, O).astype(dtype) * np.sqrt(1 / I)
        self.W = Parameter(W_data, name='W')
        if nobias:
            self.b = None
        else:
            self.b = Parameter(np.zeros(O, dtype=dtype), name='b')

    def forward(self, x):
        y = F.linear(x, self.W, self.b)
        return y
```

Linear 클래스는 Layer 클래스를 상속하여 구현합니다. __init__(self, in_size, out_size, nobias)의 인수는 차례로 '입력 크기', '출력 크기', '편향 사용 여부 플래그'입니다. nobias가 True면 편향을 생략합니다.

이때 가중치와 편향은 self.W = Parameter(…)와 self.b = Parameter(…) 형태로, Parameter 인스턴스를 인스턴스 변수에 설정합니다. 이렇게 함으로써 두 Parameter 인스턴스 변수의 이름이 self._params에 추가됩니다.

> NOTE_ Linear 클래스의 가중치 초깃값은 무작위로 설정해야 합니다. 이전 단계에서는 무작위 초깃값의 스케일을 0.01로 설정했는데(0.01 * np.random.randn(…)), 이번에는 참고문헌 [25]에서 제안한 방법에 따라 np.sqrt(1 / in_size)로 설정했습니다. 또한 신경망의 계산은 32비트 부동소수점을 써도 문제가 없다고 하니 매개변수의 데이터는 32비트 부동소수점를 기본값으로 설정했습니다.

이어서 forward 메서드로 선형 변환을 구현했습니다. 이 메서드는 DeZero의 linear 함수를 호출할 뿐입니다. 이상이 Linear 클래스의 구현입니다.

그런데 앞서 언급했듯이 Linear 클래스를 구현하는 더 나은 방법이 있습니다. 바로 가중치 W를 생성하는 시점을 늦추는 방식입니다. 구체적으로는 가중치를 (초기화 메서드가 아닌) forward 메서드에서 생성함으로써 Linear 클래스의 입력 크기(in_size)를 자동으로 결정할 수 있습니다(사용자가 지정하지 않아도 됩니다). 개선된 버전의 Linear 클래스를 만나보시죠.

dezero/layers.py

```python
import numpy as np
import dezero.functions as F
from dezero.core import Parameter


class Linear(Layer):
    def __init__(self, out_size, nobias=False, dtype=np.float32, in_size=None):
        super().__init__()
        self.in_size = in_size
        self.out_size = out_size
        self.dtype = dtype

        self.W = Parameter(None, name='W')
        if self.in_size is not None:  # in_size가 지정되어 있지 않다면 나중으로 연기
            self._init_W()

        if nobias:
            self.b = None
        else:
            self.b = Parameter(np.zeros(out_size, dtype=dtype), name='b')

    def _init_W(self):
        I, O = self.in_size, self.out_size
        W_data = np.random.randn(I, O).astype(self.dtype) * np.sqrt(1 / I)
        self.W.data = W_data

    def forward(self, x):
        # 데이터를 흘려보내는 시점에 가중치 초기화
        if self.W.data is None:
            self.in_size = x.shape[1]
            self._init_W()

        y = F.linear(x, self.W, self.b)
        return y
```

이것이 개선된 Linear 클래스입니다. 주목할 점은 __init__ 메서드에서 in_size를 지정하지 않아도 된다는 것입니다. 인수 in_size는 기본적으로 None으로 지정되어 있으며, None인 경우 self.W.data 초기화를 '연기'합니다. forward(self, x) 메서드에서 입력 x의 크기에 맞게 가중치 데이터를 생성하는 것이죠. 이제 layer = Linear(100)처럼 출력 크기만 지정해도 되므로 사용성이 좋아졌습니다. 이상이 Linear 클래스의 구현입니다.

44.4 Layer를 이용한 신경망 구현

다음은 Linear 클래스를 이용하여 신경망을 구현해볼 차례입니다. 이전 단계에서 푼 문제, 즉 sin 함수의 데이터셋에 대한 회귀 문제를 다시 풀어봅시다. 이전 단계에서 달라진 부분은 음영으로 표시했습니다.

```python
import numpy as np                              # steps/step44.py
from dezero import Variable
import dezero.functions as F
import dezero.layers as L  # L로 임포트

# 데이터셋
np.random.seed(0)
x = np.random.rand(100, 1)
y = np.sin(2 * np.pi * x) + np.random.rand(100, 1)

l1 = L.Linear(10)  # 출력 크기 지정
l2 = L.Linear(1)

def predict(x):
    y = l1(x)
    y = F.sigmoid(y)
    y = l2(y)
    return y

lr = 0.2
iters = 10000

for i in range(iters):
    y_pred = predict(x)
    loss = F.mean_squared_error(y, y_pred)
```

```
l1.cleargrads()
l2.cleargrads()
loss.backward()

for l in [l1, l2]:
    for p in l.params():
        p.data -= lr * p.grad.data
if i % 1000 == 0:
    print(loss)
```

주목할 점은 매개변수 관리를 Linear 인스턴스가 맡고 있다는 것입니다. 그 덕분에 매개변수 기울기 재설정과 매개변수 갱신 작업이 전보다 깔끔해졌습니다.

그러나 Linear 클래스를 개별적으로 다루는 부분이 눈에 밟힙니다. 앞으로 더욱 '깊은' 신경망을 다룰 것을 생각하면 분명 걸림돌이 될 거 같습니다. 그래서 다음 단계에서는 여러 Layer를 하나의 클래스로 묶어서 관리하도록 개선하겠습니다.

계층을 모아두는 계층

이전 단계에서는 Layer 클래스를 만들었습니다. Layer 클래스에는 매개변수를 관리하는 구조가 녹아 있어서 Layer 클래스를 사용하면 매개변수를 우리가 직접 다루지 않아도 되어 편리합니다. 그런데 Layer 인스턴스 자체도 관리는 필요합니다. 예를 들어 10층 신경망을 구현하려면 10개의 Layer 인스턴스를 관리해야 합니다(귀찮은 일이죠). 그래서 그런 부담을 줄일 수 있도록 현재의 Layer 클래스를 확장하겠습니다.

45.1 Layer 클래스 확장

현재 Layer 클래스는 여러 개의 Parameter를 가질 수 있습니다. 여기에 더해서 Layer 클래스가 '다른 Layer'도 담을 수 있게 확장하려 합니다. [그림 45-1]과 같은 관계로 만드는 것입니다.

그림 45-1 새로운 Layer 클래스

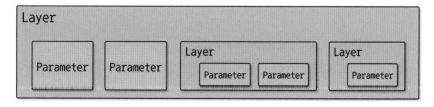

[그림 45-1]처럼 Layer 안에 다른 Layer가 들어가는 구조입니다. '상자' 구조라 할 수 있죠. 이 번 단계의 목표는 [그림 45-1]의 바깥 Layer에서 그 안에 존재하는 모든 매개변수를 꺼낼 수 있 도록 하는 것입니다. 이를 위해 현재의 Layer 클래스를 다음과 같이 변경합니다.

```python
                                                                    dezero/layers.py
class Layer:
    def __init__(self):
        self._params = set()

    def __setattr__(self, name, value):
        if isinstance(value, (Parameter, Layer)):  # ❶ Layer도 추가
            self._params.add(name)
        super().__setattr__(name, value)

    def params(self):
        for name in self._params:
            obj = self.__dict__[name]

            if isinstance(obj, Layer):  # ❷ Layer에서 매개변수 꺼내기
                yield from obj.params()
            else:
                yield obj
```

첫 번째 변화로, 인스턴스 변수를 설정할 때 Layer 인스턴스의 이름도 _params에 추가하도록 합니다. 따라서 Parameter 인스턴스와 Layer 인스턴스의 이름이 _params에 추가됩니다.

두 번째 변경점은 매개변수를 꺼내는 처리입니다. params 메서드는 _params에서 name(문 자열)을 꺼내 그 name에 해당하는 객체를 obj로 꺼냅니다. 이때 obj가 Layer 인스턴스라면 obj.params()를 호출합니다. 이런 식으로 Layer 속 Layer에서도 매개변수를 재귀적으로 꺼 낼 수 있습니다.

> **CAUTION_** yield를 사용한 함수를 **제너레이터**generator라고 합니다. 제너레이터를 사용하여 또 다른 제너 레이터를 만들고자 할 때는 yield from을 사용합니다. yield from은 파이썬 3.3부터 지원합니다.

이것으로 새로운 Layer 클래스를 완성했습니다. 새로운 Layer 클래스를 사용하면 신경망을 다음 코드처럼 구현할 수 있습니다.

```python
import dezero.layers as L
import dezero.functions as F
from dezero import Layer

model = Layer()
model.l1 = L.Linear(5)  # 출력 크기만 지정
model.l2 = L.Linear(3)

# 추론을 수행하는 함수
def predict(model, x):
    y = model.l1(x)
    y = F.sigmoid(y)
    y = model.l2(y)
    return y

# 모든 매개변수에 접근
for p in model.params():
    print(p)

# 모든 매개변수의 기울기를 재설정
model.cleargrads()
```

먼저 model = Layer()에서 인스턴스를 생성한 다음 model의 인스턴스 변수로 Linear 인스턴스를 추가합니다. 그러면 추론을 수행하는 함수를 predict(model, x)로 구현할 수 있습니다. 여기서 중요한 점은 model.params()로 model 내에 존재하는 모든 매개변수에 접근할 수 있다는 것입니다. 또한 model.cleargrads()는 모든 매개변수의 기울기를 재설정합니다. 이처럼 Layer 클래스를 이용하여 신경망에서 사용하는 매개변수를 한꺼번에 관리할 수 있습니다.

한편 Layer 클래스를 더 편리하게 사용하는 방법도 있습니다. 바로 Layer 클래스를 상속하여 모델 전체를 하나의 '클래스'로 정의하는 방법이죠. 준비한 예를 볼까요?

```python
class TwoLayerNet(Layer):
    def __init__(self, hidden_size, out_size):
        super().__init__()
        self.l1 = L.Linear(hidden_size)
        self.l2 = L.Linear(out_size)

    def forward(self, x):
```

```
        y = F.sigmoid(self.l1(x))
        y = self.l2(y)
        return y
```

TwoLayerNet이라는 이름으로 클래스 모델을 정의했습니다. 이 클래스는 Layer를 상속했고
__init__와 forward 메서드를 구현했습니다. __init__ 메서드에서는 필요한 Layer들을 생성
하여 self.l1 = ... 형태로 설정해둡니다. 한편 forward 메서드에는 추론을 수행하는 코드를 작
성했습니다. 이처럼 TwoLayerNet이라는 클래스 하나에 신경망에 필요한 모든 코드를 집약
할 수 있습니다.

> NOTE_ 여기에서 선보인 객체지향식 모델 정의 방법(모델을 클래스 단위로 정의)은 체이너가 최초로 제안
> 했고, 그 후 파이토치와 텐서플로 등 많은 다른 프레임워크에서 보편적으로 사용하는 방식으로 굳어졌습니다.

45.2 Model 클래스

지금까지 몇 번이나 '모델' 혹은 'model'이라는 단어가 등장했습니다. 모델은 '사물의 본질을
단순하게 표현한 것'이라는 뜻인데, 머신러닝에 사용되는 모델도 마찬가지입니다. 복잡한 패턴
이나 규칙이 숨어 있는 현상을 수식을 사용하여 단순하게 표현한 것을 말하죠. 신경망도 수식으
로 표현할 수 있는 함수이며, 그것을 가리켜 '모델'이라고 합니다.

이번 절에서는 모델을 표현하기 위한 Model 클래스를 새로 만듭니다. Model 클래스는 Layer
클래스의 기능을 이어받으며 시각화 메서드가 하나 추가됩니다. 코드는 다음과 같습니다.

```
                                                            dezero/models.py
from dezero import Layer
from dezero import utils

class Model(Layer):
    def plot(self, *inputs, to_file='model.png'):
        y = self.forward(*inputs)
        return utils.plot_dot_graph(y, verbose=True, to_file=to_file)
```

이와 같이 Model은 Layer를 상속합니다. 따라서 Model 클래스를 앞에서 본 Layer 클래스처럼 활용할 수도 있습니다. 가령 class TwoLayerNet(Model):이라고 작성할 수 있습니다. 또한 Model 클래스에는 시각화를 위한 plot 메서드가 추가되어 있습니다. plot은 인수 *inputs로 전달받은 데이터를 forward 메서드로 계산한 다음, 이때 생성된 계산 그래프를 이미지 파일로 내보냅니다. 참고로 utils.plot_dot_graph 함수의 인수에 대해 verbose=True로 설정하면 ndarray 인스턴스의 형상과 타입도 계산 그래프에 표시해줍니다.

마지막으로 Model 클래스를 쉽게 임포트할 수 있도록 dezero/__init__.py에 다음 줄을 추가합니다.

```
from dezero.models import Model
```

이제 다음과 같은 코드를 작성할 수 있습니다.

```
import numpy as np
from dezero import Variable, Model
import dezero.layers as L
import dezero.functions as F


class TwoLayerNet(Model):
    def __init__(self, hidden_size, out_size):
        super().__init__()
        self.l1 = L.Linear(hidden_size)
        self.l2 = L.Linear(out_size)

    def forward(self, x):
        y = F.sigmoid(self.l1(x))
        y = self.l2(y)
        return y

x = Variable(np.random.randn(5, 10), name='x')
model = TwoLayerNet(100, 10)
model.plot(x)
```

보다시피 Model 클래스는 마치 Layer 클래스처럼 활용할 수 있습니다. 여기에 계산 그래프를 시각화해주는 메서드도 제공하죠. 참고로 앞의 코드를 실행하면 [그림 45-2]를 얻을 수 있습니다.

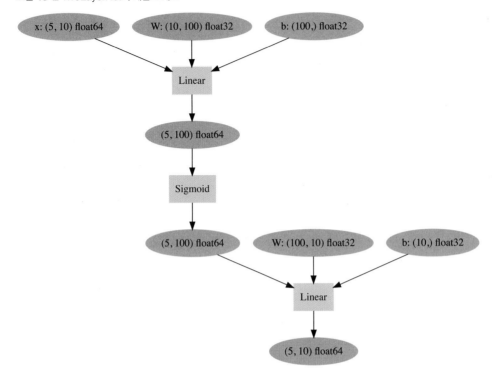

그림 45-2 TwoLayerNet의 계산 그래프

45.3 Model을 사용한 문제 해결

그러면 sin 함수로 생성한 데이터셋 회귀 문제를 Model 클래스를 이용하여 다시 풀어봅시다.
이전 단계에서 달라진 부분은 음영으로 표시했습니다.

steps/step45.py

```python
import numpy as np
from dezero import Variable, Model
import dezero.layers as L
import dezero.functions as F

# 데이터셋 생성
np.random.seed(0)
x = np.random.rand(100, 1)
y = np.sin(2 * np.pi * x) + np.random.rand(100, 1)
```

```python
# 하이퍼파라미터 설정
lr = 0.2
max_iter = 10000
hidden_size = 10

# 모델 정의
class TwoLayerNet(Model):
    def __init__(self, hidden_size, out_size):
        super().__init__()
        self.l1 = L.Linear(hidden_size)
        self.l2 = L.Linear(out_size)

    def forward(self, x):
        y = F.sigmoid(self.l1(x))
        y = self.l2(y)
        return y

model = TwoLayerNet(hidden_size, 1)

# 학습 시작
for i in range(max_iter):
    y_pred = model(x)
    loss = F.mean_squared_error(y, y_pred)

    model.cleargrads()
    loss.backward()

    for p in model.params():
        p.data -= lr * p.grad.data
    if i % 1000 == 0:
        print(loss)
```

이와 같이 Model 클래스를 상속한 TwoLayerNet으로 신경망을 구현했습니다. 덕분에 for 문 안의 코드가 더 간단해졌죠. 모든 매개변수는 model을 통해 접근할 수 있으며 매개변수의 기울기 재설정도 model.cleargrads()로 처리했습니다.

이것으로 우리는 매개변수 관리에서 해방되었습니다! 앞으로는 아무리 복잡한 신경망을 구축한다 해도 필요한 모든 매개변수를 Model 클래스(또는 Layer 클래스)로 관리할 수 있기 때문입니다. 이번 단계의 주요 목적은 이것으로 달성했습니다. 하지만 다음 단계로 나아가기 전에 더 범용적인 신경망 모델을 하나 구현해봤으면 합니다.

45.4 MLP 클래스

방금 우리는 층이 2개인 완전연결계층으로 이루어진 모델을 구현했습니다. 해당 코드를 발췌하면 다음과 같습니다.

steps/step45.py

```python
class TwoLayerNet(Model):
    def __init__(self, hidden_size, out_size):
        super().__init__()
        self.l1 = L.Linear(hidden_size)
        self.l2 = L.Linear(out_size)

    def forward(self, x):
        y = F.sigmoid(self.l1(x))
        y = self.l2(y)
        return y
```

이와 같이 하나의 클래스로 2층 신경망을 구현했습니다. 이번 절에서는 앞으로를 위해 더 범용적인 완전연결계층 신경망을 구현하겠습니다. 코드는 다음과 같습니다.

dezero/models.py

```python
import dezero.functions as F
import dezero.layers as L

class MLP(Model):
    def __init__(self, fc_output_sizes, activation=F.sigmoid):
        super().__init__()
        self.activation = activation
        self.layers = []

        for i, out_size in enumerate(fc_output_sizes):
            layer = L.Linear(out_size)
            setattr(self, 'l' + str(i), layer)
            self.layers.append(layer)

    def forward(self, x):
        for l in self.layers[:-1]:
            x = self.activation(l(x))
        return self.layers[-1](x)
```

간단히 설명해보죠. 먼저 초기화에서는 인수로 fc_output_sizes와 activation을 받습니다. 여기서 fc는 full connect^{완전연결}의 약자입니다. fc_output_sizes는 신경망을 구성하는 완전연결계층들의 출력 크기를 튜플 또는 리스트로 지정합니다. 가령 (10, 1)을 건네면 2개의 Linear 계층을 만들고, 첫 번째 계층의 출력 크기는 10으로, 두 번째 계층의 출력 크기는 1로 구성합니다. (10, 10, 1)을 건네면 Linear 계층이 하나 늘어나서 총 3개가 되죠. 한편 인수 activation 으로는 활성화 함수를 지정합니다(기본값은 F.sigmoid 함수).

> NOTE_ 클래스 이름인 MLP는 Multi-Layer Perceptron의 약자로, 우리말로 '다층 퍼셉트론'이라고 합니다. MLP는 완전연결계층 신경망의 별칭으로 흔히 쓰입니다.

MLP 클래스의 구현은 앞서 보여드린 TwoLayerNet 클래스의 자연스러운 확장으로 볼 수 있습니다. 한 가지, 인스턴스 변수 설정을 setattr 함수로 하고 있음에 주의하세요. 여기에서는 self.l2 = ... 형태로 코딩할 수 없기 때문입니다. 또한 DeZero는 계층 모델에 인스턴스 변수를 설정하는 식으로 계층에 포함된 매개변수들을 관리하고 있습니다.

이상이 MLP 클래스입니다. MLP 클래스가 있으면 다음과 같이 'N층' 신경망을 쉽게 구현할 수 있습니다.

```
model = MLP((10, 1))  # 2층
model = MLP((10, 20, 30, 40, 1))  # 5층
```

MLP 클래스는 범용성이 높아 앞으로도 계속 사용할 것입니다. 그래서 dezero/models.py에 추가합니다. 이상으로 이번 단계를 마칩니다.

Optimizer로 수행하는 매개변수 갱신

지금까지는 경사하강법으로 매개변수를 갱신했습니다만, 딥러닝 분야에서는 경사하강법 외에도 다양한 최적화 기법이 제안되고 있습니다. 이번 단계에서는 매개변수 갱신 작업(갱신 코드)을 모듈화하고 쉽게 다른 모듈로 대체할 수 있는 구조를 만들겠습니다.

46.1 Optimizer 클래스

이번 절에서는 매개변수 갱신을 위한 기반 클래스인 Optimizer를 구현합니다. Optimizer가 기초를 제공하고, 구체적인 최적화 기법은 Optimizer 클래스를 상속한 곳에서 구현하게 할 것입니다. 먼저 Optimizer를 만나보시죠.

dezero/optimizers.py

```python
class Optimizer:
    def __init__(self):
        self.target = None
        self.hooks = []

    def setup(self, target):
        self.target = target
        return self

    def update(self):
        # None 이외의 매개변수를 리스트에 모아둠
        params = [p for p in self.target.params() if p.grad is not None]
```

```
    # 전처리(옵션)
    for f in self.hooks:
        f(params)

    # 매개변수 갱신
    for param in params:
        self.update_one(param)

def update_one(self, param):
    raise NotImplementedError()

def add_hook(self, f):
    self.hooks.append(f)
```

Optimizer 클래스의 초기화 메서드에서는 target과 hooks라는 두 개의 인스턴스 변수를 초기화합니다. 그리고 setup 메서드는 매개변수를 갖는 클래스(Model 또는 Layer)를 인스턴스 변수인 target으로 설정합니다.

한편 update 메서드는 모든 매개변수를 갱신합니다. 하지만 인스턴스 변수 grad가 None인 매개변수는 갱신을 건너뜁니다. 그리고 구체적인 매개변수 갱신은 update_one 메서드에서 수행하는데, 바로 이 메서드를 Optimizer의 자식 클래스에서 재정의해야 합니다.

또한 Optimizer 클래스는 매개변수 갱신에 앞서 전체 매개변수를 전처리해주는 기능도 갖췄습니다. 원하는 전처리가 있다면 add_hook 메서드를 사용하여 전처리를 수행하는 함수를 추가합니다. 이 구조 덕에 가중치 감소$^{Weight Decay}$와 기울기 클리핑$^{Gradient Clipping}$[26] 같은 기법을 이용할 수 있습니다(구현 예는 example/mnist.py 등을 참고하세요).

46.2 SGD 클래스 구현

그러면 경사하강법으로 매개변수를 갱신하는 클래스를 구현해보죠. 다음은 SGD라는 이름의 클래스 코드입니다.

dezero/optimizers.py
```
class SGD(Optimizer):
    def __init__(self, lr=0.01):
        super().__init__()
        self.lr = lr
```

```python
    def update_one(self, param):
        param.data -= self.lr * param.grad.data
```

SGD 클래스는 Optimizer 클래스를 상속합니다. __init__ 메서드는 학습률을 받아 초기화하고 update_one 메서드에서 매개변수 갱신 코드를 구현합니다. 이것으로 매개변수 갱신을 SGD 클래스에 맡길 수 있습니다. SGD 클래스는 dezero/optimizers.py에 담겨 있으니, 외부 파일에서는 from dezero.optimizers import SGD로 임포트할 수 있습니다.

> NOTE_ SGD는 **확률적경사하강법**Stochastic Gradient Descent 의 약자입니다. 여기에서 말하는 '확률적'은 대상 데이터 중에서 무작위로(확률적으로) 선별한 데이터에 대해 경사하강법을 수행한다는 뜻입니다. 딥러닝에서는 이처럼 원래의 데이터에서 무작위로 골라 경사하강법을 수행하는 것이 일반적입니다.

46.3 SGD 클래스를 사용한 문제 해결

SGD 클래스를 사용하여 이전 단계와 똑같은 문제를 풀어봅시다. 마찬가지로 이전 단계에서 달라진 부분은 음영으로 표시했습니다.

steps/step46.py

```python
import numpy as np
from dezero import Variable
from dezero import optimizers
import dezero.functions as F
from dezero.models import MLP

np.random.seed(0)
x = np.random.rand(100, 1)
y = np.sin(2 * np.pi * x) + np.random.rand(100, 1)

lr = 0.2
max_iter = 10000
hidden_size = 10

model = MLP((hidden_size, 1))
optimizer = optimizers.SGD(lr)
optimizer.setup(model)
# 또는 다음처럼 한 줄로 합칠 수 있다.
# optimizer = optimizers.SGD(lr).setup(model)
```

```
for i in range(max_iter):
    y_pred = model(x)
    loss = F.mean_squared_error(y, y_pred)

    model.cleargrads()
    loss.backward()

    optimizer.update()
    if i % 1000 == 0:
        print(loss)
```

이번에는 MLP 클래스를 사용하여 모델을 생성했습니다(이전 단계에서는 TwoLayerNet을 사용). 그리고 SGD 클래스로 매개변수를 갱신합니다. 구체적인 매개변수 갱신 코드는 SGD 클래스에 담겨 있기 때문에 단순히 optimizer.update()를 호출하는 것으로 매개변수 갱신을 완료할 수 있습니다.

> NOTE_ Optimizer 클래스의 setup 메서드는 반환값으로 자신(self)을 돌려줍니다. 따라서 my_optimizer = SGD(...).setup(...)처럼 한 줄로 적을 수도 있습니다.

46.4 SGD 이외의 최적화 기법

기울기를 이용한 최적화 기법은 다양합니다. 대표적인 기법으로는 Momentum, AdaGrad[27], AdaDelta[28], Adam[29] 등을 들 수 있죠. Optimizer 클래스를 도입한 첫 번째 목표는 이처럼 다양한 최적화 기법을 필요에 따라 손쉽게 전환하기 위해서였습니다. 그래서 기반 클래스인 Optimizer를 상속하여 다양한 최적화 기법을 구현해보려 합니다. 이번 절에서는 SGD 이외의 최적화 기법으로 Momentum을 구현하겠습니다.

> NOTE_ AdaGrad, AdaDelta, Adam 등의 최적화 기법은 dezero/optimizers.py에 구현되어 있습니다. 지면에서는 따로 설명하지 않으니, 관심 있는 분은 『밑바닥부터 시작하는 딥러닝』의 '6.1 매개변수 갱신' 절을 참고하세요.

Momentum 기법을 수식으로 표현하면 다음과 같습니다.

$$\mathbf{v} \leftarrow \alpha\mathbf{v} - \eta\frac{\partial L}{\partial \mathbf{W}}$$

[식 46.1]

$$\mathbf{W} \leftarrow \mathbf{W} + \mathbf{v}$$

[식 46.2]

여기서 $\mathbf{W}$는 갱신할 가중치 매개변수, $\frac{\partial L}{\partial \mathbf{W}}$은 기울기($\mathbf{W}$에 관한 손실 함수 L의 기울기), η는 학습률을 뜻합니다. 또한 $\mathbf{v}$는 물리에서 말하는 '속도'에 해당합니다. 그래서 [식 46.1]은 물체가 기울기 방향으로 힘을 받아 가속된다는 물리 법칙을 나타냅니다. 그리고 [식 46.2]에 의해 속도만큼 위치(매개변수)가 이동합니다.

> NOTE_ [식 46.1]의 $\alpha\mathbf{v}$ 항은 물체가 아무런 힘을 받지 않을 때 서서히 감속시키는 역할을 합니다(α의 값을 0.9 등으로 설정합니다).

그럼 Momentum 기법을 MomentumSGD라는 이름으로 구현하겠습니다. 코드는 다음과 같습니다.

```python
import numpy as np
                                                              dezero/optimizers.py

class MomentumSGD(Optimizer):
    def __init__(self, lr=0.01, momentum=0.9):
        super().__init__()
        self.lr = lr
        self.momentum = momentum
        self.vs = {}

    def update_one(self, param):
        v_key = id(param)
        if v_key not in self.vs:
            self.vs[v_key] = np.zeros_like(param.data)

        v = self.vs[v_key]
        v *= self.momentum
        v -= self.lr * param.grad.data
        param.data += v
```

여기서 각 매개변수에는 '속도'에 해당하는 데이터가 있습니다. 이 데이터들을 딕셔너리 타입의 인스턴스 변수 self.vs에 유지합니다. 초기화 시에는 vs에 아무것도 담겨 있지 않지만, update_one()이 처음 호출될 때 매개변수와 같은 타입의 데이터를 생성합니다. 그다음 코드들은 [식 46.1]과 [식 46.2]를 코드로 옮겨 적은 것입니다.

> **NOTE_** dezero/optimizers.py의 MomentumSGD 클래스 코드는 앞의 코드와 일부 다른 부분이 있습니다. GPU 대응 로직이 반영된 것으로, np.zeros_like 메서드 부분이 데이터 타입에 따라 CuPy의 cupy.zeros_like 메서드를 호출하도록 작성되어 있습니다. GPU 대응은 52단계에서 다룹니다.

이상이 Momentum의 구현입니다. 이제 앞서 구현한 학습 코드에서 손쉽게 Momentum으로 전환할 수 있습니다. optimizer = SGD(lr)을 optimizer = MomentumSGD(lr)로 바꿔주기만 하면 끝이죠. 다른 코드는 아무것도 손댈 게 없습니다. 이상으로 다양한 최적화 기법을 간편하게 전환할 수 있게 되었습니다!

소프트맥스 함수와 교차 엔트로피 오차

지금까지 신경망을 사용하여 회귀 문제를 풀어봤는데, 앞으로는 새로운 유형의 문제에 도전해 보겠습니다. 바로 **다중 클래스 분류**multi-class classification입니다. 다중 클래스 분류는 이름처럼 '여러 클래스'로 '분류'하는 문제로, 분류 대상이 여러 가지 클래스 중 어디에 속하는지 추정합니다. 이번 단계에서는 다중 클래스 분류를 위한 사전 준비를 합니다. 그리고 다음 단계에서 DeZero 를 사용하여 다중 클래스 분류를 구현하겠습니다.

47.1 슬라이스 조작 함수

우선 사전 준비로 편의 함수를 하나 추가합니다. get_item이라는 함수로, 당장은 함수 사용법 만 보여드리겠습니다. 구현 방법에 관심 있는 분은 '부록 B'를 참고하세요. 다음은 get_item 함 수의 사용 예입니다.

```python
import numpy as np
from dezero import Variable
import dezero.functions as F

x = Variable(np.array([[1, 2, 3], [4, 5, 6]]))
y = F.get_item(x, 1)
print(y)
```

```
variable([4 5 6])
```

이와 같이 get_item 함수는 Variable의 다차원 배열 중에서 일부를 슬라이스^{slice}하여 뽑아줍니다. 이 예에서는 (2, 3) 형상의 x에서 1번째 행의 원소를 추출했습니다. 이 함수는 DeZero 함수로 구현했기 때문에 역전파도 제대로 수행합니다. 확인차 앞의 코드 뒤에 다음 코드를 추가해보세요.

```
y.backward()
print(x.grad)
```

```
variable([[0. 0. 0.]
          [1. 1. 1.]])
```

y.backward()를 호출하여 역전파를 해봤습니다(이때 y.grad = Variable(np.ones_like(y.data))로, 기울기가 자동으로 채워집니다). 슬라이스로 인한 '계산'은 다차원 배열의 데이터 일부를 수정하지 않고 전달하는 것입니다. 따라서 그 역전파는 원래의 다차원 배열에서 데이터가 추출된 위치에 해당 기울기를 설정하고, 그 외에는 0으로 설정합니다. 그림으로는 [그림 47-1]과 같습니다.

그림 47-1 get_item 함수의 순전파와 역전파 예

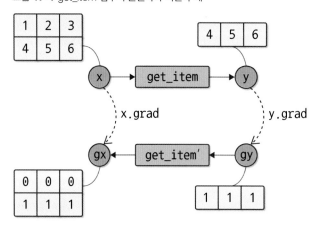

다차원 배열의 일부를 추출하는 작업을 '슬라이스'라고 합니다. 파이썬에서는 리스트나 튜플인 x에 대해 x[1]이나 x[1:4] 같은 형태로 슬라이스 조작을 할 수 있습니다.

또한 get_item 함수를 사용하면 다음 코드 예처럼 같은 인덱스를 반복 지정하여 동일한 원소를 여러 번 빼낼 수 있습니다.

```python
x = Variable(np.array([[1, 2, 3], [4, 5, 6]]))
indices = np.array([0, 0, 1])
y = F.get_item(x, indices)
print(y)
```

실행 결과

```
variable([[1 2 3]
          [1 2 3]
          [4 5 6]])
```

이상이 DeZero의 get_item 함수입니다. 이어서 get_item 함수를 Variable의 메서드로도 사용할 수 있게 특수 메서드로 설정합니다.

```python
Variable.__getitem__ = F.get_item  # Variable의 메서드로 설정

y = x[1]
print(y)

y = x[:,2]
print(y)
```

실행 결과

```
variable([4 5 6])
variable([3 6])
```

이렇게 해두면 x[1]이나 x[:, 2] 등의 기법을 사용할 때도 get_item 함수가 불립니다. 더구나 이 슬라이스 작업의 역선파도 올바르세 이누어시죠. 이 특수 메서드 설정은 dezero/core.py 의 setup_variable 함수에서 수행하게 합니다(setup_variable 함수는 DeZero 초기화 시

호출되는 함수입니다). 이것으로 Variable 인스턴스를 자유롭게 슬라이스할 수 있게 되었으니, 이번 단계의 주제로 넘어가겠습니다.

47.2 소프트맥스 함수

다중 클래스 분류를 신경망으로 하게 되면 지금까지 선형 회귀 때 이용한 신경망을 그대로 사용할 수 있습니다. 앞서 MLP 클래스로 구현해둔 신경망을 그대로 이용할 수 있다는 뜻입니다. 예를 들어 입력 데이터의 차원 수가 2이고 3개의 클래스로 분류하는 문제라면 다음과 같이 작성할 수 있습니다.

```
from dezero.models import MLP                    steps/step47.py

model = MLP((10, 3))
```

MLP((10, 3)) 코드는 2층으로 이루어진 완전연결 신경망을 만들어줍니다. 첫 번째 완전연결계층의 출력 크기는 10이고, 두 번째 완전연결계층의 출력 크기는 3입니다. 이제 model은 입력 데이터를 3차원 벡터(원소가 3개인 벡터)로 변환합니다. 실제로 적당한 데이터를 입력해보겠습니다.

```
x = np.array([[0.2, -0.4]])                      steps/step47.py
y = model(x)
print(y)
```

실행 결과

```
variable([[-0.6150578 -0.42790162 0.31733288]])
```

x의 형상은 (1, 2)입니다. 샘플 데이터가 하나 있고, 그 데이터는 원소가 2개인 2차원 벡터임을 뜻합니다. 그리고 신경망의 출력 형태는 (1, 3)입니다. 이는 곧 하나의 샘플 데이터가 3개의 원소(= 3차원 벡터)로 변환된다는 말입니다. 이때 3차원 벡터의 원소 각각이 하나의 클래스에 해당합니다. 그리고 출력된 벡터에서 값이 가장 큰 원소의 인덱스가 이 모델이 분류한(정답이

라고 예측한) 클래스입니다. 앞의 예는 (0번, 1번, 2번 원소 중) 2번 원소가 0.31733288으로 가장 크기 때문에 2번 클래스로 분류한 것입니다.

이번 코드 예시에서는 신경망의 출력이 단순한 '수치'인데, 이 수치를 '확률'로 변환할 수 있습니다. 이 일을 해주는 것이 **소프트맥스 함수**softmax function입니다. 소프트맥스 함수는 다음 식으로 표현됩니다.

$$p_k = \frac{\exp(y_k)}{\sum_{i=1}^{n} \exp(y_i)}$$

[식 47.1]

여기에서는 소프트맥스 함수의 입력 y_k가 총 n개라고 가정합니다(n은 '클래스 수'). 그리고 [식 47.1]은 k번째 출력 p_k를 구하는 계산식을 보여줍니다. 소프트맥스 함수의 분자는 입력 y_k의 지수 함수고, 분모는 모든 입력의 지수 함수의 총합입니다. 따라서 $0 \le p_i \le 1$이고, $p_1 + p_2 + \cdots + p_n = 1$이 성립하여 $(p_1, p_2, \cdots, p_n)$의 원소 각각을 확률로 해석할 수 있게 됩니다.

그럼 DeZero용 소프트맥스 함수를 구현해봅시다. 우선 입력 데이터가 하나(샘플 데이터가 하나)인 경우에 한정하여 소프트맥스 함수를 구현하겠습니다. 코드는 다음과 같습니다.

steps/step47.py

```python
from dezero import Variable, as_variable
import dezero.functions as F

def softmax1d(x):
    x = as_variable(x)
    y = F.exp(x)
    sum_y = F.sum(y)
    return y / sum_y
```

보다시피 DeZero 함수들을 사용하여 [식 47.1]을 코드로 옮기면 됩니다(DeZero의 Exp 클래스와 exp 함수는 functions.py에 존재합니다). 첫 번째 줄 x = as_variable(x)는 x가 ndarray 인스턴스인 경우 Variable 인스턴스로 변환해줍니다.

> NOTE_ 이 코드의 y / sum_y 계산에서는 y와 sum_y의 형상이 다르기 때문에 형상을 일치시켜주는 브로드캐스트가 일어납니다. DeZero는 브로드캐스트에 대한 대응을 이미 마쳤으므로 브로드캐스트가 일어나더라도 역전파를 올바르게 수행합니다.

그러면 softmax1d 함수를 사용해볼까요?

```
x = Variable(np.array([[0.2, -0.4]]))
y = model(x)
p = softmax1d(y)
print(y)
print(p)
```

steps/step47.py

실행 결과

```
variable([[-0.61505778 -0.42790161  0.31733289]])
variable([[0.21068638 0.25404893 0.53526469]])
```

보다시피 p의 각 원소는 0 이상 1 이하이고, 총합은 1이 됩니다. 이처럼 신경망의 출력을 '확률'로 변환할 수 있었습니다.

> CAUTION_ 소프트맥스 함수의 계산은 지수 함수로 이루어지기 때문에 결괏값이 너무 커지거나 작아지기 쉽습니다. 따라서 소프트맥스 함수를 구현할 때는 오버플로 문제에 잘 대처해줘야 합니다. 이 책에서는 설명을 생략하니, 소프트맥스 함수를 더 잘 구현하는 방법은 『밑바닥부터 시작하는 딥러닝』의 '3.5.2 소프트맥스 함수 구현 시 주의점' 절을 참고하세요.

이어서 배치batch 데이터에도 소프트맥스 함수를 적용할 수 있도록 확장하겠습니다. [그림 47-2]와 같이 샘플 데이터 각각에 소프트맥스 함수를 적용하는 경우를 생각해보죠.

그림 47-2 2차원 데이터에 소프트맥스 함수를 적용하는 예

```
[[-0.615, -0.427,  0.317]          [[0.210, 0.254, 0.535]
 [-0.763, -0.249,  0.185]   softmax  [0.190, 0.318, 0.491]
 [-0.520, -0.962,  0.578]   ─────▶   [0.215, 0.138, 0.646]
 [-0.942, -0.503,  0.175]]           [0.178, 0.276, 0.545]]
```

배치 데이터도 처리할 수 있는 소프트맥스 함수는 다음처럼 구현할 수 있습니다.*

```python
def softmax_simple(x, axis=1):
    x = as_variable(x)
    y = exp(x)
    sum_y = sum(y, axis=axis, keepdims=True)
    return y / sum_y
```

dezero/functions.py

인수 x는 2차원 데이터라고 가정합니다. 그리고 인수 axis에서 어떤 축을 따라 소프트맥스 함수를 적용할지 정합니다. axis=1이면 소프트맥스 함수가 [그림 47-2]처럼 적용됩니다. 합계 계산에서는 keepdims=True이므로 각 행에서 [식 47.1]의 나눗셈이 이루어지게 됩니다.

참고로 여기에서 구현한 softmax_simple 함수는 DeZero 함수를 사용한 간단한 구현으로, 올바른 결과를 내지만 개선할 점도 있습니다. 더 나은 구현 방식은 (다시 이야기하지만) Function 클래스를 상속하여 Softmax 클래스를 구현하고 파이썬 함수로 softmax를 구현하는 것입니다. 여기에서는 설명을 생략하니 관심 있는 분은 dezero/functions.py를 참고하기 바랍니다.

47.3 교차 엔트로피 오차

선형 회귀에서는 손실 함수로 평균 제곱 오차를 이용했습니다. 하지만 다중 클래스 분류에 적합한 손실 함수는 따로 있습니다. 흔히 **교차 엔트로피 오차**$^{\text{cross entropy error}}$를 사용하며, 다음 식으로 정의됩니다.

$$L = -\sum_k t_k \log p_k$$

[식 47.2]

여기에서 t_k는 정답 데이터의 k차원째 값을 나타냅니다. 정답 데이터의 각 원소는 정답에 해당하는 클래스면 1로, 그렇지 않으면 0으로 기록되어 있습니다. 이러한 표현 방식을 **원핫 벡터**$^{\text{one-hot vector}}$라고 합니다. 벡터를 구성하는 여러 원소 중 한 원소만 핫^{hot}하다(값이 1이다)는 뜻입니다. 또한 p_k는 신경망에서 소프트맥스 함수를 적용한 후의 출력입니다.

---

* 이 코드는 dezero/functions.py에서 정의합니다. exp 함수와 sum 함수 역시 같은 dezero/functions.py에 정의되어 있으므로 DeZero를 F.exp()가 아닌 단순히 exp()로 호출합니다.

교차 엔트로피 오차를 뜻하는 [식 47.2]를 더 간단하게 표현할 수도 있습니다. 예를 들어 $\mathbf{t} = (0,0,1)$이고 $\mathbf{p} = (p_0, p_1, p_2)$인 경우를 [식 47.2]에 대입하면 $L = -\log p_2$가 됩니다. 다시 말해, 정답 클래스에 해당하는 번호의 확률 $\mathbf{p}$를 추출함으로써 교차 엔트로피 오차를 계산할 수 있습니다. 따라서 정답 데이터에 의해 정답 클래스의 번호가 t로 주어지면 다음처럼도 계산할 수 있습니다.

$$L = -\log \mathbf{p}[t]$$

[식 47.3]

여기서 $\mathbf{p}[t]$는 벡터 $\mathbf{p}$에서 t번째 요소만을 추출한다는 뜻입니다. 이 슬라이스 작업은 이번 단계를 시작할 때(47.1절) DeZero에 갖춰둔 기능입니다.

> CAUTION_ 이번 교차 엔트로피 오차 설명은 데이터가 하나인 경우에 대한 것입니다. 만약 데이터가 N개라면 각 데이터에서 교차 엔트로피 오차를 구하고, 전체를 더한 다음 N으로 나눕니다. 즉, 평균 교차 엔트로피 오차를 구합니다.

그럼 교차 엔트로피 오차를 구현해봅시다. '소프트맥스 함수'와 '교차 엔트로피 오차'를 한꺼번에 수행하는 함수를 softmax_cross_entropy_simple(x, t)라는 이름으로 구현하겠습니다.

```
def softmax_cross_entropy_simple(x, t):          dezero/functions.py
    x, t = as_variable(x), as_variable(t)
    N = x.shape[0]

    p = softmax(x)  # 또는 softmax_simple(x)
    p = clip(p, 1e-15, 1.0)  # log(0)을 방지하기 위해 p의 값을 1e-15 이상으로 한다.
    log_p = log(p)  # log는 DeZero 함수
    tlog_p = log_p[np.arange(N), t.data]
    y = -1 * sum(tlog_p) / N
    return y
```

인수 x는 신경망에서 소프트맥스 함수를 적용하기 전의 출력이며, t는 정답 데이터입니다. 이 정답 데이터로는 정답 클래스의 번호(레이블)가 주어진다고 가정합니다(원핫 벡터가 아닙니다).

앞 코드의 p = softmax(x)에서 p의 원솟값은 0 이상 1 이하입니다. 이어서 log 계산을 수행합니다. 이때 log 함수에 0을 건네면 오류(정확하게는 경고)가 발생하므로, 이를 방지하기

위해 값이 0이면 1e-15라는 작은 값으로 대체합니다. 이 일을 해주는 것이 clip 함수입니다. clip 함수는 clip(x, x_min, x_max) 형태로 사용하는데, x(Variable 인스턴스)의 원소가 x_min 이하면 x_min으로 변환하고, x_max 이상이면 x_max로 변환해줍니다. clip 함수 구현에 관한 설명은 생략하겠습니다(코드는 dezero/functions.py에 있습니다).

한편 np.arange(N)은 [0, 1, ..., N-1] 형태의 ndarray 인스턴스를 생성해줍니다. 따라서 log_p[np.arange(N), t.data] 코드는 log_p[0, t.data[0]], log_p[1, t.data[1]], ...와 정답 데이터(t.data)에 대응하는 모델의 출력을 구하고, 그 값을 1차원 배열에 담아줍니다.

> **CAUTION_** 앞의 softmax_cross_entropy_simple 함수는 간단한 구현입니다. 더 나은 구현은 dezero/functions.py에 softmax_cross_entropy 함수로 구현되어 있습니다. 지면에서는 이해하기 쉽도록 간단한 구현을 기준으로 설명했습니다.

그러면 다중 클래스 분류를 하는 신경망에 구체적인 데이터를 주어 교차 엔트로피 오차를 계산해보겠습니다.

```python
x = np.array([[0.2, -0.4], [0.3, 0.5], [1.3, -3.2], [2.1, 0.3]])
t = np.array([2, 0, 1, 0])
y = model(x)
loss = F.softmax_cross_entropy_simple(y, t)
# 혹은 F.softmax_cross_entropy(y, t)
print(loss)
```

실행 결과
```
variable(1.4967442524053058)
```

먼저 입력 데이터 x와 정답 데이터 t를 준비합니다. 정답 데이터에는 정답 클래스의 번호가 기록되어 있습니다. 그런 다음 y = model(x)에서 변환을 하고, F.softmax_cross_entropy_simple(y, t)에서 손실 함수를 계산합니다. 이상으로 다중 클래스 분류를 해볼 준비를 마쳤습니다. 다음 단계에서는 다중 클래스 분류를 실제로 해보겠습니다.

다중 클래스 분류

이전 단계에서는 소프트맥스 함수와 교차 엔트로피 오차를 구현했습니다. 그러니 이제 다중 클래스 분류를 할 수 있습니다. 이번 단계에서는 '스파이럴 데이터셋'이라는 작은 데이터셋을 사용하여 다중 클래스 분류를 실제로 해보겠습니다(스파이럴^{spiral}은 나선형 혹은 소용돌이 모양이라는 뜻입니다). 먼저 스파이럴 데이터셋을 확인하는 일부터 시작합니다.

48.1 스파이럴 데이터셋

DeZero의 dezero/datasets.py 모듈(파일)에는 데이터셋 관련 클래스와 함수가 준비되어 있습니다. 또한 머신러닝에서 사용하는 대표적인 데이터셋도 몇 가지 들어 있는데, 여기에서는 그중 '스파이럴 데이터셋'을 읽어오겠습니다. get_spiral 함수를 사용하면 됩니다.

```python
import dezero

x, t = dezero.datasets.get_spiral(train=True)
print(x.shape)
print(t.shape)

print(x[10], t[10])
print(x[110], t[110])
```

```
(300, 2)
(300,)
[0.05984409 0.0801167 ] 0
[-0.08959206 -0.04442143] 1
```

get_spiral 함수는 인수로 train이라는 플래그를 받습니다. train=True면 학습(훈련)용 데이터를 반환하고, False면 테스트용 데이터를 반환합니다. 실제로 반환되는 값은 입력 데이터인 x와 정답 데이터(레이블)인 t입니다. x와 t는 모두 ndarray 인스턴스이며, 형상은 각각 (300, 2)와 (300,)입니다. 이번에 다루는 문제는 3 클래스 분류이므로 t의 원소는 0, 1, 2 중 하나가 됩니다. 참고로 [그림 48-1]은 x와 t를 그래프로 표현한 모습입니다.

그림 48-1 소용돌이 모양으로 분포하는 데이터셋

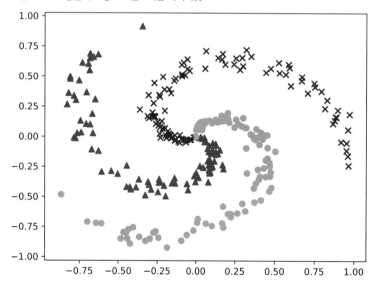

[그림 48-1]은 각각의 클래스를 ○, △, × 기호로 바꿔 그렸습니다. 보다시피 데이터가 소용돌이 모양으로 분포합니다. 앞으로 신경망을 사용하여 이 데이터를 정확하게 분류할 수 있는지 살펴보겠습니다.

48.2 학습 코드

이제 다중 클래스 분류를 하는 코드를 보겠습니다. 내용이 기니 전반과 후반으로 나눠 살펴보죠. 우선 전반 코드입니다.

```python
import math
import numpy as np
import dezero
from dezero import optimizers
import dezero.functions as F
from dezero.models import MLP

# ❶ 하이퍼파라미터 설정
max_epoch = 300
batch_size = 30
hidden_size = 10
lr = 1.0

# ❷ 데이터 읽기 / 모델, 옵티마이저 생성
x, t = dezero.datasets.get_spiral(train=True)
model = MLP((hidden_size, 3))
optimizer = optimizers.SGD(lr).setup(model)
```

steps/step48.py

지금까지 본 코드와 거의 같습니다. 우선 ❶에서 하이퍼파라미터를 설정합니다. 하이퍼파라미터는 '사람'이 결정하는 매개변수로, 은닉층 수와 학습률 등이 여기 속합니다. 그리고 ❷에서 데이터셋을 읽고 모델과 옵티마이저를 생성합니다.

또한 max_epoch = 300으로 설정했는데, '에포크epoch'는 일종의 단위를 나타냅니다. 준비된 데이터셋을 모두 사용했을 때(모두 '살펴봤을' 때)가 1에포크입니다. 그리고 배치 크기는 30으로(batch_size = 30) 설정하여 데이터를 한 번에 30개씩 묶어 처리하도록 했습니다.

> NOTE_ 여기에서 취급하는 데이터는 총 300개로, 지금까지 다룬 예보다 많습니다. 실전 문제에서는 훨씬 많은 데이터를 취급하는 경우가 대부분입니다. 이처럼 데이터가 많을 때는 모든 데이터를 한꺼번에 처리하는 대신 조금씩 무작위로 모아서 처리합니다. 이때의 '데이터 뭉치'를 미니배치mini batch라고 합니다.

다음은 후반 코드입니다.

```python
data_size = len(x)
max_iter = math.ceil(data_size / batch_size)  # 소수점 반올림

for epoch in range(max_epoch):
    # ❸ 데이터셋의 인덱스 뒤섞기
    index = np.random.permutation(data_size)
    sum_loss = 0

    for i in range(max_iter):
        # ❹ 미니배치 생성
        batch_index = index[i * batch_size:(i + 1) * batch_size]
        batch_x = x[batch_index]
        batch_t = t[batch_index]

        # ❺ 기울기 산출 / 매개변수 갱신
        y = model(batch_x)
        loss = F.softmax_cross_entropy(y, batch_t)
        model.cleargrads()
        loss.backward()
        optimizer.update()
        sum_loss += float(loss.data) * len(batch_t)

    # ❻ 에포크마다 학습 경과 출력
    avg_loss = sum_loss / data_size
    print('epoch %d, loss %.2f' % (epoch + 1, avg_loss))
```

❸에서는 np.random.permutation 함수를 사용하여 데이터셋의 인덱스를 무작위로 섞습니다. 이 함수는 예를 들어 인수로 N을 주면 0에서 N-1까지의 정수가 무작위로 배열된 리스트를 반환합니다. 여기에서는 에포크별로 index = np.random.permutation(data_size)를 호출하여 무작위로 정렬된 색인 리스트를 새로 생성했습니다.

❹에서는 미니배치를 생성합니다. 미니배치의 인덱스(batch_index)는 방금 생성한 index에서 앞에서부터 차례로 꺼내 사용합니다. 한편 DeZero 함수는 Variable과 ndarray 인스턴스 중 하나를 입력받는데, 이번 예에서 batch_x와 batch_t는 모두 ndarray 인스턴스입니다. 물론 Variable(batch_x)처럼 명시적으로 Variable로 변환해도 제대로 계산됩니다.

❺에서는 언제나처럼 기울기를 구하고 매개변수를 갱신합니다. 그리고 ❻에서는 에포크마다 손실 함수의 결과를 출력합니다. 이상이 스파이럴 데이터셋을 학습하기 위한 코드입니다.

그럼 코드를 실행해봅시다. 손실(loss)이 잘 줄어드는 모습을 확인할 수 있으며, [그림 48-2]는 이를 그래프로 나타낸 모습입니다.

그림 48-2 손실 그래프(가로축은 에포크, 세로축은 에포크별 손실의 평균)

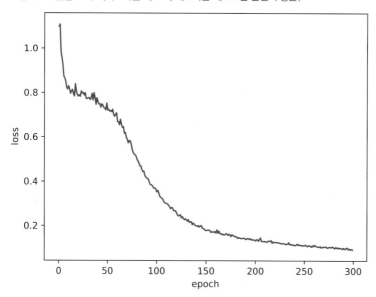

[그림 48-2]와 같이 학습을 진행할수록 손실이 줄어듭니다. 우리 신경망이 올바른 방향으로 학습하고 있다는 뜻이죠. 그럼 학습이 완료된 신경망은 클래스별 영역, 즉 **결정 경계**^{decision boundary}를 어떻게 구분하고 있는지 시각화해봅시다.

그림 48-3 학습 후 신경망의 결정 경계

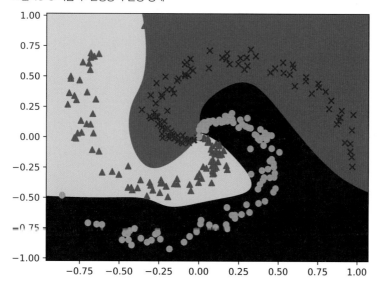

[그림 48-3]과 같이 학습 후 신경망은 '소용돌이' 패턴을 제대로 파악하고 있습니다. 신경망이 비선형 분리 영역을 학습해낸 것입니다! 이와 같이 신경망에 은닉층을 추가하면 복잡한 표현도 가능해집니다. 그리고 층을 더 깊게 쌓는 식으로 표현력을 키울 수 있다는 것이 딥러닝의 특징 입니다.

Dataset 클래스와 전처리

이전 단계에서는 스파이럴 데이터셋을 읽어올 때 x, t = dezero.datasets.get_spiral() 코드를 사용했습니다. 이때 x와 t는 ndarray 인스턴스이며, 형상은 x가 (300, 2)이고 t가 (300,) 이었습니다. 즉, 총 300개의 데이터를 하나의 ndarray 인스턴스에 담았던 것입니다.

스파이럴 데이터셋은 300개 정도의 작은 데이터셋이라서 ndarray 인스턴스 하나로 처리할 수 있었지만, 대규모 데이터셋을 처리할 때는 문제가 됩니다. 예를 들어 데이터가 100만 개라면 어떨까요? 이처럼 거대한 데이터를 하나의 ndarray 인스턴스로 처리하면 모든 원소를 한꺼번에 메모리에 올려야만 하죠. 그래서 이러한 문제에 대응할 수 있도록 데이터셋 전용 클래스인 Dataset 클래스를 만들려 합니다. Dataset 클래스에는 데이터를 전처리할 수 있는 구조도 추가할 것입니다.

49.1 Dataset 클래스 구현

Dataset 클래스는 기반 클래스로서의 역할을 하고, 사용자가 실제로 사용하는 데이터셋은 이를 상속하여 구현하게 할 것입니다. 그럼 Dataset 클래스의 구현을 보겠습니다.

dezero/datasets.py

```python
import numpy as np

class Dataset:
    def __init__(self, train=True):
        self.train = train
        self.data = None
        self.label = None
        self.prepare()

    def __getitem__(self, index):
        assert np.isscalar(index)  # index는 정수(스칼라)만 지원
        if self.label is None:
            return self.data[index], None
        else:
            return self.data[index], self.label[index]

    def __len__(self):
        return len(self.data)

    def prepare(self):
        pass
```

우선 초기화 때 train 인수를 받습니다. 이 인수는 '학습'이냐 '테스트'이냐를 구별하기 위한 플래그입니다. 인스턴스 변수 data와 label에는 각각 입력 데이터와 레이블을 보관합니다. 그리고 자식 클래스에서는 prepare 메서드가 데이터 준비 작업을 하도록 구현해야 합니다.

Dataset 클래스에서 중요한 메서드는 __getitem__과 __len__입니다. 이 두 메서드(인터페이스)를 제공해야만 'DeZero 데이터셋'이라고 할 수 있기 때문이죠. 이렇게 인터페이스를 통일하면 다양한 데이터셋을 교체해가며 사용할 수 있습니다.

__getitem__은 파이썬의 특수 메서드로, x[0]나 x[1]처럼 괄호를 사용해 접근할 때의 동작을 정의합니다. Dataset 클래스의 __getitem__ 메서드는 단순히 지정된 인덱스에 위치하는 데이터를 꺼냅니다. 레이블 데이터가 없다면 입력 데이터 self.data[index]의 레이블은 None을 반환합니다('정답 데이터 없음' 상황을 가정한 동작입니다). 그리고 데이터셋의 길이를 알려주는 __len__ 메서드는 len 함수를 사용할 때 호출됩니다(예: len(x)).

> CAUTION_ __getitem__ 메서드는 원래 '슬라이스' 조작도 처리할 수 있습니다. 슬라이스란 예를 들어 x[1:3] 같은 작업을 말합니다. 그러나 DeZero의 Dataset 클래스는 슬라이스에는 대응하지 않고 단순히 정수를 index로 사용하는 조작법만 지원하게 했습니다.

이상이 Dataset 클래스입니다. 그럼 Dataset 클래스를 상속하여 스파이럴 데이터셋을 구현하겠습니다. 클래스 이름은 Spiral로 하고 코드는 다음과 같습니다.

```
                                                              dezero/datasets.py
class Spiral(Dataset):
    def prepare(self):
        self.data, self.label = get_spiral(self.train)
```

이와 같이 prepare 메서드에서 인스턴스 변수인 data와 label에 데이터를 설정하는 게 다입니다. 이것으로 다음과 같이 Spiral 클래스를 사용하여 데이터를 추출할 수 있습니다. 물론 데이터의 길이도 얻을 수 있고요.

```
import dezero

train_set = dezero.datasets.Spiral(train=True)
print(train_set[0])
print(len(train_set))
```

실행 결과
```
(array([-0.13981389, -0.00721657], dtype=float32), 1)
300
```

이 예에서는 괄호를 사용하여 train_set[0] 형태로 데이터를 가져왔고, 그 결과 0번째 입력 데이터와 레이블이 튜플로 반환되었습니다.

49.2 큰 데이터셋의 경우

스파이럴 데이터셋 같은 작은 데이터셋이라면 Dataset 클래스의 인스턴스 변수인 data와 label에 직접 ndarray 인스턴스를 유지해도 무리가 없습니다. 하지만 데이터셋이 훨씬 크다면 이런 구현 방식은 사용할 수 없죠. 그래서 다음과 같은 구현을 생각해보았습니다.

```python
class BigData(Dataset):
    def __getitem__(index):
        x = np.load('data/{}.npy'.format(index))
        t = np.load('label/{}.npy'.format(index))
        return x, t

    def __len__():
        return 1000000
```

data 디렉터리와 label 디렉터리에 각각 100만 개의 데이터(레이블)가 저장되어 있다고 가정했습니다. 그리고 BigData 클래스를 초기화할 때는 데이터를 아직 읽지 않고, 데이터에 접근할 때 비로소 읽게 하는 것입니다. 구체적으로는 __getitem__(index)가 불리는 시점에서 data 디렉터리에 있는 데이터를 읽습니다(np.load 함수는 53단계에서 설명합니다). 앞에서도 이야기하였듯, 'DeZero 데이터셋'이 되기 위한 요건은 __getitem__ 과 __len__ 두 메서드를 구현하는 것입니다. 앞의 BigData 클래스는 요건을 충족하므로 Spiral 클래스처럼 사용할 수 있습니다.

이어서 Spiral 클래스를 사용하여 학습 코드를 작성해봅시다. 그러려면 데이터를 '연결'해야 합니다.

49.3 데이터 이어 붙이기

신경망을 학습시킬 때는 데이터셋 중 일부를 미니배치로 꺼냅니다. 다음은 Spiral 클래스를 사용하여 데이터를 미니배치로 가져오는 코드입니다.

```python
train_set = dezero.datasets.Spiral()

batch_index = [0, 1, 2]  # 0에서 2번째까지의 데이터를 꺼냄
batch = [train_set[i] for i in batch_index]
# batch = [(data_0, label_0), (data_1, label_1), (data_2, label_2)]
```

이와 같이 우선은 인덱스를 지정하여 여러 데이터(미니배치)를 꺼냅니다. 이 코드를 실행하면 batch에 여러 데이터가 리스트로 저장됩니다. 이제 이 데이터를 DeZero의 신경망에 입력하려면 하나의 ndarray 인스턴스로 변환해야 하는데, 코드로는 다음과 같습니다.

```
x = np.array([example[0] for example in batch])
t = np.array([example[1] for example in batch])

print(x.shape)
print(t.shape)
```

실행 결과

```
(3, 2)
(3,)
```

여기에서는 batch의 각 원소에서 데이터(혹은 레이블)만을 꺼내 하나의 ndarray 인스턴스로 변형했습니다(이어 붙였습니다). 이것으로 드디어 신경망에 입력할 수 있는 형태의 데이터가 마련되었습니다.

49.4 학습 코드

그럼 Spiral 클래스를 사용하여 학습을 해보겠습니다. 코드는 다음과 같습니다(파이썬의 임포트 코드는 생략했고, 이전 단계에서 달라진 부분은 음영으로 표시했습니다).

steps/step49.py

```
max_epoch = 300
batch_size = 30
hidden_size = 10
lr = 1.0

train_set = dezero.datasets.Spiral()
model = MLP((hidden_size, 3))
optimizer = optimizers.SGD(lr).setup(model)

data_size = len(train_set)
max_iter = math.ceil(data_size / batch_size)

for epoch in range(max_epoch):
    index = np.random.permutation(data_size)
    sum_loss = 0
```

```
for i in range(max_iter):
    # 미니배치 꺼내기
    batch_index = index[i * batch_size:(i + 1) * batch_size]
    batch = [train_set[i] for i in batch_index]
    batch_x = np.array([example[0] for example in batch])
    batch_t = np.array([example[1] for example in batch])

    y = model(batch_x)
    loss = F.softmax_cross_entropy(y, batch_t)
    model.cleargrads()
    loss.backward()
    optimizer.update()

    sum_loss += float(loss.data) * len(batch_t)

# 에포크마다 손실 출력
avg_loss = sum_loss / data_size
print('epoch %d, loss %.2f' % (epoch + 1, avg_loss))
```

실행 결과

```
epoch 1, loss 1.35
epoch 2, loss 1.06
epoch 3, loss 0.98
epoch 4, loss 0.90
...
```

이전 단계에서 달라진 부분은 Spiral 클래스를 사용하는 내용입니다. 그에 따라 미니배치를 만드는 부분의 코드를 수정했습니다. 그 외에는 이전 단계와 같습니다. 이 코드를 실행하면 이전단계와 마찬가지로 손실(loss)이 낮아지는 모습을 확인할 수 있습니다.

이제 Dataset 클래스를 사용하여 신경망을 학습할 수 있게 되었습니다. Dataset 클래스를 사용하는 이점은 다른 데이터셋으로 교체해 학습할 때 확인할 수 있는데, 예컨대 앞의 코드에서 Spiral을 BigData로 교체하는 것만으로 훨씬 큰 데이터셋에 대응할 수 있습니다. 데이터셋 인터페이스를 통일하여 다양한 데이터셋을 똑같은 코드로 처리할 수 있기 때문입니다.

마지막으로 Dataset 클래스에 전처리 기능을 추가하겠습니다.

49.5 데이터셋 전처리

머신러닝에서는 모델에 데이터를 입력하기 전에 데이터를 특정한 형태로 가공할 일이 많습니다. 예를 들어 데이터에서 특정 값을 제거하거나 데이터의 형상을 변형하는 처리입니다. 이미지를 회전 혹은 좌우 반전시키거나 데이터 수를 인위적으로 늘리는 기술(**데이터 확장**^{data augmentation})도 자주 이용됩니다. 이러한 전처리(및 데이터 확장)에 대응하기 위해 Dataset 클래스에도 전처리 기능을 추가하겠습니다. 추가할 코드는 다음과 같습니다.

```python
                                                    dezero/datasets.py
class Dataset:
    def __init__(self, train=True, transform=None, target_transform=None):
        self.train = train
        self.transform = transform
        self.target_transform = target_transform
        if self.transform is None:
            self.transform = lambda x: x
        if self.target_transform is None:
            self.target_transform = lambda x: x

        self.data = None
        self.label = None
        self.prepare()

    def __getitem__(self, index):
        assert np.isscalar(index)
        if self.label is None:
            return self.transform(self.data[index]), None
        else:
            return self.transform(self.data[index]),\
                    self.target_transform(self.label[index])

    def __len__(self):
        return len(self.data)

    def prepare(self):
        pass
```

이와 같이 초기화 시에 transform과 target_transform을 새롭게 받습니다. 이 인수들은 호출 가능한 객체(예를 들어 '파이썬 함수' 등)를 받습니다. transform은 입력 데이터 하나에 대한 변환을 처리하고, target_transform 레이블 하나에 대한 변환을 처리합니다. 이 값이 None이라면 전처리 로직은 lambda x : x로 설정되어, 받은 인수를 그대로 반환합니다(아무런 전처리도 하지 않습니다). 이상의 전처리 설정 기능이 있으면 다음과 같은 코드를 작성할 수 있습니다.

```python
def f(x):
    y = x / 2.0
    return y

train_set = dezero.datasets.Spiral(transform=f)
```

이 코드는 입력 데이터를 1/2로 스케일 변환하는 전처리 예입니다. 이처럼 데이터셋에 대해 사용자가 원하는 전처리를 추가할 수 있습니다. 참고로 DeZero는 데이터 정규화^{normalization}와 이미지 데이터(PIL.Image 인스턴스) 변환 등 전처리 시 자주 사용되는 변환들을 dezero/transforms.py에 준비해뒀습니다. 다음은 사용 예시입니다.

```python
from dezero import transforms

f = transforms.Normalize(mean=0.0, std=2.0)
train_set = dezero.datasets.Spiral(transforms=f)
```

transforms.Normalize(mean=0.0, std=2.0)에 의해 입력을 x라 할 때 (x − mean) / std 라는 변환이 이루어집니다. 또한 다음과 같이 여러 변환 처리를 연달아 수행할 수도 있습니다.

```python
f = transforms.Compose([transforms.Normalize(mean=0.0, std=2.0),
                        transforms.AsType(np.float64)])
```

transform.Compose 클래스는 주어진 변환 목록을 앞에서부터 순서대로 처리합니다. 지금 예에서는 정규화를 먼저 하고, 연이어 데이터 타입을 np.float64로 변환하는 일을 수행합니다. 이처럼 dezero/transform.py에는 편리한 변환 처리가 준비되어 있습니다. 각각의 구현은 간단하므로 설명은 생략하니, 관심 있는 분은 파일 내용을 참고하세요.

미니배치를 뽑아주는 DataLoader

이전 단계에서는 Dataset 클래스를 만들어서 통일된 인터페이스로 데이터셋을 다룰 수 있게 하였습니다. 이번 단계에서는 Dataset 클래스에서 미니배치를 뽑아주는 DataLoader 클래스를 구현합니다. DataLoader는 미니배치 생성과 데이터셋 뒤섞기 등의 기능을 제공하여 사용자가 작성해야 할 학습 코드가 더 간단해집니다. 이번 단계에서는 우선 '반복자'가 무엇인지 알아보고 이어서 DataLoader 클래스를 구현하는 흐름으로 진행하겠습니다.

50.1 반복자란

반복자^{iterator}는 이름에서 알 수 있듯이 원소를 반복하여 꺼내줍니다. 그리고 파이썬의 반복자는 리스트나 튜플 등 여러 원소를 담고 있는 데이터 타입으로부터 데이터를 순차적으로 추출하는 기능을 제공합니다. 구체적인 예를 보시죠.

```
>>> t = [1, 2, 3]
>>> x = iter(t)
>>> next(x)
1
>>> next(x)
2
>>> next(x)
3
```

```
>>> next(x)
Traceback (most recent call last):
  File '<stdin>', line 1, in <module>
StopIteration
```

리스트를 반복자로 변환하려면 iter 함수를 사용합니다. 이 코드에서는 리스트 t에서 x라는 반복
자를 만들었습니다. 그런 다음 반복자에서 데이터를 순서대로 추출하기 위해 next 함수를 사용
합니다. 앞의 예에서 next 함수가 실행될 때마다 리스트의 원소가 차례대로 꺼내지는 것을 확
인할 수 있습니다. 또한 네 번째 실행에서는 원소가 더는 존재하지 않기 때문에 StopIteration
예외가 발생했습니다.

> NOTE_ for 문에서 리스트의 원소를 꺼낼 때 내부적으로(사용자에게 보이지 않는 곳에서) 반복자가 이용
> 됩니다. 예를 들어 t = [1, 2, 3]일 때 for x in t : x를 실행하면 리스트 t가 내부적으로 반복자로 변환됩니다.

파이썬에서는 반복자를 직접 만들 수도 있습니다. 예를 들어 다음 코드는 고유한 반복자를 만
들어줍니다.

```
class MyIterator:
    def __init__(self, max_cnt):
        self.max_cnt = max_cnt
        self.cnt = 0

    def __iter__(self):
        return self

    def __next__(self):
        if self.cnt == self.max_cnt:
            raise StopIteration()

        self.cnt += 1
        return self.cnt
```

보다시피 MyIterator라는 클래스를 구현했습니다. 클래스를 파이썬 반복자로 사용하려면
__iter__ 특수 메서드를 구현하고 자기 자신(self)을 반환하도록 합니다. 그리고 __next__
특수 메서드에서는 다음 원소를 반환하도록 구현합니다. 만약 반환할 원소가 없다면 raise
StopIteration()을 수행합니다. 이것으로 MyIterator 인스턴스를 반복자로 사용할 수 있습니
다. 실제로 사용해보겠습니다.

```
obj = MyIterator(5)
for x in obj:
    print(x)
```

실행 결과

```
1
2
3
4
5
```

이처럼 for x in obj: 구문을 사용하여 원소를 꺼낼 수 있습니다. 다음으로 반복자 구조를 이용하여 미니배치를 뽑아주는 DataLoader 클래스를 구현하겠습니다. 기본적으로 DataLoader는 주어진 데이터셋의 첫 데이터부터 차례로 꺼내주지만, 필요에 따라 뒤섞을 수도 있습니다. 다음이 DataLoader의 코드입니다.

dezero/dataloaders.py

```python
import math
import random
import numpy as np


class DataLoader:
    def __init__(self, dataset, batch_size, shuffle=True):
        self.dataset = dataset
        self.batch_size = batch_size
        self.shuffle = shuffle
        self.data_size = len(dataset)
        self.max_iter = math.ceil(self.data_size / batch_size)

        self.reset()

    def reset(self):
        self.iteration = 0  # 반복 횟수 초기화
        if self.shuffle:
            self.index = np.random.permutation(len(self.dataset))  # 데이터 뒤섞기
        else:
            self.index = np.arange(len(self.dataset))

    def __iter__(self):
        return self
```

```
def __next__(self):
    if self.iteration >= self.max_iter:
        self.reset()
        raise StopIteration

    i, batch_size = self.iteration, self.batch_size
    batch_index = self.index[i * batch_size:(i + 1) * batch_size]
    batch = [self.dataset[i] for i in batch_index]
    x = np.array([example[0] for example in batch])
    t = np.array([example[1] for example in batch])

    self.iteration += 1
    return x, t

def next(self):
    return self.__next__()
```

초기화 메서드는 다음 인수를 받습니다.

- dataset : Dataset 인터페이스를 만족하는 인스턴스*
- batch_size : 배치 크기
- shuffle : 에포크별로 데이터셋을 뒤섞을지 여부

초기화 코드는 인수를 인스턴스 변수로 저장한 후 reset 메서드를 부릅니다. reset 메서드에서는 인스턴스 변수의 반복 횟수를 0으로 설정하고 필요에 따라 데이터의 인덱스를 뒤섞습니다.

__next__ 메서드는 미니배치를 꺼내 ndarray 인스턴스로 변환합니다. 지금까지 사용해온 코드와 똑같으니 설명은 생략하겠습니다.

> **CAUTION_** dezero/dataloaders.py의 DataLoader 클래스는 데이터를 GPU로 전송하는 로직도 포함하지만 지면에서는 생략했습니다. GPU 대응은 52단계에서 진행합니다.

마지막으로 dezero/__init__.py에 from dezero.dataloaders import DataLoader라는 임포트문을 추가합니다. 이를 통해 사용자는 from dezero import DataLoader 구문을 사용하여 DataLoader를 임포트할 수 있습니다(from dezero.dataloaders import DataLoader 처럼 전체를 명시할 필요는 없습니다).

----

* 'Dataset 인터페이스를 만족하는 인스턴스'란 __getitem__과 _len_ 메서드를 구현한 클래스로부터 생성된 인스턴스를 말합니다.

50.2 DataLoader 사용하기

DataLoader 클래스를 사용하면 미니배치를 꺼내오는 일이 간단해집니다. 시험 삼아 신경망 학습을 가정하고 DataLoader를 사용해보겠습니다.

```python
from dezero.datasets import Spiral
from dezero import DataLoader

batch_size = 10
max_epoch = 1

train_set = Spiral(train=True)
test_set = Spiral(train=False)
train_loader = DataLoader(train_set, batch_size)
test_loader = DataLoader(test_set, batch_size, shuffle=False)

for epoch in range(max_epoch):
    for x, t in train_loader:
        print(x.shape, t.shape)  # x, t는 훈련 데이터
        break

    # 에포크 끝에서 테스트 데이터를 꺼낸다.
    for x, t in test_loader:
        print(x.shape, t.shape)  # x, t는 테스트 데이터
        break
```

실행 결과

```
(10, 2) (10,)
(10, 2) (10,)
```

훈련용과 테스트용 각각, 총 두 개의 DataLoader를 생성했습니다. 훈련용 DataLoader는 에포크별로 데이터를 뒤섞어야 하기 때문에 shuffle=True(기본값)로 설정합니다. 한편 테스트용 DataLoader는 정확도 평가에만 사용하므로 shuffle=False로 설정합니다. 이렇게만 해주면 이후 미니배치 추출과 데이터 뒤섞기는 DataLoader가 알아서 해줍니다.

다음은 DataLoader 클래스를 사용하여 스파이럴 데이터셋을 학습해볼 차례인데, 그전에 편의 기능을 하나 추가하겠습니다.

50.3 accuracy 함수 구현하기

이번 절에서는 인식 정확도를 평가해주는 accuracy 함수를 추가합니다. 코드는 다음과 같습니다.

```python
def accuracy(y, t):                              # dezero/functions.py
    y, t = as_variable(y), as_variable(t)

    pred = y.data.argmax(axis=1).reshape(t.shape)
    result = (pred == t.data)
    acc = result.mean()
    return Variable(as_array(acc))
```

accuracy 함수는 인수 y와 t를 받아서 '정답률'을 계산해줍니다. y는 신경망의 예측 결과이고 t는 정답 데이터입니다. 이 두 인수는 Variable 또는 ndarray 인스턴스여야 합니다.

내용을 보면 먼저 신경망의 예측 결과를 구해 pred에 저장합니다. 그러려면 예측 결과의 최대 인덱스를 찾아서 형상을 변경해야 합니다. 그리고 pred와 정답 데이터 t를 비교하면 결과는 True/False의 텐서(ndarray)가 됩니다. 이 텐서의 True 비율(평균)이 정답률에 해당합니다.

> **CAUTION_** accuracy 함수는 Variable 인스턴스를 반환합니다만 내부 계산은 ndarray 인스턴스를 사용해 수행합니다. 따라서 accuracy 함수로 수행한 계산은 미분할 수 없습니다.

또한 앞의 코드 마지막 줄에서는 as_array 함수를 사용하고 있습니다. 이는 acc, 즉 result.mean()이 반환하는 데이터의 형식이 np.float64나 np.float32이기 때문에 as_array 함수를 이용하여 ndarray 인스턴스로 변환한 것입니다(as_array 함수는 9단계에서 구현했습니다).

accuracy 함수를 사용하면 다음과 같이 정답률(인식 정확도)을 구할 수 있습니다.

```python
import numpy as np
import dezero.functions as F

y = np.array([[0.2, 0.8, 0], [0.1, 0.9, 0], [0.8, 0.1, 0.1]])
t = np.array([1, 2, 0])
acc = F.accuracy(y, t)
print(acc)
```

```
variable(0.6666666666666666)
```

y에 담긴 3개의 샘플 데이터에 대해 신경망이 어떻게 예측하는지 보았습니다(3-클래스 분류). 정답 데이터인 t에는 각 샘플 데이터의 정답 인덱스가 부여되어 있습니다. 결과를 보니 인식 정확도는 0.66...으로, 정확하게 나왔군요(0번과 2번 샘플에서는 정답을 맞혔고, 1번 샘플에 대해서는 틀렸으니 인식 정확도는 2/3입니다).

50.4 스파이럴 데이터셋 학습 코드

DataLoader 클래스와 accuracy 함수를 사용하여 스파이럴 데이터셋을 학습해보겠습니다. 임포트문은 생략했습니다.

```
                                                          steps/step50.py
max_epoch = 300
batch_size = 30
hidden_size = 10
lr = 1.0

train_set = dezero.datasets.Spiral(train=True)
test_set = dezero.datasets.Spiral(train=False)
train_loader = DataLoader(train_set, batch_size)
test_loader = DataLoader(test_set, batch_size, shuffle=False)

model = MLP((hidden_size, 3))
optimizer = optimizers.SGD(lr).setup(model)

for epoch in range(max_epoch):
    sum_loss, sum_acc = 0, 0

    for x, t in train_loader:  # ❶ 훈련용 미니배치 데이터
        y = model(x)
        loss = F.softmax_cross_entropy(y, t)
        acc = F.accuracy(y, t)  # ❷ 훈련 데이터의 인식 정확도
        model.cleargrads()
        loss.backward()
        optimizer.update()
```

```
        sum_loss += float(loss.data) * len(t)
        sum_acc += float(acc.data) * len(t)

    print('epoch: {}'.format(epoch+1))
    print('train loss: {:.4f}, accuracy: {:.4f}'.format(
        sum_loss / len(train_set), sum_acc / len(train_set)))

    sum_loss, sum_acc = 0, 0
    with dezero.no_grad():  # ❸ 기울기 불필요 모드
        for x, t in test_loader:  # ❹ 테스트용 미니배치 데이터
            y = model(x)
            loss = F.softmax_cross_entropy(y, t)
            acc = F.accuracy(y, t)  # ❺ 테스트 데이터의 인식 정확도
            sum_loss += float(loss.data) * len(t)
            sum_acc += float(acc.data) * len(t)

    print('test loss: {:.4f}, accuracy: {:.4f}'.format(
        sum_loss / len(test_set), sum_acc / len(test_set)))
```

먼저 ❶에서는 DataLoader를 사용해 미니배치를 꺼내고, ❷에서 accuracy 함수를 사용하여 인식 정확도를 계산합니다. 이어서 ❸에서는 에포크별로 테스트 데이터셋을 사용하여 훈련 결과를 평가합니다. 테스트 시에는 역전파가 필요 없으므로 with dezero.no_grad(): 블록 내부로 들어갑니다. 이렇게 함으로써 역전파 관련 처리와 자원 소모를 피할 수 있습니다(no_grad 함수는 18단계에서 도입했습니다).

❹에서는 테스트용 DataLoader에서 미니배치 데이터를 꺼내 평가합니다. 마지막으로 ❺에서 accuracy 함수를 사용하여 인식 정확도를 계산합니다.

[그림 50-1]은 이상의 코드를 실행하여 그래프로 그린 모습입니다.

그림 50-1 손실과 인식 정확도 추이

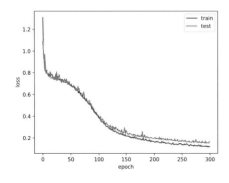
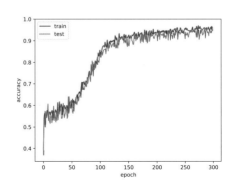

[그림 50-1]을 보면 에포크가 진행됨에 따라 손실(loss)이 낮아지고 인식 정확도(accuracy)는 상승하고 있습니다. 학습이 제대로 이루어지고 있다는 증거죠. 또한 훈련(train)과 테스트(test)의 차이가 작은데, 모델이 과대적합을 일으키지 않았다는 뜻입니다.

> NOTE_ **과대적합**overfitting은 특정 훈련 데이터에 지나치게 최적화된 상태를 말합니다. 따라서 새로운 데이터에서는 예측 정확도가 훨씬 떨어지는, 달리 표현하면 일반화되지 못한 상태를 뜻합니다. 신경망으로는 표현력이 높은 모델을 만들 수 있기 때문에 과대적합이 흔히 일어납니다.

여기까지가 이번 단계의 내용입니다. 다음 단계에서는 스파이럴 데이터셋 대신 MNIST 데이터셋을 사용합니다.

MNIST 학습

지금까지 데이터셋을 쉽게 다룰 수 있는 구조를 마련했습니다. 간단하게 복습하면, 우선 Dataset 클래스로 데이터셋 처리를 위한 공통 인터페이스를 마련했고, '전처리'를 설정할 수 있도록 했습니다. 그리고 DataLoader 클래스로는 Dataset에서 미니배치 단위로 데이터를 꺼내올 수 있게 했습니다. 이상의 관계를 [그림 51-1]로 표현할 수 있습니다.

그림 51-1 DeZero 데이터셋의 클래스 다이어그램

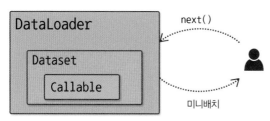

전처리를 수행하는 객체는 호출 가능하다는 뜻에서 Callable로 표시했습니다. 그림에서 볼 수 있듯이 Callable은 Dataset이 보유하고 Dataset은 DataLoader가 보유하는 관계입니다. 그리고 사용자는 DataLoader로부터 미니배치를 가져옵니다.

이번 단계에서는 이상의 데이터셋 구조를 활용하여 새로운 데이터셋을 학습할 것입니다. 바로 MNIST 데이터셋입니다. 우선 MNIST 데이터셋이 무엇인지부터 간략하게 살펴보죠.

51.1 MNIST 데이터셋

DeZero는 dezero/datasets.py에 MNIST 클래스를 준비해뒀습니다. MNIST 클래스는 Dataset 클래스를 상속하고 있으며, 다음처럼 사용할 수 있습니다.

```python
import dezero

train_set = dezero.datasets.MNIST(train=True, transform=None)
test_set = dezero.datasets.MNIST(train=False, transform=None)

print(len(train_set))
print(len(test_set))
```

실행 결과

```
60000
10000
```

이와 같이 훈련 데이터와 테스트 데이터를 가져옵니다. transform=None으로 설정하여 아무런 전처리도 수행하지 않도록 했고요. 그런 다음 훈련 데이터(train_set)와 테스트 데이터(test_set)의 길이를 확인해보니 각각 60000과 10000이 나왔습니다. 훈련용 데이터가 6만 개, 테스트용 데이터가 1만 개가 존재한다는 뜻입니다. 그럼 이 코드에 이어서 다음 코드를 실행해봅시다.

```python
x, t = train_set[0]
print(type(x), x.shape)
print(t)
```

실행 결과

```
<class 'numpy.ndarray'> (1, 28, 28)
5
```

train_set의 0번째 샘플 데이터를 확인해보는 코드입니다. MNIST 데이터셋도 (data, label) 튜플 형태로 구성되어 있군요. 참고로 data에는 0~9까지의 숫자를 나타내는 손글씨 이미지 데이터가 들어 있습니다. 그리고 MNIST의 입력 데이터 형상은 (1, 28, 28)입니다. 이는 data

에 1채널(그레이스케일)의 28×28픽셀 이미지 데이터가 들어 있음을 나타냅니다. 또한 레이블에는 정답 숫자의 인덱스(0~9)가 들어 있습니다. 시험 삼아 입력 데이터를 시각화해보겠습니다.

```python
import matplotlib.pyplot as plt

# 데이터 예시
x, t = train_set[0]    # 0번째 (data, label) 추출
plt.imshow(x.reshape(28, 28), cmap='gray')
plt.axis('off')
plt.show()
print('label:', t)
```

실행 결과

```
5
```

이 코드를 실행하면 [그림 51-2]의 이미지가 표시됩니다.

그림 51-2 MNIST 이미지 예시

이 손글씨 이미지 데이터를 지금부터 신경망으로 학습할 것입니다. 그러기 위해서는 입력 데이터를 전처리해야 합니다. 여기에서 수행할 전처리는 다음과 같습니다.

```
def f(x):
    x = x.flatten()
    x = x.astype(np.float32)
    x /= 255.0
    return x

train_set = dezero.datasets.MNIST(train=True, transform=f)
test_set = dezero.datasets.MNIST(train=False, transform=f)
```

우선 (1, 28, 28) 형상인 입력 데이터를 1열로 나열(평탄화^{flatten})하여 (784,) 형상으로 변환합니다. 그런 다음 데이터 타입을 np.float32(32비트 부동소수점)로 변환합니다. 마지막으로 255.0으로 나눠서 값의 범위가 0.0~1.0 사이가 되도록 합니다. 한편 MNIST 클래스에서는 방금 설명한 전처리가 기본으로 설정되어 있습니다. 따라서 dezero.datasets. MNIST(train=True)로 호출하면 이상의 전처리가 자동으로 수행됩니다(dezero/datasets. py에는 dezero/transfroms.py에 정의된 클래스를 이용하여 전처리하도록 작성되어 있습니다).

51.2 MNIST 학습하기

이제 MNIST를 학습해보죠. 코드는 다음과 같습니다. 임포트문은 생략했습니다.

```
                                                          steps/step51.py
max_epoch = 5
batch_size = 100
hidden_size = 1000

train_set = dezero.datasets.MNIST(train=True)
test_set = dezero.datasets.MNIST(train=False)
train_loader = DataLoader(train_set, batch_size)
test_loader = DataLoader(test_set, batch_size, shuffle=False)

model = MLP((hidden_size, 10))
optimizer = optimizers.SGD().setup(model)

for epoch in range(max_epoch):
    sum_loss, sum_acc = 0, 0
```

```
for x, t in train_loader:
    y = model(x)
    loss = F.softmax_cross_entropy(y, t)
    acc = F.accuracy(y, t)
    model.cleargrads()
    loss.backward()
    optimizer.update()

    sum_loss += float(loss.data) * len(t)
    sum_acc += float(acc.data) * len(t)

print('epoch: {}'.format(epoch+1))
print('train loss: {:.4f}, accuracy: {:.4f}'.format(
    sum_loss / len(train_set), sum_acc / len(train_set)))

sum_loss, sum_acc = 0, 0
with dezero.no_grad():
    for x, t in test_loader:
        y = model(x)
        loss = F.softmax_cross_entropy(y, t)
        acc = F.accuracy(y, t)
        sum_loss += float(loss.data) * len(t)
        sum_acc += float(acc.data) * len(t)

print('test loss: {:.4f}, accuracy: {:.4f}'.format(
    sum_loss / len(test_set), sum_acc / len(test_set)))
```

실행 결과

```
epoch: 1
train loss: 1.9103, accuracy: 0.5553
test loss: 1.5413, accuracy: 0.6751
epoch: 2
train loss: 1.2765, accuracy: 0.7774
test loss: 1.0366, accuracy: 0.8035
epoch: 3
train loss: 0.9195, accuracy: 0.8218
test loss: 0.7891, accuracy: 0.8345
epoch: 4
train loss: 0.7363, accuracy: 0.8414
test loss: 0.6542, accuracy: 0.8558
epoch: 5
train loss: 0.6324, accuracy: 0.8542
test loss: 0.5739, accuracy: 0.8668
```

이전 단계에서 달라진 점은 MNIST 데이터셋을 사용한다는 것과 하이퍼파라미터값을 변경한 정도입니다. 이것만으로 MNIST를 학습할 수 있습니다. 인식 정확도는 테스트 데이터셋에서 약 86%를 얻었습니다. 에포크 수를 늘리면 정확도가 올라가겠지만, 근본적으로 개선해야 할 점이 눈에 띕니다. 그래서 마지막으로 더 정확한 모델로 개선한 후 이번 단계를 마치겠습니다.

51.3 모델 개선하기

방금 이용한 신경망의 활성화 함수는 시그모이드 함수였습니다. 시그모이드 함수는 신경망 분야에서 역사가 깊은 활성화 함수입니다. 그런데 최근에는 **ReLU** ^{rectified linear unit, 렐루}라는 함수가 더 자주 사용됩니다. ReLU는 입력이 0보다 크면 입력 그대로 출력하고, 0 이하면 0을 출력하는 함수입니다. 수식으로는 [식 51.1]과 같습니다.

$$h(x) = \begin{cases} x & (x > 0) \\ 0 & (x \leq 0) \end{cases}$$

[식 51.1]

보다시피 ReLU 함수는 매우 간단합니다. 그래서 DeZero용 ReLU 함수도 다음처럼 아주 쉽게 구현할 수 있습니다.

```
                                                    dezero/functions.py
class ReLU(Function):
    def forward(self, x):
        y = np.maximum(x, 0.0)  # ❶
        return y

    def backward(self, gy):
        x, = self.inputs
        mask = x.data > 0  # ❷
        gx = gy * mask  # ❸
        return gx

def relu(x):
    return ReLU()(x)
```

순전파에서는 np.maximum(x, 0.0)에 의해 x의 원소와 0.0 중 큰 쪽을 반환합니다(❶). 역전파에서는 입력 x에서 0보다 큰 원소에 해당하는 위치의 기울기는 그대로 흘려보내고, 0 이하라면 기울기를 0으로 설정해야 합니다. 따라서 출력 쪽에서 전해지는 기울기를 '통과시킬지' 표시한 마스크(mask)를 준비한 후(❷) 기울기를 곱해줍니다(❸).

CAUTION_ ReLU 함수가 하는 일은 신호를 '통과'시키거나 '봉쇄'하거나 둘 중 하나입니다. 순전파 시 신호를 통과시킨 원소라면 해당 역전파 시 기울기를 그대로 통과시킵니다. 반면 순전파 시 신호가 막힌 원소는 역전파 시 기울기가 통과되지 못합니다(0이 됩니다).

이제 ReLU 함수를 사용하여 새로운 신경망을 만들어보겠습니다. 이번 단계에서 설명한 학습 코드에서 모델 생성 부분을 다음과 같이 수정합니다.

steps/step51.py

```
# model = MLP((hidden_size, 10))
model = MLP((hidden_size, hidden_size, 10), activation=F.relu)
```

이번에는 3층 신경망을 만들었습니다. 앞 절보다 층수를 늘려 표현력을 높인 것입니다. 그리고 활성화 함수를 ReLU로 바꿔서 학습이 더 효율적으로 이루어질 것입니다. 이 신경망을 사용하고 최적화 기법을 SGD에서 Adam으로 바꾼 후 학습을 수행해보세요. 그러면 훈련용 데이터로는 약 99%, 테스트용 데이터로는 약 98%라는 인식 정확도를 얻을 수 있습니다. 이전보다 정확도가 확실히 높아졌습니다!

★ ★ ★ ★ ★ ★ ★ ★

이것으로 제4고지도 정복했습니다. 이번 고지에서는 DeZero가 신경망에 대응할 수 있도록 만들었습니다. 현재의 DeZero라면 기본적인 신경망 문제 정도는 쉽게 구현할 수 있습니다. 드디어 DeZero를 신경망 프레임워크, 아니 딥러닝 프레임워크라고 부를 수 있게 된 것이죠. 더 중요한 것은 지금까지 배운 지식이 파이토치와 체이너 같은 유명 프레임워크에서도 통한다는 사실입니다.

확신이 필요하신 분은 시험 삼아 체이너 공식 예제에 있는 MNIST 학습 코드[30]를 살펴보세요. 실제로 그 코드의 대부분은 이번 고지에서 구현한 코드와 공통점이 많습니다. 파이토치의 MNIST 코드[31]를 살펴봐도 좋습니다. 특별한 설명 없이도 즉시 이해할 수 있을 겁니다. 클래스 이름과 모듈 이름은 다르지만 본질적으로는 DeZero와 거의 같습니다. 이상으로 우리는 파이토치와 체이너 같은 실천 프레임워크를 다룰 때도 유용한 '살아있는 지식'을 손에 넣었습니다!

칼럼: 딥러닝 프레임워크

딥러닝 프레임워크들은 여명기에는 제각기 큰 차이를 보였습니다. 그러나 성숙기에 접어든 지금은 파이토치, 체이너, 텐서플로 등의 인기 프레임워크들이 거의 같은 방향으로 나아가고 있습니다. 물론 각각의 특징이 있고 인터페이스도 다르지만, 핵심 설계 사상에서는 공통점이 많습니다. 구체적인 예로는 다음과 같은 점들을 들 수 있습니다.

- Define-by-Run 방식으로 계산 그래프를 만들 수 있습니다.
- 사전 정의된 다양한 함수와 계층을 제공합니다.
- 다양한 매개변수 갱신 클래스(옵티마이저)를 제공합니다.
- 모델은 상속을 통해 구현할 수 있습니다.
- 데이터셋을 관리하는 클래스를 제공합니다.
- CPU 외에도 GPU나 특정한 ASIC^{Application Specific Integrated Circuit: 주문형 반도체}도 활용할 수 있습니다.
- 성능 향상을 위해(그리고 실제 제품에 적용할 것을 대비해) Define-and-Run 모드 실행도 지원합니다.

이상이 현대적인 딥러닝 프레임워크에서 공통적으로 볼 수 있는 특징들입니다. 이번 칼럼에서는 이중 처음 세 가지를 구체적인 예와 함께 더 자세히 살펴보겠습니다.

> **NOTE_** 딥러닝 '프레임워크'는 엄밀히 말하면 '도구'나 '라이브러리'가 아닙니다. 라이브러리와 프레임워크의 차이는 프로그램을 '누가' 제어하느냐에 있습니다. 라이브러리는 편의 함수와 데이터 구조의 모음입니다. 사용자는 라이브러리에서 필요한 것을 적당히 꺼내 사용합니다. 이 과정에서 프로그램 제어(코드를 어떤 순서로 실행할지)는 사용자가 정합니다. 이와 달리 프레임워크는 전체의 토대를 제공합니다. 딥러닝 프레임워크라면 자동 미분의 기초를 제공하고 사용자는 그 위에 필요한 계산을 구축합니다. 그리고 전체적인 제어 역할을 프레임워크가 담당합니다. 이처럼 라이브러리와 프레임워크는 프로그램을 '누가' 제어하느냐에 차이가 있습니다.*

---

* 옮긴이_ 다음은 라이브러리와 프레임워크의 차이를 설명하기 위해 제가 예전에 그려 활용하던 그림입니다. 본문의 설명과 맥이 통하여 이해를 돕고자 첨부합니다.

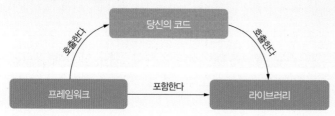

Define-by-Run 방식의 자동 미분

딥러닝 프레임워크에서 가장 중요한 기능은 '자동 미분'입니다. 자동 미분 덕분에 우리는 귀찮은 계산과 코드 작성 없이도 즉시 미분값을 계산할 수 있습니다. 더구나 현대의 프레임워크는 계산 그래프를 Define-by-Run 방식으로 만들어줍니다. 코드는 즉시 실행되고, 동시에 뒤편에서는 계산 그래프가 만들어지는 것입니다. 이 특성 덕에 우리는 파이썬 구문만 사용해서도 계산 그래프를 만들 수 있습니다. 예를 들어 파이토치로는 다음과 같은 코드를 작성할 수 있습니다.

```
import torch

x = torch.randn(1, requires_grad=True)

y = x

for i in range(5):
    y = y * 2

y.backward()
print(x.grad)
```

실행 결과

```
tensor([32.])
```

파이토치에서 텐서를 표현하는 클래스는 Tensor입니다(DeZero의 Variable에 해당합니다). 앞의 예에서 torch.randn 메서드는 무작위 수로 초기화된 텐서(torch.Tensor 인스턴스)를 생성합니다. 그런 다음 for 문을 사용하여 계산을 수행합니다. 이 시점에 즉시 계산이 수행되고 보이지 않는 곳에서 계산들의 '연결'이 만들어집니다. 이것이 Define-by-Run입니다. 마지막으로 미분값을 구하기 위해 y.backward()를 수행합니다. DeZero와 똑같은 방식이죠.

파이토치, 체이너, 텐서플로는 Define-by-Run 외에 Define-and-Run(정적 계산 그래프) 모드도 지원합니다. Define-by-Run은 시행착오를 많이 겪는 연구/개발 단계에 적합한 반면 Define-and-Run은 성능이 요구되는 실제 제품(서비스)이나 IoT 기기 같은 에지^{edge} 환경에서 사용할 때 적합합니다.

계층 컬렉션

신경망에서 사용하는 모델은 Linear 계층과 Sigmoid 계층 등 이미 준비된 계층들을 조합해 구축할 수 있습니다. 그래서 레고 블록처럼 기존의 계층들을 조합하는 것만으로 원하는 딥러닝 모델을 구축할 수 있는 경우가 많습니다. 물론 이를 위해서는 프레임워크가 유용한 계층 컬렉션을 제공해야 합니다. 체이너의 경우 [그림 D-1]과 같은 계층들을 제공합니다.

그림 D-1 체이너가 제공하는 계층 예: 체이너는 계층 모듈을 link와 function 두 가지로 구분해 제공합니다. 다음은 link 중 일부만 발췌한 것입니다(사진은 참고문헌 [32]에서 인용).

Learnable connections

chainer.links.Bias	Broadcasted elementwise summation with learnable parameters.
chainer.links.Bilinear	Bilinear layer that performs tensor multiplication.
chainer.links.ChildSumTreeLSTM	Child-Sum TreeLSTM unit.
chainer.links.Convolution1D	1-dimensional convolution layer.
chainer.links.Convolution2D	Two-dimensional convolutional layer.
chainer.links.Convolution3D	3-dimensional convolution layer.
chainer.links.ConvolutionND	N-dimensional convolution layer.
chainer.links.Deconvolution1D	1-dimensional deconvolution layer.
chainer.links.Deconvolution2D	Two dimensional deconvolution function.
chainer.links.Deconvolution3D	3-dimensional deconvolution layer.
chainer.links.DeconvolutionND	N-dimensional deconvolution function.
chainer.links.DeformableConvolution2D	Two-dimensional deformable convolutional layer.
chainer.links.DepthwiseConvolution2D	Two-dimensional depthwise convolutional layer.

[그림 D-1]과 같이 체이너는 다양한 계층을 제공합니다. 이 중에서 사용자가 원하는 계층을 골라 연결하는 것으로 신경망을 구축할 수 있습니다. 다른 딥러닝 프레임워크들도

마찬가지입니다. 여기서 중요한 점은 이러한 계층 컬렉션은 '자동 미분' 구조 위에 구축된 다는 사실입니다. 그림으로 나타내면 다음과 같습니다.

그림 D-2 프레임워크가 제공하는 다양한 계층은 자동 미분 구조 위에 구축됩니다.

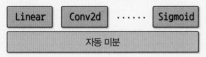

[그림 D-2]처럼 딥러닝 프레임워크의 밑동은 자동 미분 구조가 지탱하고 있습니다. 자동 미분 구조를 이용하여 다양한 계층을 제공하는 것이죠. 이것이 딥러닝 프레임워크의 기본 구조입니다. 이 구조를 이해하면 세상에 나가 어떤 프레임워크와 마주쳐도 세세한 복잡함에 현혹되지 않고 더 높은 차원에서 프레임워크 자체를 바라볼 수 있습니다.

옵티마이저 컬렉션

딥러닝 학습은 매개변수의 기울기를 사용하여 매개변수들을 하나씩 갱신하며 진행됩니다. 갱신 방법은 아주 다양하며 지금도 계속해서 새로운 방법이 제안되고 있습니다. 이런 이유 때문에 매개변수 갱신 작업은 별도 모듈로 제공되는 것이 일반적입니다. 예컨대 텐서플로에서는 이러한 모듈을 '옵티마이저'라고 부르며 [그림 D-3]과 같이 다양한 옵티마이저를 제공합니다.

그림 D-3 텐서플로가 제공하는 옵티마이저 목록(참고문헌 [33]에서 인용)

Classes

`class Adadelta` : Optimizer that implements the Adadelta algorithm.

`class Adagrad` : Optimizer that implements the Adagrad algorithm.

`class Adam` : Optimizer that implements the Adam algorithm.

`class Adamax` : Optimizer that implements the Adamax algorithm.

`class Ftrl` : Optimizer that implements the FTRL algorithm.

`class Nadam` : Optimizer that implements the NAdam algorithm.

`class Optimizer` : Updated base class for optimizers.

`class RMSprop` : Optimizer that implements the RMOprop algorithm.

`class SGD` : Stochastic gradient descent and momentum optimizer.

다양한 옵티마이저를 제공함으로써 사용자는 매개변수 갱신 작업을 높은 차원에서 생각할 수 있게 됩니다. 뿐만 아니라 다른 옵티마이저로 전환하기도 쉬워서 실험과 검증을 반복하기가 훨씬 쉽고 원활해집니다.

정리

여기에서 설명한 기능은 딥러닝 프레임워크의 핵심에 해당합니다. 정리하면, 자동 미분 기능을 기반으로 그 위에 다양한 계층 컬렉션이 존재합니다. 그리고 매개변수를 갱신하는 옵티마이저 컬렉션도 있습니다. 이상을 그림으로 표현하면 [그림 D-4]와 같습니다.

그림 **D-4** 딥러닝 프레임워크의 핵심 기능

[그림 D-4]의 세 가지 요소는 거의 모든 프레임워크가 제공하는 중요한 기능입니다. 특히 자동 미분은 프레임워크를 떠받드는 '기둥'입니다. 자동 미분 기능 위에 다양한 계층 컬렉션을 쌓아 올림으로써 프레임워크의 골격이 완성되는 것이죠. 여기에 매개변수 갱신용 옵티마이저 컬렉션을 제공함으로써 딥러닝에서 수행하는 작업의 대부분에 대응할 수 있게 됩니다.

지금까지 설명한 세 가지 핵심 기능의 구조를 이해하면 프레임워크를 큰 그림에서 더 단순하게 볼 수 있는 눈이 생깁니다. 이 눈을 얻으면 파이토치, 체이너, 텐서플로 같은 다른 프레임워크를 사용할 때도 당연히 큰 도움이 됩니다.**

** 옮긴이_ 이쯤에서 이 책 깃허브 저장소에 올려둔 'DeZero 프레임워크 핵심 클래스 구조' 그림을 차분히 훑어봐주세요. 지금까지 만들고 개선한 수많은 클래스들이 하나의 틀 안에 유기적으로 정돈되어 기억 속에 자리 잡을 것입니다. 이 그림은 깃허브 저장소 첫 페이지에서 찾으실 수 있습니다.

제5고지

DeZero의 도전

제4고지에서는 머신러닝, 특히 신경망을 위한 기능을 DeZero에 추가했습니다. 구체적으로는 Layer, Optimizer, DataLoader 등의 클래스입니다. 새로운 클래스들 덕분에 DeZero는 모델을 쉽게 만들 수 있으며, 학습을 효율적으로 할 수 있게 되었습니다. 어느덧 DeZero는 신경망을 개발하는 데 필요한 기본 기능을 갖추게 되었습니다.

지금부터는 DeZero를 한층 더 진화시킵니다. 먼저 GPU를 활용하거나 모델을 외부 파일로 저장하는 등의 새로운 기능을 추가합니다. 또한 드롭아웃처럼 학습이나 테스트를 할 때 동작 방식이 바뀌는 계층에도 대응합니다. 이상의 기능을 갖춤으로써 DeZero는 훌륭한 '딥러닝 프레임워크'로 거듭납니다.

이번 고지의 후반에는 합성곱 신경망(CNN)과 재귀 신경망(RNN) 등을 구현합니다. 복잡한 구조의 신경망이라서 구현하기 만만치 않아 보이겠지만, DeZero를 사용하면 이런 복잡한 신경망에 유연하게 대응할 수 있음을 알게 될 것입니다. 자, 드디어 마지막 고지가 바로 코앞입니다.

제5고지

DeZero의 도전

GPU 지원

딥러닝으로 하는 계산은 '행렬의 곱'이 대부분을 차지합니다. 그런데 행렬의 곱은 곱셈과 덧셈으로 구성되어 있어서 병렬로 계산하는 게 가능하고, 병렬 계산에는 CPU보다 GPU가 훨씬 뛰어납니다. 그래서 이번 단계에서는 DeZero를 GPU에서 구동하기 위한 구조를 만들 것입니다.

> **CAUTION_** GPU에서 실행하기 위해서는 엔비디아 NVIDIA의 GPU와 쿠파이 CuPy라는 파이썬 라이브러리가 필요합니다. 조건을 충족하는 컴퓨터가 없는 독자는 구글 콜랩을 통해 클라우드에서 GPU를 활용해볼 수 있습니다(2020년 2월 시점에서는 무료로 사용할 수 있습니다). 구글 콜랩 관련 내용은 부록 C에서 설명하고 있으니 관심 있는 분은 참고하기 바랍니다.

52.1 쿠파이 설치 및 사용 방법

쿠파이는 GPU를 활용하여 병렬 계산을 해주는 라이브러리입니다. 설치는 다음과 같이 간단히 할 수 있습니다.

```
$ pip install cupy
```

그럼 쿠파이를 사용해보죠. 쿠파이의 장점은 넘파이와 API가 거의 같다는 것입니다. 따라서 넘파이 지식을 쿠파이에서도 그대로 활용할 수 있죠. 예컨대 쿠파이를 사용하여 다음과 같은 코드를 작성할 수 있습니다.

```
import cupy as cp

x = cp.arange(6).reshape(2, 3)
print(x)

y = x.sum(axis=1)
print(y)
```

실행 결과

```
[[0 1 2]
 [3 4 5]]
[ 3 12]
```

쿠파이를 임포트하여 합계를 구했습니다. 보다시피 넘파이와 거의 같은 코드로 원하는 계산이 가능합니다(np 대신 cp를 사용한다는 점만 다릅니다). 그리고 뒤편에서는 CPU가 아닌 GPU 가 열심히 계산을 해줍니다.

이처럼 넘파이 코드를 'GPU 버전'으로 변환하기는 식은 죽 먹기입니다. 넘파이 코드에서 np(넘파이^{numpy})를 cp(쿠파이^{cupy})로 치환하면 끝이기 때문이죠.

> CAUTION_ 쿠파이의 API는 넘파이와 거의 같지만 완전히 똑같지는 않습니다.

그러면 DeZero에게 GPU 활용법을 가르쳐봅시다. 당장 할 일은 DeZero에서 넘파이를 사용하는 부분을 쿠파이로 바꾸는 것(정확히는 전환하는 구조를 만드는 것)입니다. 그러려면 쿠파이에 관해 두 가지를 알아야 합니다. 첫 번째는 넘파이와 쿠파이의 다차원 배열을 서로 변환하는 방법입니다. 다음 코드를 보시죠.

```
import numpy as np
import cupy as cp

# 넘파이 -> 쿠파이
n = np.array([1, 2, 3])
c = cp.asarray(n)
assert type(c) == cp.ndarray
```

```
# 쿠파이 -> 넘파이
c = cp.array([1, 2, 3])
n = cp.asnumpy(c)
assert type(n) == np.ndarray
```

이와 같이 넘파이에서 쿠파이로 변환할 때는 cp.asarray 함수를, 쿠파이에서 넘파이로 변환할 때는 cp.asnumpy 함수를 사용합니다.

> NOTE_ cp.asarray 함수와 cp.asnumpy 함수를 사용하면 데이터가 메인 메모리에서 GPU 메모리로(또는 그 반대로) 전송됩니다. 참고로 실무 딥러닝에서는 대량의 데이터를 다루므로 이 전송 과정이 병목으로 작용할 가능성이 커집니다. 따라서 데이터 전송 횟수를 최소로 억제하게끔 코딩하는 것이 좋습니다.

두 번째로 알아야 하는 것은 cp.get_array_module 함수입니다. 이 함수는 주어진 데이터에 적합한 모듈을 돌려줍니다. 사용 방법은 다음과 같습니다.

```
# x가 넘파이 배열인 경우
x = np.array([1, 2, 3])
xp = cp.get_array_module(x)
assert xp == np

# x가 쿠파이 배열인 경우
x = cp.array([1, 2, 3])
xp = cp.get_array_module(x)
assert xp == cp
```

이와 같이 x가 넘파이 또는 쿠파이의 다차원 배열이라면 xp = cp.get_array_module(x)는 해당 배열에 적합한 모듈을 돌려줍니다. 따라서 데이터가 넘파이 배열인지 쿠파이 배열인지 모르더라도 올바른 모듈을 가져올 수 있으므로 쿠파이/넘파이 모두에 대응하는 코드를 작성할 수 있습니다. 예를 들어 xp = cp.get_array_module(x) 다음에 y = xp.sin(x)를 실행하면 쿠파이/넘파이 구분 없이 올바르게 동작합니다.

쿠파이 관련 지식은 이 정도면 충분하니, 지금부터 DeZero에 쿠파이와 넘파이를 전환하는 구조를 심어 넣겠습니다.

52.2 쿠다 모듈

DeZero에서 쿠파이 관련 함수는 dezero/cuda.py 모듈(파일)에 모아뒀습니다. 참고로 쿠다[CUDA]는 엔비디아가 제공하는 GPU용 개발 환경입니다. 우선 dezero/cuda.py의 임포트 부분을 볼까요?

```
dezero/cuda.py

import numpy as np
gpu_enable = True
try:
    import cupy as cp
    cupy = cp
except ImportError:
    gpu_enable = False
from dezero import Variable
```

이 부분에서 넘파이와 쿠파이를 임포트합니다. 쿠파이 라이브러리는 필수는 아니므로(없어도 CPU 기반으로 동작하므로) 설치되어 있지 않은 경우도 고려하는 게 좋겠죠? 그래서 try 문에서 임포트를 수행해보고 ImportError가 발생하면 gpu_enable = False로 설정합니다. 이제 쿠파이가 설치되지 않은 환경에서도 오류 없이 작동합니다.

이어서 dezero/cuda.py에는 다음의 세 가지 함수가 추가되어 있습니다.

```
dezero/cuda.py

def get_array_module(x):
    if isinstance(x, Variable):
        x = x.data

    if not gpu_enable:
        return np
    xp = cp.get_array_module(x)
    return xp

def as_numpy(x):
    if isinstance(x, Variable):
        x = x.data

    if np.isscalar(x):
        return np.array(x)
```

```
        elif isinstance(x, np.ndarray):
            return x
        return cp.asnumpy(x)

    def as_cupy(x):
        if isinstance(x, Variable):
            x = x.data

        if not gpu_enable:
            raise Exception('쿠파이(CuPy)를 로드할 수 없습니다. 쿠파이를 설치해주세요!')
        return cp.asarray(x)
```

첫 번째 get_array_module(x)는 인수 x에 대응하는 모듈을 돌려줍니다. x는 Variable 또는 ndarray(numpy.ndarray 또는 cupy.ndarray)여야 합니다. 이 함수는 기본적으로 cp.get_array_module 함수의 래퍼^{wrapper}지만 cupy가 임포트되지 않은 경우도 대처해줍니다. 즉, gpu_enable이 False면 항상 np(numpy)를 돌려줍니다.

나머지 두 가지 함수는 쿠파이/넘파이의 다차원 배열을 서로 변환해주는 함수입니다. 넘파이의 ndarray로 변환하는 함수가 as_numpy이고, 쿠파이의 ndarray로 변환하는 함수가 as_cupy입니다.

이상이 dezero/cuda.py에 담긴 코드의 전부입니다. 이 모듈(파일)에 있는 세 함수를 앞으로 DeZero의 다른 클래스들에 적용할 것입니다.

52.3 Variable/Layer/DataLoader 클래스 추가 구현

이제부터는 DeZero의 다른 클래스들에 GPU 대응 기능을 추가하겠습니다. 이번 절에서 수정할 클래스는 Variable, Layer, DataLoader입니다.

우선 Variable 클래스의 __init__ 메서드와 backward 메서드를 다음과 같이 수정합니다.

```
...
try:
    import cupy
    array_types = (np.ndarray, cupy.ndarray)  # ❶
except ImportError:
    array_types = (np.ndarray)


class Variable:
    def __init__(self, data, name=None):
        if data is not None:
            if not isinstance(data, array_types):  # ❶
                raise TypeError('{} is not supported'.format(type(data)))
        ...

    def backward(self, retain_grad=False, create_graph=False):
        if self.grad is None:
            xp = dezero.cuda.get_array_module(self.data)  # ❷
            self.grad = Variable(xp.ones_like(self.data))
        ...
```

__init__ 메서드는 인수 data로 cupy.ndarray가 넘어와도 대응할 수 있도록 수정합니다. 이를 위해 cupy 임포트에 성공하면 두 배열 타입을 동적으로 변경할 수 있도록 array_types를 (np.ndarray, cupy.ndarray)로 설정합니다(❶).

backward 메서드에서는 기울기(self.grad)를 자동으로 보완하는 부분을 수정합니다. 데이터 (self.data)의 타입에 따라 넘파이 또는 쿠파이 중 하나의 다차원 배열을 생성하게 했습니다 (❷).

그런데 Variable 클래스는 지금까지 인스턴스 변수 data에 넘파이 다차원 배열을 보관해왔습니다. 이 데이터를 GPU로 혹은 CPU로 전송해주는 기능이 필요합니다. 다음 to_gpu 메서드와 to_cpu 메서드가 이 일을 해줍니다.

```
class Variable:
    ...

    def to_cpu(self):
        if self.data is not None:
            self.data = dezero.cuda.as_numpy(self.data)
```

```
    def to_gpu(self):
        if self.data is not None:
            self.data = dezero.cuda.as_cupy(self.data)
```

보다시피 단순히 as_numpy 함수 또는 as_cupy 함수를 사용해주면 됩니다. 그러면 Variable의 데이터를 'GPU에서 CPU로' 또는 'CPU에서 GPU로' 전송할 수 있습니다.

계속해서 Layer 클래스 차례입니다. Layer는 매개변수를 담고 있는 클래스이고, 매개변수는 Variable을 상속한 Parameter 클래스로 표현됩니다. 이번에도 Layer 클래스의 매개변수를 CPU 또는 GPU에 전송하는 기능이 필요하니 다음과 같이 추가합니다.

dezero/layers.py

```
class Layer:
    ...

    def to_cpu(self):
        for param in self.params():
            param.to_cpu()

    def to_gpu(self):
        for param in self.params():
            param.to_gpu()
```

마지막으로 DataLoader 클래스에는 다음 음영 부분의 코드를 추가합니다.

dezero/dataloaders.py

```
...
import numpy as np
from dezero import cuda

class DataLoader:
    def __init__(self, dataset, batch_size, shuffle=True, gpu=False):
        self.dataset = dataset
        self.batch_size = batch_size
        self.shuffle = shuffle
        self.data_size = len(dataset)
        self.max_iter = math.ceil(self.data_size / batch_size)
        self.gpu = gpu

        self.reset()
```

```
    def __next__(self):
        ...

        xp = cuda.cupy if self.gpu else np
        x = xp.array([example[0] for example in batch])
        t = xp.array([example[1] for example in batch])

        self.iteration += 1

        return x, t

    def to_cpu(self):
        self.gpu = False

    def to_gpu(self):
        self.gpu = True
```

DataLoader 클래스는 데이터셋을 미니배치로 뽑는 역할을 수행하며, 미니배치는 __next__ 메서드에서 만들어집니다. 지금까지는 물론 넘파이 다차원 배열로 만들었지만, 수정된 코드에서는 인스턴스 변수 중 gpu 플래그를 확인하여 쿠파이와 넘파이 중 알맞은 다차원 배열을 만들어줍니다.

이상으로 DeZero의 세 개 클래스(Variable, Layer, DataLoader)의 'GPU 대응'을 마쳤습니다.

52.4 함수 추가 구현

GPU 대응과 관련하여 아직 DeZero 함수 수정이라는 중요한 일이 남아 있습니다. DeZero 함수들의 실제 계산은 forward 메서드에서 수행됩니다. 예를 들어 Sin 클래스는 현재 다음처럼 구현되어 있습니다.

dezero/functions.py

```
class Sin(Function):
    def forward(self, x):
        y = np.sin(x)
        return y
```

```python
def backward(self, gy):
    x, = self.inputs
    gx = gy * cos(x)
    return gx
```

여기에서 def forward(self, x):의 인수 x는 넘파이의 ndarray 인스턴스라고 가정하고 있습니다. 따라서 np.sin(x)처럼 넘파이 함수를 사용하여 계산할 수 있지요. 이 작업이 만약 GPU에서 실행된다면 인수 x에는 쿠파이의 ndarray 인스턴스가 전달됩니다. 그러므로 np.sin(x) 대신 cp.sin(x)로 변환해야 합니다. 즉, x가 넘파이면 np.sin을 사용하고, 쿠파이면 cp.sin을 사용해야 하죠. 이 점을 감안하여 Sin 클래스를 다음처럼 수정합니다.

```python
from dezero import cuda                          # dezero/functions.py

class Sin(Function):
    def forward(self, x):
        xp = cuda.get_array_module(x)
        y = xp.sin(x)
        return y

    def backward(self, gy):
        x, = self.inputs
        gx = gy * cos(x)
        return gx
```

이처럼 xp = cuda.get_array_module(x) 코드로 x에 적합한 모듈을 꺼냅니다. 결과적으로 xp는 cp와 np 중 하나가 되고, 그 xp를 사용하여 계산을 수행합니다. 이제 Sin 클래스는 CPU(넘파이)와 GPU(쿠파이) 어느 경우에도 제대로 동작합니다.

> **CAUTION_** 여기에서는 Sin 클래스의 코드만 보여드렸지만, 같은 수정을 dezero/functions.py의 모든 해당 부분에 반영해뒀습니다. 여기서 '해당 부분'이라 하면 np.xxx()처럼 np.로 시작하는 코드를 말합니다. 그리고 dezero/optimizers.py와 dezero/layers.py도 똑같이 수정했습니다.

마지막으로 DeZero의 사칙연산 코드를 수정합니다. dezero/core.py를 다음처럼 수정하면 됩니다.

```
def as_array(x, array_module=np):                       dezero/core.py
    if np.isscalar(x):
        return array_module.array(x)
    return x

def add(x0, x1):
    x1 = as_array(x1, dezero.cuda.get_array_module(x0.data))
    return Add()(x0, x1)

def mul(x0, x1):
    x1 = as_array(x1, dezero.cuda.get_array_module(x0.data))
    return Mul()(x0, x1)

# sub, rsub, div, rdiv도 똑같이 수정
...
```

먼저 as_array 함수에 새로운 인수 array_module을 추가합니다. array_module은 numpy 또는 cupy 중 하나의 값을 취하며, 해당 모듈의 ndarray로 변환해줍니다. 그리고 add 함수와 mul 함수 등의 사칙연산이 새로운 as_array 함수를 사용하도록 수정합니다. 참고로 add 함수에서 as_array 함수를 사용하는 이유는 x + 1과 같은 코드도 실행되도록 하기 위함입니다(x는 Variable 인스턴스). 이제 x.data가 쿠파이 데이터라 해도 x + 1 형태의 코드가 문제없이 실행됩니다.

52.5 GPU로 MNIST 학습하기

드디어 DeZero를 GPU에서 실행할 수 있습니다. MNIST 학습 코드를 GPU에서 실행해봅시다.

```
import time                                             steps/step52.py
import dezero
import dezero.functions as F
from dezero import optimizers
from dezero import DataLoader
from dezero.models import MLP
```

```python
max_epoch = 5
batch_size = 100

train_set = dezero.datasets.MNIST(train=True)
train_loader = DataLoader(train_set, batch_size)
model = MLP((1000, 10))
optimizer = optimizers.SGD().setup(model)

# GPU 모드
if dezero.cuda.gpu_enable:
    train_loader.to_gpu()
    model.to_gpu()

for epoch in range(max_epoch):
    start = time.time()
    sum_loss = 0

    for x, t in train_loader:
        y = model(x)
        loss = F.softmax_cross_entropy(y, t)
        model.cleargrads()
        loss.backward()
        optimizer.update()
        sum_loss += float(loss.data) * len(t)

    elapsed_time = time.time() - start
    print('epoch: {}, loss: {:.4f}, time: {:.4f}[sec]'.format(
        epoch + 1, sum_loss / len(train_set), elapsed_time))
```

GPU를 사용할 수 있는 환경에서 이 코드를 실행하면 DataLoader가 모델 데이터를 GPU로 전송합니다. 그러면 이후의 계산에서는 쿠파이 함수를 사용합니다.

코드를 실행해보면 지금까지와 마찬가지로 손실이 순조롭게 줄어듭니다. 하지만 CPU에서 돌릴 때보다 빠른 것을 알 수 있죠. [그림 52-1]은 구글 콜랩에서 실행해본 결과입니다.

그림 52-1 구글 콜랩에서의 실행 결과

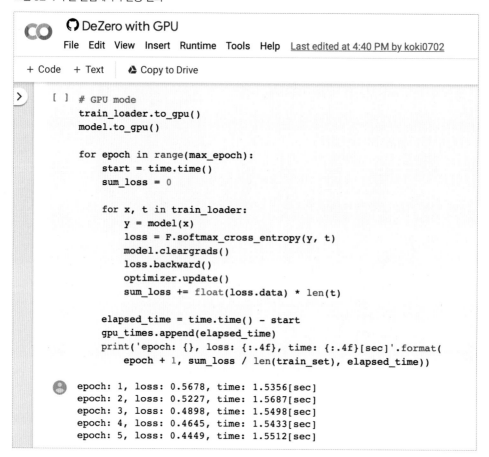

[그림 52-1]과 같이 GPU를 사용하자 1에포크 당 1.5초 정도면 계산할 수 있습니다. 정확한 결과는 구글 콜랩 실행 환경(할당된 GPU 수 등)에 따라 달라집니다. 참고로 CPU로 실행했을 때는 1에포크 당 8초 정도가 걸립니다. 따라서 [그림 52-1]의 결과는 CPU보다 5배 정도 빠른 것이죠. 이상으로 DeZero의 GPU 대응을 완료했습니다.

모델 저장 및 읽어오기

이번 단계에서는 모델이 가지는 매개변수를 외부 파일로 저장하고 다시 읽어오는 기능을 만듭니다. 이런 기능이 있다면 학습 중인 모델의 '스냅샷'을 저장하거나 이미 학습된 매개변수를 읽어와서 추론만 수행할 수 있습니다.

DeZero의 매개변수는 Parameter 클래스로 구현되어 있습니다(Variable 클래스를 상속한 클래스입니다). 그리고 Parameter의 데이터는 인스턴스 변수 data에 ndarray 인스턴스로 보관됩니다. 따라서 우리가 할 일은 ndarray 인스턴스를 외부 파일로 저장하는 것입니다. 다행히 넘파이에는 ndarray를 파일로 저장하고 읽어오는 함수가 몇 개 준비되어 있으니 먼저 이 함수들의 사용법을 알아보겠습니다.

> NOTE_ DeZero를 GPU에서 실행하는 경우에는 넘파이의 ndarray 대신 쿠파이의 ndarray(즉, cupy. ndarray)를 사용합니다. 이럴 때는 쿠파이 텐서를 넘파이 텐서로 변환한 후 외부 파일로 저장하면 됩니다. 따라서 외부 파일 저장은 넘파이만을 고려하겠습니다.

53.1 넘파이의 save 함수와 load 함수

넘파이에는 np.save와 np.load라는 함수가 있습니다. 이 함수들을 사용하면 ndarray 인스턴스를 저장하고 읽어올 수 있죠. 사용법은 다음과 같습니다.

```
import numpy as np

x = np.array([1, 2, 3])
np.save('test.npy', x)

x = np.load('test.npy')
print(x)
```

실행 결과

```
[1 2 3]
```

np.save 함수부터 보겠습니다. 이 함수는 ndarray 인스턴스를 외부 파일로 저장해줍니다. 이미 저장되어 있는 데이터를 읽어올 때는 np.load 함수를 사용합니다. 이것으로 하나의 ndarray 인스턴스를 저장하고 읽어올 수 있음을 확인했습니다.

> **CAUTION_** 앞의 코드에서 데이터를 test.npy라는 파일로 저장했습니다. 이 예시처럼 확장자는 .npy로 해주는 게 좋습니다. 만약 확장자를 생략하면 자동으로 .npy가 뒤에 추가됩니다.

이어서 여러 개의 ndarray 인스턴스를 저장하고 읽어오는 방법을 살펴보겠습니다. 이 경우에는 np.savez 함수와 np.load 함수를 사용합니다. 예를 보시죠.

```
x1 = np.array([1, 2, 3])
x2 = np.array([4, 5, 6])

np.savez('test.npz', x1=x1, x2=x2)

arrays = np.load('test.npz')
x1 = arrays['x1']
x2 = arrays['x2']
print(x1)
print(x2)
```

실행 결과

```
[1 2 3]
[4 5 6]
```

이와 같이 np.savez('test.npz', x1=x1, x2=x2) 코드로 여러 개의 ndarray 인스턴스를 저장할 수 있습니다. 이때 x1=x1과 x2=x2처럼 '키워드 인수'를 지정할 수 있습니다. 이렇게 해두면 데이터를 읽을 때 arrays['x1']이나 arrays['x2']처럼 원하는 키워드를 명시하여 해당 데이터만 꺼내올 수 있습니다. 그리고 np.savez 함수로 저장하는 파일의 확장자는 .npz로 해줍니다.

이어서 앞의 코드를 파이썬 딕셔너리를 사용해 수정해보겠습니다.

```python
x1 = np.array([1, 2, 3])
x2 = np.array([4, 5, 6])
data = {'x1':x1, 'x2':x2}  # 키워드를 파이썬 딕셔너리로 묶음

np.savez('test.npz', **data)

arrays = np.load('test.npz')
x1 = arrays['x1']
x2 = arrays['x2']
print(x1)
print(x2)
```

실행 결과

```
[1 2 3]
[4 5 6]
```

이와 같이 np.savez('test.npz', **data) 코드로 데이터를 저장할 수 있습니다. 이 코드에서처럼 딕셔너리 타입의 인수를 전달할 때 **data와 같이 앞에 별표 두 개를 붙여주면 딕셔너리가 자동으로 전개되어 전달됩니다.

이상이 넘파이의 저장 및 읽어오기 함수 사용법입니다. 이어서 방금 설명한 함수들을 이용하여 DeZero 매개변수를 외부 파일로 저장하는 기능을 만들겠습니다. Layer 클래스 안의 Parameter를 '평탄화'하여 꺼낼 것입니다.

NOTE_ np.savez 함수와 비슷한 기능을 하는 함수로 np.savez_compressed가 있습니다. 이름에서 짐작할 수 있듯이 np.savez_compressed는 np.savez에 내용 입축 기능을 추가한 함수입니다. 파일 크기가 작아지므로 앞으로는 np.savez_compressed 함수를 사용하겠습니다.

53.2 Layer 클래스의 매개변수를 평평하게

기억하시겠지만 Layer 클래스는 계층의 구조를 표현합니다. 계층은 Layer 안에 다른 Layer가 들어가는 중첩 형태의 구조를 취합니다. 구체적인 예로 다음 코드를 살펴보죠.

```python
layer = Layer()

l1 = Layer()
l1.p1 = Parameter(np.array(1))

layer.l1 = l1
layer.p2 = Parameter(np.array(2))
layer.p3 = Parameter(np.array(3))
```

layer에 또 다른 계층인 l1을 넣었습니다. [그림 53-1]과 같은 모습입니다.

그림 53-1 Layer 클래스는 계층의 구조를 표현함

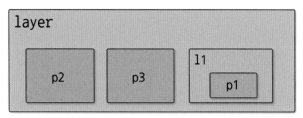

[그림 53-1]과 같은 계층 구조로부터 Parameter를 '하나의 평평한 딕셔너리'로, 즉 중첩되지 않은 딕셔너리로 뽑아내려면 어떻게 해야 할까요? 이를 위해 Layer 클래스에 _flatten_params 메서드를 추가합니다. 먼저 이 메서드의 사용법부터 보여드리겠습니다.

```python
params_dict = {}
layer._flatten_params(params_dict)
print(params_dict)
```

실행 결과

```
{'p2': variable(2), 'l1/p1': variable(1), 'p3': variable(3)}
```

이와 같이 params_dict = {}로 딕셔너리를 만들어 layer._flatten_params(params_dict)로 건네줍니다. 그러면 layer에 포함된 매개변수가 '평탄화'되어 나옵니다. 출력 결과를 보면 l1 계층 안의 매개변수 p1은 l1/p1이라는 키로 저장되어 있음을 알 수 있습니다. 이쯤에서 _flatten_params 메서드의 코드가 궁금해집니다.

```python
class Layer:                                              dezero/layers.py
    ...

    def _flatten_params(self, params_dict, parent_key=''):
        for name in self._params:
            obj = self.__dict__[name]
            key = parent_key + '/' + name if parent_key else name

            if isinstance(obj, Layer):
                obj._flatten_params(params_dict, key)
            else:
                params_dict[key] = obj
```

이 메서드는 인수로 딕셔너리인 params_dict와 텍스트인 parent_key를 받습니다. 참고로 Layer 클래스의 인스턴스 변수인 _params에는 'Parameter의 인스턴스 변수 이름' 또는 'Layer의 인스턴스 변수 이름'이 담겨 있습니다. 따라서 실제 객체는 obj = self.__dict__[name]으로 꺼내야 합니다. 그리고 꺼낸 obj가 Layer라면 obj의 _flatten_params 메서드를 호출합니다. 이처럼 메서드가 재귀적으로 호출되므로 모든 Parameter를 한 줄로 평탄화시켜 꺼낼 수 있는 것입니다.

53.3 Layer 클래스의 save 함수와 load 함수

Layer 클래스의 매개변수를 외부 파일로 저장할 준비가 되었습니다. 이번 절에서는 save_weights와 load_weights라는 이름으로 새로운 메서드를 추가합니다.

```python
import os                                                dezero/layers.py

class Layer:
    ...
```

```python
    def save_weights(self, path):
        self.to_cpu()

        params_dict = {}
        self._flatten_params(params_dict)
        array_dict = {key: param.data for key, param in params_dict.items()
                      if param is not None}
        try:
            np.savez_compressed(path, **array_dict)
        except (Exception, KeyboardInterrupt) as e:
            if os.path.exists(path):
                os.remove(path)
            raise

    def load_weights(self, path):
        npz = np.load(path)
        params_dict = {}
        self._flatten_params(params_dict)
        for key, param in params_dict.items():
            param.data = npz[key]
```

save_weights 메서드는 먼저 self.to_cpu()를 호출하여 데이터가 메인 메모리에 존재함을 (데이터가 넘파이 ndarray임을) 보장합니다. 그리고 ndarray 인스턴스를 값으로 갖는 딕셔너리 array_dict를 만듭니다. 그런 다음 np.savez_compressed 함수를 호출하여 데이터를 외부 파일로 저장합니다. 한편 load_weights 메서드는 np.load 함수로 데이터를 읽어 들인 후 대응하는 키 데이터를 매개변수로 설정합니다.

> CAUTION_ 앞의 코드에서 파일을 저장할 때 try 구문을 사용했습니다. 사용자에 의해 발생하는 'Ctrl + C' 등의 키보드 인터럽트에 대비한 보호 코드입니다. 이 try 구문 덕분에 저장 도중 인터럽트가 발생하면 파일은 삭제됩니다. 불완전한 상태의 파일이 만들어지는 일을, 그리고 나중에 그런 파일을 읽어오는 일을 사전에 방지하는 것이죠.

그럼 MNIST 학습을 예로 들어 매개변수 저장과 읽기 기능을 시험해봅시다.

steps/step53.py

```python
import os
import dezero
import dezero.functions as F
from dezero import optimizers
```

```python
from dezero import DataLoader
from dezero.models import MLP

max_epoch = 3
batch_size = 100

train_set = dezero.datasets.MNIST(train=True)
train_loader = DataLoader(train_set, batch_size)
model = MLP((1000, 10))
optimizer = optimizers.SGD().setup(model)

# 매개변수 읽기
if os.path.exists('my_mlp.npz'):
    model.load_weights('my_mlp.npz')  # ❷

for epoch in range(max_epoch):
    sum_loss = 0

    for x, t in train_loader:
        y = model(x)
        loss = F.softmax_cross_entropy(y, t)
        model.cleargrads()
        loss.backward()
        optimizer.update()
        sum_loss += float(loss.data) * len(t)

    print('epoch: {}, loss: {:.4f}'.format(
        epoch + 1, sum_loss / len(train_set)))

# 매개변수 저장하기
model.save_weights('my_mlp.npz')  # ❶
```

이 코드를 처음 실행하면 (my_mlp.npz 파일이 존재하지 않으므로) 언제나처럼 모델의 매개변수를 무작위로 초기화한 상태에서 학습을 시작합니다. 그리고 마지막 model.save_weights('my_mlp.npz') 줄에서 학습된 매개변수들을 저장합니다(❶).

그리고 다음번에 실행하면 my_mlp.npz 파일이 존재하므로 파일로부터 매개변수들을 읽어 들입니다(❷). 이를 통해 앞서 학습한 매개변숫값이 모델에 설정됩니다. 이상으로 모델의 매개변수를 저장하고 읽어오는 기능을 완성했습니다.

드롭아웃과 테스트 모드

신경망 학습에서는 과대적합이 자주 문제가 됩니다. 다음은 과대적합이 일어나는 주요 원인입니다.

- 훈련 데이터가 적음
- 모델의 표현력이 지나치게 높음

첫 번째 원인 때문이라면 데이터를 더 확보하거나 데이터 수를 인위적으로 늘리는 **데이터 확장**^{data} augmentation을 이용하면 효과적입니다.

두 번째 원인에는 **가중치 감소**^{Weight Decay}, **드롭아웃**^{Dropout [34]}, **배치 정규화**^{Batch Normalization [35]} 등이 유효합니다. 특히 드롭아웃은 간단하면서도 효과적이어서 실무에서 많이 사용됩니다. 그래서 이번 단계에서는 DeZero에 드롭아웃을 추가합니다. 드롭아웃을 적용하려면 학습 시와 테스트 시의 처리 로직을 달리해야 합니다. 그래서 학습 단계인지 테스트 단계인지 구별하는 구조를 만들겠습니다.

54.1 드롭아웃이란

드롭아웃은 뉴런을 임의로 삭제(비활성화)하면서 학습하는 방법입니다. 학습 시에는 은닉층 뉴런을 무작위로 골라 삭제합니다. 삭제된 뉴런은 [그림 54-1]과 같이 신호를 전송하지 않습니다.

그림 54-1 드롭아웃을 적용해 학습할 때의 신경망 동작

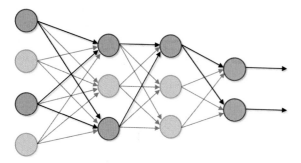

드롭아웃을 사용하면 학습 데이터를 흘려보낼 때마다 삭제할 뉴런을 무작위로 선택합니다. 예를 들어 10개의 뉴런으로 이루어진 층이 있고, 그다음 층에서 드롭아웃 계층을 사용하여 60%의 뉴런을 무작위로 삭제한다고 해보죠. 이 동작을 코드로는 다음처럼 작성할 수 있습니다.

```python
import numpy as np

dropout_ratio = 0.6
x = np.ones(10)

mask = np.random.rand(10) > dropout_ratio
y = x * mask
```

여기에서 mask는 원소가 True 혹은 False인 배열입니다. 이 mask를 만드는 방법은 먼저 np.random.rand(10) 코드로 0.0~1.0 사이의 값을 임의로 10개 생성합니다. 그런 다음 각 원소의 값을 dropout_ratio, 즉 0.6과 비교하여 dropout_ratio보다 큰 원소는 True로, 그렇지 않은 원소는 False로 변환합니다. 이렇게 생성한 mask는 False의 비율이 평균적으로 60%가 될 것입니다.

mask를 만들었으면 y = x * mask를 실행합니다. 이 코드는 mask에서 값이 False인 원소에 대응하는 x의 원소를 0으로 설정합니다(즉, 삭제합니다). 결과적으로 매회 평균 4개의 뉴런만이 출력을 다음 층으로 전달합니다. 드롭아웃 계층은 학습 시 데이터를 흘려보낼 때마다 이와 같은 선별적 비활성화를 수행합니다.

자, 방금 보여드린 코드는 드롭아웃의 학습 시 처리입니다. 테스트 시에는 모든 뉴런을 사용하면서도 앙상블 학습처럼 동작하게끔 '흉내' 내야 합니다. 이를 위해 우선 모든 뉴런을 써서 출력을 계산하고, 그 결과를 '약화'시킵니다. 약화하는 비율은 학습 시에 살아남은 뉴런의 비율입니다. 코드로 살펴보시죠.

```
# 학습 시
mask = np.random.rand(*x.shape) > dropout_ratio
y = x * mask

# 테스트 시
scale = 1 - dropout_ratio  # 학습 시에 살아남은 뉴런의 비율
y = x * scale
```

이와 같이 테스트 시의 비율을 조절합니다. 지금 예시에서는 학습할 때 평균 40%의 뉴런이 생존했기 때문에 테스트할 때는 모든 뉴런을 사용해 계산한 출력에 0.4를 곱했습니다. 이렇게 하여 학습 시와 테스트 시의 비율을 일치시킵니다.

이상이 '일반적인 드롭아웃'입니다. 여기서 '일반적'이라고 말한 데는 또 다른 형태로도 드롭아웃을 구현할 수 있기 때문입니다. 바로 '역 드롭아웃'^{Inverted Dropout}으로, 다음 절에서 설명하겠습니다. 또한 지금까지 설명한 일반적인 드롭아웃은 앞으로 '다이렉트 드롭아웃'^{Direct Dropout}으로 표기해 구분하겠습니다.

54.2 역 드롭아웃

역 드롭아웃은 스케일 맞추기를 '학습할 때' 수행합니다. 앞 절 마지막에서 스케일을 맞추기 위해 '테스트할 때' scale을 곱했습니다. 그래서 이번에는 학습할 때 미리 뉴런의 값에 1/scale을 곱해두고, 테스트 때는 아무런 동작도 하지 않겠습니다. 코드는 다음과 같습니다.

```
# 학습 시
scale = 1 - dropout_ratio
mask = np.random.rand(*x.shape) > dropout_ratio
y = x * mask / scale

# 테스트 시
y = x
```

역 드롭아웃도 보통의 드롭아웃과 원리는 같지만, 나름의 장점이 있습니다. 테스트 시 아무런 처리도 하지 않기 때문에 테스트 속도가 (살짝) 향상됩니다. 추론 처리만을 이용하는 경우에 바람직한 특성이죠.

또한 역 드롭아웃은 학습할 때 dropout_ratio를 동적으로 변경할 수 있습니다. 예를 들어 데이터를 첫 번째 흘려보낼 때 dropout_ratio을 0.43455로 한 후 다음번에는 0.56245로 변화를 줄 수 있습니다. 이에 반해 다이렉트 드롭아웃에서는 dropout_ratio를 고정해두고 학습해야 합니다. 만약 값을 중간에 바꾸면 테스트 시의 동작과 어긋나게 되죠. 이러한 이점 때문에 많은 딥러닝 프레임워크에서 역 드롭아웃 방식을 채용하고 있습니다. DeZero도 마찬가지입니다.

54.3 테스트 모드 추가

드롭아웃을 사용하려면 학습 단계인지 테스트 단계인지 구분해야 하는데, 이런 용도로는 18단계에서 만든 역전파 비활성 모드(with dezero.no_grad():) 방식을 유용하게 활용할 수 있습니다. 우선 dezero/core.py의 Config 클래스 주변에 다음 음영 부분의 코드를 추가합니다.

```
                                                              dezero/core.py
class Config:
    enable_backprop = True
    train = True

@contextlib.contextmanager
def using_config(name, value):
    old_value = getattr(Config, name)
    setattr(Config, name, value)
    yield
    setattr(Config, name, old_value)

def test_mode():
    return using_config('train', False)
```

이와 같이 Config 클래스에 train이라는 클래스 변수를 추가합니다. train의 값은 기본적으로 True입니다. 또한 dezero/__init__.py에 from dezero.core import Config 문장이 이미 있으므로 다른 파일에서 dezero.Config.train값을 참조할 수 있습니다.

그다음으로 test_mode 함수를 추가합니다. 이 함수를 with 문과 함께 사용하면 with 블록 안에서만 Config.train이 False로 전환됩니다. 이 함수는 사용자도 사용하기 때문에 dezero/__init__.py에 from dezero.core import test_mode 문장을 추가합니다. 이제 사용자 코드에서 from dezero import test_mode 형태로 임포트할 수 있습니다.

54.4 드롭아웃 구현

마지막으로 드롭아웃을 다음과 같이 구현합니다.*

```
                                                          dezero/functions.py
def dropout(x, dropout_ratio=0.5):
    x = as_variable(x)

    if dezero.Config.train:
        xp = cuda.get_array_module(x)
        mask = xp.random.rand(*x.shape) > dropout_ratio
```

----

* Function 클래스를 상속한 Dropout 클래스로 정의하는 방식도 생각할 수 있습니다. 클래스 상속 방식이 처리 효율은 더 좋지만, 드롭아웃은 로직이 간단하고, 또 추론 시에는 아무런 일도 하지 않기 때문에 따로 구현하지 않겠습니다.

```
            scale = xp.array(1.0 - dropout_ratio).astype(x.dtype)
            y = x * mask / scale
            return y
        else:
            return x
```

x는 Variable 인스턴스 또는 ndarray 인스턴스입니다. 쿠파이의 ndarray 인스턴스인 경우도 고려하여 xp = cuda.get_array_module(x)에서 적절한 모듈을 가져옵니다. 나머지 코드는 이미 설명한 내용입니다. 이제 다음과 같이 dropout 함수를 사용할 수 있습니다.

steps/step54.py

```
import numpy as np
from dezero import test_mode
import dezero.functions as F

x = np.ones(5)
print(x)

# 학습 시
y = F.dropout(x)
print(y)

# 테스트 시
with test_mode():
    y = F.dropout(x)
    print(y)
```

실행 결과

```
[1. 1. 1. 1. 1.]
variable([0. 2. 2. 0. 0.])
variable([1. 1. 1. 1. 1.])
```

이와 같이 F.dropout 함수를 사용할 수 있습니다. 또한 '학습/테스트' 단계를 지정하는 구조도 갖췄습니다. 이제 과대적합이 일어난다 싶으면 적극적으로 드롭아웃을 사용해보세요.

CNN 메커니즘(1)

지금부터 몇 단계에 걸쳐 'CNN'에 대해 알아볼 것입니다. CNN은 합성곱 신경망^{Convolutional} Neural Network 의 약자로, 이미지 인식, 음성 인식, 자연어 처리 등 다양한 분야에서 사용됩니다. 특히 이미지 인식용 딥러닝이라고 하면 대부분 CNN을 기반으로 합니다. 이번 단계에서는 CNN, 특히 이미지 인식용 CNN의 메커니즘을 설명합니다.

> **NOTE_** 이 책은 CNN을 다 구현했다고 가정하고 그 메커니즘만 설명합니다. CNN이 왜 이미지 인식에 탁월한지, 어떻게 이미지로부터 특징량을 추출해낼 수 있는지는 설명하지 않습니다. 이런 내용이 궁금하다면 『밑바닥부터 시작하는 딥러닝』을 참고하세요.

55.1 CNN 신경망의 구조

CNN도 지금까지 다룬 신경망과 마찬가지로 계층을 조합하여 만듭니다. 다만 CNN에서는 새롭게 '합성곱층^{convolution layer}'과 '풀링층^{pooling layer}'이 등장합니다. 합성곱층과 풀링층의 상세 내용은 나중에 설명하고, 당장은 CNN이 어떤 계층들의 조합으로 생성되는지부터 살펴보겠습니다. [그림 55-1]에 CNN 신경망의 예를 준비했습니다.

그림 55-1 CNN 신경망 예(계산 그래프를 계층 단위로 그리고, 변수는 입력과 출력만 표시함. Conv=합성곱층, Pool=풀링층)

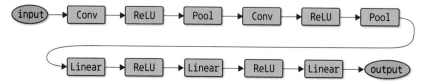

[그림 55-1]에서 보듯 CNN에는 Conv 계층과 Pool 계층이 새로 추가됩니다. 그리고 'Conv → ReLU → (Pool)' 순서로 연결됩니다(Pool 계층은 생략할 수 있습니다). 지금까지의 'Linear → ReLU' 연결이 'Conv → ReLU → (Pool)'로 대체되었다고 생각할 수 있습니다. 한편 출력에 가까워지면 이전과 같은 'Linear → ReLU' 조합이 사용됩니다. 이상이 일반적인 CNN에서 흔히 볼 수 있는 구성입니다.

55.2 합성곱 연산

CNN에는 합성곱층이 사용됩니다. 이 층에서 수행하는 일이 바로 '합성곱 연산'으로, 이미지 처리에서 말하는 '필터 연산'에 해당합니다. 이번 절에서는 [그림 55-2]의 예를 이용하여 합성곱 연산을 설명하겠습니다.

그림 55-2 합성곱 연산의 예(합성곱 연산은 ⊛로 표기)

[그림 55-2]에서와 같이 합성곱 연산은 입력 데이터에 필터를 적용합니다. 이 예에서 입력 데이터는 수직/수평 방향의 차원을 가지는 데이터고, 필터 역시 수직/수평 방향의 차원을 가집니다. 그 형상을 (높이, 너비) 순서로 표기하면 [그림 55-2]의 예에서 입력 형상은 (4, 4), 필터

는 (3, 3), 출력은 (2, 2)입니다. 그리고 이때 수행할 합성곱 연산은 [그림 55-3]처럼 계산합니다.

그림 55-3 합성곱 연산의 계산 순서

1*2 + 2*0 + 3*1 + 0*0 + 1*1 + 2*2 + 3*1 + 0*0 + 1*2 = 15

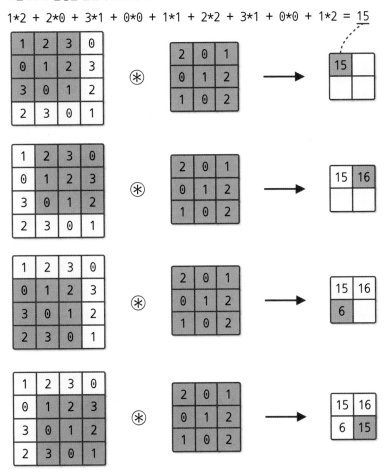

합성곱 연산은 입력 데이터에 대해 필터 윈도window를 일정 간격으로 이동시키면서 적용합니다. [그림 55-3]과 같이 필터와 입력의 해당 원소를 곱하고 총합을 구합니다. 그리고 그 결과를 해당 위치에 저장합니다. 이 과정을 모든 장소에서 수행하면 합성곱 연산의 출력을 얻을 수 있습니다. 참고로 **필터**filter를 문헌에 따라 **커널**kernel이라고도 쓰며, 이 책에서도 둑을 같은 의미로 사용합니다.

완전연결계층으로 구성된 신경망에는 가중치 매개변수 외에 '편향'도 존재하였고, 합성곱층도 다르지 않습니다. 편향까지 포함시키면 합성곱 연산의 처리 흐름은 [그림 55-4]처럼 됩니다.

그림 55-4 합성곱 연산의 편향

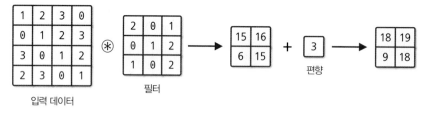

[그림 55-4]와 같이 편향은 필터링 후에 더해줍니다. 여기에서 편향은 하나뿐이라는 점에 주의합시다(그림의 예시에서 필터링된 데이터는 4개지만, 편향은 하나뿐입니다). 하나의 똑같은 값이 필터 적용 후의 모든 원소에 브로드캐스트되어 더해지는 것이죠.

이어서 합성곱층에서의 '패딩'과 '스트라이드'라는 용어를 설명하겠습니다.

55.3 패딩

합성곱층의 주요 처리 전에 입력 데이터 주위에 고정값(가령 0 등)을 채울 수 있습니다. 이러한 처리를 패딩padding이라고 합니다. [그림 55-5]는 형상이 (4, 4)인 입력 데이터에 폭 1짜리 패딩을 적용하는 모습을 보여줍니다.

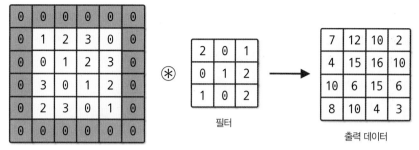

그림 55-5 합성곱 연산의 패딩 처리

입력 데이터(패딩:1)　　필터　　출력 데이터

[그림 55-5]와 같이 (4, 4) 형상이던 입력 데이터가 패딩에 의해 (6, 6) 형상으로 변합니다. 그리고 (3, 3) 형상의 필터에 의해 (4, 4) 형상의 데이터가 출력됩니다. 이 예에서는 패딩을 1로 설정했지만 2나 3 등 임의의 정수로 설정할 수 있습니다. 또한 세로 방향 패딩과 가로 방향 패딩을 서로 다르게 설정할 수도 있습니다.

> NOTE_ 패딩을 사용하는 주된 이유는 출력 크기를 조정하기 위해서입니다. 예를 들어 (4, 4) 형상의 입력 데이터에 (3, 3) 형상의 필터를 적용하면 출력 형상은 (2, 2)가 되어, 크기가 입력 데이터보다 2칸씩 줄어들게 됩니다. 그래서 합성곱 연산을 반복 수행하는 깊은 신경망에서는 문제를 일으키죠. 합성곱 연산을 거칠 때마다 공간이 축소되다 보면 어느 순간 더 이상의 합성곱 연산을 할 수 없게 되기 때문입니다. 이런 사태를 피하기 위해 패딩을 이용합니다. 앞의 예에서는 패딩의 폭을 1로 설정하여 출력 형상이 원래의 입력과 같은 (4, 4)로 유지되었습니다.

55.4 스트라이드

필터를 적용하는 위치의 간격을 스트라이드^{stride} (보폭을 뜻함)라고 합니다. 지금까지의 예에서는 스트라이드가 항상 1이었지만, 2로 설정하면 [그림 55-6]처럼 필터를 적용하는 윈도가 한 번에 두 원소씩 움직입니다.

그림 55-6 스트라이드가 2인 합성곱 연산의 예

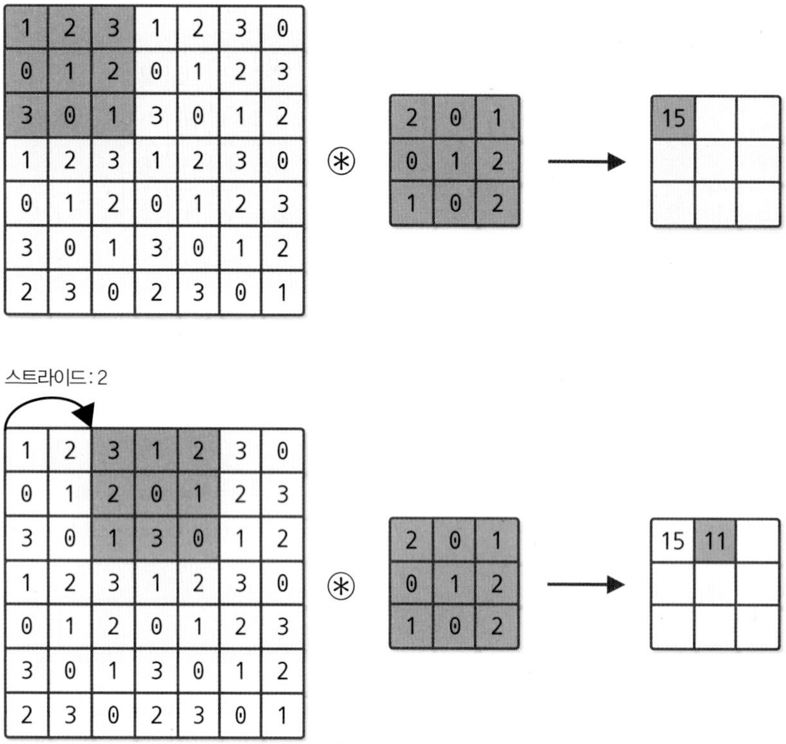

스트라이드: 2

[그림 55-6]의 예는 입력 크기가 (7, 7)인 데이터에 필터의 스트라이드를 2로 설정했을 때의 동작 모습입니다. 스트라이드를 2로 설정하면 출력 크기는 (3, 3)이 됩니다. 이와 같이 스트라이드는 필터를 적용하는 간격을 지정합니다. 스트라이드 역시 세로 방향과 가로 방향 값을 다르게 설정할 수 있습니다.

55.5 출력 크기 계산 방법

앞의 두 절에서 보았듯이 패딩 크기를 늘리면 출력 데이터의 크기가 커지고, 스트라이드를 크게 하면 반대로 작아집니다. 즉, 출력 크기는 패딩과 스트라이드의 영향을 받습니다. 그래서 패딩과 스트라이드의 크기, 그리고 입력 데이터와 커널(필터)의 크기가 주어지면 출력 데이터의 크기가 결정됩니다. 계산 방법은 다음과 같습니다.

```python
def get_conv_outsize(input_size, kernel_size, stride, pad):                steps/step55.py
    return (input_size + pad * 2 - kernel_size) // stride + 1
```

모든 인수가 int 타입이라고 가정했습니다. input_size는 입력 데이터의 크기, kernel_size는 커널의 크기, stride는 스트라이드의 크기, pad는 패딩의 크기입니다.

> **CAUTION_** 앞의 코드에서 //는 몫 연산자입니다. 나누기 연산 후 소수점 이하는 버리고 정수 부분(몫)만 취하는 것이죠. 예를 들어 33 // 5의 결과는 6입니다.

그럼 시험 삼아 방금 구현한 get_conv_outsize 함수를 사용해보죠.

```python
H, W = 4, 4    # 입력 형상                                                 steps/step55.py
KH, KW = 3, 3  # 커널 형상
SH, SW = 1, 1  # 스트라이드(세로 방향 스트라이드와 가로 방향 스트라이드)
PH, PW = 1, 1  # 패딩(세로 방향 패딩과 가로 방향 패딩)

OH = get_conv_outsize(H, KH, SH, PH)
OW = get_conv_outsize(W, KW, SW, PW)
print(OH, OW)
```

실행 결과
```
4 4
```

이와 같이 출력 크기를 계산할 수 있습니다. get_conv_outsize 함수는 앞으로도 사용하기 때문에 dezero/utils.py에 추가해뒀습니다.

합성곱 연산과 관련한 기본적인 설명은 끝났으므로 이번 단계는 여기서 마치겠습니다. 다음 단계에서는 CNN 메커니즘의 나머지 주제인 채널과 풀링에 관해 이야기합니다.

CNN 메커니즘(2)

이전 단계에서는 수직 및 수평 방향으로 늘어선 2차원 데이터(2차원 텐서)에서의 합성곱 연산을 설명했습니다. 그러나 사진에는 가로/세로 방향뿐 아니라 RGB처럼 '채널 방향'으로도 데이터가 쌓여 있기 때문에 3차원 데이터(3차원 텐서)를 다뤄야 합니다. 이번 단계에서는 앞 단계와 똑같은 순서로 3차원 텐서에서의 합성곱 연산을 살펴보고, 이어서 풀링까지 설명하겠습니다.

56.1 3차원 텐서

곧바로 합성곱 연산의 예를 보겠습니다. [그림 56-1]은 채널이 3개인 데이터로 수행하는 합성곱 연산의 모습입니다.

그림 56-1 3차원 텐서에서의 합성곱 연산 예

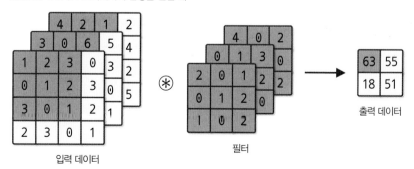

입력 데이터 ✳ 필터 → 출력 데이터

[그림 56-1]에서 보듯 합성곱 연산 절차는 2차원 텐서일 때와 똑같습니다. 깊이 방향으로 데이터가 늘어난 것을 제외하면 필터가 움직이는 방법도 계산 방법도 그대로입니다. 여기에서 주의할 점은 입력 데이터와 필터의 '채널' 수를 똑같이 맞춰줘야 한다는 것입니다. [그림 56-1]에서 입력 데이터와 필터의 채널 수는 모두 3개입니다. 한편 필터의 가로, 세로 크기는 원하는 숫자로 설정할 수 있습니다. 그림의 예에서는 (3, 3) 형상이지만, 원한다면 (1, 2)나 (2, 1) 크기의 필터를 사용할 수도 있습니다.

> **CAUTION_** [그림 56-1]의 필터는 이전 단계에서와 마찬가지로 가로, 세로의 2차원 위를 움직입니다. 따라서 (비록 3차원 텐서에 대한 합성곱 연산이지만) 이것은 '2차원 합성곱층'으로 분류됩니다. 2차원 합성곱 연산은 대부분의 딥러닝 프레임워크에서 Conv2d나 Convolution2d라는 이름으로 제공합니다.

56.2 블록으로 생각하기

3차원 텐서에 대한 합성곱 연산은 직육면체 블록으로 생각하면 이해하기 쉽습니다. 그래서 3차원 텐서의 합성곱 연산을 [그림 56-2]처럼 3차원 직육면체로 그려보았습니다.

그림 56-2 합성곱 연산을 블록으로 생각하기

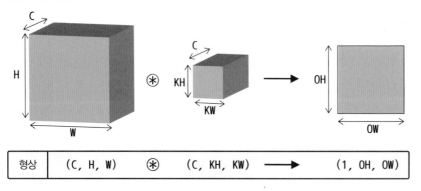

[그림 56-2]에서는 데이터가 (채널^{channel}, 높이^{height}, 너비^{width}) 순서로 정렬되어 있다고 가정했습니다. 그래서 채널 수가 C, 높이가 H, 폭이 W인 데이터의 형상은 (C, H, W)라고 표기합니다. 필터도 마찬가지로 (C, KH, KW)라고 표기합니다.*

----

* KH는 Kernel Height의 머리글자이고, KW은 Kernel Width의 머리글자입니다. 출력 형상에서의 OH와 OW는 각각 Output Height와 Output Width의 머리글자입니다.

출력은 '특징 맵feature map'이라고 불리며, [그림 56-2]의 예에서는 특징 맵이 한 장만 출력됐습니다. 그런데 특징 맵을 채널 방향으로 여러 장 갖고 싶을 수 있겠죠. 이를 위해서는 다수의 필터(가중치)를 사용하면 됩니다.

그림 56-3 다수의 필터를 사용한 합성곱 연산의 예

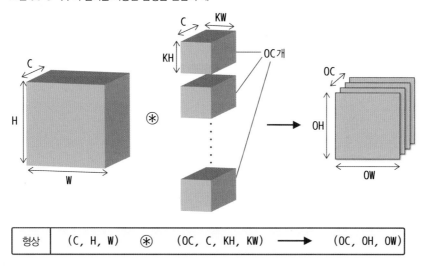

형상	(C, H, W)	⊛	(OC, C, KH, KW)	⟶	(OC, OH, OW)

[그림 56-3]에서 보듯 OC**개의 필터를 개별적으로 적용합니다. 그러면 출력의 특징 맵도 OC 개가 생성됩니다. 그리고 그 OC개의 맵을 모아 (OC, OH, OW) 형상의 블록을 만듭니다.

> NOTE_ [그림 56-3]에서 보듯 합성곱 연산에서는 필터 수도 고려해야 합니다. 따라서 필터의 가중치 데이터는 4차원 텐서인 (output_channel, input_channel, height, width) 형상으로 관리합니다. 가령 채널 수가 3개고 가로, 세로 크기가 (5, 5)인 필터가 20개 있다면 형상은 (20, 3, 5, 5)가 됩니다.

합성곱 연산에도 (완전연결계층과 마찬가지로) 편향이 존재합니다. [그림 56-3]의 예에 편향까지 추가하면 [그림 56-4]가 됩니다.

** OC는 Output Channel의 머리글자입니다.

그림 56-4 합성곱 연산 처리 흐름(편향 추가)

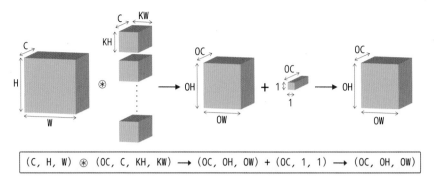

$$(C, H, W) \circledast (OC, C, KH, KW) \longrightarrow (OC, OH, OW) + (OC, 1, 1) \longrightarrow (OC, OH, OW)$$

[그림 56-4]와 같이 편향은 채널당 하나의 값만 갖습니다. 그래서 편향의 형상은 $(OC, 1, 1)$이 되고, 필터 적용 후의 출력은 (OC, OH, OW)가 됩니다. 이처럼 편향은 형상이 다르기 때문에 브로드캐스트된 다음에 더해집니다. 이상이 편향 덧셈을 포함한 합성곱 연산입니다.

56.3 미니배치 처리

신경망 학습에서는 여러 개의 입력 데이터를 하나의 단위(미니배치)로 묶어 처리합니다. 합성곱 연산에서도 마찬가지입니다. 미니배치 처리를 위해서는 각 층을 흐르는 데이터를 '4차원 텐서'로 취급합니다. 예를 들어 N개의 데이터로 이루어진 미니배치에 합성곱 연산을 수행하면 [그림 56-5]처럼 됩니다.

그림 56-5 합성곱 연산의 처리 흐름(미니배치 처리)

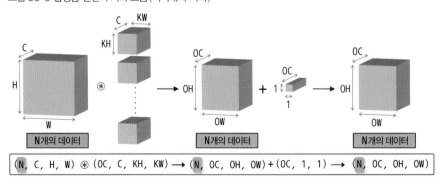

$$(N, C, H, W) \circledast (OC, C, KH, KW) \longrightarrow (N, OC, OH, OW) + (OC, 1, 1) \longrightarrow (N, OC, OH, OW)$$

[그림 56-5]를 보면 데이터의 맨 앞에 배치를 위한 차원이 추가되어 있습니다. 이는 데이터를 (batch_size, channel, height, width) 형상으로 정렬하는 것이죠. 미니배치 처리에서는 이 4차원 텐서의 샘플 데이터 각각에 대해 (독립적으로) 똑같은 합성곱 연산을 수행합니다.

이상이 CNN의 합성곱층에서 이루어지는 계산입니다. 이어서 CNN을 구성하는 또 다른 계층인 풀링층에 대해 알아봅시다.

56.4 풀링층

풀링은 가로, 세로 공간을 작게 만드는 연산입니다. [그림 56-6]은 2×2 Max 풀링을 스트라이드 2로 수행하는 경우의 처리 절차를 보여줍니다. **Max 풀링**(**최대 풀링**)은 최댓값을 취하는 연산이며, '2×2'는 대상 영역의 크기를 나타냅니다. 그림과 같이 2×2 영역에서 값이 가장 큰 원소를 찾는 것이죠. 또한 그림의 예에서는 스트라이드를 2로 설정했기 때문에 2×2 윈도가 한 번에 원소 2개씩 건너뜁니다. 일반적으로 풀링 윈도 크기와 스트라이드 크기는 같은 값으로 설정합니다(가령 윈도가 3×3이면 스트라이드를 3으로, 4×4면 스트라이드를 4로).

그림 56-6 Max 풀링의 처리 절차

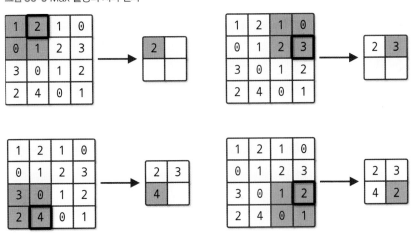

이상으로 풀링층에 대해 알아보았습니다. 풀링층의 주요 특징은 다음과 같습니다.

• 학습하는 매개변수가 없다

풀링층은 합성곱층과 달리 학습하는 매개변수가 없습니다. 풀링은 대상 영역에서 최댓값을 취하는(혹은 평균을 구하는) 처리만 하면 끝이기 때문입니다(학습할 게 없습니다).

• 채널 수가 변하지 않는다

풀링의 연산에서는 입력 데이터와 출력 데이터의 채널 수가 달라지지 않습니다. [그림 56-7]에서와 같이 계산이 채널마다 독립적으로 이루어지기 때문입니다.

그림 56-7 풀링 시의 채널 수

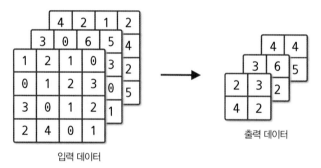

입력 데이터   출력 데이터

• 미세한 위치 변화에 영향을 덜 받는다

입력 데이터의 차이가 크지 않으면 풀링 결과도 크게 달라지지 않습니다. 이를 입력 데이터의 미세한 차이에 강건하다robust고도 표현합니다. [그림 56-8]의 예를 보면 입력 데이터의 차이를 풀링이 흡수하고 있습니다. 오른쪽 그림은 입력 데이터가 오른쪽으로 1 원소만큼 어긋나 있지만 출력은 달라지지 않았습니다(물론 입력 데이터가 무엇이냐에 따라 차이가 나기도 합니다).

그림 56-8 입력 데이터에 작은 차이가 있을 때의 비교

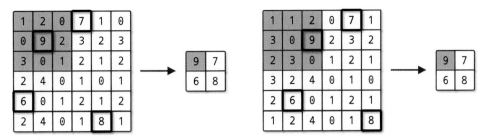

이상이 CNN의 메커니즘입니다. 지금까지 주로 '합성곱층'과 '풀링층'에 대해 설명했습니다. 다음 단계에서는 이 두 가지 처리를 DeZero 함수로 구현하겠습니다.

conv2d 함수와 pooling 함수

55~56단계에서 합성곱층과 풀링층에 대해 설명했습니다. 합성곱 연산을 곧이곧대로 구현하면 for 문이 겹겹이 중첩된 코드가 될 것입니다. 이렇게 코딩하기는 귀찮을 뿐 아니라 넘파이에서 for 문을 사용하면 속도가 느려진다는 단점도 있습니다. 그래서 for 문은 사용하지 않고 im2col이라는 편의 함수를 사용하여 간단히 구현하고자 합니다. 참고로 im2col은 'image to column'의 약자로, '이미지에서 열로' 변환한다는 의미를 담고 있습니다.

> NOTE_ DeZero에서는 신경망 변환 처리를 '함수'로 구현합니다. 그리고 매개변수를 갖는 계층은 Layer 클래스를 상속받아 매개변수 관리를 맡겼습니다. 이번 단계에서는 합성곱층에서의 처리를 conv2d(또는 conv2d_simple) 함수로 구현하며, Layer 클래스를 상속한 Conv2d 계층도 구현합니다. 그리고 풀링층에는 매개변수가 없기 때문에 (클래스는 빼고) pooling 함수만 구현합니다.

57.1 im2col에 의한 전개

im2col은 입력 데이터를 한 줄로 '전개'하는 함수로, 합성곱 연산 중 커널 계산에 편리하도록 입력 데이터를 펼쳐줍니다. [그림 57-1]과 같이 3차원 텐서인 입력 데이터로부터 커널을 적용한 영역을 추출하는 것이죠(정확하게는 배치 수를 포함한 4차원 텐서로부터 커널을 적용할 영역을 꺼냅니다).

그림 57-1 커널 적용 영역의 전개

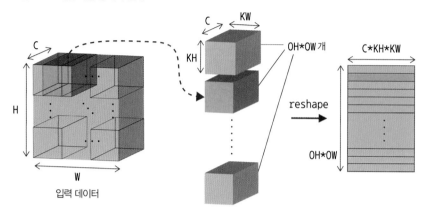

[그림 57-1]과 같이 커널을 적용할 영역을 꺼낸 다음, 한 줄로 형상을 바꿔^{reshpae} 최종적으로는 '행렬(2차원 텐서)'로 변환합니다. 이것이 im2col 함수가 수행하는 작업입니다.

> **CAUTION_** 체이너의 im2col은 [그림 57-1]의 1단계까지의 작업만 수행합니다(reshape 부분이 제외됩니다). 왜냐하면 영역을 꺼낸 후 텐서 곱*을 하여 원하는 계산을 수행할 수 있기 때문입니다. 이 책에서는 (텐서 곱이 아닌) 행렬 곱을 사용하기 때문에 reshape까지 해줘야 합니다. 한편 DeZero의 im2col 함수는 인수로 to_matrix 플래그를 받는데, 이 값이 True일 때만 [그림 57-1]의 reshape 부분까지 처리해줍니다.

im2col로 입력 데이터를 전개한 후에는 합성곱층의 커널(필터)을 한 줄로 전개합니다. 그런 다음 [그림 57-2]처럼 두 행렬을 곱합니다.

[그림 57-2]와 같이 행렬 곱을 계산하면 행렬(2차원 텐서)이 출력됩니다. 마지막으로 이 출력을 3차원 텐서(정확하게는 배치 수를 포함한 4차원 텐서)로 변환합니다. 이상이 합성곱층의 구현 흐름입니다.

> **NOTE_** 합성곱 연산 시 im2col로 전개하면 대부분의 경우 원소 수가 원래보다 많아지기 때문에 메모리를 많이 소비합니다. 하지만 행렬 곱으로 계산할 수 있기 때문에 행렬 라이브러리가 제공하는 최적화된 함수의 혜택을 누릴 수 있습니다.

---

* 텐서 곱은 단순히 행렬 곱의 확장으로, 축을 지정하여 두 텐서를 곱셈한 후 누적하는 계산입니다. 참고로 이를 곱셈-누적 연산(multiply-accumulate operation)이라고 합니다. 넘파이에서는 np.tensordot과 np.einsum을 사용하여 텐서 곱을 계산할 수 있습니다.

그림 57-2 입력 데이터와 커널의 행렬 곱 계산

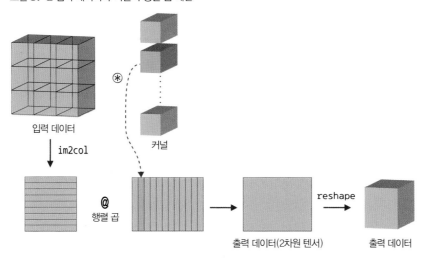

57.2 conv2d 함수 구현

이 책에서는 DeZero의 im2col 함수를 블랙박스처럼 사용한다고 가정합니다(즉, 상세 구현은 신경 쓰지 않습니다). 어쨌든 im2col도 DeZero 함수이므로 입력으로 Variable 인스턴스를 받으며 backward를 호출하여 미분도 계산할 수 있습니다.

> CAUTION_ CNN에서 이용하는 함수들은 코드 양이 많으므로 dezero/functions.py가 아닌 dezero/functions_conv.py에 모아뒀습니다. DeZero의 im2col 함수 역시 dezero/functions_conv.py에 있습니다. 하지만 dezero/functions_conv.py에서 구현한 DeZero 함수들을 dezero/functions.py에서 임포트하고 있으므로 사용자는 dezero/functions.py만 임포트하면 모든 함수를 사용할 수 있습니다.

그림 DeZero의 im2col 함수에 대해 살펴보겠습니다. 이 함수의 인터페이스는 다음과 같으며, 인수에 대한 설명을 [표 57-1]로 정리했습니다.

```
im2col(x, kernel_size, stride=1, pad=0, to_matrix=True)
```

표 57-1 im2col 함수의 인수

표 57-1 im2col 함수의 인수

인수	데이터 타입	설명
x	Variable 또는 ndarray	입력 데이터
kernel_size	int 또는 (int, int)	커널 크기
stride	int 또는 (int, int)	스트라이드
pad	int 또는 (int, int)	패딩
to_matrix	bool	행렬로 형상 변환 여부

인수 kernel_size는 int 또는 (int, int) 튜플로 제공합니다. 만약 튜플로 주어지면 첫 번째 원소가 높이에, 두 번째 원소가 너비에 대응합니다. int로 주어지면 높이와 너비가 같다고 해석합니다. 인수 stride와 pad도 같은 방식으로 해석합니다. 마지막 인수는 to_matrix 플래그입니다. 이 플래그가 True면 커널을 적용할 영역을 추출한 후 '행렬'로 형상 변환합니다(행렬로 바꾸는 이유는 행렬 곱으로 계산하기 위해서입니다).

그럼 im2col 함수를 실제로 사용해보겠습니다.

```python
                                                          steps/step57.py
import numpy as np
import dezero.functions as F

x1 = np.random.rand(1, 3, 7, 7)  # 배치 크기 = 1
col1 = F.im2col(x1, kernel_size=5, stride=1, pad=0, to_matrix=True)
print(col1.shape)

x2 = np.random.rand(10, 3, 7, 7)  # 배치 크기 = 10
kernel_size = (5, 5)
stride = (1, 1)
pad = (0, 0)
col2 = F.im2col(x2, kernel_size, stride, pad, to_matrix=True)
print(col2.shape)
```

실행 결과

```
(9, 75)
(90, 75)
```

두 가지 예를 보여드렸습니다. 첫 번째로 준비한 데이터의 형상은 (1, 3, 7, 7)입니다. 배치 크기가 1, 채널 수가 3, 높이가 7, 너비가 7인 데이터입니다. 두 번째는 첫 번째 예에서 배치 크기를 10으로 늘린 경우입니다. 각각에 im2col 함수를 적용하면 두 경우 모두에서 두 번째 차원의 원소 수는 75입니다. 커널의 원소 수와 일치하는 결과죠(채널 수 3에 (5, 5) 형상의 데이터). 그리고 첫 번째 예의 결과는 (9, 75)인 반면, 두 번째 예는 배치 크기가 10이므로 그 10배인 (90, 75)가 되었습니다.

다음은 im2col 함수를 사용하여 합성곱 연산을 수행하는 'DeZero 함수'를 구현할 차례입니다. 그런데 그 전에 pair(x)라는 편의 함수부터 구현하겠습니다.

```
def pair(x):                                          dezero/utils.py
    if isinstance(x, int):
        return (x, x)
    elif isinstance(x, tuple):
        assert len(x) == 2
        return x
    else:
        raise ValueError
```

pair(x) 함수는 인수 x가 int라면 (x, x) 형태의 튜플로 변환해 반환하고, x가 원소 2개짜리 튜플이면 그대로 돌려줍니다. 이 함수를 사용하면 다음과 같이 인수 타입이 int든 (int, int)든 상관없이 원소 2개짜리 튜플을 얻을 수 있습니다.

```
from dezero.utils import pair

print(pair(1))
print(pair((1, 2)))
```

실행 결과

```
(1, 1)
(1, 2)
```

드디어 진짜로 합성곱 연산을 수행하는 함수 conv2d_simple을 구현할 시간입니다. 다음 코드는 dezero/functions.py가 아닌 dezero/functions_conv.py에 위치합니다.

```python
from dezero.utils import pair, get_conv_outsize

def conv2d_simple(x, W, b=None, stride=1, pad=0):
    x, W = as_variable(x), as_variable(W)

    Weight = W   # Width의 'W'와 헷갈리지 않기 위해
    N, C, H, W = x.shape
    OC, C, KH, KW = Weight.shape
    SH, SW = pair(stride)
    PH, PW = pair(pad)
    OH = get_conv_outsize(H, KH, SH, PH)
    OW = get_conv_outsize(W, KW, SW, PW)

    col = im2col(x, (KH, KW), stride, pad, to_matrix=True)  # ❶
    Weight = Weight.reshape(OC, -1).transpose()  # ❷
    t = linear(col, Weight, b)  # ❸
    y = t.reshape(N, OH, OW, OC).transpose(0, 3, 1, 2)  # ❹
    return y
```

이 코드에서 중요한 부분은 음영을 칠해뒀습니다. 우선 ❶에서 입력 데이터를 im2col로 전개합니다. ❷에서는 커널 Weight를 [그림 57-2]에서와 같이 한 줄로 펼쳐 재정렬합니다. 여기에서 Weight.reshape(OC, −1)처럼 마지막 인수로 −1을 주었는데, 이는 reshape 함수의 편의 기능입니다. 마지막 인수를 −1로 지정하면 그 앞의 인수들로 정의한 다차원 배열에 전체 원소들을 적절히 분배해줍니다. 예를 들어 (10, 3, 5, 5) 형상의 배열이라면 원소가 총 750개인데, 이 배열에 reshape(10, −1)을 수행하면 (10, 75) 형상의 배열로 바뀝니다(총 750개를 10개의 묶음으로 배분한 결과입니다).

그리고 ❸에서 행렬 곱을 계산합니다. 이때 선형 변환인 linear 함수를 사용하여 편향까지 포함한 계산을 수행합니다. 마지막으로 ❹에서 출력 크기를 적절한 형상으로 바꾼 후 DeZero의 transpose 함수를 사용했습니다. 38단계에서 설명한대로 transpose 함수는 텐서의 축 순서를 바꿔주는데, 여기에서는 [그림 57-3]처럼 교체한 것입니다.

그림 57-3 transpose 함수에 의한 축의 순서 교체

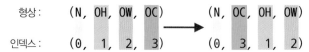

이상이 conv2d_simple 함수입니다. 이번 합성곱 연산도 지금까지 구현해둔 DeZero 함수를 사용하여 구현했기 때문에 역전파도 문제없이 동작합니다. 그래서 conv2d_simple 함수를 다음처럼 사용할 수도 있습니다.

```
N, C, H, W = 1, 5, 15, 15                                    steps/step57.py
OC, (KH, KW) = 8, (3, 3)

x = Variable(np.random.randn(N, C, H, W))
W = np.random.randn(OC, C, KH, KW)
y = F.conv2d_simple(x, W, b=None, stride=1, pad=1)
y.backward()

print(y.shape)
print(x.grad.shape)
```

실행 결과

```
(1, 8, 15, 15)
(1, 5, 15, 15)
```

이와 같이 합성곱 연산을 수행할 수 있게 되었습니다. 참고로 지면으로는 간단한 구현 방식만을 설명했습니다(그래서 함수 이름도 conv2d_simple입니다). 더 나은 방식은 물론 Function 클래스를 상속하여 Conv2d 클래스로 구현하는 것이죠. dezero/functions_conv.py에 Conv2d 클래스와 conv2d 함수를 준비해뒀으니 관심 있는 분은 참고하세요.

> **NOTE_** Conv2d 클래스에서는 순전파 시 im2col 메서드를 이용하는데, (행렬 곱이 아닌) 텐서 곱 방식으로 계산합니다. 또한 im2col로 전개한 2차원 텐서(변수 이름은 col입니다)는 사용 후 메모리에서 즉시 삭제합니다(col은 매우 크기 때문에 메모리를 많이 소비합니다). 그리고 역전파는 '전치 합성곱transposed convolution'** 방식으로 계산합니다.

** 디컨볼루션(Deconvolution)이라고도 하며, 합성곱(컨볼루션)의 역방향 변환을 해줍니다.

57.3 Conv2d 계층 구현

이어서 (함수가 아닌) '계층'으로서의 Conv2d 클래스를 구현해보죠.

```python
class Conv2d(Layer):
    def __init__(self, out_channels, kernel_size, stride=1,
                 pad=0, nobias=False, dtype=np.float32, in_channels=None):
        super().__init__()
        self.in_channels = in_channels
        self.out_channels = out_channels
        self.kernel_size = kernel_size
        self.stride = stride
        self.pad = pad
        self.dtype = dtype

        self.W = Parameter(None, name='W')
        if in_channels is not None:
            self._init_W()

        if nobias:
            self.b = None
        else:
            self.b = Parameter(np.zeros(out_channels, dtype=dtype), name='b')

    def _init_W(self, xp=np):
        C, OC = self.in_channels, self.out_channels
        KH, KW = pair(self.kernel_size)
        scale = np.sqrt(1 / (C * KH * KW))
        W_data = xp.random.randn(OC, C, KH, KW).astype(self.dtype) * scale
        self.W.data = W_data

    def forward(self, x):
        if self.W.data is None:
            self.in_channels = x.shape[1]
            xp = cuda.get_array_module(x)
            self._init_W(xp)

        y = F.conv2d_simple(x, self.W, self.b, self.stride, self.pad)
        # 또는 y = F.conv2d(x, self.W, self.b, self.stride, self.pad)
        return y
```

dezero/layers.py

보다시피 Layer 클래스를 상속하고, 초기화 시 [표 57-2]의 인수들을 받습니다.

표 57-2 Conv2d 클래스의 초기화 인수

인수	데이터 타입	설명
out_channels	int	출력 데이터의 채널 수
kernel_size	int 또는 (int, int)	커널 크기
stride	int 또는 (int, int)	스트라이드
pad	int 또는 (int, int)	패딩
nobias	bool	편향 사용 여부
dtype	numpy.dtype	초기화할 가중치의 데이터 타입
in_channels	int 또는 None	입력 데이터의 채널 수

[표 57-2]에서 주의할 점은 in_channels의 기본값이 None이라는 것입니다. 이 값이 None
이면 forward(x)에 주어지는 x의 형상으로부터 in_channels의 값을 얻고, 그 시점(순전파)
에 가중치 데이터를 초기화합니다. 완전연결계층의 Linear 계층과 동일한 작동 방식입니다.

주요 처리는 앞서 구현한 conv2d_simple(혹은 conv2d)을 이용합니다. 이상으로 Conv2d
계층의 구현을 살펴봤습니다.

57.4 pooling 함수 구현

마지막으로 pooling 함수를 구현하겠습니다. 이 함수도 conv2d_simple과 마찬가지로
im2col을 사용하여 입력 데이터를 전개합니다. 그러나 풀링은 채널 방향과는 독립적이라는 점
이 합성곱층과 다릅니다. 다시 말해 [그림 57-4]와 같이 풀링의 적용 영역은 채널마다 독립적
으로 전개합니다.

그림 57-4 입력 데이터에 대해 풀링 적용 영역을 전개(2×2 풀링의 예)

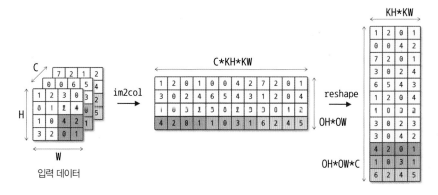

이렇게 전개한 후 전개된 행렬의 각 행별로 최댓값을 구해 적절한 형상으로 바꾸면 끝입니다. 그림으로 표현하면 [그림 57-5]와 같습니다.

그림 57-5 pooling 함수의 구현 흐름(색칠된 원소 = 풀링 적용 영역에서 값이 가장 큰 원소)

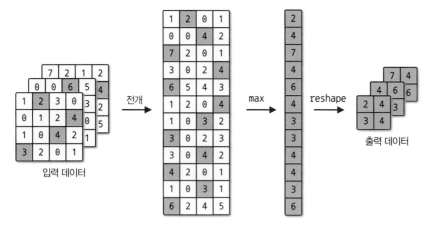

이상이 pooling 함수의 구현 흐름입니다. 다음은 코드를 볼 차례입니다.

dezero/functions_conv.py

```python
def pooling_simple(x, kernel_size, stride=1, pad=0):
    x = as_variable(x)

    N, C, H, W = x.shape
    KH, KW = pair(kernel_size)
    PH, PW = pair(pad)
    SH, SW = pair(stride)
    OH = get_conv_outsize(H, KH, SH, PH)
    OW = get_conv_outsize(W, KW, SW, PW)

    col = im2col(x, kernel_size, stride, pad, to_matrix=True)  # ❶ 전개
    col = col.reshape(-1, KH * KW)
    y = col.max(axis=1)  # ❷ 최댓값
    y = y.reshape(N, OH, OW, C).transpose(0, 3, 1, 2)  # ❸ 형상 변환
    return y
```

pooling 함수(정확히는 pooling_simple 함수) 구현은 세 단계로 진행됩니다. ❶에서 입력 데이터를 전개하고, ❷에서 각 행의 최댓값을 찾고, ❸에서 적절한 크기로 출력의 형상을 변환합니다.

NOTE_ 최댓값 계산에는 DeZero의 max 함수를 이용합니다. max 함수는 인수로 넘파이의 np.max와 같은 값을 지정할 수 있습니다. 앞의 코드에서는 인수 axis를 지정하여 어떤 축을 기준으로 최댓값을 구할지 명시했습니다.

이상이 pooling 함수의 구현입니다. 지금까지 본 것처럼, 먼저 입력 데이터를 풀링하기 쉬운 형태로 전개해주면 그 후의 구현은 매우 간단합니다.

대표적인 CNN(VGG16)

이번 단계에서는 이전 단계에서 구현한 Conv2d 계층과 pooling 함수를 이용하여 유명한 모델 하나를 구현하려 합니다. 바로 VGG16이라는 모델입니다. 또한 학습된 가중치를 사용하여 추론도 해보겠습니다.

58.1 VGG16 구현

VGG는 2014년 ILSVRC 대회에서 준우승한 모델입니다. 논문 [36]을 보면 사용되는 계층 수에 따라 여러 종류의 모델을 제안하고 있는데, 우리는 그중 'VGG16' 모델을 구현할 것입니다. VGG16의 신경망 구성은 [그림 58-1]과 같습니다.

그림 58-1 VGG16 신경망 구성(활성화 함수 ReLU는 생략)

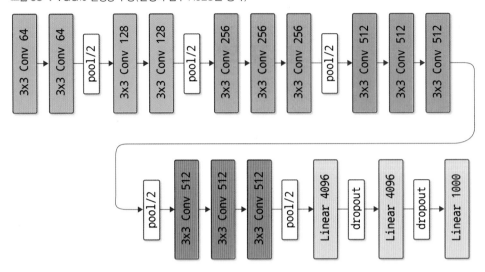

[그림 58-1]의 '3×3 conv 64'는 커널 크기가 3×3이고 출력 채널 수가 64개라는 뜻입니다. 또한 'pool/2'는 2×2 풀링을, 'Linear 4096'은 출력 크기가 4096인 완전연결계층을 가리킵니다. 이 VGG16의 특징으로는 다음과 같은 점들을 뽑을 수 있습니다.

- 3×3 합성곱층 사용(패딩은 1×1)
- 합성곱층의 채널 수는 (기본적으로) 풀링하면 2배로 증가(64 → 128 → 256 → 512)
- 완전연결계층에서는 드롭아웃 사용
- 활성화 함수로는 ReLU 사용

그러면 [그림 58-1]을 참고하여 VGG16을 구현해보죠.

```python
import dezero.functions as F                          # dezero/models.py
import dezero.layers as L


class VGG16(Model):
    def __init__(self):
        super().__init__()
        # ❶ 출력 채널 수만큼 지정
        self.conv1_1 = L.Conv2d(64, kernel_size=3, stride=1, pad=1)
        self.conv1_2 = L.Conv2d(64, kernel_size=3, stride=1, pad=1)
        self.conv2_1 = L.Conv2d(128, kernel_size=3, stride=1, pad=1)
        self.conv2_2 = L.Conv2d(128, kernel_size=3, stride=1, pad=1)
```

```python
        self.conv3_1 = L.Conv2d(256, kernel_size=3, stride=1, pad=1)
        self.conv3_2 = L.Conv2d(256, kernel_size=3, stride=1, pad=1)
        self.conv3_3 = L.Conv2d(256, kernel_size=3, stride=1, pad=1)
        self.conv4_1 = L.Conv2d(512, kernel_size=3, stride=1, pad=1)
        self.conv4_2 = L.Conv2d(512, kernel_size=3, stride=1, pad=1)
        self.conv4_3 = L.Conv2d(512, kernel_size=3, stride=1, pad=1)
        self.conv5_1 = L.Conv2d(512, kernel_size=3, stride=1, pad=1)
        self.conv5_2 = L.Conv2d(512, kernel_size=3, stride=1, pad=1)
        self.conv5_3 = L.Conv2d(512, kernel_size=3, stride=1, pad=1)
        self.fc6 = L.Linear(4096)  # ❷ 출력 크기만 지정
        self.fc7 = L.Linear(4096)
        self.fc8 = L.Linear(1000)

    def forward(self, x):
        x = F.relu(self.conv1_1(x))
        x = F.relu(self.conv1_2(x))
        x = F.pooling(x, 2, 2)
        x = F.relu(self.conv2_1(x))
        x = F.relu(self.conv2_2(x))
        x = F.pooling(x, 2, 2)
        x = F.relu(self.conv3_1(x))
        x = F.relu(self.conv3_2(x))
        x = F.relu(self.conv3_3(x))
        x = F.pooling(x, 2, 2)
        x = F.relu(self.conv4_1(x))
        x = F.relu(self.conv4_2(x))
        x = F.relu(self.conv4_3(x))
        x = F.pooling(x, 2, 2)
        x = F.relu(self.conv5_1(x))
        x = F.relu(self.conv5_2(x))
        x = F.relu(self.conv5_3(x))
        x = F.pooling(x, 2, 2)
        x = F.reshape(x, (x.shape[0], -1))  # ❸ 형상 변환
        x = F.dropout(F.relu(self.fc6(x)))
        x = F.dropout(F.relu(self.fc7(x)))
        x = self.fc8(x)
        return x
```

코드가 길지만 구성은 간단합니다. 초기화에서는 필요한 계층들을 생성합니다. 그리고 forward 메서드에서 이 계층들과 함수를 사용하여 진행합니다. 로직이 간단하니 주석이 달린 세 곳만 설명을 보충하겠습니다.

❶에서는 합성곱층을 생성할 때 입력 데이터의 채널 수를 지정하지 않습니다. 입력 데이터의 채널 수는 순전파 시에 흐르는 데이터로부터 얻고, 그 시점에 가중치 매개변수를 초기화합니다. 또한 ❷의 L.Linear(4096)에서도 마찬가지로 출력 크기만 지정합니다. 입력 크기는 실제로 흘러들어온 데이터를 보고 자동으로 결정하기 때문이죠.

이어서 ❸에서는 합성곱층에서 완전연결계층으로 전환하기 위해 데이터의 형상을 변환합니다. 합성곱층에서는 4차원 텐서를 처리하지만 완전연결계층에서는 2차원 텐서를 처리합니다. 따라서 완전연결계층에 데이터를 제공하기 전에 reshape 함수를 사용하여 2차원 텐서로 바꿉니다. 이상이 VGG16 클래스의 구현입니다.

58.2 학습된 가중치 데이터

VGG16은 이미지넷^{ImageNet}이라고 하는 거대한 데이터셋으로 학습합니다. 그리고 학습이 완료된 가중치 데이터가 공개되어 있습니다. 이번 절에서는 이 학습된 가중치 데이터를 읽어오는 기능을 VGG16 클래스에 추가하겠습니다.

> NOTE_ http://www.robots.ox.ac.uk/~vgg/research/very_deep/에 가보면 VGG16 모델이 Creative Commons Attribution 라이선스(https://creativecommons.org/licenses/by/4.0/)로 공개되어 있습니다. 그리고 원래의 가중치 데이터를 DeZero가 읽을 수 있도록 살짝 수정한 파일을 https://github.com/koki0702/dezero-models에 준비해뒀습니다.

다음은 앞서 구현한 VGG16 클래스에 추가할 부분입니다.

```
from dezero import utils                                    dezero/models.py

class VGG16(Model):
    WEIGHTS_PATH = 'https://github.com/koki0702/dezero-models/' \
                    'releases/download/v0.1/vgg16.npz'

    def __init__(self, pretrained=False):
        ...
        if pretrained:
            weights_path = utils.get_file(VGG16.WEIGHTS_PATH)
            self.load_weights(weights_path)
```

이와 같이 VGG16 클래스의 초기화 메서드에 인수 pretrained=False를 추가합니다. 이 플래그를 True로 설정하면 지정된 장소에서 가중치 파일(DeZero용으로 변환된 가중치 파일)을 받아 캐시 디렉터리에 저장한 후 메모리로 읽어 들입니다. 가중치 파일 읽기는 53단계에서 추가한 기능입니다.

> **NOTE_** dezero/utils.py에 보면 get_file 함수가 있습니다. 이 함수는 지정된 URL에서 파일을 내려받은 후 (PC 상의) 절대 경로를 반환합니다. 또한 캐시 디렉터리에 이전에 받아둔 파일이 이미 있다면 해당 파일의 전체 경로를 반환합니다. 참고로 DeZero의 캐시 디렉터리는 ~/.dezero입니다.

이상이 VGG16 클래스의 구현입니다. 이 VGG16 클래스를 dezero/models.py에 추가하면 다음과 같이 훈련된 VGG16을 사용할 수 있습니다.

```python
import numpy as np
from dezero.models import VGG16

model = VGG16(pretrained=True)

x = np.random.randn(1, 3, 224, 224).astype(np.float32)  # 더미 데이터
model.plot(x)  # 계산 그래프 시각화
```

코드 마지막에서 VGG16의 계산 그래프를 시각화하였고, 결과는 [그림 58-2]와 같습니다.

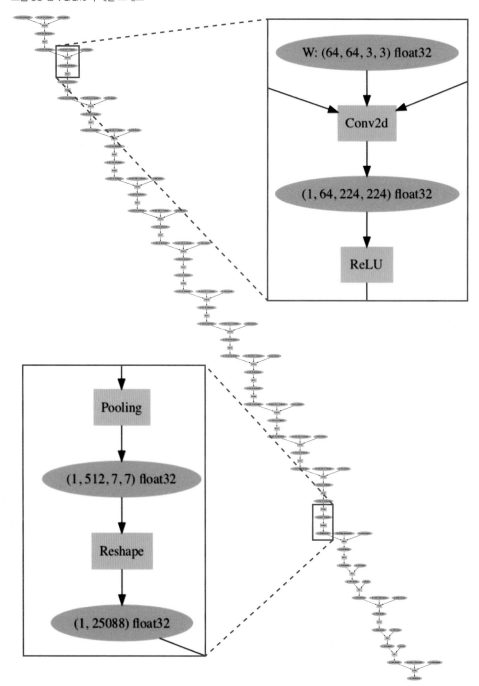

그림 58-2 VGG16의 계산 그래프

W: (64, 64, 3, 3) float32

Conv2d

(1, 64, 224, 224) float32

ReLU

Pooling

(1, 512, 7, 7) float32

Reshape

(1, 25088) float32

58.3 학습된 VGG16 사용하기

이어서 학습된 VGG16을 사용하여 이미지를 얼마나 잘 인식하는지 살펴보겠습니다. 우선 샘플 이미지를 읽는 일부터 시작하죠.

```python
import dezero
from PIL import Image

url = 'https://github.com/WegraLee/deep-learning-from-scratch-3/' \
      'raw/images/zebra.jpg'
img_path = dezero.utils.get_file(url)
img = Image.open(img_path)
img.show()
```

앞 절에서 설명한 dezero.utils.get_file 함수를 사용하여 이미지 파일을 내려받았습니다. 그리고 내려받은 이미지를 PIL 패키지를 사용하여 읽어옵니다. 코드를 실행하면 [그림 58-3]이 모니터에 출력됩니다.

그림 58-3 PIL을 사용하여 가져온 샘플 이미지

NOTE_ PIL^{Python Image Library}은 이미지 처리 라이브러리입니다. 이미지 읽기와 쓰기, 이미지 변환 등 다양한 기능을 제공하죠. PIL을 설치하려면 pip install pillow 명령을 실행해주세요.

앞의 코드에서 이미지를 읽어오는 부분은 img = Image.open(img_path)이고, 이때 img의 데이터 타입은 PIL.Image입니다. 하지만 DeZero는 ndarray 타입 데이터를 취급하므로 적절히 변환해줘야 합니다. 이를 위해 DeZero는 VGG16 클래스에 정적 메서드인 preprocess를 준비해뒀습니다. 사용법은 다음과 같습니다.

```python
from models import VGG16

x = VGG16.preprocess(img)
print(type(x), x.shape)
```

실행 결과

```
<class 'numpy.ndarray'> (3, 224, 224)
```

preprocess는 정적 메서드이므로 인스턴스가 아닌 클래스에서 호출해야 합니다. 인수로 PIL. Image 타입의 데이터를 제공하면 내부에서 높이 224, 너비 224 크기로 조정한 후 ndarray 인스턴스로 변환해 돌려줍니다. 여기서 (224, 224)는 VGG16 입력 이미지의 크기입니다. 그리고 VGG16.preprocess 메서드는 이미지넷을 학습할 때 필요한 또 다른 전처리도 해줍니다. 예를 들어 색상 채널을 BGR 순서로 재정렬*하거나 이미지넷 데이터셋으로 미리 구해둔 채널별 평균^{mean}을 모든 픽셀에서 빼주는** 등의 전처리를 해줍니다.

> **CAUTION_** 학습된 가중치 데이터를 사용하여 미지의 데이터를 추론할 때는 모델을 학습시켰을 때와 똑같은 전처리를 해줘야 합니다. 그렇지 않으면 모델에 입력되는 데이터의 형태가 달라지기 때문에 올바로 인식하지 못합니다.

이제 준비가 끝났으니 학습된 VGG16을 사용해서 분류를 해봅시다.

steps/step58.py

```python
import numpy as np
from PIL import Image
import dezero
from dezero.models import VGG16
```

---

* 옮긴이_ 원래의 VGG16을 구현할 때 딥러닝 프레임워크로 카페(Caffe)를 사용했는데, 카페는 이미지 처리에 OpenCV 라이브러리를 사용하며, 바로 이 OpenCV가 이미지 데이터를 BGR 포맷으로 처리하기 때문입니다.

** 옮긴이_ VGG16 신경망의 속도와 정확도를 높이기 위한 보정 작업입니다.

```
url = 'https://github.com/WegraLee/deep-learning-from-scratch-3/' \
      'raw/images/zebra.jpg'
img_path = dezero.utils.get_file(url)
img = Image.open(img_path)
x = VGG16.preprocess(img)
x = x[np.newaxis]  # 배치용 축 추가

model = VGG16(pretrained=True)
with dezero.test_mode():
    y = model(x)
predict_id = np.argmax(y.data)

model.plot(x, to_file='vgg.pdf')  # 계산 그래프 시각화
labels = dezero.datasets.ImageNet.labels()  # 이미지넷의 레이블
print(labels[predict_id])
```

실행 결과

```
zebra
```

먼저 이미지를 읽어 들여 전처리를 끝낸 후 배치용 축을 맨 앞에 추가했습니다. 이제 x의 형상은 (3, 224, 224)에서 (1, 3, 224, 224)로 바뀌었습니다. 이어서 VGG16에 데이터를 주어 추론을 수행합니다. 여기에서는 출력층(1000 클래스)에서 가장 큰 값을 가리키는 인덱스가 모델이 분류한 결과입니다.

또한 dezero/datasets.py에는 이미지넷 레이블(키가 객체 ID이고, 값이 레이블 이름인 딕셔너리)도 준비되어 있습니다. 이 데이터를 사용하면 객체의 ID로 레이블 이름을 알아낼 수 있습니다. 실행 결과를 보면 [그림 58-3]의 이미지를 zebra^{얼룩말}라고 제대로 인식했음을 알 수 있습니다. 이상으로 VGG16 구현을 마칩니다.

> NOTE_ dezero/models.py에는 VGG16 외에도 ResNet[37]과 SqueezeNet[38] 등의 유명 모델이 들어 있습니다. 관심 있는 분은 참고하기 바랍니다.

RNN을 활용한 시계열 데이터 처리

지금까지는 피드포워드^{feed forward} 구조의 신경망을 살펴봤습니다. 피드포워드란 데이터를 순 ^{forward}방향으로만 계속 입력해준다^{feed}는 뜻입니다. 신호가 한 방향으로만 흘러가기 때문에 입력 신호만으로 출력을 결정한다는 특징이 생깁니다. 한편 순환 신경망^{Recurrent Neural Network}(RNN) 은 [그림 59-1]과 같이 순환^{loop} 구조를 가지고 있습니다.

그림 59-1 RNN의 구조

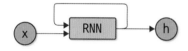

[그림 59-1]과 같은 순환 구조 때문에 RNN의 출력은 자신에게 피드백됩니다. 그래서 RNN은 '상태'를 가지게 되죠. 즉, RNN에 데이터가 입력되면 '상태'가 갱신되고 그 '상태'도 (입력과 더불어) 출력에 영향을 줍니다.

이번 단계의 주제는 바로 이 RNN입니다. RNN은 피드포워드 신경망보다 계산이 복잡하지만 DeZero를 이용하면 간단하게 구현할 수 있습니다. 이번 단계에서는 구현 코드와 함께 RNN의 원리를 설명하겠습니다.

59.1 RNN 계층 구현

먼저 RNN을 수식으로 이해해보겠습니다. 시계열$^{\text{time series}}$ 데이터인 입력 $\mathbf{x}_t$가 있고, 은닉 상태 $\mathbf{h}_t$를 출력하는 RNN을 생각해보죠. 여기서 t는 시계열 데이터의 시각(혹은 몇 번째 데이터인지)을 의미합니다. 또한 RNN의 상태는 **은닉 상태**$^{\text{hidden state}}$라는 점에서 수식 $\mathbf{h}$로 표기했습니다. [식 59.1]은 이때의 RNN 순전파를 표현한 수식입니다.

$$\mathbf{h}_t = \tanh(\mathbf{h}_{t-1}\mathbf{W_h} + \mathbf{x}_t\mathbf{W_x} + \mathbf{b}) \qquad \text{[식 59.1]}$$

먼저 [식 59.1]에 사용된 각 기호의 뜻을 설명하겠습니다. RNN에는 가중치가 두 개 있습니다. 하나는 입력 $\mathbf{x}$를 은닉 상태 $\mathbf{h}$로 변환하기 위한 가중치 $\mathbf{W_x}$이고, 또 하나는 RNN의 출력을 다음 시각의 출력으로 변환하기 위한 가중치 $\mathbf{W_h}$입니다. 마지막으로 편향 $\mathbf{b}$가 있습니다. 참고로 $\mathbf{h}_{t-1}$과 $\mathbf{x}_t$는 행벡터입니다.

> **NOTE_** [식 59.1]은 행렬 곱 계산을 수행한 다음, 그 합을 tanh 함수(쌍곡탄젠트 함수)로 변환합니다. 결 괏값은 시각 t에서의 출력 $\mathbf{h}_t$입니다. 이 $\mathbf{h}_t$는 연결된 다음 계층의 입력으로 사용되는 동시에 다음 시각의 RNN 계층(자기 자신)의 입력으로도 사용됩니다.

그러면 DeZero용 RNN 계층을 구현해보죠. 이번에도 Layer 클래스를 상속하고 순전파 로직을 forward 메서드에 작성합니다.

```
                                                          dezero/layers.py
class RNN(Layer):
    def __init__(self, hidden_size, in_size=None):
        super().__init__()
        self.x2h = Linear(hidden_size, in_size=in_size)
        self.h2h = Linear(hidden_size, in_size=in_size, nobias=True)
        self.h = None

    def reset_state(self):
        self.h = None

    def forward(self, x):
        if self.h is None:
            h_new = F.tanh(self.x2h(x))
        else:
            h_new = F.tanh(self.x2h(x) + self.h2h(self.h))
```

```
        self.h = h_new
        return h_new
```

초기화 메서드 __init__는 hidden_size와 in_size를 받습니다. in_size가 None이라면 은닉 계층의 크기만 지정해두고, 입력 크기는 순전파 때 흐르는 데이터로부터 자동으로 구하겠다는 뜻입니다. 그리고 __init__ 메서드에서 다음 두 Linear 계층을 생성합니다.

- x2h: 입력 x에서 은닉 상태 h로 변환하는 완전연결계층
- h2h: 이전 은닉 상태에서 다음 은닉 상태로 변환하는 완전연결계층

이어서 forward 메서드는 self.h(은닉 상태)의 유무에 따라 처리 방식이 달라집니다. 처음에는 self.h == None이므로 입력 x만으로 은닉 상태를 계산합니다. 두 번째 이후로는 앞서 저장해둔 은닉 상태(self.h)를 사용하여 새로운 은닉 상태를 계산합니다. 마지막으로 reset_state라는 이름으로 은닉 상태 재설정 메서드를 제공합니다.

> CAUTION_ [식 59.1]에서 알 수 있듯이 RNN의 편향은 한 개입니다. 따라서 x2h의 편향만 사용하고 h2h(Linear 계층)의 편향은 생략기로 합니다(앞의 코드에서 h2h를 초기화할 때 nobias=True로 지정했습니다).

다음 코드를 실행하여 상단 RNN 계층에 실제로 데이터를 주어봅시다.

```
import numpy as np
import dezero.layers as L

rnn = L.RNN(10)  # 은닉층의 크기만 지정
x = np.random.rand(1, 1)
h = rnn(x)
print(h.shape)
```

실행 결과

```
(1, 10)
```

우선 (1, 1) 형상의 더미 데이터 x를 만들었습니다. 배지 크기가 1인(즉, 데이터가 하나뿐인) 1차원 데이터라는 뜻입니다. 입력 x를 rnn에 주면 은닉 상태 h를 얻을 수 있습니다. 이때 만들어지는 계산 그래프는 [그림 59-2]와 같습니다.

그림 59-2 최초 x를 주었을 때의 계산 그래프(x2h는 Linear 계층)

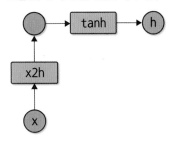

계속해서 데이터를 더 주어보겠습니다. 앞 코드에 바로 이어서 y = rnn(np.random.rand(1, 1))을 실행했다고 가정해보죠. [그림 59-3]은 이때 만들어지는 계산 그래프입니다.

그림 59-3 두 번째 입력 데이터가 처리된 후의 계산 그래프

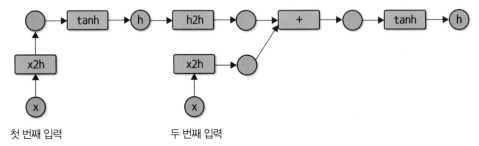

첫 번째 입력   두 번째 입력

[그림 59-3]과 같이 [그림 59-2]의 그래프가 '성장'하여 더 큰 계산 그래프가 만들어집니다. 이 계산 그래프의 '성장'을 가능하게 하는 매개체가 바로 RNN의 은닉 상태입니다. RNN 계산 그래프는 이전의 은닉 상태를 매개로 이전 시각의 계산 그래프와 '연결'되는 것입니다.

> CAUTION_ [그림 59-3]과 같이 RNN은 입력 데이터 '전부'를 포함하는 계산 그래프를 만듭니다. 따라서 입력 데이터들이 어떻게 '연결'되는지도 학습할 수 있습니다. 참고로 [그림 59-3]에는 x2h가 두 개 등장하지만 모두 같은 Linear 인스턴스이며, 가중치도 동일한 것이 사용됩니다.

59.2 RNN 모델 구현

계속해서 RNN 계층을 이용하여 신경망(모델)을 구현하겠습니다. 이를 위해 Linear 계층을

사용하여 RNN 계층의 은닉 상태를 출력으로 변환하겠습니다. 다음의 SimpleRNN 클래스가
그 결과입니다.

steps/step59.py

```python
from dezero import Model
import dezero.functions as F
import dezero.layers as L


class SimpleRNN(Model):
    def __init__(self, hidden_size, out_size):
        super().__init__()
        self.rnn = L.RNN(hidden_size)
        self.fc = L.Linear(out_size)

    def reset_state(self):
        self.rnn.reset_state()

    def forward(self, x):
        h = self.rnn(x)
        y = self.fc(h)
        return y
```

이와 같이 인스턴스 변수 fc에 Linear 계층을 추가합니다. 이 Linear 계층은 RNN 계층의 은
닉 상태를 입력받아 모델의 최종 출력을 계산합니다. 그리고 reset_state 메서드는 RNN 계층
의 은닉 상태를 재설정하는 역할을 합니다. 이제 모델을 학습시켜봅시다. 손실 함수로는 평균 제
곱 오차(mean_squared_error 함수)를 써보죠. 그러면 다음과 같이 기울기를 구할 수 있습
니다.

```python
seq_data = [np.random.randn(1, 1) for _ in range(1000)]  # 더미 시계열 데이터
xs = seq_data[0:-1]
ts = seq_data[1:]  # 정답 데이터: xs보다 한 단계 앞선 데이터

model = SimpleRNN(10, 1)

loss, cnt = 0, 0
for x, t in zip(xs, ts):
    y = model(x)
    loss += F.mean_squared_error(y, t)

    cnt += 1
```

```
    if cnt == 2:
        model.cleargrads()
        loss.backward()
        break
```

우선 더미 시계열 데이터인 seq_data를 생성합니다. 여기에서는 이 시계열 데이터보다 한 단계 앞의 데이터를 예측하는 모델을 학습시키고자 합니다. 이를 위해 입력 데이터에 대한 정답데이터로는 한 단계 앞의 데이터를 보관해둡니다.

다음은 중요한 역전파인데, 여기에서는 예시를 위해 두 번째 입력 데이터가 들어왔을 때 역전파를 수행합니다. 참고로 두 번째 입력 데이터가 들어왔을 때의 계산 그래프는 [그림 59-4]와 같습니다.

그림 59-4 손실 함수 적용 후의 계산 그래프

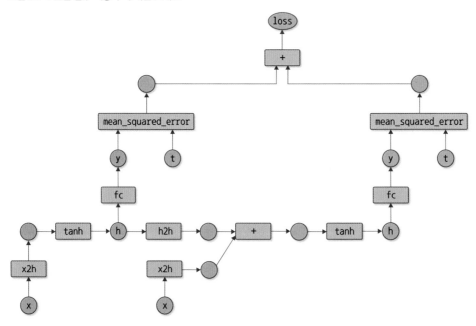

[그림 59-4]와 같은 계산 그래프가 만들어진 후로는 loss.backward()를 통해 각 매개변수의 기울기를 구할 수 있습니다. 이처럼 일련의 입력 데이터로 구성된 계산 그래프에서의 역전파를 '시간을 거슬러 역전파한다'는 의미를 담아 **BPTT**^{Backpropagation Through Time}라고 합니다.

[그림 59-4]는 데이터를 단 두 개만 입력했을 때의 계산 그래프입니다. 물론 입력 데이터는 10개든 100개든 원하는 만큼 제공할 수 있습니다. 몇 개가 입력되든 계산 그래프는 문제없이 계속 길게 뻗어갑니다. 하지만 역전파를 잘하려면 계산 그래프를 적당한 길이에서 '끊어줘야' 합니다. 이것이 **Truncated BPTT**입니다(truncate는 '길이를 줄이다', '절단하다'라는 뜻입니다). 앞의 예에는 입력 데이터 2개째에서 절단했습니다.

Truncated BPTT를 수행할 때는 RNN의 은닉 상태가 유지된다는 점에 주의해야 합니다. 가령 [그림 59-4]의 계산 그래프에서 역전파를 한 후 그다음 입력 데이터를 더 제공하는 경우를 생각해보죠. 그렇다면 [그림 59-5]처럼 RNN의 은닉 상태는 이전의 은닉 상태에서 시작해야 합니다.

[그림 59-5]와 같이 최초의 은닉 상태는 이전의 마지막 은닉 상태에서 시작합니다. 그리고 그 은닉 상태 변수에서 계산의 '연결'을 끊어야 합니다. 그러면 이전 학습에서 사용한 계산 그래프로까지 기울기가 흐르지 못하게 됩니다(이것이 Truncated BPTT입니다).

그림 59-5 다음 반복에서 만들어지는 계산 그래프

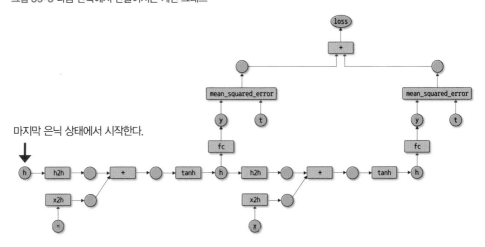

59.3 '연결'을 끊어주는 메서드

그래서 Variable 클래스에 '연결'을 끊어주는 메서드가 필요해집니다. dezero/core.py 파일을 찾아서 Variable 클래스에 다음 unchain 메서드를 추가합니다.

```
class Variable:                                          dezero/core.py
    ...

    def unchain(self):
        self.creator = None
```

unchain 메서드는 창조자인 self.creator를 None으로 설정하는 게 다입니다. 단순히 부모 함수로의 연결을 끊는 것이죠.

그런 다음 연결을 끊기 위한 편의 메서드를 하나 더 추가합니다. 바로 unchain_backward 메서드입니다. 이 메서드는 호출된 변수에서 시작하여 계산 그래프를 거슬러 올라가며 마주치는 모든 변수의 unchain 메서드를 호출합니다.

```
class Variable:                                          dezero/core.py
    ...

    def unchain_backward(self):
        if self.creator is not None:
            funcs = [self.creator]
            while funcs:
                f = funcs.pop()
                for x in f.inputs:
                    if x.creator is not None:
                        funcs.append(x.creator)
                        x.unchain()
```

보다시피 변수와 함수를 거꾸로 거슬러 올라가면서 변수의 unchain 메서드를 호출합니다. 거슬러 올라간다는 점에서 Variable 클래스의 backward 메서드와 같지만, 변수를 추적하는 순서(변수의 '세대')는 고려하지 않기 때문에 코드는 더 간결합니다.

59.4 사인파 예측

이상을 바탕으로 RNN 학습을 시작해보겠습니다. 데이터셋으로는 노이즈가 낀 사인파[sine wave]를 이용해보죠. 이 데이터셋은 dezero/datasets.py의 SinCurve 클래스를 사용하여 다음과 같이 읽어올 수 있습니다.

```python
import numpy as np
import dezero
import matplotlib.pyplot as plt

train_set = dezero.datasets.SinCurve(train=True)
print(len(train_set))
print(train_set[0])
print(train_set[1])
print(train_set[2])

# 그래프 그리기
xs = [example[0] for example in train_set]
ts = [example[1] for example in train_set]
plt.plot(np.arange(len(xs)), xs, label='xs')
plt.plot(np.arange(len(ts)), ts, label='ts')
plt.show()
```

실행 결과

```
999
(array([-0.03458701]), array([0.01726473]))
(array([0.01726473]), array([0.04656735]))
(array([0.04656735]), array([0.03284844]))
```

이 예에서는 train_set의 0, 1, 2번째 데이터를 출력했습니다. 각 데이터는 튜플이며, 첫 번째 원소가 입력 데이터, 두 번째 원소가 정답 데이터(레이블)입니다. 코드를 실행하면 다음 그래프가 모니터에 나타날 것입니다.

그림 59-6 사인 데이터셋으로 출력한 그래프

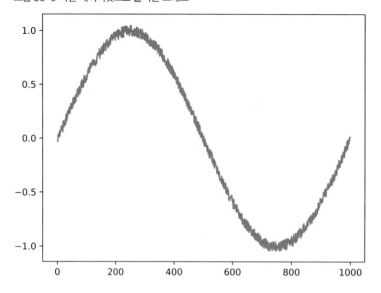

[그림 59-6]과 같이 이 데이터는 노이즈가 낀 사인파임을 알 수 있습니다. 그런데 데이터를 분명 두 개(xs와 ts) 렌더링했는데, 곡선은 1개뿐입니다. 그 이유는 사실 ts가 xs보다 한 단계 앞선 데이터이기 때문이죠. 그래서 두 곡선이 거의 겹쳐 그려진 것입니다.

> **NOTE_** 사인파 데이터셋의 정답 데이터는 입력 데이터보다 한 단계 '미래'의 데이터입니다. 앞의 코드로 말하면 xs[1:] == ts[:-1]입니다. 이러한 데이터셋은 시계열 데이터를 예측하는 문제(지금까지 주어진 데이터로부터 다음 데이터를 예측하는 문제)에 사용됩니다.

이제 RNN으로 사인파 데이터셋을 학습해보죠. 코드는 다음과 같습니다. 임포트 부분은 생략했습니다.

steps/step59.py

```python
# 하이퍼파라미터 설정
max_epoch = 100
hidden_size = 100
bptt_length = 30  # BPTT 길이
train_set = dezero.datasets.SinCurve(train=True)
seqlen = len(train_set)

model = SimpleRNN(hidden_size, 1)
optimizer = dezero.optimizers.Adam().setup(model)
```

```
# 학습 시작
for epoch in range(max_epoch):
    model.reset_state()
    loss, count = 0, 0

    for x, t in train_set:
        x = x.reshape(1, 1)  # ❶ 형상을 (1, 1)로 변환
        y = model(x)
        loss += F.mean_squared_error(y, t)
        count += 1

        # ❷ Truncated BPTT의 타이밍 조정
        if count % bptt_length == 0 or count == seqlen:
            model.cleargrads()
            loss.backward()
            loss.unchain_backward()  # ❸ 연결 끊기
            optimizer.update()

    avg_loss = float(loss.data) / count
    print('| epoch %d | loss %f' % (epoch + 1, avg_loss))
```

코드에서 세 가지만 추가로 설명하겠습니다. 우선 ❶에서 x의 형상을 (1, 1)로 변환합니다. DeZero 신경망에서는 입력 데이터를 2차원 텐서 혹은 4차원 텐서(CNN의 경우)로 제공해야 합니다. 따라서 입력 데이터가 하나뿐이라면 2차원 텐서인 (1, 1)로 변환해야 합니다.

다음으로 ❷에서 backward 메서드를 언제 호출할지 결정합니다. 데이터를 30번 흘려보냈을 때 혹은 데이터셋의 마지막(끝)에 도달했을 때로 정했습니다. 마지막으로 ❸에서 unchain_ backward 메서드를 호출하여 RNN의 은닉 상태의 '연결'을 끊습니다.

> NOTE_ loss.unchain_backward()를 호출하면 loss부터 거슬러 올라가며 만나는 모든 변수는 '연결'이 끊어집니다. 그 결과 RNN의 은닉 상태의 '연결'도 자연스럽게 끊기는 것입니다.

코드를 실행하면 손실(loss)이 순조롭게 감소합니다. 이렇게 학습도 끝났으니 모델이 얼마나 잘 동작하는지 시험해볼까요? 이번에는 새롭게 (노이즈가 없는) 코사인파$^{cosine\ wave}$를 입력하면서 한 단계 미래의 값을 예측해보죠. 코드는 다음과 같으며, 결과는 [그림 59-7]과 같습니다.

```
import matplotlib.pyplot as plt

xs = np.cos(np.linspace(0, 4 * np.pi, 1000))
model.reset_state()  # 모델 재설정
pred_list = []

with dezero.no_grad():
    for x in xs:
        x = np.array(x).reshape(1, 1)
        y = model(x)
        pred_list.append(float(y.data))

plt.plot(np.arange(len(xs)), xs, label='y=cos(x)')
plt.plot(np.arange(len(xs)), pred_list, label='predict')
plt.xlabel('x')
plt.ylabel('y')
plt.legend()
plt.show()
```

그림 59-7 새로운 데이터(y = cos(x))에 대한 모델의 예측 결과

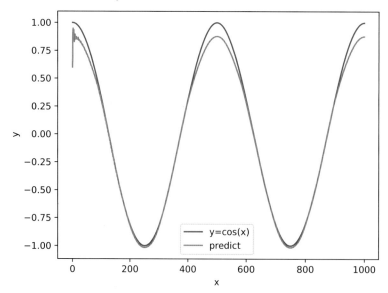

[그림 59-7]에서 보듯 예측 결과는 대체로 양호하게 나왔습니다. 그러나 현재 구현에서는 데이터를 하나씩 처리하기 때문에(배치 크기가 1) 시간이 오래 걸립니다. 배치 크기를 늘리면 1

에포크의 처리 시간이 단축됩니다. 그래서 다음 단계에서는 데이터를 미니배치 단위로 한꺼번에 처리하도록 수정하겠습니다. 나아가 LSTM 계층을 사용한 더 나은 모델도 구현할 것입니다.

LSTM과 데이터 로더

이전 단계에서는 RNN을 사용하여 시계열 데이터(사인파)를 학습했습니다. 이번에는 이전 단계의 코드에서 두 가지를 개선하겠습니다.

첫 번째는 시계열 데이터용 '데이터 로더'를 만드는 것입니다. 이전 단계에서는 모델에 데이터를 하나씩(배치 크기가 1로) 전달해 순전파를 하였습니다. 앞으로는 시계열 데이터용 데이터 로더를 사용하여 여러 데이터를 묶은 미니배치 단위로 순전파하겠습니다.

두 번째는 RNN 계층 대신 LSTM 계층을 사용하는 것입니다. LSTM 계층을 사용하면 더 나은 인식 성능을 기대할 수 있습니다. 이상의 두 개선을 구현한 후 다시 한 번 사인파를 학습해보려 합니다.

60.1 시계열 데이터용 데이터 로더

이전 단계에서는 시계열 데이터를 처음부터 하나씩(배치 크기가 1로) 꺼내 시간이 오래 걸렸습니다. 그래서 이번에는 여러 데이터를 미니배치로 모아 학습하려 합니다. 이를 위해 전용 데이터 로더를 작성할 것입니다.

시계열 데이터를 미니배치로 처리하려면 데이터를 뽑는 시각 위치를 배치별로 다르게 지정해야 합니다. 가령 데이터 1000개로 구성된 시계열 데이터를 두 개의 미니배치로 만든다고 가정해보죠. 그러면 첫 번째 샘플 데이터는 시계열 데이터의 시작(0번째)부터 꺼내고 두 번째 샘플 데이터는 500번째 데이터부터 꺼내면 됩니다.

이 원리를 염두에 두고 시계열 데이터용 데이터 로더를 구현합니다.

```python
dezero/dataloaders.py

class SeqDataLoader(DataLoader):
    def __init__(self, dataset, batch_size, gpu=False):
        super().__init__(dataset=dataset, batch_size=batch_size, shuffle=False,
                         gpu=gpu)

    def __next__(self):
        if self.iteration >= self.max_iter:
            self.reset()
            raise StopIteration

        jump = self.data_size // self.batch_size
        batch_index = [(i * jump + self.iteration) % self.data_size for i in
                       range(self.batch_size)]
        batch = [self.dataset[i] for i in batch_index]

        xp = cuda.cupy if self.gpu else np
        x = xp.array([example[0] for example in batch])
        t = xp.array([example[1] for example in batch])

        self.iteration += 1
        return x, t
```

우선은 초기화 부분을 변경합니다. 데이터의 순서가 바뀌면 안 되기 때문에 시계열 데이터에서는 shuffle=False로 설정합니다.

__next__ 메서드에서는 다음 미니배치 데이터를 가져오는 로직을 구현합니다. 음영 부분의 코드가 중요한데, 우선 시작 위치까지 몇 개의 데이터를 건너뛸지 계산하여 jump에 저장합니다. 그리고 각 샘플 데이터를 꺼낼 인덱스의 시작 위치를 batch_index에 설정합니다. 마지막으로 데이터셋의 self.dataset에서 데이터를 가져옵니다.

이상이 시계열 데이터용 데이터 로더의 구현입니다. 다음은 실제 사용 예입니다.

```
train_set = dezero.datasets.SinCurve(train=True)
dataloader = SeqDataLoader(train_set, batch_size=3)
x, t = next(dataloader)
print(x)
print('---------------')
print(t)
```

실행 결과

```
[[-0.04725922]
 [ 0.83577416]
 [-0.83650972]]
---------------
[[ 0.04529467]
 [ 0.83116588]
 [-0.88256346]]
```

60.2 LSTM 계층 구현

이어서 두 번째 개선으로 RNN 계층을 대신할 LSTM 계층을 구현하겠습니다. 먼저 LSTM에서 수행되는 계산을 수식으로 정리해봤습니다.

$$\mathbf{f}_t = \sigma(\mathbf{x}_t \mathbf{W}_\mathbf{x}^{(\mathbf{f})} + \mathbf{h}_{t-1} \mathbf{W}_\mathbf{h}^{(\mathbf{f})} + \mathbf{b}^{(\mathbf{f})})$$

$$\mathbf{i}_t = \sigma(\mathbf{x}_t \mathbf{W}_\mathbf{x}^{(\mathbf{i})} + \mathbf{h}_{t-1} \mathbf{W}_\mathbf{h}^{(\mathbf{i})} + \mathbf{b}^{(\mathbf{i})})$$

$$\mathbf{o}_t = \sigma(\mathbf{x}_t \mathbf{W}_\mathbf{x}^{(\mathbf{o})} + \mathbf{h}_{t-1} \mathbf{W}_\mathbf{h}^{(\mathbf{o})} + \mathbf{b}^{(\mathbf{o})})$$

$$\mathbf{u}_t = \tanh(\mathbf{x}_t \mathbf{W}_\mathbf{x}^{(\mathbf{u})} + \mathbf{h}_{t-1} \mathbf{W}_\mathbf{h}^{(\mathbf{u})} + \mathbf{b}^{(\mathbf{u})})$$

[식 60.1]

$$\mathbf{c}_t = \mathbf{f}_t \odot \mathbf{c}_{t-1} + \mathbf{i}_t \odot \mathbf{u}_t$$

[식 60.2]

$$\mathbf{h}_t = \mathbf{o}_t \odot \tanh(\mathbf{c}_t)$$

[식 60.3]

이상이 LSTM에서 수행되는 계산입니다. LSTM에서는 은닉 상태 $\mathbf{h}$ 외에도 기억 셀 $\mathbf{c}$를 사용합니다. 참고로 [식 60.2]와 [식 60.3]에 사용된 기호 $\odot$는 아다마르 곱$^{\text{Hadamard product}}$이라 하며,

같은 크기의 두 행렬의 각 성분을 곱하는 연산입니다. 수식 설명은 이쯤하고, 이상의 수식을 DeZero로 구현하겠습니다.

> NOTE_ 이 책에서는 LSTM을 개요 수준에서만 설명합니다. 자세한 설명은 『밑바닥부터 시작하는 딥러닝 2』의 '6장 게이트가 추가된 RNN'을 참고하기 바랍니다.

앞의 세 수식을 DeZero로 구현해봅시다.

```python
class LSTM(Layer):
    def __init__(self, hidden_size, in_size=None):
        super().__init__()

        H, I = hidden_size, in_size
        self.x2f = Linear(H, in_size=I)
        self.x2i = Linear(H, in_size=I)
        self.x2o = Linear(H, in_size=I)
        self.x2u = Linear(H, in_size=I)
        self.h2f = Linear(H, in_size=H, nobias=True)
        self.h2i = Linear(H, in_size=H, nobias=True)
        self.h2o = Linear(H, in_size=H, nobias=True)
        self.h2u = Linear(H, in_size=H, nobias=True)
        self.reset_state()

    def reset_state(self):
        self.h = None
        self.c = None

    def forward(self, x):
        if self.h is None:
            f = F.sigmoid(self.x2f(x))
            i = F.sigmoid(self.x2i(x))
            o = F.sigmoid(self.x2o(x))
            u = F.tanh(self.x2u(x))
        else:
            f = F.sigmoid(self.x2f(x) + self.h2f(self.h))
            i = F.sigmoid(self.x2i(x) + self.h2i(self.h))
            o = F.sigmoid(self.x2o(x) + self.h2o(self.h))
            u = F.tanh(self.x2u(x) + self.h2u(self.h))

        if self.c is None:
            c_new = (i * u)
        else:
            c_new = (f * self.c) + (i * u)
```

```
        h_new = o * F.tanh(c_new)

        self.h, self.c = h_new, c_new
        return h_new
```

코드가 좀 길어졌지만, 잘 보면 LSTM 수식을 코드로 1:1 대체한 수준입니다. 이처럼 DeZero
를 이용하면 LSTM 같은 복잡한 수식도 어렵지 않게 구현할 수 있습니다. 그럼 마지막으로 이
전 단계의 사인파 데이터를 다시 학습해보겠습니다.

```
                                                              steps/step60.py
import numpy as np
import dezero
from dezero import Model
from dezero import SeqDataLoader
import dezero.functions as F
import dezero.layers as L

max_epoch = 100
batch_size = 30
hidden_size = 100
bptt_length = 30

train_set = dezero.datasets.SinCurve(train=True)
# ❶ 시계열용 데이터 로더 사용
dataloader = SeqDataLoader(train_set, batch_size=batch_size)
seqlen = len(train_set)

class BetterRNN(Model):
    def __init__(self, hidden_size, out_size):
        super().__init__()
        self.rnn = L.LSTM(hidden_size)  # ❷ LSTM 사용
        self.fc = L.Linear(out_size)

    def reset_state(self):
        self.rnn.reset_state()

    def forward(self, x):
        y = self.rnn(x)
        y = self.fc(y)
        return y

model = BetterRNN(hidden_size, 1)
optimizer = dezero.optimizers.Adam().setup(model)
```

```
for epoch in range(max_epoch):
    model.reset_state()
    loss, count = 0, 0

    for x, t in dataloader:
        y = model(x)
        loss += F.mean_squared_error(y, t)
        count += 1
        if count % bptt_length == 0 or count == seqlen:
            # dezero.utils.plot_dot_graph(loss)  # 계산 그래프 그리기
            model.cleargrads()
            loss.backward()
            loss.unchain_backward()
            optimizer.update()
    avg_loss = float(loss.data) / count
    print('| epoch %d | loss %f' % (epoch + 1, avg_loss))
```

이전 단계에서 달라진 부분은 두 곳뿐입니다. 첫 번째로 SeqDataLoader 클래스를 데이터 로더로 사용했고, 두 번째로는 LSTM 계층을 사용하여 모델을 설계했습니다. 이제 학습을 해보면 이전 단계보다 빠르게 진행됨을 확인할 수 있습니다.

이어서 학습이 끝난 모델을 사용하여 새로운 데이터(노이즈 없는 코사인)에 대해 예측해봅시다. 결과는 [그림 60-1]과 같습니다.

그림 60-1 LSTM 계층을 사용한 모델의 예측 결과

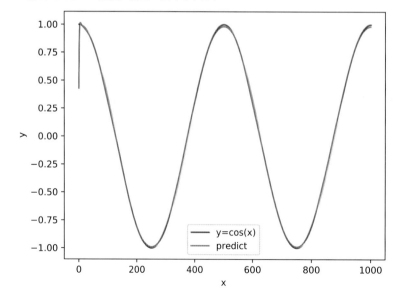

[그림 60-1]에서 보듯 예측 결과가 매우 우수합니다. 실제로 이전 단계의 결과(그림 59-7)와 비교해 정확도가 많이 향상됐음을 알 수 있습니다. 우리는 LSTM 같은 복잡한 계층도 제대로 구현하고, 시계열 데이터 처리라는 복잡한 작업을 수행하는 데도 성공했습니다!

마지막으로 앞의 코드로 만들어지는 계산 그래프를 감상하며 이번 단계를 마치겠습니다. 결과는 [그림 60-2]와 같습니다.

그림 60-2 LSTM을 사용한 모델로 시계열 데이터를 학습할 때 만들어지는 계산 그래프

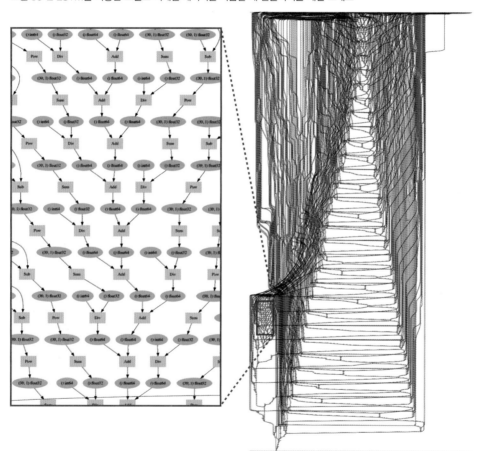

[그림 60-2]와 같이 매우 복잡한 계산 그래프가 만들어집니다. 이런 복잡한 계산 그래프를 DeZero 같은 프레임워크 없이 만들기란 현실적으로 거의 불가능합니다. DeZero의 유연성 덕분에 이처럼 복잡한 작업이 놀라우리만치 간단해진 것이죠. 앞으로 어떤 복잡한 계산과 마주쳐도 DeZero가 있다면 간단하게 해결할 수 있을 겁니다.

★ ★ ★ ★ ★ ★ ★ ★ ★

이상으로 이 책이 안내하는 60단계를 모두 끝마쳤습니다. 여기가 이 책의 결승선인 셈이죠. 여기까지 무사히 도달하신 여러분은 딥러닝 프레임워크를 직접 제작해본다는 '큰 목표'를 달성했다는 뜻입니다. 축하합니다! 그리고 긴 여정에 동반자가 되어주셔서 감사합니다. 긴 시간 동안 이렇게 많은 내용을 읽어주셔서 저자로서 진심으로 기쁘게 생각합니다.

되돌아보면 DeZero는 자그마한 '상자'에서 시작했습니다. 거기서부터 조금씩 확장하고 다양한 문제와 실험에 임하면서 한 걸음씩 내디뎠습니다. 그런 작은 개선들이 쌓여 DeZero는 훌륭한 딥러닝 프레임워크로 성장했습니다. 실제로 지금의 DeZero는 현대적인 프레임워크가 갖춰야 할 특징을 많이 갖추고 있습니다.

이 책은 여기서 끝입니다만, 앞으로 더 해볼 만한 일을 얼마든지 생각할 수 있습니다. 멈춰 서지 말고 미래를 개척해보세요. 책에서 얻은 지식을 바탕으로 자신만의 독창적인 프레임워크를 만들어도 좋고 DeZero를 확장해도 좋습니다. 파이토치나 텐서플로 같은 프레임워크로 갈아타셔도 좋습니다. 새로운 여행을 마음껏 즐기세요. 이어지는 마지막 칼럼에서는 '앞으로 앞으로'라는 제목으로 DeZero의 향후 방향에 대해 논의하고 있습니다. 관심 있는 분은 읽어보시기 바랍니다.

이번 칼럼에서는 DeZero의 '향후 계획'을 몇 가지 이야기합니다. 앞으로 DeZero를 어떻게 더 확장할 수 있을지, OSS(오픈 소스 소프트웨어)로서 어떤 기능이나 자료가 필요한지 등을 생각나는 대로 정리했습니다. 그리고 본문에서 다루지 못한 DeZero 제작 뒷이야기(로고 만들기 등)도 실었습니다.

함수와 계층 추가

본문에서도 제법 다양한 함수와 계층을 구현했지만, 아직 구현하지 못한 함수와 계층도 얼마든지 있습니다. 대표적으로 텐서 곱을 해주는 tensorDot 함수와 배치 정규화를 해주는 batchNorm 함수 등이 떠오르네요. 다른 딥러닝 프레임워크들을 살펴보면 이외에도 필요한 함수와 계층을 더 찾을 수 있습니다. 예컨대 파이토치 문서를 보면 DeZero에는 없는 함수가 많이 보일 것입니다.

메모리 사용 효율 개선

딥러닝 프레임워크에서는 메모리를 얼마나 효율적으로 쓰느냐가 중요한 관심사입니다. 특히 대규모 신경망은 메모리를 많이 사용하기 때문에 데이터를 물리적인 메모리에 다 담지 못하는 문제가 흔히 발생합니다. DeZero에도 메모리 효율을 높여주는 개선을 몇 가지 반영해뒀습니다. 예를 들어 개선 전에는 순전파 시의 계산 결과(데이터를 담은 ndarray 인스턴스)를 모두 유지했습니다. 이 데이터를 역전파 때도 사용할 수 있으니 모든 중간 결과를 버리지 않고 있던 것이죠. 그러나 함수에 따라 중간 결과가 필요 없는 경우도 있습니다. 예를 들어 tanh 함수는 순전파 때 입력한 데이터 없이도 역전파를 계산할 수 있습니다. 따라서 순전파의 입력 데이터는 즉시 지워도 상관없습니다. 이러한 이유로 함수에서 데이터를 유지할지 여부를 선택할 수 있는 구조가 필요합니다. 실제로 체이너와 파이토치에도 이런 구조가 구현되어 있답니다. 관심 있는 분은 체이너의 'Aggressive Buffer Release[24]' 구조 등을 읽어보면 도움이 될 겁니다.

정적 계산 그래프와 ONNX 지원

DeZero는 Define-by-Run(동적 계산 그래프) 방식으로 계산 그래프를 만듭니다. 대척점인 Define-and-Run(정적 계산 그래프) 방식은 제공하지 않습니다. 정적 계산 그래프는 성능이 중요한 환경에서 유리합니다. 또한 정적 계산 그래프를 컴파일(변환)하면 파이썬이 없는 환경에서도 실행되게 만들 수 있죠. 이러한 장점이 있으니 DeZero도 정적 계산 그래프로 동작하는 구조를 갖추면 더 좋을 것입니다.

한편 딥러닝 분야에서는 ONNX[40]라는 데이터 포맷을 사용하기도 합니다. ONNX는 딥러닝 모델을 표현하는 데 사용되는 포맷으로, Open Neural Network Exchange의 약자입니다. 그리고 이미 많은 프레임워크가 지원합니다. ONNX를 사용하면 학습된 모델을 다른 프레임워크로 쉽게 이식할 수 있습니다. DeZero도 ONNX에 대응하면 다양한 프레임워크와 손쉽게 모델을 주고받을 수 있어서 범용성이 높아질 것입니다.

PyPI에 공개

소프트웨어 개발이 일단락되면 사용자가 쉽게 활용할 수 있도록 패키지로 묶어서 제공하는 게 관례입니다. 파이썬의 경우는 PyPI라는 패키지 저장소를 주로 활용합니다. DeZero를 PyPI에 등록하면 사용자는 pip install ... 명령으로 쉽게 본인의 작업 환경에 설치할 수 있습니다. 그러면 전 세계 누구라도 쉽게 DeZero를 이용할 수 있을 겁니다.

DeZero는 이미 PyPI에 등록되어 있습니다. PyPI에 등록하는 방법은 인터넷에서 쉽게 검색할 수 있으니 참고하시기 바랍니다. 이 책에서 소개한 DeZero를 기반으로 독자적인 프레임워크를 개발하고 세상에 공개하는 것도 물론 환영입니다. 꼭 도전해보세요!

API 문서 준비

프레임워크(또는 라이브러리)를 공개할 때는 사용자를 위한 가이드 문서를 함께 제공하는 게 좋습니다. 유명한 프레임워크는 대부분 함수나 클래스 등의 API 사용법을 문서로 제공합니다.

파이썬은 docstring이라는 문서화용 주석을 지원하며, 개발자가 함수나 클래스 등을 설명하는 용도로 많이 이용합니다. 활용법은 어렵지 않습니다. 코드상에 주석을 정해진 포맷으로 남기기만 하면 됩니다.

DeZero의 실제 코드에도 docstring을 추가해뒀습니다. 예를 들어 다음은 dezero/cuda.py에 있는 as_cupy 함수의 실제 코드입니다.

```python
def as_cupy(x):
    '''Convert to `cupy.ndarray`.

    Args:
        x (`numpy.ndarray` or `cupy.ndarray`): Arbitrary object that can be
            converted to `cupy.ndarray`.
    Returns:
        `cupy.ndarray`: Converted array.
    '''
    if isinstance(x, Variable):
        x = x.data

    if not gpu_enable:
        raise Exception('CuPy cannot be loaded. Install CuPy!')
    return cp.asarray(x)
```

이와 같이 함수의 개요, 인수의 형태, 반환 타입 등을 주석으로 설명해뒀습니다. 설명하는 형식은 '넘파이 스타일', '구글 스타일' 등 유명한 포맷이 몇 가지 있으니 맘에 드는 것을 따르면 됩니다. DeZero는 구글 스타일을 채택했습니다. 이와 같은 설명이 있으면 사용자가 함수를 이해하는 데 도움이 됩니다. 물론 설명을 우리말로 적을 수도 있습니다만, 다른 언어권 사용자와 번역서 독자들을 위해 영어로 작성했습니다.

이처럼 코드에 docstring이 준비되어 있으면 Sphinx[39] 같은 도구를 사용하여 HTML이나 PDF 등의 포맷으로 API 문서를 뽑아낼 수 있습니다.

로고 제작

오픈소스 소프트웨어라면 로고 만들기도 생각해볼 수 있습니다. 매력적인 로고는 사용자의 기억에 남으니까요. 로고는 개발자가 직접 만들 수도 있지만, 더 매력적인 디자인을 원한다면 전문 디자이너에게 부탁하는 것도 방법입니다. 최근에는 크라우드 소싱으로 제작하는 경우도 많이 볼 수 있습니다. 실제로 DeZero 로고도 크라우드 소싱으로 공모하여 만들었습니다. 멋진 디자인 감사합니다.

구현 예 추가

DeZero를 만드는 일도 물론 재미있지만, DeZero를 사용하여 유명한 연구 성과를 내거나 스스로 생각한 새로운 모델을 구현한다면 의미가 남다를 것입니다. 이런 활동의 일환으로 DeZero를 사용한 구현 예를 늘려가는 것도 생각해볼 수 있습니다. GAN[41], VAE[42], Style Transfer[43] 등의 유명 연구를 DeZero로 구현하면 DeZero의 사용법을 더 잘 이해할 수 있습니다. 그 과정에서 DeZero의 부족한 점도 보일 것이고요. dezero/examples에는 DeZero를 사용한 구현 예가 이미 몇 가지 들어 있고, 더 추가할 예정입니다. 관심 있는 분은 참고하기 바랍니다.

인플레이스 연산(14단계 보충)

이번 부록은 14단계의 설명을 보충하기 위해 준비했습니다. 14단계에서 '미분값을 더할 때 +=를 사용하지 않는다'라고 했는데, 그 이유를 함께 알아보겠습니다.

A.1 문제 확인

우선 이번 문제를 정확하게 정리해보죠. 14단계에서 같은 변수를 반복해서 사용할 수 있도록 Variable 클래스의 backward 메서드를 다음처럼 수정했습니다.

```
class Variable:
    ...
    def backward(self):
        if self.grad is None:
            self.grad = np.ones_like(self.data)

        funcs = [self.creator]
        while funcs:
            f = funcs.pop()
            gys = [output.grad for output in f.outputs]
            qxs = f.backward(gys)

            for x, gx in zip(f.inputs, gxs):
                if x.grad is None:
```

```
            x.grad = gx
    else:
            x.grad = x.grad + gx

    if x.creator is not None:
        funcs.append(x.creator)
```

음영으로 표시한 부분이 수정된 코드입니다. 간단히 말하면 1차 미분의 결과(기울기)가 전파됐을 때는 x.grad = gx로 '대입'하고, 그 이후로는 x.grad = x.grad + gx로 '누적'합니다. 참고로 gx는 ndarray 인스턴스입니다. 14단계에서는 이 누적 연산을 x.grad += gx라고 쓰면 문제가 되는 경우가 있음을 지적했습니다. 이제부터 그 이유를 설명합니다.

A.2 복사와 덮어 쓰기

우선 사전 지식으로 ndarray 인스턴스의 '복사^{copy}'와 '덮어 쓰기^{overwrite}'의 차이를 이해해야 합니다. 다음 코드를 살펴봅시다.

```
>>> import numpy as np
>>> x = np.array(1)
>>> id(x)
4370746224

>>> x += x   # 덮어 쓰기
>>> id(x)
4370746224

>>> x = x + x   # 복사(새로 생성)
>>> id(x)
4377585368
```

여기에서 id(x)의 결과를 보면(x는 ndarray 인스턴스), x가 메모리에서 덮어 써지는지 아니면 새로 생성되는지 알 수 있습니다. 보다시피 누적 대입 연산자인 +=를 사용하면 x의 객체 ID가 변하지 않습니다. 즉, 메모리 위치가 동일하다는 뜻으로, 값만 덮어 쓴 것입니다. 이처럼 복사하지 않고 메모리의 값을 직접 덮어 쓰는 연산을 **인플레이스 연산**$^{in-place\ operation}$이라고 합니다.

한편 x = x + x를 실행하니 객체 ID가 달라졌습니다. 따라서 다른 위치에 새로운 ndarray 인스턴스가 생성되었음을(복사되었음을) 알 수 있습니다. 메모리 효율 측면에서는 인플레이스 연산을 사용하는 게 바람직하다고 할 수 있습니다(물론 인플레이스 연산을 사용해도 문제가 없는 상황에서만).

> **CAUTION_** id 함수는 파이썬 객체의 ID를 반환합니다. 구체적인 반환값은 실행 시점과 환경에 따라 달라집니다.

A.3 DeZero의 역전파에서는

DeZero의 역전파에서는 미분값이 ndarray 인스턴스 형태로 전파됩니다. 따라서 만약 두 번째 이후의 역전파 시 미분값을 x.grad += gx라는 '인플레이스 연산'으로 덮어 쓰면 어떻게 될까요? 실제로 steps/step14.py 코드를 인플레이스 연산으로 바꾼 후 다음 코드를 실행해봅시다.

```python
x = Variable(np.array(3))
y = add(x, x)
y.backward()

print('y.grad: {}({})'.format(y.grad, id(y.grad)))
print('x.grad: {}({})'.format(x.grad, id(x.grad)))
```

실행 결과
```
y.grad: 2 (4427494384)
x.grad: 2 (4427494384)
```

x와 y의 미분 결과는 모두 2로 같은데, 오른쪽을 살펴보니 ndarray의 ID까지 똑같습니다. 같은 ndarray를 참조한다는 소리입니다. 여기에서 문제는 y의 미분값으로, 본래는 1이어야 합니다.

이와 같은 사태가 발생한 원인은 인플레이스 연산이 값을 덮어 썼기 때문입니다. y.grad와 x.grad가 같은 값을 참조하게 되어 결과적으로 y.grad에 잘못된 결과가 저장된 것입니다. 그래서 코드를 x.grad = x.grad + gx로 고쳐서 (덮어 쓰지 않고) 복사하도록 했던 것입니다. 제대로 수정한 후 앞의 코드를 다시 실행하면 다음 결과를 얻을 수 있습니다.

실행 결과

```
y.grad: 1 (4755624944)
x.grad: 2 (4755710960)
```

이번에는 y와 x가 서로 다른 ndarray를 참조하고 있으며, 값도 올바릅니다. 문제가 해결되었군요. 이상이 14단계에서 += 연산을 사용하지 않은 이유입니다.

get_item 함수 구현(47단계 보충)

47단계에서는 get_item이라는 DeZero 함수의 사용법만 소개했는데, 이제부터 그 내부를 설명하겠습니다. 다음은 GetItem 클래스와 get_item 함수의 코드입니다.

```python
class GetItem(Function):
    def __init__(self, slices):
        self.slices = slices

    def forward(self, x):
        y = x[self.slices]
        return y

    def backward(self, gy):
        x, = self.inputs
        f = GetItemGrad(self.slices, x.shape)
        return f(gy)

def get_item(x, slices):
    return GetItem(slices)(x)
```

dezero/functions.py

초기화 시 슬라이스 연산을 수행하는 인수 slices를 받아 인스턴스 변수에 저장해 두고, forward(x) 메서드에서는 단순히 이 변수를 이용해 원소를 추출하고 있습니다.

그런데 슬라이스 조작에 대응하는 역전파 계산은 DeZero 함수 중에는 없습니다. 그래서 별도로 GetItemGrad라는 새로운 DeZero 함수 클래스를 제공합니다. 즉, GetItemGrad의 순전파가 GetItem의 역전파에 대응하도록 구현합니다.

GetItemGrad 클래스의 코드는 어떻게 생겼을까요?

dezero/functions.py

```python
class GetItemGrad(Function):
    def __init__(self, slices, in_shape):
        self.slices = slices
        self.in_shape = in_shape

    def forward(self, gy):
        gx = np.zeros(self.in_shape)
        np.add.at(gx, self.slices, gy)
        return gx

    def backward(self, ggx):
        return get_item(ggx, self.slices)
```

우선 초기화 메서드에서 슬라이스 연산 인수(slices)와 함께 입력 데이터의 모양(in_shape)을 받습니다. 그리고 주 계산(forward)에서는 입력용 기울기로서 원소가 모두 0인 다차원 배열 gx를 준비한 다음 np.add.at(gx, self.slices, gy)를 실행합니다. 그 결과 gx의 원소 중 self.slices로 지정한 위치에 gy가 더해집니다. np.add.at 함수의 사용법은 다음 예를 보면 명확해질 것입니다.

```python
>>> import numpy as np
>>> a = np.zeros((2, 3))
>>> a
array([[0., 0., 0.],
       [0., 0., 0.]])
>>> b = np.ones((3,))
>>> b
array([1., 1., 1.])
```

```
>>> slices = 1
>>> np.add.at(a, slices, b)
>>> a
array([[0., 0., 0.],
       [1., 1., 1.]])
```

> **CAUTION_** 다차원 배열을 슬라이스하여 여러 원소가 한꺼번에 추출된 경우라면 역전파 시 대응하는 기울기를 더해줘야 합니다. 앞의 코드에서는 np.add.at 함수로 기울기를 더해줬습니다.

다음으로 np.add.at 함수에 대응하는 역전파를 구현해야 합니다. 그런데 재미있게도 지금 구현한 get_item 함수가 정확히 이 일을 해줍니다. 이것으로 get_item 함수를 완성했습니다.

구글 콜랩에서 실행

구글 콜랩은 클라우드에서 실행되는 주피터 노트북 환경입니다. 환경을 따로 구축할 필요 없이 브라우저만 있으면 누구나 이용할 수 있답니다. 더구나 CPU뿐 아니라 GPU도 사용할 수 있지요.

이번 부록에서는 DeZero가 구글 콜랩에서 작동하는 모습을 보여드리겠습니다. 52단계에서 이용한 코드(MNIST 학습 코드)를 예로 실습해보죠. 우선 다음 링크를 방문해봅시다.

```
https://colab.research.google.com/github/WegraLee/deep-learning-from-scratch-3/
blob/master/examples/mnist_colab_gpu.ipynb
```
<단축 URL> https://bit.ly/3iXfwcC

이 링크를 브라우저에서 열면 [그림 C-1]과 같은 화면이 나타납니다. [그림 C-1]처럼 노트북 내용이 '셀cell'로 나뉘어 있는데, 셀에서는 텍스트 외에도 파이썬 같은 프로그래밍 언어로 코드를 작성하고 실행할 수 있습니다. 셀의 코드를 실행하려면 셀을 클릭하여 선택한 다음 코드 왼쪽의 '셀 실행' 버튼을 클릭합니다. 또는 키보드 단축키 'Ctrl + Enter'로 실행할 수도 있습니다 (맥에서는 'Command + Return').

> **NOTE_** [그림 C-1]은 이 책의 깃허브 저장소에 있는 examples/mnist_colab_gpu.ipynb 문서를 구글 콜랩으로 연 모습입니다. 이처럼 깃허브에 저장해둔 ipynb 파일은 구글 콜랩에서 열 수 있는데, 단순히 URL 중 'github.com'을 'colab.research.google.com/github'로 대체하면 됩니다.

그림 C-1 구글 콜랩 화면

CAUTION_ 이후의 설명은 [그림 C-1]의 노트북 내용을 그대로 반복할 뿐이니 독자 여러분은 구글 콜랩에서 직접 실행해가며 읽어 내려가기를 추천합니다. 참고로 첫 번째 셀을 실행하려 하면 '경고: 이 노트는 Google에서 작성하지 않았습니다'라는 경고가 뜨지만 '무시하고 계속하기'를 선택하면 정상적으로 진행됩니다.

먼저 DeZero를 설치합니다. DeZero는 PyPI에 등록되어 있으므로 pip install dezero 명령으로 설치할 수 있습니다.

설치가 완료되면 이어서 DeZero에서 GPU를 사용할 수 있는지 확인해봅니다.

```
[ ]  import dezero
     dezero.cuda.gpu_enable

     True
```

True가 나오면 GPU를 사용할 수 있는 상태입니다. False가 뜨면 구글 콜랩에서 GPU 설정을 손봐줘야 합니다. 다음 순서로 진행합니다.

- '런타임' 메뉴에서 '런타임 유형 변경'을 선택합니다.
- '하드웨어 가속기' 드롭다운 메뉴에서 'GPU'를 선택합니다.
- '저장' 버튼을 눌러 설정을 완료합니다.

이어서 DeZero에서 MNIST를 학습해보겠습니다. 우선은 CPU로 실행해보죠.

```
[ ]  import time
     import dezero
     import dezero.functions as F
     from dezero import optimizers
     from dezero import DataLoader
     from dezero.models import MLP


     max_epoch = 5
     batch_size = 100
     cpu_times = []

     train_set = dezero.datasets.MNIST(train=True)
     train_loader = DataLoader(train_set, batch_size)
     model = MLP((1000, 10))
     optimizer = optimizers.SGD().setup(model)

     for epoch in range(max_epoch):
         start = time.time()
         sum_loss = 0

         for x, t in train_loader:
             y = model(x)
             loss = F.softmax_cross_entropy(y, t)
             model.cleargrads()
             loss.backward()
             optimizer.update()
             sum_loss += float(loss.data) * len(t)

         elapsed_time = time.time() - start
         cpu_times.append(elapsed_time)
         print('epoch: {}, loss: {:.4f}, time: {:.4f}[sec]'.format(
             epoch + 1, sum_loss / len(train_set), elapsed_time))

     epoch: 1, loss: 1.9140, time: 7.8949[sec]
     epoch: 2, loss: 1.2791, time: 7.8918[sec]
     epoch: 3, loss: 0.9211, time: 7.9565[sec]
     epoch: 4, loss: 0.7381, time: 7.8198[sec]
     epoch: 5, loss: 0.6339, time: 7.9302[sec]
```

다음은 GPU를 사용해볼 차례입니다.

```
[ ]  gpu_times = []

     # GPU mode
     train_loader.to_gpu()
     model.to_gpu()

     for epoch in range(max_epoch):
         start = time.time()
         sum_loss = 0

         for x, t in train_loader:
             y = model(x)
             loss = F.softmax_cross_entropy(y, t)
             model.cleargrads()
             loss.backward()
             optimizer.update()
             sum_loss += float(loss.data) * len(t)

         elapsed_time = time.time() - start
         gpu_times.append(elapsed_time)
         print('epoch: {}, loss: {:.4f}, time: {:.4f}[sec]'.format(
             epoch + 1, sum_loss / len(train_set), elapsed_time))
```

```
👤  epoch: 1, loss: 0.5678, time: 1.5356[sec]
    epoch: 2, loss: 0.5227, time: 1.5687[sec]
    epoch: 3, loss: 0.4898, time: 1.5498[sec]
    epoch: 4, loss: 0.4645, time: 1.5433[sec]
    epoch: 5, loss: 0.4449, time: 1.5512[sec]
```

마지막으로 참고삼아 CPU와 GPU의 속도를 비교해봅니다.

```
[ ]  cpu_avg_time = sum(cpu_times) / len(cpu_times)
     gpu_avg_time = sum(gpu_times) / len(gpu_times)

     print('CPU: {:.2f}[sec]'.format(cpu_avg_time))
     print('GPU: {:.2f}[sec]'.format(gpu_avg_time))
     print('GPU speedup over CPU: {:.1f}x'.format(cpu_avg_time/gpu_avg_time))
```

```
👤  CPU: 7.90[sec]
    GPU: 1.55[sec]
    GPU speedup over CPU: 5.1x
```

이상으로 구글 콜랩 설명을 마칩니다. 여기에서 보여드린 예 외에도 DeZero의 다른 샘플 코드들도 구글 콜랩에서 실행할 수 있습니다. 샘플뿐 아니라 DeZero를 사용하여 여러분이 직접 작성한 코드도 물론 실행할 수 있습니다. 구글 콜랩은 이처럼 아주 편리한 서비스이니 DeZero도 실험해보고 다양하게 활용해보세요.

마치며

지금까지 DeZero를 만드는 여행에 함께 해주셔서 감사합니다. 이 책을 통해 딥러닝 프레임워크에 대해, 그리고 딥러닝 자체에 대해 새롭게 배우신 게 있기를 기대합니다. 만약 그러했다면 저자로서 더 이상의 기쁨은 없을 것입니다. 마지막으로 지금부터 이 책의 집필 과정을 간략하게 소개하고자 합니다.

시작은 2018년 10월 무렵으로 거슬러 올라갑니다. 결과적으로 책을 다 쓰는 데 약 1년 반이 걸렸습니다. 집필을 시작하는 시점에서는 그 절반 정도면 끝나리라 예상했지만, 이번에도 나 자신의 예측은 믿을 수 없다는 사실을 깨달았습니다. 그래서 주위 분들께 불편을 드렸을지도 모르겠네요. 이 자리를 빌려 사과드립니다.

이 책의 주제는 딥러닝용 '미니 프레임워크'를 직접 만들어보는 것입니다. 이런 주제를 선택한 이유, 즉 이런 책을 쓰려고 결심한 핵심 이유는 세 가지입니다. 첫 번째 이유는 현대의 딥러닝 프레임워크들이 과도기를 지나 서로서로 공통되는 특성을 더 많이 공유해가는 정착 단계에 들어섰기 때문입니다. 이 책을 쓰기에 딱 좋은 시기라고 느꼈습니다.

두 번째 이유는 프레임워크의 속 내용을 구현 수준에서 이해하기 위한 책이나 문헌이 없었기 때문입니다. 저 자신도 체이너와 파이토치 등의 코드(프레임워크 자체의 구현 코드)에서 많은 것을 배웠습니다. 그 기술들을 올바르게(그리고 재미있게) 전할 수 있다면 아주 가치 있는 일이 될 거라고 생각했습니다.

세 번째 이유는 체이너 코드가 아름다웠기 때문입니다. 체이너는 Define-by-Run 같은 선구적인 아이디어를 멋지게 설계하여 훌륭히 구현해냈습니다. 저는 그 아이디어와 코드에 매료되었고, 이 책을 쓰는 큰 원동력이 되었습니다. 그러나 체이너의 내용은 (초심자가 도전하기에는) 거대하고 복잡합니다. 그래서 체이너를 기반으로 현대적인 기능을 갖추게 하면서 가능한 한 단순한 프레임워크를 만드는 것을 목표로 정했습니다.

이상의 생각을 하면서 책의 방향은 순조롭게 정해졌습니다. 그러나 책의 구성을 어떻게 할지, 어떻게 하면 독자가 쉽게 이해하고, 어떻게 하면 '재미'를 전할 수 있을지에 관해서는 좋은 아이디어가 없었습니다. 여러 가지 방법을 모색해보며 시행착오를 거치는 기간이 길어졌습니다. 그리고 집필을 시작하고 석 달 정도 지났을 때 '단계를 작게 나눠서 조금씩 만들어보는 방법 외에는 길은 없다'고 판단했습니다. 그 후로 많은 시간을 들여 이 전략에 딱 맞는 단계별 구성을 완성해냈습니다. 결과적으로 이 책은 총 60단계로 구성되었습니다.

여담이지만, 이 시기에 DeAGOSTINI의 『주간 로비週刊ㅁㅂ』 책을 구입하여 2족 보행 로봇 '로비'를 만들어봤습니다(이 책은 총 80권입니다). 로비 시리즈를 읽으며 어떻게 하면 만들어가는 과정이 흥미로운 체험이 될 수 있을지 고민했습니다(로비 제작은 즐거웠고 기분 전환도 되었습니다).

이런 과정을 거쳐 책의 구성이 굳어졌고 집필에도 리듬이 생겼습니다. 그래서 집필 자체도 즐거웠습니다. 특히 DeZero라는 오리지널 프레임워크를 개발한다는 게 제 마음을 춤추게 했습니다. 코드를 작성하고, 설계를 고치고, 다른 코드를 조사하는 등 시간 가는 줄 모르고 지낸 기억이 납니다. 소프트웨어 개발은 순전히 즐거운 일이라는 사실을 실감했습니다.

집필을 마무리한 지금은 안도하는 마음과 '계속 더 쓰고 싶다'는 마음이 공존하고 있습니다. 결과적으로 총 '60단계'로 구성했습니다만, 목표에 가까워질수록 앞으로가 더 재미있어질 것 같았습니다. 예를 들어 DeZero를 이용해 (GAN, VAE, DQN, BERT 같은) 더 발전된 모델을 구현하는 단계를 추가하고 싶었습니다. 그래서 '100단계'까지 늘려볼까 하는 몽상도 해보았습니다.

하지만 책 분량이 너무 늘어나게 되고, 이만하면 프레임워크를 만들겠다는 목표는 충분히 달성했다고 생각합니다. 무엇보다 저의 초기 예상을 넘어 DeZero가 크게 성장했습니다(이 책 자체도 예상한 분량의 1.5배로 늘어났습니다). '100단계'까지 구현하는 일은 저만의(혹은 독자 여러분의) Future Work에 넣어두기로 하고, 이쯤에서 손가락을 쉬고자 합니다. 마지막으로 이 책을 믿고 선택해주셔서 다시 한 번 감사드립니다.

제1고지: 미분 자동 계산

[1] Todd Young, Martin J. Mohlenkamp. "Introduction to Numerical Methods and Matlab Programming for Engineers — Lecture 27: Numerical Differentiation." http://www.ohiouniversityfaculty.com/youngt/IntNumMeth/lecture27.pdf (2019. 11)

[2] Wengert, Robert Edwin. "A simple automatic derivative evaluation program." Communications of the ACM 7.8 (1964): 463–464.

[3] William W. Cohen, "Automatic Reverse-Mode Differentiation: Lecture Notes." http://www.cs.cmu.edu/~wcohen/10-605/notes/autodiff.pdf (2019. 11)

[4] Paszke, Adam, et al. "Automatic differentiation in pytorch." (2017).

[5] Fei-Fei Li, et al. "CS231n: Convolutional Neural Networks for Visual Recognition." http://cs231n.github.io/neural-networks-3/ (2019. 11)

[6] Baydin, Atilim Gunes, et al. "Automatic differentiation in machine learning: a survey." Journal of machine learning research 18.153 (2018).

[7] Maclaurin, Dougal. "Modeling, inference and optimization with composable differentiable procedures." Doctoral dissertation, Harvard University, Graduate School of Arts & Sciences (2016).

[8] 파이썬 문서. "unittest – 단위 테스트 프레임워크" https://docs.python.org/ko/3/library/unittest.html (2019. 11)

[9] Travis CI. https://travis-ci.org/ (2019. 11)

제2고지: 자연스러운 코드로

[10] Hertz, Matthew, and Emery D. Berger. "Quantifying the performance of garbage collection vs. explicit memory management." Proceedings of the 20th annual ACM SIGPLAN conference on Object-oriented programming, systems, languages, and applications. 2005.

[11] PyPI, "Memory Profiler" https://pypi.org/project/memory-profiler/ (2019. 11)

[12] 파이썬 문서, "contextlib" https://docs.python.org/3/library/contextlib.html (2019. 11)

[13] 위키백과, "Test functions for optimization" https://en.wikipedia.org/wiki/Test_functions_for_optimization (2019. 11)

[14] Christopher Olah, "Neural Networks, Types, and Functional Programming" http://colah.github.io/posts/2015-09-NN-Types-FP/ (2019. 11)

[15] Yann LeCun, "Differentiable Programming" https://www.facebook.com/yann.lecun/posts/10155003011462143 (2019. 11)

[16] 파이토치 문서, "TORCHSCRIPT" https://pytorch.org/docs/stable/jit.html (2019. 11)

[17] 텐서플로용 스위프트. https://www.tensorflow.org/swift (2019. 11)

제3고지: 고차 미분 계산

[18] Graphviz - Graph Visualization Software. http://www.graphviz.org/ (2019. 11)

[19] 위키백과, "Rosenbrock function" https://en.wikipedia.org/wiki/Rosenbrock_function (2019. 11)

[20] 파이토치 문서, "torch.optim.LBFGS" https://pytorch.org/docs/stable/optim.html?highlight=l%20bfgs#torch.optim.LBFGS (2019. 11)

[21] Gulrajani, Ishaan, et al. "Improved training of wasserstein gans." Advances in neural information processing systems. 2017.

[22] Finn, Chelsea, Pieter Abbeel, and Sergey Levine. "Model-agnostic meta-learning for fast adaptation of deep networks." Proceedings of the 34th International Conference on Machine Learning-Volume 70. JMLR. org, 2017.

[23] Schulman, John, et al. "Trust region policy optimization." International conference on machine learning. 2015.

제4고지: 신경망 만들기

[24] Seiya Tokui. "Aggressive Buffer Release" https://docs.google.com/document/d/1CxNS2xg2bLT9LoUe6rPSMuIuqt8Gbkz156LTPJPT3BE/ (2019. 11)

[25] LeCun, Yann A., et al. "Efficient backprop." Neural networks: Tricks of the trade. Springer, Berlin, Heidelberg, 2012. 9-48.

[26] Pascanu, Razvan, Tomas Mikolov, and Yoshua Bengio. "On the difficulty of training recurrent neural networks." International conference on machine learning. 2013.

[27] Duchi, John, Elad Hazan, and Yoram Singer. "Adaptive subgradient methods for online learning and stochastic optimization." Journal of Machine Learning Research 12.Jul (2011): 2121-2159.

[28] Zeiler, Matthew D. "ADADELTA: an adaptive learning rate method." arXiv preprint arXiv:1212.5701 (2012).

[29] Loshchilov, Ilya, and Frank Hutter. "Fixing weight decay regularization in adam." arXiv preprint arXiv:1711.05101 (2017).

[30] 체이너 MNIST 예시. https://github.com/chainer/chainer/blob/v6/examples/mnist/train_mnist_custom_loop.py (2019. 11)

[31] 파이토치 MNIST 예시. https://github.com/pytorch/examples/blob/master/mnist/main.py (2019. 11)

[32] 체이너 문서. "Link and Chains" https://docs.chainer.org/en/stable/reference/links.html (2019. 11)

[33] 텐서플로 API 문서. "Module: tf.keras.optimizers" https://www.tensorflow.org/api_docs/python/tf/keras/optimizers (2019. 11)

제5고지: DeZero의 도전

[34] Srivastava, Nitish, et al. "Dropout: a simple way to prevent neural networks from overfitting." The journal of machine learning research 15.1 (2014): 1929−1958.

[35] Ioffe, Sergey, and Christian Szegedy. "Batch normalization: Accelerating deep network training by reducing internal covariate shift." arXiv preprint arXiv:1502.03167 (2015).

[36] Simonyan, Karen, and Andrew Zisserman. "Very deep convolutional networks for large−scale image recognition." arXiv preprint arXiv:1409.1556 (2014).

[37] He, Kaiming, et al. "Deep residual learning for image recognition." Proceedings of the IEEE conference on computer vision and pattern recognition. 2016.

[38] Iandola, Forrest N., et al. "SqueezeNet: AlexNet-level accuracy with 50x fewer parameters and ⟨0.5 MB model size." arXiv preprint arXiv:1602.07360 (2016).

[39] SPHINX. https://www.sphinx-doc.org/en/master/ (2019. 11)

[40] ONNX. https://onnx.ai/ (2019. 11)

[41] Goodfellow, Ian, et al. "Generative adversarial nets." Advances in neural information processing systems. 2014.

[42] Kingma, Diederik P., and Max Welling. "Auto-encoding variational bayes." arXiv preprint arXiv:1312.6114 (2013).

[43] Gatys, Leon A., Alexander S. Ecker, and Matthias Bethge. "Image style transfer using convolutional neural networks." Proceedings of the IEEE conference on computer vision and pattern recognition. 2016.

INDEX

INDEX

INDEX

DeZero API

DeZero API